新闻学与传播学"十三五"规划教材·基础课程系列
13th Five Year Plan University Text Book

新闻写作实务

NEWS WRITING

皮传荣 著

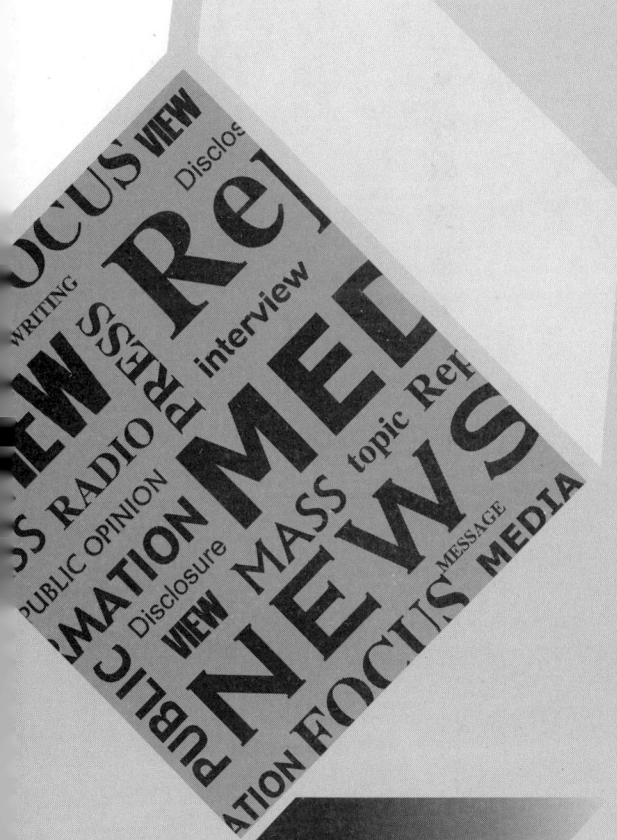

中国传媒大学出版社
·北京·

前 言

    笔者从事新闻写作教学多年,在这些年的教学中,笔者发现,从高中进入大学,有很多学生在相当长的时间内都很难区分作文和新闻。有些学生大学毕业了,还是不能正确区分作文和新闻,往往将新闻写成了作文。要将作文转变为新闻,需要深刻理解和熟练运用两个关键词:颠覆和事实。

第一个关键词:颠覆

    新闻写作,特别是消息写作,几乎完全颠覆了学子们从小学到中学学习到的作文方法,中国传统的作文方法在新闻写作中被翻了个底朝天。

    在结构安排上,传统写作讲究起承转合,特别注重过渡和照应,文字之间必须非常连贯,文意必须十分通畅。但是,新闻写作却可以而且必须"跳跃"地写事实,可以不必过分注意文字上的连贯和上下文的衔接,在句子和句子之间,在段落和段落之间可以有甚至必须有较大的跳跃。这样写作可以更直接、更流畅地陈述事实,更简练、更明快地报道新闻事实,受众接受信息会更快捷、更有效率。但在传统作文中,这种写作方法会使文章显得杂乱无章,像一堆乱麻,这种写法是受到老师们严厉批评和指责的写法。当然,新闻写作的"跳跃",也必须遵循一定的内在逻辑,不能无原则地乱"跳",其基本原则是以让受众能够明确清晰地接受信息为宜。

    传统作文为了吸引读者,往往都将精彩的内容放在结尾。按照客观事物运行和发展的规律,事物都有一个发生、发展到高潮的过程,最精彩的内容也往往在结尾,传统作文将最精彩的内容放在结尾处,反映和遵循了客观事物的规律。而新闻写作则要求开头就将最吸引受众的事实和盘托出,要求采用倒金字塔结构,按照事实的重要程度和受众关心程度,先主后次地展开事实,这恰好与客观事物的逻辑和规律,与传统的作文方法相反。

    传统的作文讲究凤头、猪肚、豹尾,结尾一定要有力,要余音绕梁、三日不绝,要言有尽而意无穷。而很多消息写作往往都不重视结尾,当新闻的基本内容和最主要的新闻事实已经陈述清楚明白,不需要再交代其他事实,事实写清楚了,新闻也就结尾了。记者不必刻意为了深化新闻的主题、挖掘新闻的意义或强化新闻价值,来一个狗尾续貂。甚至可以这样说,有部分消息,特别是以倒金字塔结构全文的消息,结尾是最不重要的,没有什么力度,更无高度和深度可言。

    在表达方式的运用上,传统的作文写作可以运用描写、议论、抒情等表达方式,而新闻写作要求客观地写事实,一般不描写,即使描写,也最好以白描为主。新闻写作要求事实与意见分开,在新闻报道中,特别是在消息写作中严禁议论,不能表达观点和看法,只能陈述事实。新闻写作尤其是消息写作,更不能运用抒情这种表达方式,因为这种表达方式的倾向性非常明显,而新闻报道不能表现出明显的倾向性,必须客观公正地报道新闻。

在对事实的陈述上,传统的作文写作可以运用大量的比喻、拟人、夸张等修辞手法,而新闻写作只能少量地运用比喻,一般不能采用拟人的方法。新闻写作严禁夸张,其所陈述的事实,无论是宏观的事实,还是微观的事实,都必须是真实的,不能有一丝一毫的偏差。一些修辞手法往往会造成事实或多或少地走样,不能忠实于事实的原貌,更何况夸张这种修辞手法,更是赤裸裸地夸大事实,违背事实的真相,是绝对不容许在新闻中出现的修辞手法。

在语言运用与受众接受上,传统的作文写作,特别是诗歌创作,讲究言外之意、象外之象、羚羊挂角、无迹可求,讲究言近旨远,要让受众玩味再三、咀嚼再三,品味其中的意义与深度。《红楼梦》的主题,迄今为止还没有一个统一的观点,"经学家看见《易》,道学家看见淫,才子看见缠绵,革命家看见排满,流言家看见宫闱秘事"(鲁迅语)。一千个读者心中,就有一千个哈姆莱特。由于身份、地位、价值观、审美取向、文化程度等等的不同,不同的人有不同的理解。新闻写作必须明晰表达,必须让受众以最快的时间获取最明确的信息,不能让受众去品味、去猜测。

在主题的提炼上,传统作文的主题往往都要表达一种观点,其主题是观念形态的,而新闻的主题有时则是事实形态的,没有观点,只有事实。这在消息写作中表现得更为明显。一些经济类的信息报道、气象新闻报道、趣闻报道……都不一定有观点,只是传递一个信息。不过,即使是没有观点的新闻稿件,都要表现记者写作的一种主观意图,不存在没有任何主观意图的新闻报道。一般而言,这种没有观点的新闻报道,往往表现的都是记者服务大众、为公共利益传播信息。

凡此种种,皆颠覆了中国传统的作文方法,从中学进入大学学习新闻写作的学子,必须经历一个痛苦的适应过程,才能将作文写成新闻,否则,写出来的文章仍然是一篇作文。

第二个关键词:事实

有人说,文学是人学,新闻是事学,这种说法不无道理。新闻是关于事实的学问,新闻写作是关于事实的写作,消息的写作尤其如此。因此,新闻写作的第二个关键词是"事实"。

只写事实。记者在新闻写作中,应该只写事实,不是事实或与事实无关的内容要舍弃和删除。初学新闻写作的学生,其新闻稿中往往有大量的文字不是事实或与事实无关,按照中国传统的作文方法,这些文字可以出现在文章中,但是写在新闻中就是废话,没有意义。新闻写作只能写事实,不是事实的材料必须忍痛割爱。

写动态的事实。动态事实主要是指正在发生、刚刚发生的事实,也包括少数将要发生的事实。新闻虽然是关于事实的学问,但是新闻姓"新",只能写动态的事实,不能写静态的事实——过去了的事实。如果过去了的事实非常有价值,则可以作为新闻背景出现在新闻报道中,但新闻背景一般不能成为一条新闻的主要内容,新闻的主要内容必须是动态的事实。

写有价值的动态事实。生活中每天发生的事实数以亿计,这些事实都是动态的、鲜活的,但这些事实不可能也没有必要全部呈现给受众,即使呈现给了受众,受众也不会感兴趣。只有那些有价值的动态事实才会引起受众的兴趣,这种价值不是政治价值、不是商业价值,而是新闻价值,只有具备新闻价值的动态事实,才能吸引受众。

写有价值的动态的核心事实。有价值的动态事实往往是一个事实链,这个事实链中有很多个事实,新闻写作应该抓住这个事实链中最核心的事实,就像花中选花一样,选取其中最艳丽的一朵花,这朵花被称为新闻点或新闻眼,这是最能吸引受众的事实。新闻写作尤其是消息写作,"点"大于"面",记者要学会抓住最核心的"点",并写好这个"点"。

写有价值的动态的具体的核心事实。有价值的动态的核心事实必须是具体的事实,空洞、抽象、模糊的事实,会让受众产生接受障碍。初学新闻写作者笔下的事实往往宏观、笼统、含糊,要学会将事实具体、细致地展开,而具体、细致地展开事实,又会使新闻报道显得冗长臃肿。因此,记者必须善于把握和驾驭事实,才能使新闻报道既具体清晰又言简意赅。

　　本书将对这两个关键词进行多维度、深入的阐释,配合大量的案例,以期让有志于新闻写作的学生和读者有所收益。如果学生和读者能够深入理解和熟练运用上述两个关键词,则其新闻写作水平将会有一个明显的提升。

皮传荣

2017.3.26　重庆　歌乐山

目录
CONTENTS

第 *1* 章　什么是新闻

本 章 要 点

- 和学院派相比,实务派对新闻的理解更能启发、帮助记者采写新闻。
- 及时性、接近性、显赫性、影响性、反常性、冲突性、人情味、趣味性,这些是最基本的新闻价值要素。
- 从 20 世纪末开始,有用、有效、有益的新闻更受公众欢迎;娱乐新闻在媒体的报道中所占比例越来越大。
- 新闻是变化的、历史的、相对的。
- 记者的责任感主要包括:揭露事实真相、守卫公平正义、具备敬业精神。
- 记者应具备的基本素质和修养:努力、坚韧、勇敢及知识渊博。

第一节　理解新闻

什么是新闻? 学术界对新闻的理解五花八门,一直没有一个统一的定论,各种观点形形色色、莫衷一是。童兵先生说:"国人有好事者,曾经收集到三百多个新闻定义,国外更有人扬言,新闻定义在千种之上。"①综合国内外专家学者对新闻的定义,我们可以把它分为两大类:一类是学院派下的定义,一类是实务派下的定义。

一、学院派对新闻的理解

学院派的定义比较理性,相对来说要严谨、科学一些。以下两种类型的定义可以给我们一些启发:

1.事实说

这一类定义认为,新闻就是新的事实或事物。按照中国人民大学郑保卫教授的理解,这

---

① 童兵.理论新闻传播学导论[M].北京:中国人民大学出版社,2000:24.转引自杨保军.新闻理论教程[M].北京:中国人民大学出版社,2010:80.

种观点"将新闻看作一种事实、事物、现象,而且是指事实、事物、现象本身"。①

这一类的定义还有:②

> 新闻就是广大群众欲知、应知而未知的重要事实。(中国,范长江)
>
> 新闻是新近发生的,能引人兴味的事实。(美国,布莱尔)
>
> 新闻者,最近时间内所发生、认识一切关系人生兴味、实益之事物现象也。(中国,邵飘萍)
>
> 新闻者,乃多数阅者所注意之最近事实也。(中国,徐宝璜)
>
> 新闻是最近报道的事情。(美国,莫特)
>
> 新闻即刚发生和刚发现的事物。(法国,贝尔纳·瓦耶纳)
>
> 新闻是值得社会重视的新的事实。(俄国,科尔尼洛夫)

"事实说"强调新闻是一种事实,而这个事实是新鲜的、公众感兴趣的和重要的事实。在这一类说法中,范长江的定义有一定的代表性。

2. 报道说

这一类定义认为,新闻是对事实或信息的报道、传播、记录、介绍。陆定一是这样定义新闻的:"新闻是新近发生的事实的报道。"陆定一给新闻下的定义,在我国学术界乃至新闻实务界影响较大,得到多数人的一致认可,较有代表性。

这一类的定义还有:③

> 新闻是新近变动的事实的传布。(中国,王中)
>
> 新闻是已经发生和正在发生的事情的报道。(美国,约斯特)
>
> 新闻是报道或评述最新的重要事实的影响舆论的特殊手段。(中国,甘惜分)

这类定义"将新闻视为一种报道或传播活动。这种传播或报道活动的行为主体既可以是新闻机构,也可以是其他机构或个人,当然,主要是前者"。④

还有很多关于新闻的定义,比如"信息说"将新闻看作是一种信息。宁树藩说:"新闻是经报道(或传播)的新近事实的信息。"宁树藩的定义影响比较大,得到了较为广泛的认同,成为我国新闻界普遍接受的定义之一。项德生认为:"新闻是及时公开传播的非指令性信

---

① 郑保卫.新闻理论新编[M].北京:中国人民大学出版社,2007:37.
② 郑保卫.新闻理论新编[M].北京:中国人民大学出版社,2007:36-37.
③ 郑保卫.新闻理论新编[M].北京:中国人民大学出版社,2007:36-38.
④ 郑保卫.新闻理论新编[M].北京:中国人民大学出版社,2007:37.

息。"项德生的这一定义也有一定的代表性。此外,梁衡认为:"新闻是广大受众所关心的新近发生的事实的信息传递。"

众多的定义,反映出人们对于新闻的内涵和外延的认识并不一致,对新闻定义的逻辑起点认识存在争议。这些定义均是一家之言,各有其存在的依据。但无论是范长江还是陆定一,他们对新闻的定义都有局限性。

新闻应该是对有意义的事实的报道,这是陆定一没有谈到的,因为如果一条新闻没有意义,或者说一个事实没有意义,公众不想知悉,也不必知悉,那么,这条新闻就没有任何意义。这一点是非常重要的。

范长江倒是提到了这一点。他说:"新闻就是广大群众欲知、应知而未知的重要事实。"但是,范长江却有点顾此失彼。这种公众"欲知、应知而未知的重要事实",必须经过传播或报道才能成为新闻,否则,只能是事实。范长江忽略了"报道"这个关键词。

清华大学刘建明教授的定义是:"新闻是新近或正在发生的,对公众有知悉意义的事实的陈述。"[①]这个定义应该说是非常准确的,但是,这个定义的最后两个字是"陈述"而非"报道",这就和范长江的概念比较相近了。如上所述,新闻必须经过传播或报道,才能成为新闻,否则,只能是事实。

综合上面各家之言,我们可以这样理解新闻:"新闻是新近发生的有意义的事实的报道。"

这个定义有四个关键词:新近发生、事实、有意义、报道。

首先,新闻必须是对新近发生的事实的报道,如果不是新近发生而是以前发生的事实,公众对这个事实的兴趣就降低了;其次,必须是事实,而且是真实的事实,不是真实的事实就不能进行报道,如果报道出来,就是对公众的欺骗;再次,事实必须有意义,公众如果认为事实没有价值、没有意义,就没有兴趣、不想知道;最后,事实必须经过媒体报道出来。产品生产出来放在仓库里,永远只能是产品,而一旦进入流通渠道,买卖双方进行交易,消费者将产品买回去使用,产品才能成为商品。新闻报道也一样,记者采访、写作出来的新闻,如果不进入传播渠道、不刊播出来,而是放在抽屉和自己的电脑里,那就是一般的文章;如果记者和编辑将采集、写作和编辑的事实制作成照片、录音带、录像带后,放在抽屉和自己的电脑里,那也只是一般的照片、录音带、录像带,也不是新闻,信息必须经过报道和传播,而且被受众接受后才能成为真正意义上的新闻。就好比消费者购买一个产品之后没有使用,这个商品的价值没有得到体现,其商品价值接近于零,和产品没有任何区别,它只是从生产厂家的仓库转移到了用户的仓库,实质上还是产品而非严格意义上的商品。新闻传播亦然,受众买了报刊而没有阅读新闻,打开广播和电视而没有收听、收看新闻,打开网络和新媒体而没有收听、收看新闻,新闻传播实际上并没有最终实现,新闻报道的价值也没有体现出来。因此,新闻报道必须真正被接受才有价值,也才是真正意义上的新闻。

---

① 刘建明.当代新闻学原理[M].北京:清华大学出版社,2003:54.

二、实务派对新闻的理解

学院派关于新闻的定义如童兵所言,有千种以上。实务派关于新闻的定义也多如牛毛。什么是新闻? 在新闻实务界,不同的人有不同的理解。"事实上,几乎有多少编辑记者,就有多少关于新闻的定义。"[1]甚至受众对什么是新闻,也有自己不同的理解。"多数读者也对什么是新闻有自己的理解,而且他们经常用惊人之语让编辑知道。"[2]

为什么会有如此多的关于新闻的定义? 为什么没有一条能够涵盖全部的关于新闻的定义? 美国几位新闻学教师的解释是:"因为构成新闻的元素一直在不断变化,从事采集新闻并将其出版、播出或在互联网等渠道传播的人员也在不断变化。"[3]

新闻实务界最有名的新闻定义,当属 19 世纪 80 年代美国《纽约太阳报》(New York Sun)编辑室主编约翰·B.博加特(John B. Bogart)提出的新闻的经典定义:"狗咬人不是新闻,因为这太平常了。但是人咬狗是新闻。"[4]

20 世纪 30 年代,美国《纽约先驱论坛报》本市新闻主编斯坦利·沃克(Stanley Walker)提出:"新闻以 3 个'W',即'女人(Women)、金钱(Wampum)和坏事(Wrongdoing)'为基础,意指新闻与性、金钱、犯罪这些人们渴望知道的话题有关。"[5]中国将这种说法简明地翻译为:"新闻就是女人、金钱、罪恶。"

美国堪萨斯州《阿契生市环球报》前主编爱德华·贺说:"凡是能让女人喊一声'哎呀,我的天呀!'的东西,就是新闻。"

"新闻就是能让公众谈论的任何事情。"这是《纽约太阳报》前总编查尔斯·丹纳(Charles A. Dana)给新闻下的定义。丹纳曾于 1868 年至 1897 年在被称为传奇般的"报纸人的报纸"担任总编辑。[6]

"新闻是一个凡事并不特别关心的家伙想要阅读的东西。而且,在他阅读之前,它是新闻;之后,它就不再是新闻了。"——〔英〕伊夫林·沃(Evelyn Waugh):《独家新闻》(Scoop,1982)[7]

实务派下的定义难以从理性上把握,但很感性,容易让人理解。

三、实务派的理解对从事新闻实务启发更大

古今中外,理论界和实务界并不总是观点一致、看法完全相同,往往有意见相左的时候,有时候甚至互不相容,互相看不起对方,指责对方的观点和思想是谬论。理论界指责实务界的观点没有任何学理价值,没有基本的逻辑思维;而实务界则批评理论界的概念经不起实践的检验,是闭门造车。产生这种割裂的原因之一,往往是各执一端。

---

[1][2][3] 莱特尔,哈里斯,约翰逊. 全能记者必备:第 7 版[M]. 宋铁军,译. 北京:中国人民大学出版社,2005:31.

[4][5] 门彻. 新闻报道与写作[M]. 展江,主译. 北京:华夏出版社,2003:77.

[6] 莱特尔,哈里斯,约翰逊. 全能记者必备:第 7 版[M]. 宋铁军,译. 北京:中国人民大学出版社,2005:31.

[7] 佩普,费瑟斯通. 报纸新闻从入门到精通[M]. 周黎明,译. 北京:中国人民大学出版社,2010:17.

其实,从事理论研究的人,采用理论界的定义,其研究成果会更严谨、科学,更有学术价值,而实务界的定义可以作为学术研究的参考和启发;从事新闻实务工作的人,可以采用实务界的定义,而将理论界的定义作为新闻操作的参考和启发。这样做,既简单方便,又各得其所,相得益彰。

中国多年来的新闻实践启示我们:如果按照新闻理论中关于新闻的定义来僵化地理解新闻,特别是按照新闻理论中的定义生搬硬套地去从事新闻实务,去判断新闻、选择新闻、采访报道新闻,要么难以抓到好的新闻、写出好的报道,要么做出来的新闻往往没有什么新闻价值,读者不爱看、受众不喜欢。而如果按照新闻实务界人士下的定义去理解新闻,去判断新闻、选择新闻、采访报道新闻,往往能够受到读者的欢迎,赢得受众的青睐。

新闻是什么? 美国学者杰克 · 海敦(Jack Hydon)说:"新闻就是报上发表的东西。这话听起来是不是有点轻率? 但这句话的本意可不是轻率的。只要你经常注意报上刊登的内容,就能比死记教科书上的定义,更好地懂得什么是新闻。"[①]虽然杰克 · 海敦没有直接指出学习新闻采写必须多学习新闻实务派给新闻下的定义,少借鉴学院派给新闻下的定义,但是杰克 · 海敦明确反对"死记教科书上的定义",这也是在间接告诫新闻采写的初学者,新闻实务派给新闻下的定义对从事新闻实务帮助更大。

要想深刻理解什么是新闻,如何判断和鉴别新闻,需要记者学会理解什么样的事实有新闻价值,只有做到这一点,才能更准确地把握什么是新闻。

第二节　理解新闻价值

理解新闻,主要是要理解新闻价值。在第一节"理解新闻"中,有很多对新闻的理解和解释,这些对新闻的解释,实际上是解释什么样的事实具有新闻价值。

何谓新闻价值? 美国学者凯利 · 莱特尔(Kelly Leiter)等人认为,"被编辑记者们普遍认同的新闻的特性和特征被称为'新闻价值'"。[②] 笔者认为,新闻价值是指事实具有值得报道的属性。

一、教科书中的新闻价值标准

1990 年 12 月出版的《中国大百科全书 · 新闻出版卷》,将新闻价值标准概括为以下五大要素:时新性、接近性、显著性、重要性、兴趣性。[③] 这部大百科全书对新闻价值标准的界定,对中国新闻学界产生了巨大的影响。中国目前多数新闻学教科书都只阐述这五大新闻价值要素,而且在讨论这五大新闻价值要素时,表述顺序惊人一致,依次是:时新性(或新闻

---

① 海敦.怎样当好新闻记者[M].伍任,译.北京:新华出版社,1980:11.

② 莱特尔,哈里斯,约翰逊.全能记者必备:第 7 版[M].宋铁军,译.北京:中国人民大学出版社,2005:32.

③ 参见吴兴华,李松晨等.新闻价值及其真实性指导性[M].北京:人民日报出版社,1984:10,转引自方延明.新闻实务方法论[M].广州:南方日报出版社,2005:30.

性、新鲜性)、重要性、显著性、接近性、趣味性(兴趣性)。

中国有相当多的新闻学著作和新闻学论文也都比较一致地认为,新闻价值要素主要包含这五大要素,这五大要素高频率地出现在新闻教科书和一些新闻学著作、新闻学论文中。但如此理解新闻价值比较僵化、呆板,在新闻实务界,还有更多其他的新闻价值要素受到记者编辑的重视,且体现在一条条具体的新闻报道中。

二、传统新闻价值标准

这里说的传统新闻价值标准,不是指上述比较僵化、呆板的新闻价值标准,而是指中外新闻学界、新闻实务界对新闻价值要素比较一致的观点,特别是上个世纪以前,中外新闻学界、新闻实务界普遍认同的新闻价值标准。具体如下:

1.及时性

及时性包含两层意思:一是指时间及时,二是指内容新鲜。内容第一,时间第二,内容在前,时间在后;内容如果不新鲜,无论时间多么及时,新闻都没有任何价值,所以,时间及时是建立在内容新鲜基础之上的。

新近发生的新闻事件才有新闻价值;新闻的发生与报道之间的时间差越小,新闻价值就越大。刚刚发生和正在发生的新闻事件最具有新闻价值。报纸一般都只能报道刚刚发生的新闻事件,而电视可以报道正在发生的新闻事件,因此,电视比报纸更具有竞争力。以互联网为代表的新媒体不仅可以报道正在发生的新闻事件,还可以随时更新,比电视报道更及时。电视虽然从物理性能上看也可以随时更新,但在实际运行中却不可能随时更新每一条新闻,一般只是偶尔对重大新闻进行随时更新。因此,电视在及时性上不如以互联网为代表的新媒体。

《纽约时报》前副主编罗伯特·赖斯特(Robert Lester)说:"如果说第二次世界大战之前,新闻界普遍认为,最没有生命的事物莫过于昨天的报纸的话,那么,今天的看法就是:最没有生命的事物莫过于几小时以前发生的新闻。"[①]现在,西方通讯社发稿,都尽可能使其接近新闻本身的发生时间,在导语中尽可能避免"昨天"这两个字。

综上所述,新闻报道必须及时、快速;不过,时间新不如内容新,新闻报道的事实必须有新的内容和新的意义,否则,即使报道速度非常快,但是由于事实陈旧,受众也不会感兴趣。

对于绝大多数新闻事件来说,新闻报道越及时越好。西方新闻界流传着一句话:今天的新闻是金子,昨天的新闻是银子,前天的新闻是垃圾。延迟的事件一般不能再报道了。但是,对于少数重大事件,特别是受众特别关心的事件、信息等,如果事实新鲜且有价值,即使发现时间较晚,延迟了几个月、几年,甚至更长的时间,也具有一定的新闻价值,值得记者报道。

看下面这条新闻:

---

① 转引自刘保全.新闻精品是这样采写成的[M].北京:新华出版社,2009:202.

【新华社大连十一月二十二日电】 在一九七六年七月二十八日发生的唐山大地震中,总共死亡二十四万二千多人,重伤十六万四千多人。这两个数字是唐山、天津、北京地区在那次地震中死伤人数的累计。这是今年十一月十七日至二十二日在这里举行的中国地震学会成立大会上宣布的。

唐山地震的震级为七点八级,震中烈度为十一度。地震发生的地点是人口密集的工业区,发生的时间是三点四十二分五十六秒(北京时间),正当人们沉睡的时候。地震部门事先未能发出预报。由于这些原因,它所造成的损失是很严重的。

1976 年 7 月 28 日,河北省唐山市城区发生了大地震,由于种种原因,死伤人数及许多内情当时未予公布。时隔 3 年,1979 年 11 月下旬,在大连举行的中国地震学会成立大会上,媒体才首次公布那次地震死亡 24.2 万余人、重伤 16.4 万余人。这些见报的数字都是鲜为人知的。虽然事件发生时间距离报道时间有 3 年之久,但由于事实新鲜、事件重大,仍然值得记者报道。这条新闻报道后,中外读者争相阅读。

2. 接近性

与受众接近的事件,受众会对它们感兴趣。这种接近主要包含三个方面的内容:一是地理上的接近,二是心理上的接近,三是利益上的接近。

(1)地理上的接近

一般情况下,地域上离受众越近、关系越密切的事,就越为他们所关注,新闻价值也就越大。

美国学者乔治·穆托(Jorge Muto)说:"人都是自私的。只有他本人及与他直接有关的东西最受注意。"

威廉·梅茨(William Metz)说:"越是'本地新闻',人们就越感兴趣。在你的城市里一个行人被杀,比起千里之外六个人死于撞车,更能引起本市居民的关注。"[①]

美国记者杰克·海敦说:"如果在智利发生的飞机失事中死了三个人,那就不是新闻。但是,如果在你居住的区里发生了飞机失事,死了三个人的话,那就是新闻了。或者说,如果在智利的飞机失事中丧生的三个人中有一个是本市人的话,那也可能成为新闻。"[②]

2008 年的北京奥运会上,重庆籍选手张亚雯与魏轶力获得了羽毛球女子双打第三名,重庆本地的报纸几乎是全篇满版地报道,重庆本地的电视也是不惜时段、"浪费"大量时间来报道张亚雯获奖的信息。女子双打冠军杜婧和于洋虽然也是中国人,但不是重庆人,重庆本地媒体的报道量就很小;女子单打冠军张宁、亚军谢杏芳都是中国人,但也不是重庆人,重庆本地媒体的报道量同样也很小,远没有对张亚雯的报道多。可见,重庆本地媒体对这几个体育

① 梅茨.怎样写新闻——从导语到结尾[M].苏金琥,阮宁,洪天国,选译.北京:新华出版社,1983:4-5.
② 海敦.怎样当好新闻记者[M].伍任,译.北京:新华出版社,1980:11.

选手报道量的大小,取决于他们是不是重庆籍贯。同理,女子单打冠军张宁是辽宁籍,辽宁本地的媒体会对她进行大篇幅报道,而对女双第三名的重庆籍选手张亚雯当然就可能只是简单报道一下,或者根本就不予报道。

成都新闻界有一个笑话:成都某地死了 15 头猪,却去了 16 个记者前往采访报道。成都新闻界讲这个笑话是为了论证新闻竞争激烈,其实,这也可以用来说明新闻的地理接近性。试想,如果是重庆或者离成都更远的地方死了 15 头猪,成都媒体会去 16 个记者吗? 显然是一个记者也不会去。

美国有一个新闻学家提出了一个新闻价值接近性的换算公式。他说,遥远的非洲发生了一场大洪水,死亡 1,000 人,美国面向全国的媒体判断这个事件的报道价值,只相当于美国死亡 100 人的价值;如果美国某州的媒体判断这个事件的报道价值,只相当于该州死亡 10 人的价值;如果该州的一个小城市判断这个事件的报道价值,只相当于该城市死亡 1 人的价值。非洲死亡 1,000 人,轮到美国一个小城市来报道时,却只相当于这个小城市死亡 1 人的价值。这样一个奇妙的换算公式,从新闻价值的角度来理解,是对接近性的经典的诠释。

将地理的接近性发挥到极致,是 20 世纪 90 年代中期以来中国都市类报纸成功的最大秘诀。1995 年,《华西都市报》率先在全国转变新闻理念,将其读者对象锁定为都市读者,该新闻理念使其一炮走红。《成都商报》刚开始只是一家不起眼的小报,但它学习《华西都市报》锁定都市读者的新闻操作理念,且青出于蓝而胜于蓝,其报道内容主要聚焦成都市区,在上个世纪末和本世纪初,其报纸发行范围甚至主要锁定在成都市二环路以内,对于二环路以外的读者,这家报纸不作重点、刻意的追求。《成都商报》的这种新闻理念,使其获得了巨大的成功,其发行量后来超过了《华西都市报》,成为深受成都市民喜爱的报纸。

新闻本地化现在已经成为中国地方媒体记者报道新闻的一个最主要的判断标准。杰克·海敦给这种本地化的新闻按照兴趣大小排序,依次是"本地,本州,本地区,本国,外国。当然,战争和灾祸新闻例外"。[①]

对于发生在外地或外国的重大新闻,地方媒体记者的操作方法是"落地",将这个新闻尽可能和本地挂钩。例如对于发生在外地或外国的一场空难,记者前往采访报道,在调查空难的事实时,会调查有无本地人在这次空难中丧生,如果有,在报道空难的同时,将大篇幅报道这个本地人;又如对于一次全国性的比赛颁奖,记者也会了解有无本地人获奖,如果有,也将对其进行大篇幅报道。

(2)心理上的接近

它主要是指情感上的接近。新闻所报道的事实,能够引起受众心理上的反应,能够引起受众喜怒哀乐的共鸣,能够适应受众的需要和兴趣。

---

① 海敦.怎样当好新闻记者[M].伍任,译.北京:新华出版社,1980:100.

看下面两条简讯：

> （2015 年）3 月 15 日中午，在 2015 年全国两会刚刚落幕的时刻，中纪委网站发出消息称，云南省委副书记仇和涉嫌严重违纪违法，目前正接受组织调查。据称，15 日上午 10 点，第十二届全国人大会议第三次会议结束后，仇和还坐车回到了云南代表团驻地——职工之家。（新浪网）
>
> 中纪委网站（2015 年 3 月 15 日）消息：中国第一汽车集团公司董事长、党委书记徐建一涉嫌严重违纪违法，目前正接受组织调查。（新浪网）

上面这两条消息，和受众基本上没有直接利益关系，但是，受众喜欢看这类新闻，因为受众痛恨贪官污吏，看了这类新闻，受众心理上有一种舒畅感和满足感。坏人受到严惩、好人得到好报，这是受众的普遍心理诉求，也是受众对公平正义、廉洁奉公的向往和追求。这类新闻，正可以满足受众的这种心理需求。

（3）利益上的接近

它主要是指新闻事实有可能给受众带来直接或间接的实际利益。首先是经济利益。现代社会是经济社会，人类对经济方面的信息非常关注。美国前总统克林顿的竞选名言"一切都是经济，笨蛋"得到全世界各国公众的普遍认同。除了经济利益的接近外，还有其他利益的接近，诸如安全、审美等方面的利益，只要是与人们的生活、学习、工作相关的各种各样的信息及这些信息的变动，都会受到公众强烈的关注。

3. 显赫性

它指新闻人物、机构、事件，甚至包括物体，其名望、地位或身份的显赫，这种显赫会对受众产生强烈的吸引力。

"新闻界流传一句话：姓名能产生新闻，显赫的姓名能产生重大新闻。这个'姓名'的拥有者正在做或已经做的某些事情，都具有新闻价值。"[①]"越是著名的人物，作为新闻来源就越有新闻价值。"美国总统"一感冒，证券市场跟着颤抖；他去钓鱼，他用的鱼饵也被细加描写；他玩高尔夫球，整个过程和最后的比分被仔细地记录；他因病卧床，他的膳食、体温、睡眠和治疗过程成为头版新闻"。[②]

有名望、有成就的名人，其好事能吸引公众的注意，中性的事情也能吸引公众的注意，丑事、坏事更能引起公众的兴趣。

2013 年，著名导演张艺谋因为计划外生育被媒体曝光后，江苏省无锡市滨湖区人口和计划生育局对其征收 748.7854 万元人民币的计划外生育费和社会抚养费。依公众的理解，这是一种特殊的罚款，是对计划外生育的严厉处罚。2013 年 11 月 3 日，游泳奥运冠军、世界冠

---

① 莱特尔，哈里斯，约翰逊. 全能记者必备：第 7 版[M]. 宋铁军，译. 北京：中国人民大学出版社，2005：36.

② 梅茨. 怎样写新闻——从导语到结尾[M]. 苏金琥，阮宁，洪天国，选译. 北京：新华出版社，1983：6.

军孙杨在杭州涉嫌无证驾驶豪车造成交通事故,被警方依法罚款 2,000 元,并行政拘留 7 天。张艺谋是影视界名人、孙杨是体育界名人,张艺谋超生被罚款和孙杨无证驾驶被拘留这些事件,受到公众的持续关注。

"大名鼎鼎的人,声名狼藉的人,还有古怪的人,都会引起公众特殊的兴趣。"①

在重庆轰动一时、在全国臭名远扬的抢劫要犯张君、周克华曾先后吸引了广大受众的眼球,尤其是受到了重庆受众的普遍关注。

闻名的机构也具有报道价值。北京大学和清华大学是中国最有名望的学府,发生在这两个学校的新闻事件往往能够引起受众的兴趣。北大毕业的陆步轩大学毕业后卖猪肉、清华学生刘海洋用硫酸泼熊、清华学生朱令的"铊中毒"事件②,这些事件都能引起受众的兴趣。如果是在国内一般的大学发生此类事件,公众对这些事件的兴趣会小得多,且其兴趣不会持续很长时间。

4. 影响性

影响性也称为冲击性,指一个事实能在某种程度和范围内产生较大影响的特质。影响的程度包括深度和广度。影响范围越大,影响程度越深、越广,新闻价值越高。"一条新闻的重要性取决于它所报道的事情能影响多少人以及影响的程度。"③密苏里新闻学院写作组的老师们认为,关于事件影响的大小取决于下列三个因素:对多少读者有影响、对读者有多少直接影响、是否立即产生影响。④

事件影响的人越多,新闻价值越大。党和国家有关政策、新的立法往往是影响许多人的重要事件。2013 年中共十八届三中全会后,国家出台了一系列相关政策,如废除劳动教养制度、计划生育实行单独二孩政策等,在社会上产生了强烈的反响,受到了公众的热切关注。

一些重要的社会、政治问题也是影响广大公众的事件,会受到公众的强烈关注。如党的"十八大"以来,党和政府加强了反腐败的力度,受到广大民众的普遍关注。

多数具备重大影响的新闻事件,记者都能比较准确地判断,并及时地加以报道,但是,"一些事件的重要性需要时间才能被认识""只有博识之士有能力就新闻价值做出决定"。⑤对于有些事件的影响的判断,既需要相关的知识,也要有足够的经验和阅历,否则,记者会对一些能产生重大影响的事件视而不见、充耳不闻,最后与好新闻失之交臂。

对社会产生重大影响的正面、中性事件,新闻价值大,会受到受众的关注;对社会产生重大影响的负面、灾难性事件,同样会受到公众的强烈关注,如飞机失事、矿难、地震、水灾、火灾等事件,将对社会相当大范围内的民众带来巨大的痛苦,产生巨大的影响,会受到受众强

---

① 梅茨.怎样写新闻——从导语到结尾[M].苏金琥,阮宁,洪天国,选译.北京:新华出版社,1983:6.
② 从 1994 年 11 月 24 日起,清华大学学生朱令开始出现奇怪的中毒症状,后怀疑是铊中毒,且怀疑有人投毒,但至今未查出凶手。朱令现在全身瘫痪、双目近乎失明、大脑萎缩、基本语言能力丧失,生活不能自理,由年迈的父母照顾。
③ 密苏里新闻学院写作组.新闻写作教程[M].褚高德,译.北京:新华出版社,1986:3.
④ 密苏里新闻学院写作组.新闻写作教程[M].褚高德,译.北京:新华出版社,1986:6.
⑤ 门彻.新闻报道与写作[M].展江,主译.北京:华夏出版社,2003:80.

烈的关注。

2015 年 8 月 12 日深夜,天津滨海新区瑞海公司所属危险品仓库发生爆炸。截至 9 月 2 日 15 时,共发现遇难者 160 人,失联 13 人。有机构初步估算,直接经济损失或达 700 多亿元,隐性影响难以估计。对于这次特大灾害,媒体持续报道,公众强烈关注。

5. 反常性

它指明显偏离常规、日常经验和想象的事件,又称异常性。任何事件、事物只要包含了不同寻常的因素,就能构成新闻。狗咬人不是新闻,因为这是正常的,人们习以为常,见惯不惊。反之,人咬狗就有新闻价值了,值得报道。因为人咬狗是非正常的行为,正常的人是不会咬狗的。

追求离奇是人类的天性。出乎意料的事情往往能够抓住人们的眼球。"奇异的人和事是生活的一部分","几乎每件有新闻价值的事件都包含有不寻常的因素"。[①]

西方新闻界有一句名言:"坏消息就是好消息。""有人曾经问法国短篇小说作家莫泊桑,为什么他的小说里有那么多的坏女人。他答道:'清白的女人成不了故事。'""新闻报纸同样遵循着这条基本原理……'好消息'往往不成其为新闻。一架飞机在本市正点降落算不得新闻。但如果一架飞机在降落时出了事,那就是新闻了,尽管它是个坏消息。"[②]

近年来,一些人和机构充分利用人类的这种好奇心,利用公众喜欢围观反常、离奇事件的心理,"策划"了一些比较"成功"的事件,在公众中引起持续的关注。

"凤姐"长相普通,学历低,家境很一般,但她却对未来的"夫君"要求奇高,先是爆料"非名校博士不嫁",而后又升级为"非海归博士不嫁",一时间引来一大群围观者。早年的芙蓉姐姐身材很胖,却在网络上翩翩起舞,认为自己是世界上最美的人,也同样引来无数好奇的围观者,掀起了一股热潮,经久不衰。这两个人物正是利用了公众追求反常的新闻事件的心理,制造出了一系列新闻事件,引发公众的兴趣。

反常性往往表现为趣味性。公众围观那些异常的人、事和现象,是带着看热闹、好玩、戏谑的心态。特别是对于那些刻意炒作的偏离正常状态的事件,公众明知可能是别有用心,甚至是纯粹炒作,但是也会跟风围观,因为他们需要通过获知一场事件来寻求刺激、消遣、娱乐身心、减轻压力。

对于为了获取经济利益而人为策划,或者为了出名而刻意制造"反常"、引起受众注意的人物和事件,记者不要把它们当作有重大新闻价值的事件进行报道,媒体不应该跟风炒作,受众不要过分围观、起哄,而应该保持适当的距离,以免上当受骗。

6. 冲突性

人与人、人与社会、人与自然之间的冲突事件,是新闻媒体竞相报道的重要事件。大多

① 密苏里新闻学院写作组.新闻写作教程[M].褚高德,译.北京:新华出版社,1986:10.
② 海敦.怎样当好新闻记者[M].伍任,译.北京:新华出版社,1980:12.

数冲突事件都具有大小不同的新闻价值,有些往往会在报纸和网络的头版头条位置刊登。

"战争是最典型的冲突,也是最重要的新闻。""战争、谋杀、暴力袭击,这些反常性的冲突充斥着报纸头版。"①

美国对伊拉克的战争、叙利亚国内政府军与反对派的战争,是各种类型的媒体最重要的报道内容,占据大量的版面位置和播出时间。罢工、警民对峙,都是最具新闻价值的事件;如果在罢工和警民对峙中发生了肢体冲突,出现了流血和人员伤亡,则新闻价值更大。在一场不太重要的体育比赛中,"足球流氓"掀起了骚乱,媒体的报道重点会立即聚焦到这场骚乱上,而体育比赛本身的新闻价值反而变小,会被作为次要的报道内容简单报道。

"冲突性也可以理解为破坏性。人的心理中有两面性,一方面是建设性,另一方面是破坏性。这是人的天性。人对于破坏有着天生的兴趣。记者的素质中有一条应该是:幸灾乐祸。当然,这'幸灾乐祸'应该是打上引号的。比如,灾难事件。"②

如果过分地追求冲突性,会使新闻媒介充斥着血腥和暴力、充满恐怖,这将使公众受到惊吓和刺激,影响公众的身心健康,更会使少年儿童稚嫩的身心受到伤害,甚至诱发少年儿童模仿和学习,不利于其健康成长。

现代社会,和平与发展已经成为世界普遍接受和认同的主题,但这并不等于没有冲突,不能报道冲突。客观事物在其发展过程中始终存在着矛盾,有矛盾就会有冲突。现在,文明的冲突,即没有血腥、没有剧烈的肢体冲突仍然很多,媒体对这些文明的冲突的报道也越来越多。"一些引人注目的争论,如核反应堆的安全、全球气候变暖、环境保护以及没有暴力色彩的冲突等,也都出现在报纸头版。"③

7. 人情味

各种富有人情味和生活情趣的人物、动物与事件能够赢得受众的青睐。"人非草木,孰能无情",人是有感情的动物,受众对于那些能够触动他们的同情心、调动起他们心中情感的事件,有着浓厚的兴趣。

人与人之间的亲情、友情、爱情,人世间的悲欢离合、人生道路上的曲折坎坷、进取拼搏,人们的各种生活方式、休闲娱乐、子女教育,婚丧嫁娶、生老病死,等等,都是人情味的主要内容。

我们来看下面这条新闻:

---

① 莱特尔,哈里斯,约翰逊.全能记者必备:第7版[M].宋铁军,译.北京:中国人民大学出版社,2005:32.
② 刘建明.当代新闻学原理[M].北京:清华大学出版社,2003:188－189.
③ 莱特尔,哈里斯,约翰逊.全能记者必备:第7版[M].宋铁军,译.北京:中国人民大学出版社,2005:32.

| 女孩坚持4年每天给已故男友留言 |

2014 年 1 月 20 日　9:34　来源:星岛环球网

【星岛环球网消息】《人民日报》官方微博消息,她叫张希,面对意外去世的男友(秦川,2009 年 12 月 19 日于温哥华去世),她开始感到无尽悲痛,后来在男孩人人网留言板留言成了她生活的一部分:表达思念、分享快乐、吐槽考试、偶尔卖萌……这样的日子一晃过了 4 年,她每天至少去写一条,直到现在,留言仍在继续。①

图 1-1　女孩网上留言截图(图片来自网络)

这是一个令人唏嘘嗟叹的爱情故事,读者看了这些留言,会禁不住泪眼婆娑。

人们遭遇的突如其来的巨大不幸、大悲大痛,会使受众产生怜悯、同情;人生历程中的坎坷、磨难,能够深深打动受众的心,让受众产生热切的关注。

8.趣味性

趣味性,是指新闻事实具有某种情趣,具有让受众喜闻乐见的特质。上个世纪的西方新闻学,一般把受众兴趣作为新闻的基础和试金石,在它看来,衡量新闻价值的真正要素是趣味性。

各种奇异有趣的民风民俗、风土人情,是受众非常关心的内容。举凡非洲有的地方以胖为美,女孩小时候就用药物把自己催胖;南亚有个国家的男人竟然喜欢戴绿帽子,以此向外人表明自己家庭兴旺、多子多孙,甚至有钱有势;印度个别偏远地方的人在集体用餐时使用的饭盆常常是用树叶做成的,这种盆由几片很大的整片树叶相拼而成,有内外两层……这些奇风异俗,往往能够引起受众的兴趣。

---

① http://society. stnn. cc/qiwen/2014/0120/44403. shtml.

此外,人与动物之间、动物与动物之间的情感故事,既有浓浓的人情味,又具有特殊的情趣,这类故事容易打动受众的心。

印尼:鸡和猴子每日"深情相拥"走红网络

2014 年 1 月 27 日 8:23 来源:人民网

【星岛环球网消息】 印度尼西亚爪哇岛,一只猴子和一只鸡双双"坠入情网",彼此亲密相依、温柔相拥的画面,令众多网友觉得温馨感人。

人民网报道,这段跨越种族且"不畏世俗"的"爱情"发生在印度尼西亚爪哇岛最东部的外南梦市场。在该市场,每天都上演着这对"恋人"深情相拥的温馨画面。外南梦市场的老板和顾客们都已经司空见惯。

这对"恋人"系一只银毛猴和一只花羽鸡,是"一见钟情",立即"深陷爱河"。虽然这只猴子被主人用链子锁住了,但这并不影响其对花羽鸡的"深情款款",还"大秀恩爱",时而双"爪"交握,情意绵绵。

图 1-2 猴鸡相拥

猴子和鸡的爱情故事,也感动了人类,成为读者争相阅读的新闻。

记者在报道趣味性的信息时,必须报道健康、高尚的趣味信息,不能选取那些污染社会及人的灵魂的庸俗、低级的趣味信息,要做到趣而不俗、有益无害、雅俗共赏、老少皆宜。

上述传统的新闻价值标准在今天的新闻媒体中仍然适用,根据这种标准报道的新闻占据着新闻媒体的重要位置,受众也非常关注和喜爱这类新闻。

三、新闻价值标准的变化

新闻价值标准从上个世纪中后期到现在出现了一些变化,一方面,原有的新闻价值标准在继续发挥作用;另一方面,新的新闻价值标准开始产生。这其中最引人注目的变化,是如下两个方面的新闻价值标准:

(一)有用性

从上个世纪末期以来,尤其是进入 21 世纪后,人们对无关紧要、没有实际功效的事情已经不太关心,而对于有用、有效、有益的事情,则会产生强烈的兴趣。

清华大学刘建明教授等人认为,有用性是一种现代新闻价值观。"现代新闻价值是指新闻在受众接受过程中满足其认识需要表现出的效用,包括受众对新闻的精神享用和由此导致的获取物质利益,包括有用、有益、有效三个要素。"现代新闻价值与传统新闻价值的区别主要在于:前者把对受众的效益作为新闻报道的出发点,关注受众的现实需求,以新闻对受众的"效用"为核心;后者把记者鉴别新闻事实作为报道的出发点,关注的是记者对事实是否适合报道的感受,考虑的是什么样的事实能够成为新闻,以识别事实的特性为核心。①

在现代社会,受众的兴趣往往能够决定记者编辑对事实与信息的判断与选择,如前文所述,受众对能够给他们带来实际效用的信息更为关注,这就驱使记者编辑越来越关注新闻价值的有用性。以下两种类型的事实与信息越来越受读者的欢迎,从而成为记者编辑判断某个事实是否具有新闻价值的依据。

1. 经济信息

经济新闻是由经济信息采集制作而成的,经济新闻正成为最受欢迎的新闻类型之一。阅读或收听收看经济新闻,或者可以给受众带来直接或间接的实际利益,或者可以让受众规避风险、减少损失。"这样的事实尽管有时和人们的观点、立场、态度毫不相干,但它能满足受众获取具体利益的需要。"②

现代社会已经是一个经济社会,人们对经济信息、经济新闻的关注和喜爱已经达到了前所未有的高度。

《重庆商报》于 1997 年 1 月 1 日创刊,创刊伊始发行量很小。当时正值中国股市火爆的时候,《重庆商报》总编辑决定,每天拿出三个专版来刊登股市新闻和信息,一个版专门刊登股市行情,一个版报道股市信息、股市分析等,一个版刊登与股市相关的其他信息。当年,重庆的另外两家都市报《重庆晨报》《重庆晚报》没有专版刊登与股市相关的信息。成都的《华西都市报》(当时在重庆市区有售卖,《华西都市报》还专门开辟了重庆专版)在当时是全国锐意改革、大胆开拓的都市报,也只是在报纸版面的中缝刊登股市行情。由于中缝面积小,字号也很小,股民看得不太清楚。而《重庆商报》的股市行情刊登在正版上,字体、字号非常清晰,又加上有三个专版的股市新闻和信息的报道,使《重庆商报》的发行量在短短几个月内就一飞冲天,猛增至 10 多万份,和重庆另外两家都市报的发行量不相上下。《重庆商报》的崛起从事实上验证了经济新闻和经济信息深受读者欢迎这一理念。

2. 生活与消费信息

很难设想,在上个世纪中期以前,一个城市片区的停电停水信息能够作为新闻报道,而且能够占据报纸的重要版面位置。但是,在上个世纪末和本世纪初,这些与民众特别是与都市市民生活密切相关的信息具有非常重要的报道价值,广受市民的关注和喜爱。

其中最引人注目的是天气预报。中央电视台的天气预报在黄金时间播出,被认为是收视率最高的节目之一。各大都市的电视台、都市类报纸,对天气预报的报道都已经成为媒体的重要报道内容之一,如《重庆时报》一度开辟专版报道气象新闻。

中国已经成为世界第二大经济体,人民生活水平大幅度提升,随之而来的是人均拥有私家车比例不断攀升,城市道路大拥堵。此时,沉寂多年、几近消亡的广播重新出现在人们的

---

① 刘建明等.新闻学概论[M].北京:中国传媒大学出版社,2007:206.

② 刘建明等.新闻学概论[M].北京:中国传媒大学出版社,2007:215－216.

生活中,它对交通状况的随时播报,拯救了一种濒临消亡的媒体类型。广播的小阳春,很大程度上得益于汽车的兴起,得益于对交通信息的及时播报与更新,得益于受众对交通信息的现实需要。

例如,城市新开辟一条公交线路,这在传统的新闻报道中可能就是 100 字左右的简讯,但现在,新闻媒休不仅要进行大篇幅的报道,还要画上线路图,标示出沿途站点。

消费类新闻与信息是大受读者欢迎的义一种新闻与信息类型。在全国各大报纸媒体中,消费类专刊占据了报纸版面的半壁江山,特别是都市类报纸,从周一到周五,分别开辟教育、购物、旅游、房地产、汽车等专刊,每天的专刊版面少则几个版,多则十几个、几十个版。

与公众的生活和消费息息相关的信息与事件成为媒体报道的重点,这是与以往新闻报道不同的重要体现。

1977 年,美国新闻报纸广告局对美国读者进行过关于新闻重要性的调查,被调查者按重要性大小给出如下排序:首先是有关消费的报道,包括怎样可以买到价廉物美的食物,保健与营养、医疗卫生,接着是关于"人物"的报道,随后是环境、社会政治、公共事务、体育运动。调查表明,美国的新闻工作者和公众对各类新闻重要性的看法大致相同。"这些报道包括有用处的新闻,尤其是怎么办的稿件和其他有关消费的新闻,包括教育新闻在内的公共事业新闻,地方性和全国性的大事、环境保护问题和关于普通人的报道。"[1]这些报道都是"以对受众'有用处'为核心的,传播学的'使用满足论'正是对现代新闻价值目标的简要概括"。[2]

与安全有关的新闻,也是有用性的重要内容。受众对地震、水灾、火灾以及其他灾害事件的关注度明显高于其他类型的新闻,特别是当这些信息与受众在地域上比较接近时,受众的关注度更高,因为这直接关系到受众的身心健康。比如沙尘暴、水质污染、空气污染等,这类新闻非常吸引受众的眼球。

(二)娱乐性

现在,无论是中国还是西方国家乃至全世界任何国家,娱乐性已经成为具有重要新闻价值的要素。在上个世纪,娱乐性是包含在趣味性之中的,但是,由于受众越来越关心娱乐新闻,娱乐性要素已经从趣味性中独立出来,成为新闻媒体判断新闻的一个重要价值要素。从某种意义上说,娱乐性无论在内涵和外延上都已经涵盖和超越了趣味性,具有更广泛的意义。

发生在演艺界的新闻是最典型的娱乐新闻。现在,体育界的新闻也被纳入娱乐新闻中。

记者将演艺界、体育界的新闻事件、新闻人物作为娱乐新闻报道无可厚非,但是,很多重大新闻、严肃新闻也被娱乐化了,记者常常尽其所能在这些重大新闻、严肃新闻中寻找娱乐要素,而且对娱乐要素的寻找与报道有时甚至超过了对重大新闻、严肃新闻的报道。

2006 年,时任美国总统布什访华,这是一个十分重要的新闻事件,但重庆一家都市类报

① 密苏里新闻学院写作组.新闻写作教程[M].褚高德,译.北京:新华出版社,1986:17.
② 刘建明等.新闻学概论[M].北京:中国传媒大学出版社,2007:209.

纸却将布什在中国骑车的事件加以大篇幅的报道,不仅在一版将布什骑车的图片作为主图推出,而且在二版又将这张照片作为主图报道,该图片占据二版四栏的位置,且在放大图片的同时,还配以大量的文字进行组合报道。而有重大意义的新闻,比如,时任中共中央总书记、国家主席、中央军委主席胡锦涛提出的关于中美贸易、反恐合作、人民币汇率、朝核问题和台海问题的五点建议,却被放在报纸左边边栏不显眼的位置。重庆另外几家都市类报纸也都把布什"秀车技"作为一版主图,不仅如此,还将布什"秀车技"等"好看""好玩"的信息作为主要报道题材。其中一家报纸甚至在两个版的报道中,把布什"秀车技"、劳拉(布什夫人)"品水饺"等娱乐性强的内容做了一个专版。

布什此次访华,并不是来中国"秀车技"的,而是具有很深远的意义。它标志着美国对华政策将进入"调整期",美国未来将更多强调中国的积极作用和合作可能;两国关系比以往任何时候都要平等;中美关系已远远超出双边范畴,越来越具有全球意义,美国方面已经从全球的战略高度来考虑美中关系。这些重要迹象和信息,媒体没有给予过多的关注和报道,却将布什"秀车技"、劳拉"品水饺"等做了大篇幅的报道。重大新闻反而成了花絮,成了娱乐化信息的点缀,两者之间的关系颠倒了。

时下,新闻娱乐化已经成为一种不可阻挡的潮流,汹涌澎湃却又鱼龙混杂、泥沙俱下,其负面元素受到社会各界诟病。其实,新闻娱乐化可以分为三个层次:健康的新闻娱乐化、庸俗的新闻娱乐化和恶俗的新闻娱乐化。健康的新闻娱乐化,是指新闻文本和新闻信息能够给受众带来健康的享受,使受众从精神上产生愉悦、心灵上得到慰藉。对于这种健康的新闻娱乐化,特别是那种雅俗共赏、老少咸宜的新闻娱乐化,我们应该大力提倡和推广。庸俗的新闻娱乐化,是指媒体提供的新闻文本和新闻信息相对比较庸俗、无聊、浅薄、低级,介于健康的新闻娱乐化与恶俗的新闻娱乐化之间,既不十分健康,但也不是非常恶俗的,对社会正面的影响要少一些,负面的影响要多一些,但其对社会的负面作用不是太大,影响也不是很恶劣,这类新闻应被适当地限制。恶俗的新闻娱乐化是指媒体提供的新闻文本和新闻信息容易煽动和挑逗起人的野性、邪恶、破坏的欲望。恶俗的新闻娱乐化主要表现为两点:一是渲染暴力和血腥;二是渲染色情。恶俗的新闻娱乐化对社会的负面影响和对社会的破坏作用非常大,尤其是对于处在成长过程中的青少年负面影响更大,因为青少年辨别能力差、自我控制能力弱,恶俗的新闻娱乐化对他们的影响更具腐蚀性和摧残性。

对待新闻娱乐化,我们应该区分不同性质的情况,对其采取不同的措施:提倡、鼓励和支持健康的新闻娱乐化;抑制、减少庸俗的新闻娱乐化;而对恶俗的新闻娱乐化,我们应该予以毫不留情的打击,直至彻底消灭。

四、影响新闻价值判断的因素

记者对新闻价值的判断会受到各种各样的因素的影响,这些因素对决定新闻价值的大小、有无都有重要的作用。

（一）新闻是变化的

"新闻的一个重要特点是它总是在不断地变化。""而且新闻的变化就和你读这个句子的速度一样快。"①

事物总是处在变动中。运动是绝对的,静止是相对的。新陈代谢是宇宙间不可抗拒的规律。

我们所处的时代正在发生着剧烈的变化。在短短的三十多年的时间里,中国发生的变化令世界瞩目,在经济大发展的同时,社会文化也产生了巨大的变化,体制机制、思想观念、价值观、审美取向等都在发生变化,这将影响记者对新闻价值的判断。记者应该适应时代的变化,对事件的新闻价值作出与时俱进的判断与选择。

在 20 世纪六七十年代,中国粮食紧张、物质紧缺,关于烟酒糖盐等食物、日常用品方面的信息,是受众最感兴趣的内容,记者报道这些事实和信息,会受到受众的广泛欢迎。但是,今天的中国,已经成为世界第二大经济体,绝大多数人的温饱问题已经解决,中国市场上物质丰富、货源充足,公众对粮食、日常用品的兴趣就不如以前浓烈了。以前被认为有价值的新闻,现在就没有多大新闻价值了。而以前被认为没有价值的新闻,现在可能具有很高的新闻价值。比如,旅游、汽车、房地产、股市,甚至伪娘、派对,等等,对于这些内容,上世纪 80 年代以前的受众是不可能感兴趣的,而现在的受众却对这些信息兴趣浓厚。

在剧烈的变化中,新闻记者要有敏锐的嗅觉,具备快速捕捉新闻的能力,灵活地把握受众随时处在变化之中的新闻需求,从而采访报道出让受众满意的新闻。

（二）新闻是历史的

记者判断新闻,必须对历史有一定的了解。这个历史不是人们理解的世界历史、中国历史之类的历史,虽然这些历史知识记者也必须具备。这里所说的历史,是指记者必须了解其所在地区的历史。更确切地说,记者要了解本地此前曾经报道过的新闻,必须对这个地区曾经报道过的新闻有所了解。记者要从历史的角度来看待新闻事实和新闻价值,如果记者不知道自己所要报道的信息的历史知识,就无法确定这条信息的新闻价值。当记者知道这条或这类新闻信息已经被报道过后,最明智的做法是果断放弃报道。如果坚持要报道,就只能考虑从其他的角度去做,或者在报道方法上区别于以往,或者在报道形式上另有新意,总之,必须出新。

（三）新闻是相对的

"新闻价值观并非存在于真空中","它们的应用有赖于决定什么是新闻的人、事件与新闻媒介位于何处、报纸或广播电视台的传统、它的受众以及大量其他因素。"②

---

① 伊图尔,安德森.当代媒体新闻写作与报道:第 7 版[M].贾陆依,华建昌,译.北京:中国人民大学出版社,2009:12 – 13.
② 门彻.新闻报道与写作[M].展江,主译.北京:华夏出版社,2003:87.

　　新闻总是相对的,从时间上来说,昨天是新闻,今天就不一定是新闻了。曾经是重要的新闻,现在就不是有价值的新闻了。

　　从空间上来说,在此地是新闻,在彼地就不一定是新闻。

　　冬天的气温降到零下 8 度,这在重庆市会成为比较大的新闻,成为报纸的头版头条,因为重庆市区每年冬天的气温出现在零下的时间难得有一两次,零下 8 度是极其罕见的。而在东北的哈尔滨,零下 8 度的气温根本就不值得报道。重庆人如果吃上了自己种植的香蕉与荔枝,这将成为重庆市各大媒体的重要新闻;而在广东和海南,这根本就不能称其为新闻,没有任何新闻价值。

　　在比较偏远的小县城,谁家孩子考上了北京大学、清华大学,会成为当地电视台和报纸争相报道的重大新闻,但在省城的电视、报纸上,这种新闻最多也就是一条简讯,只有本省的高考状元才会占据报纸的重要版面。

　　新闻的相对性还体现在其他方面。比如,新闻价值会因人而异。记者觉得很有价值的新闻,编辑可能觉得一钱不值;这位记者认为有价值的新闻,那位记者可能认为没有多大的价值;王编辑认为有价值的新闻,李编辑却认为没有价值。不同的新闻媒体对新闻的判断也会有很大的差异。此新闻机构将某条新闻作为头版头条重磅推出,而彼新闻机构却只将这条新闻发一条 100 字的简讯。受众之间对新闻的认识也不同。张三认为时政新闻是最有价值的新闻,而李四觉得教育新闻才是最有价值的新闻。

　　新闻价值判断虽然具有相对性,但多数也具有一致性。多数人、多数地域、多数媒体机构都会不约而同地对某些新闻作出比较一致的判断,在版面位置、字数多少、播出时间上表现出趋同的现象。

知识链接

国外新闻学者关于新闻价值标准的论述

新闻价值的本质特征有:

　　(1)冲突(紧张、惊奇)

　　(2)进步(胜利、成就)

　　(3)灾难(挫折、毁灭)

　　(4)结果(对个人或社会产生影响)

　　(5)显著(知名或著名)

　　(6)新奇(与众不同,甚至怪异)

　　(7)人情味(不同寻常、富有情感)

吸引人的特征有:

　　(8)及时(新鲜并有新意)

　　(9)接近(当地人关注)

普遍感兴趣的特征有:

（10）性

（11）动物①

　　使报道具有新闻价值同样要遵循一个简单的原则。如果符合下列内容的话，那么，报道就具有新闻价值：

- 影响许多人的事件——如新的立法、政治或社会问题，如大型喷气式飞机失事事件。
- 坏（或硬）新闻——事故，如飞机失事和火车相撞、恐怖分子袭击等。
- 具有人情味——一位靠退休金生活的老人在彩票中奖后从敬老院搬进了别墅，或勇敢的孩子接受了心脏和肺移植等，当属此类报道。
- 时事性——属于"时下"新闻的范畴。
- 解说性——告知读者新近发生的事件。
- 意外性——约克大教堂遭闪电击中、温莎城堡发生火灾、威尔士王妃死亡，诸如此类的内容。
- 涉及目前某个正在流行的主题——如公路暴力、医院感染等。
- 一起地方性或全国性丑闻——比方说，城镇议会议员与妓院有染、下院议员涉嫌毒品等。
- 可引起兴趣——也就是说，能引起可能的最广泛的受众兴趣的报道。
- 涉及名人大腕的事件——贝克汉姆家庭的私生活、利亚姆·加拉格尔（英国绿洲摇滚乐队主唱——引者注）的爱情生活、一位电视剧演员嘴唇注射胶原蛋白以及类似内容。
- 对读者来说发生在较适合的地理区域的事件——比如，约克郡读者对来自阿伯丁、德贝、莱盖特报道的兴趣就不如对来自哈罗盖特、利兹和韦克菲尔德的兴趣大。
- 戏剧性——挽回生命的救援、医学突破等特稿。
- 宣传活动——典型事例如挽救我们的学校、不要关闭我们的村舍医院。
- 极端的内容——栽培出英国最高的向日葵的男子，我得到了世界上第一个……最高的……最矮的……以及其他此类报道。
- 性感的内容——例如，电视剧《老大哥》中的室友与三版女郎偷欢的场面。
- 季节性——临近圣诞节，让我们看一看降雪的可能性；复活节到了，让我们做一些巧克力食品；夏季来了，哪里出现了干旱呢？
- 惊奇性——110 岁的老爷爷每天仍然在当地的游泳池游 20 个来回；100 岁的老奶奶仍然作为一名志愿者工作在从其 17 岁就加入了的救济处；精神病护士撰写出了畅销书；等等。
- 周年纪念日——如世界首例试管婴儿 25 岁生日或首相上台整 5 年纪念日。
- 平静的一天——没有发生太多的事件，因此，我们就用这头死驴的故事吧。②

---

① 莱特尔，哈里斯，约翰逊. 全能记者必备：第 7 版[M].宋铁军，译.北京：中国人民大学出版社,2005:40.

② 佩普，费瑟斯通.报纸新闻从入门到精通[M].北京：中国人民大学出版社,2010:28 - 30.

| 国外新闻学者关于"影响新闻处理的其他要素"的论述 |

除了上述这些决定新闻价值的典型标准之外,其他一些因素也会影响到新闻的处理。这些因素包括:

· 编辑和记者的直觉。当他们看到一件事、一个人时,他们就知道那是否能成为新闻。

· 接受对象(读者、观众、听众)。比如,洛杉矶市中心的居民会对北卡罗来纳州前州长的死讯感兴趣吗?

· 新闻版面。根据所能提供的空间,有的新闻可能某一天能上报,而另外一天就不行。

· 可提供的新闻。根据本地区和全世界发生的新闻数量,某些天会比其他时候有更多的选择。新闻少的日子里,编辑和记者到处寻找新闻价值并不高的新闻;新闻多的时候,有些好的新闻都无法播发。

· 新闻媒体奉行的宗旨。例如,以商业报道为导向的《华尔街日报》选择新闻报道的标准与那些大都市的艺术和娱乐类的出版物的标准不同。

· 来自出版商的压力。大部分出版商尽量不公开干涉新闻选发的过程,但大多数编辑和记者都了解出版商的政治和社会倾向。

· 广告客户的影响。编辑们通常不会对此给予太细致的考虑。但有的编辑会三思而行。比如,当本地剧院是报纸的主要广告客户时,他们会慎重考虑是否将有关成立"电影高雅艺术委员会"的新闻报道放在显要位置。

· 新闻混合。新闻媒体通常会努力在硬新闻和软新闻之间达成一种平衡,并尽力提供本地、国内和国际新闻。

· 媒体之间的竞争。在一定程度上,社区报和大都市报是互补的,平面媒体和电子媒体也是如此。每一个媒体在新闻报道方面都有各自的优缺点,但是大部分媒体都想方设法在竞争中更胜一筹,而这种做法有时会影响对新闻的处理。

· 不断变化的人口统计数据。人口统计数据——美国人口的分布、密度、数量和构成——在不断地变化,媒体需要相应地调整其新闻报道的范围。[①]

第三节　理解记者职业

怎样理解新闻记者? 所谓新闻记者,是指在新闻媒体专职从事新闻采访报道的专业人员。

---

① 伊图尔,安德森. 当代媒体新闻写作与报道:第6版[M].贾陆依,华建昌,译.北京:中国人民大学出版社,2009:17-18.

新闻记者职业是什么性质的职业？美国著名新闻人普利策有一句名言："倘若一个国家是一条航行在大海上的船,新闻记者就是船头的瞭望者。他要在一望无际的海面上观察一切,审视海上的不测风云和浅滩暗礁,及时发出警告。"

新闻记者是航行在大海的船上的瞭望者,是公众的哨兵,也是"看门人",为公众看门。

新闻记者不仅要有强烈的事业心和责任感、使命感,还要具备从事这个职业最基本的素质和修养。

一、记者的责任感

新闻记者的责任感没有写进国家的法律条文中,但是写在记者的心上,写在记者每日的奔波中。责任感就是记者对社会、对公众的责任和义务,对新闻事业、新闻报道的责任和义务。

责任感是整个新闻采访写作和新闻工作的灵魂,包含在记者、编辑和所有新闻人的每一个工作环节、细节中。

责任感是记者完成工作的一种态度。著名记者艾丰认为,记者应该具备的第一个心理素质就是社会责任感强。他说,记者要乐于"管闲事"。虽然"从对实际工作的直接责任看,记者可以是最不负具体责任的。农业减产了,要找农业部负责;工业滑坡了,要找国家计委、经委负责;市场出现了问题,要找商业部解决……没有一件事是可以找到新闻界头上的"。但是,记者不能就这样"优哉游哉地生活和工作",这是"没有责任心的记者"。"要想做一个好记者,他必须有极强的社会责任感,他应该处处感到自己的责任。一旦他发现了社会上的任何一个角落有问题,他的责任感就支使他去采访、去研究、去写作。因此,记者的心理必须是爱管闲事的心理状态。"[1]

记者的责任感表现为以下具体内容:

(一)揭露事实真相

美国著名新闻学者、新闻教育家梅尔文·门彻(Melvin Mencher)说:"新闻记者的任务是告诉我们发生了什么。有人说,新闻是瞬间的历史。新闻记者的责任是在人力所及的范围之内准确而完整地记录事件,这是公众的期许。"[2]

真实和准确,是记者首先必须遵守的,也是最起码的要求。但是,在这个世界上,一旦一个事实涉及利益,事实的真相就会变得扑朔迷离。在这个时候,揭露事实的真相就变得非常艰难。而记者的天职,就是要努力寻求事实真相,排除任何自然和人为的阻碍,将事实真相呈现给公众。

美国著名新闻人沃尔特·李普曼(Walter Lippmann)说:"新闻事业的最高准则莫过于阐

---

① 艾丰.新闻写作方法论[M].北京:人民日报出版社,1993:255-256.
② 门彻.新闻报道与写作[M].展江,主译.北京:华夏出版社,2003:16.

明真理而使魔鬼感到羞愧。"①新闻记者不仅要阐明真理,更重要的是要揭露事实真相。

2001 年 7 月 17 日,广西南丹矿发生透水事故,81 名矿工遇难,但该矿相关负责人与南丹县领导却将此重大事故隐瞒 17 天。当这个事故被隐瞒到第 10 天时,《人民日报》记者通过多方渠道,了解到其中可能存在瞒报的问题。于是,记者迅速展开调查。隐瞒得像铁桶一般的层层黑幕在记者的调查下终于被层层揭开。

当时记者面对的,既有南丹矿难责任矿主及其黑恶势力的威胁,也有与此有着"一损俱损"利害关系的数十个矿老板结成的同盟力量的障碍;既有当地(包括县、地两级)参与合力隐瞒的一批官员的故意作对,也有远在南宁和北京的一些关联力量施加的巨大压力!在南丹,曾有人扬言要炸掉《人民日报》记者站办公楼!在南宁,曾有人在自治区最重要也最庄重的会议上对《人民日报》记者拍案破口大骂,公开放声说要把《人民日报》记者站站长调离广西。这些公开咒骂《人民日报》记者的人,包括当地某些身居高位的人。

这是一起"官、矿、黑、恶"相互勾结,有组织、有预谋地进行隐瞒的特大矿难。这当中的每一次调查采访,都是正义与邪恶的较量,对记者来说,都是良知、责任和意志的考验。面对大是大非、巨大的压力和风险,记者展示出忠于真理、忠于事实的勇往直前的正气、勇气和骨气!这起被瞒矿难,由于《人民日报》的揭露而大白于天下,并被党中央、国务院严肃查处。据国务院安全生产委员会负责人介绍,新中国成立以来,首先由新闻记者揭露出来的重大安全事故,南丹矿难尚属首例。

这次舆论监督促进了中国的立法特别是国家安全生产法的立法进程,半年之后颁布的《中华人民共和国安全生产法》中很多条款吸取了南丹矿难的教训。

国内一家媒体在评选"中国在进步:2001 年影响民生的十大新闻"中,南丹矿难的揭露位列第二,紧随中国加入世贸之后;另一家媒体在评选"2001 年十大传播突破奖"时,南丹事件的揭露和报道入选第六。②

(二)守卫公平正义

新闻学者、新闻翻译家展江在梅尔文·门彻的《新闻报道与写作》译者前言中说:"正如美国哥伦比亚大学新闻学院另一位名誉教授詹姆斯·凯里(James W. Carey)和澳大利亚政治学者约翰·基恩(John Keene,著有《媒介与民主》)所言,大众传媒和新闻事业的本质作用在于促进社会的民主和法治,新闻学所重点探究的是新闻事业与民主的关系,因此对政治权力与公民权利、对民主与法治的关注,就成了新闻学的核心。"③

民主与法治的核心是维护公平正义。英国知名记者、曾担任伦敦《泰晤士报》主编的威克姆·斯蒂德(Wickham Steed)说,"严格意义上的新闻记者乃是非官方的公仆,其宗旨是服

---

① 海敦.怎样当好新闻记者[M]伍任,译.北京:新华出版社,1980:3.
② 郑盛丰,罗昌爱,庞革平,古亦忠.不忘党报记者的职责和使命——报道南丹"7·17"特大矿难的经过和感受[J].新闻战线,2002(3);郑盛丰.南丹矿难的成功揭露留给人们的启示[J].新闻战线,2003(9);王艾生.记者的可贵品格[J].记者观察,2003(5).
③ 门彻.新闻报道与写作[M].展江,主译.北京:华夏出版社,2003:2.

务社会"。①

意大利著名女记者法拉奇(Fallaci)写过一本记述越南战争所见所闻的书《不用祈祷》，她在这本书中说："生命的意义在于做一个人而不是树或鱼。在于寻求正义。因为天地间有正义存在；如果没有，你应该设法使它存在。死不足道，重要的是死在正义一方。"②

1937年12月13日，侵华日军攻占南京。日军进城后疯狂屠杀中国军民，遇难者达30万之众。可是，日本当局战后极力否认、淡化这一历史事件，千方百计为自己辩解和开脱。日本记者本多胜一决心还历史以本来面目。1971年6月，他第一次只身来到中国，全面采访了当年日军犯下的种种罪行，回去后写出了长篇连载《中国之行》，他是日本第一个站出来揭露当年日军的侵华罪行的记者。本多胜一的这种正义行为，大大激怒了日本的右翼势力。他不断地收到声称要把他一家"斩尽杀绝"的恐吓信和电话。本多胜一坚定不屈，他表示，要"将反动政府不想让民众知道的事情挖掘出来，公之于众"。1983年、1984年，本多胜一第二次、第三次来中国采访报道。以生命为代价，为正义而呐喊，是本多胜一终生不渝的追求。在长达30多年的新闻生涯中，在侵略与被侵略、杀戮与被杀戮、压迫与被压迫、损害与被损害的大是大非中，他始终坚定地站在被侵略、被杀戮、被压迫、被损害的一边，一次又一次越过死亡的警戒线，向"黑暗部分，历史欺骗部分"挑战，写出了一部又一部引起轰动的新闻作品。日本传媒评价他的作品是"对不正、邪恶、伪善、作假的彻底憎恶、无情斗争的宣言书"③。

1992年1月9日，海南省琼山县东山镇郊区居民林先安伙同另外两人，对自己的妻子邢月欧施用暴行绑架到野外，对妻子进行轮奸、糟蹋，然后，林先安把一瓶硫酸倒在邢月欧的脸上，造成邢月欧的双眼被烧烂，鼻子、耳朵被烧掉，嘴巴被烧歪，牙床全部裸露在外。然而，由于罪犯家庭势力的干扰和影响，案发5个多月后，罪犯依然逍遥法外。

《海南晚报》女记者寒冰知道后，立即前往医院看望受害人并投入紧张的采访。犯罪分子扬言要将"管闲事"的记者碎尸万段，犯罪分子的帮凶也对寒冰威胁、恐吓，政府部门也有官员对犯罪分子暗中包庇作假，甚至寒冰自己的亲属也劝阻她，还对她采取"措施"。

寒冰没有被邪恶的嚣张气焰所吓倒，而是不畏艰险，坚持调查报道。经过3个多月艰难的采访，寒冰写出了《惨案本不该发生》等28篇揭露性的连续报道。在寒冰报道的巨大压力下，在强大的舆论监督面前，"禽兽不如"的犯罪分子林先安终于被绳之以法，被判处死刑，邢月欧也得到应有的治疗和安置。

正义终于战胜了邪恶！

有位画家听到了寒冰的事迹，深为感动，挥笔写下了一帧条幅："无冕之王"愤不平，悲歌一曲世人惊，良知热血催橡笔，我谓寒冰最有情。④

———————————

① 门彻.新闻报道与写作[M].展江,主译.北京:华夏出版社,2003:8.
② 周克冰.中外经典采访个案解读[M].北京:北京广播学院出版社,2003:20.
③ 周克冰.中外经典采访个案解读[M].北京:北京广播学院出版社,2003:21-22.
④ 白庆祥,刘乃仲,郑保章.新闻采访写作编辑案例教程[M].北京:新华出版社,2003:110.

(三) 具备敬业精神

美国新闻教育家梅尔文·门彻说,他"早年就明白":"负责任的新闻记者不能在价值无涉的真空中从业,我在作品和教学中一直致力于表现的是:最好的新闻学、新闻记者的最高成就是由其热情在于向人民揭示他们生活其间的世界的基本真相的人达成的。"①

2001 年 9 月 11 日,恐怖分子劫持民航客机撞击美国纽约世界贸易中心,当时,美国《每日新闻》(*Daily News*)摄影记者戴维·汉舒(David Handschuh)正在附近。爆炸的气浪把他掀到了 30 米开外。忍受着骨折和丢失眼镜的痛苦,他留下来记录了接下来的恐怖场面。他挣扎着穿过废墟,一次又一次摔倒在地,迷失了方向。当天,救援人员 3 次从碎石中将他救出。②记者戴维·汉舒这种为了新闻报道而将生死置之度外的精神令人肃然起敬。

记者选择了这份职业,就是选择了一种使命,就要把生命的激情注入这个职业之中。记者的神圣使命就是忠于事实、报道事实的真相。

英国《泰晤士报》记者威廉·拉塞尔(William Russell)被认为是世界上第一个职业战地记者。1854 年 2 月,报社派他随英国远征军去马耳他,采访克里米亚战争。当时,英国上下都认为英国军队是世界上最强大、最精锐的部队,无敌于天下。新闻媒体则迎合政府的口味进行报道。拉塞尔在战场上发现,事情的真相却并非如此。拉塞尔在战场上受到了英国官兵们的怀疑、刁难。他的帐篷被扔出营地,他申请给养,得到的却是嘲笑;他想采访,却受到将军的严厉责问,而且拒绝向其提供任何情况。虽然困难重重,但拉塞尔毫不气馁。他历尽艰险,深入前线,报道战争。他在报道中写道:"拥挤不堪的小巷,散发着恶臭的棚屋,令人厌恶的贫民区,衰微破败的景象,这一切都无法诉诸笔墨。死者毫无遮掩地被扔在那里,紧挨着活人躺着。而活人在呈现一种令人无法想象的情形。医院缺少最普通的辅助设备,恶臭几乎毫不费力地穿过墙壁和屋脊上的裂缝钻出来污染周围的空气。我所看到的一切,是这些人未曾接受一点抢救就死了。"他的报道打动了一个与他同龄的女护士南丁格尔,她组织了一支有 38 名护士的队伍加入了英国远征军,在前线战地医院里,建立起一套科学的护理制度,使当时的伤员死亡率由 50% 下降到 2.2%。南丁格尔因此成为欧美近代护理学的创始人。

拉塞尔连续写下了几篇著名的战地通讯,他报道说,气候把英军逼入绝境,英军正在濒临死亡。拉塞尔的报道传回国内,英国上下掀起了一场拯救英军的运动,政府班子被迫辞职,陆军大臣被撤职。拉塞尔真实的报道为《泰晤士报》也为他自己争得了巨大的荣誉。他被称为"远征军的救星",他的报道"唤醒了英国人的良心,使他们同情英军所受的苦难,从而拯救了我们在 9 月间送去的那些伟大部队的残余"。拉塞尔一生共报道了 10 场战争,他的名字总是同硝烟、灾难联系在一起。他死后被葬在伦敦著名的圣保罗大教堂。人们厚葬他,是因为他从不辜负读者的期待,不辱使命,总是忠实地报道他所见到的新闻事实。③

---

①② 门彻.新闻报道与写作[M].展江,主译.北京:华夏出版社,2003:4.

③ 周克冰.中外经典采访个案解读[M].北京:北京广播学院出版社,2003:8 - 10.

刚进入新闻行业的记者,都怀揣着新闻理想,立志为新闻而生,为了新闻报道,甚至不惜牺牲自己的生命。但是,三五年后,有很多新闻记者感到自己的新闻理想在残酷的现实面前被碰得粉碎,于是开始消极应对、敷衍塞责、浑浑噩噩,做一天和尚撞一天钟。在这种时候,记者要学习拉塞尔,要学习中外那些在新闻行业执着追求、不畏艰险、不惧各种压力和威胁的记者,要学习那些在困难和障碍面前矢志不渝、奋力前行的记者,敬业、爱业,为受众奉献真实的社会图景,做历史的记录者和见证人。

二、记者的素质

(一)努力

记者需要具备的素质的第一点,就是要努力工作,辛勤耕耘。宝剑锋从磨砺出,梅花香自苦寒来。鲁迅曾经说过,我哪有什么天才,我是把别人喝咖啡的时间都拿来读书写作了。爱因斯坦也说过,成功就是 99 分汗水加 1 分天才。

新闻行业是一个辛苦的行业,这是任何准备投身其中的人必须明确的,唯有努力工作,才能成为一名优秀的记者。

美国著名记者、作家杰克·海敦,因其顽强的意志和杰出的成就,被人们誉为"世界不同凡响的新闻记者"。1904 年初,日俄即将开战,杰克·海敦决定到日军前线实地采访。在船上,他不慎摔伤了左脚踝骨,一连仰卧了 3 天不能起床。但一到码头,他就不顾伤痛搭火车到东京。当时世界各国记者云集东京,等候日本当局许可到前线采访的通知。因尚未正式开战,当局迟迟不理他们的采访要求,反而频频组织游览、宴请及娱乐活动。杰克·海敦看出当局的意图,决定自己设法去前线。他悄悄从东京来到长崎,打听去仁川的船。这时大船已全被军队征用,这更暗示了战事即将爆发。于是他搭上开往釜山的小火轮。时值隆冬,风雪交加,他只能睡在露天的甲板上。到釜山后还是找不到去仁川的船,他干脆租了一条只有 3 名船工的小船去仁川。小船在风浪中随时都有沉没的危险。经过 6 天 6 夜的航行到达仁川时,他的耳朵、手、脚都冻坏了。那时日军正向北方急行军,杰克·海敦便买了匹马跟着前进。几个星期后他到达平壤,不久又赶到鸭绿江边。战争爆发后,他连续发回 19 篇特写和数百张图片,对这场战争进行了及时、充分的报道。当他完成任务回到 4 个月前离开的东京时,那一大批各国记者还在"耐心"等待日本官方的随军许可呢!杰克·海敦后来说:"顽强是个妙不可言的东西,它可以把山移动,使你不敢相信和想象。"①

2000 年 1 月 31 日下午,阿拉斯加航空公司一架由墨西哥飞往旧金山的 MD - 83 型、载有 88 人的客机在洛杉矶西北部的太平洋海域坠毁,现场打捞时,船员们从水中捞出失事飞机的一些碎物,有人的脚、人的躯干等,空气中弥漫着飞机燃料的难闻的味道,也刺痛了美联社记者杰夫·威尔森(Jeff Wilson)的双眼。

电视台的记者因为感觉太难受,不敢走到船尾看一看打捞上来的东西,而美联社记者威

---

① 林如鹏.新闻采访学[M].广州:暨南大学出版社,1998:374 - 375.

尔森却一直留在那里。他所受的特殊训练帮了忙:在做记者前,他曾在洛杉矶干过4年的验尸官助理,曾一夜之间处理过13具车祸和火灾的受害者尸体。

威尔森这样解释他那天在船上的感受:"那一刻你完全被吸引住了。你劝告自己要离远一点,拍个远景,可你就是情不自禁地往前挪,寻找你想要的东西。"①

记者到了现场,要像美联社记者威尔森一样,不怕苦、不怕脏,才能找到自己所需要的东西。

有人提倡新闻记者做新闻要"无球跑动",这是比较贴切的一个比喻。就像打篮球一样,运动员在球场上,没有球来时也要跑动,因为球随时会来。球来了更要跑动。中国新闻界有一句名言:"脚板底下出新闻。"新闻首先是跑出来的。跑是基础,勤于跑动,才有可能抓到有价值的新闻。一分耕耘一分收获,好新闻需要付出,需要记者不停地跑动、不停地思考。新闻之花要靠汗水浇灌。

(二) 坚韧

记者在追求事实真相的过程中,需要具备坚持不懈的品质。只有坚韧不拔、不屈不挠,才能挖掘出事实真相。

美联社记者乔治·艾斯珀(George Espos)在40多年的采访报道生涯中,总是会得到他想要的内容,他的秘诀是什么? 其秘诀就是坚持不懈。

一个年轻人在缅因州自杀,艾斯珀连续7天给这个年轻人的父亲打电话,要追踪采访。艾斯珀说:"我不想令人反感,也不想偷偷跟踪别人,但我知道坚持不懈就会有收获。"

在采访战争时,艾斯珀顽强而执着。艾斯珀说,"如果我得不到答案,我就会不停地追问:'你什么时候会知道? 为什么你不知道?'"……当他意识到对方试图掩盖某件事时,他会不断地追问他们:"为什么你们不知道? 你们应该知道的,我知道你们知道。"其他记者认为别人不会对他说什么,或认为无法从军队中获得任何消息。艾斯珀却认为:"他们放弃得太早了。我的想法是,绝不要放弃。"②

对线索穷追不舍,直至敲开拒绝之门,是韧性和毅力的充分体现。新闻记者要想采访到独家新闻,必须具备这种韧性和毅力。

我国著名记者子冈,抗战时期任《大公报》记者时,住在重庆。一天早上醒来,他在床上听到广播——孙夫人宋庆龄将于今晨抵渝。子冈知道,自抗战开始以来,宋庆龄是首次到渝。她估计宋氏三姐妹中的另外两位——宋蔼龄、宋美龄以及冯(玉祥)夫人(李德全)等,都会到机场去迎接宋庆龄。子冈看了一下手表,到机场已经来不及了,同时机场记者云集,很难捞到单独采访的机会,她便灵机一动,跑到冯公馆去等候。

在冯公馆门口,子冈巧遇《新民报》女记者浦熙修。了解到冯夫人已去机场,将送宋庆龄去某处下榻后,她俩急忙赶到下榻之处,到达后得知冯夫人已陪宋庆龄进去了,但不许记者

①　施瓦茨.如何成为顶级记者——美联社新闻报道手册[M].曹俊,王蕊译.北京:中央编译出版社,2003:8-9.
②　施瓦茨.如何成为顶级记者——美联社新闻报道手册[M].曹俊,王蕊译.北京:中央编译出版社,2003:4-5.

入内。她俩在门口苦守了三四个小时后,冯夫人和其他几位夫人才告辞出来。她们上前求助,冯夫人说,次日下午两点,宋庆龄将抵冯公馆与其单独谈话,她们可在那里等候。

可到了次日,冯公馆门口卫兵重重,几名新换的副官都不认识她们,硬是不许她们在那里停留。后来经过许多周折,她们才见到冯夫人。子冈终于采访到一些实质性的东西,为《大公报》写了一则独家报道。

功夫不负苦心人,坚持到底,不松懈、不放弃,就会有所收获。

(三)勇敢

从事过 27 年职业新闻工作、现于中国人民大学新闻学院执教的高钢教授说:"新闻工作是勇敢者从事的职业,而不是怯懦者从事的职业。记者需要具有采访消息的不可动摇的信心! 随时准备遭遇拒绝、遭遇冷遇、遭遇嘲弄、遭遇无礼、遭遇恫吓、遭遇威胁。记者要随时准备牺牲自己的时间、自己的财富,包括自己的自尊心和生命。"[1]

记者首先需要具有面对事实的勇气,尤其是当事实与他的价值观、信仰发生矛盾或存在不一致的时候,记者能否在铁的事实面前改变自己的成见和刻板印象,这是记者必须面对的考验。

在揭露丑闻和黑幕时,在贪官、奸商和黑恶势力面前,记者需要具备一往无前的勇气和信心。

当年,塞拉利昂的弗里敦发生流血冲突,叛军洗劫了全国,甚至砍下了村民的手脚。美联社摄影记者艾兰·斯图尔特(Iran Stewart)和电视摄像记者迈尔斯·蒂尔尼(Myles Tierney)认为:"我们必须向人们传达塞拉利昂的声音,讲述他们的故事。"这是记者的职责。他们面对血腥,到战火纷飞、有着生命危险的地方去采访。结果,迈尔斯·蒂尔尼被杀害,艾兰·斯图尔特头部中弹,一只手臂残废。

面对这种灾难性后果,记者没有后悔、没有退缩,觉得这是明智的选择。"良知告诉我,不能漠视无辜者的困境。"斯图尔特说。不去?"那不是我进入新闻界的原因,我接受的教育也不让我这样做。"[2]斯图尔特面对危险迎难而上。

记者在采访报道时,常常会遇到威胁、压力,遇到这种情况,记者要勇敢、坚强地面对;在采访报道后,有时还会受到打击报复,被秋后算账,这个时候,记者更要表现出足够的勇敢与坚强。

2013 年 5 月 8 日,海南万宁市第二小学校长及一名政府职员带小学女生去开房,海南省《南岛晚报》记者杨琼文最先报道了此事。5 月 13 日,《万宁某小学校长给钱让幼女陪睡》稿件见报当天,杨琼文就接到了万宁市有关部门人员的电话,对方指责其不该报道这种"敏感"事件。5 月 14 日中午,万宁市有关部门人员再次给他打电话,声称"无论如何也要把你从《南岛晚报》搞走"。时隔 3 个月后,在海南万宁有关部门给报社施加的压力和威胁下,报社

---

① 高钢.新闻写作精要[M].北京:首都经济贸易大学出版社,2005:12.
② 门彻.新闻报道与写作[M].展江,主译.北京:华夏出版社,2003:37.

被迫让记者离职。

记者杨琼文在压力和威胁面前表现出的坚强和勇敢,令人敬佩。虽然被迫离职,但是他认为自己的报道对于中国妇女儿童的保护能够起到了推动作用。所以他表态说:"即使他们开除我,我也绝不后悔,而且我也绝不会屈服。"虽然这名记者最终被迫离职了,但是他面对压力和威胁没有屈服,为了大众的利益勇于揭露黑幕、为了弱势群体敢于伸张正义,值得后来者学习。记者要像鲁迅所写的一样,"我以我血荐轩辕",哪怕流血牺牲,也要"敢于面对淋漓的鲜血",坚定不移地为公平正义、为国家民族的进步和发展奋不顾身,死而后已。

(四)知识渊博

记者的采访报道活动涉及面相当广泛,各行各业、各个地方、各色人等,只要发生了有价值的新闻,记者都要去采访报道。如此广的接触面,需要记者具备多方面丰富的知识,才能在采访报道中运用自如。

首先是理论知识。记者平时多花一点时间学习哲学,能够培养思维能力和分析新闻事件的能力,能从较高的高度看问题,抓住事件的本质。

其次是文化知识。社会科学知识,如文史哲、经管法等;自然科学知识,如理工农医等,各门学科的一些基本知识,记者都要有一定的了解,只有这样,在采访报道时才不至于犯错。如果记者是某一个领域的专业记者,则必须对自己所从事的这一领域的知识进行系统、深入的学习。比如证券媒体机构的记者,必须具备证券、货币银行、经济学等方面的知识,否则,就无法进行采访报道。

最后是生活常识。基本的生活常识也是记者必须熟悉的,否则会导致采访报道出错。社会知识诸如各国各地的民风民俗、习惯等,是记者接到具体的采访报道任务后必须迅速熟悉和掌握的知识之一。中国有句俗话,叫入乡随俗,记者如果不熟悉这个"俗",就会闹出笑话,进而影响采访报道。

曾担任过美国《纽约时报》总编辑的安德(Ander),其广博精深的知识修养,令许多报纸同行自叹不如,他被公认为是一位集数学家、文学家、史学家、物理学家、地理学家于一身的编辑。1922 年,安德根据埃及古墓上的象形文字考证出 4,000 年前埃及曾发生一起弑君事件,这件事使不少考古学家汗颜。有一次,安德发现爱因斯坦的讲稿上有一个公式有错误,他打电话去询问,对方回答说:"没错,爱因斯坦就是这么讲的。"安德说:"那么,一定是爱因斯坦讲错了。"最后他去问爱因斯坦,爱因斯坦回答说:"安德是对的,我在黑板上抄写时,把公式抄错了。"这则奇闻在美国报界传为佳话。①

德国《明镜》周刊记者沃克哈德·温得富尔也和安德一样,被誉为学识渊博的"记者之花"。他写的稿件经常有 200 家欧洲报刊同时采用。在 1990 年 2 月埃及的一次记者招待会上,开罗艾资哈尔大学大教长哈克就中东宗教激进主义问题作了长篇发言,随后记者提问。头发花白的沃克哈德·温得富尔站了起来,对哈克大教长的某些观点作了不同意见的发言,

---

① 李良荣. 新闻学导论[M]. 北京:高等教育出版社,1999:315 – 316.

并为引证自己的观点,用娴熟的阿拉伯语大段背诵《古兰经》和《圣训》,随后又翻译成漂亮的英语、法语。在场的记者无不大吃一惊,因为哈克教长是伊斯兰世界最高学术权威!哈克对这位记者说:"我举行过无数次记者招待会,能够准确引用伊斯兰经典同我讨论问题的,你是第一个。你的观点,我不敢苟同,但我承认你是严肃的伊斯兰经典研究者。"沃克哈德·温得富尔还是德国汉堡大学国际政治系的兼职教授,以及开罗美国大学博士学位研究生的特聘指导教授。他的办公室占用了一座楼房的整整一层,资料堆积如山,图书满壁,至少上万册。他说:"你要想采访名人,你自己就要努力成为名记者。名人一般不愿意同新闻界的无名小卒交谈,这就是我的经验。"①

像安德和沃克哈德·温得富尔这样知识渊博的编辑和记者当然不多,我们也不能强求所有的记者都必须具备像这两位记者和编辑一样的知识,但掌握必要的社会科学和自然科学知识及一些基本的生活常识,以便能够胜任日常的采访报道,不出现常识性错误,这应该是每一个记者都必须做到的,这是对一个记者最基本的要求。

知识链接

(下面)一些品质对于所有记者来说,都是有用处的:

玩世不恭　新闻记者对于大多数人的动机应该抱怀疑的态度,更不消说对政府官员了。从白宫到法庭,官员们往往把自己的利益放在第一位,而把公众的利益放在第二位。作为一名记者,你就是报纸和公众的代表。

大胆泼辣　新闻事业不是怯懦者们干的行业。记者应该顽强而自信。当然你应该讲究礼貌,但是记者需要一种有权采访消息的坚定而高昂的信心。

好奇心强　用新闻界的陈词滥调来说,就是要有新闻嗅觉。这就是说要随时保持警觉,以便发现好的报道题材。

仔细观察　好的记者就像侦探一样留心细节。……比方说,一个小女孩拖着一个洋娃娃穿过被龙卷风摧毁了的她家房屋的瓦砾堆。又比方说,一些教授身上挂着用拉丁文写的标语牌促成罢课纠察线。要把读者引入现场的景象中去,给他们以身历其境的感受。

勤于挖掘　记者应当把所有事实都收集起来。也许你记的笔记连一半都用不上,但是你在写稿的时候有更多的材料可供选择。要提出一切可以想象得到的问题。不要在稿件中留下漏洞。

坚持到底　在一个有坚持到底精神的足球队里,后卫队员摔倒了仍然爬起来奋力争球。新闻记者就需要这种顽强的品质,要接连不断地提出问题,不要给提供消息的人以躲闪的机会。②

---

① 白庆祥,刘乃仲,郑保章.新闻采访写作编辑案例教程[M].北京:新华出版社,2003:18.
② 海敦.怎样当好新闻记者[M].伍任,译.北京:新华出版社,1980:23 – 24.

思考与练习

一、思考题

1. 将学院派对新闻概念的解释与实务派对新闻概念的解释进行比较,说说两种派别对记者从事新闻实务的帮助,哪一种更直接一些,哪一种更间接一些,并分析其中的原因。

2. 传统新闻价值标准包含哪些要素? 请阐述这些要素。

3. 新闻价值标准有哪些新的变化?

4. 谈谈影响新闻价值判断的因素。

5. 结合当前的新闻现象,认真思考记者的责任和使命。

6. 一个合格的记者,需要具备什么样的素质?

二、练习题

1. 请指出下面这个材料包含了哪些新闻价值要素?

2012 年 11 月 19 日,手持小刀的女童站在街头,举着"你打我爷爷,我要和你决斗"的牌子。女童叫刘敏婷,10 岁,称其爷爷刘春林于 2010 年 8 月 17 日被(湖南)涟源市六亩塘工商所副所长严怀忠殴打致伤,没有得到任何赔偿,于是发生了这场令人啼笑皆非的最牛约架!

2. 阅读下面这段材料,谈谈你会如何报道这个材料? 重点报道什么内容? 为什么?

近期,湖北全省各地各部门按照省纪委中秋、国庆节前开展第三轮明察暗访的工作部署,查处了一批违反中央八项规定精神和省委六条意见的问题。同时,湖北省纪委协调相关部门对党政机关、国有企业、高等院校食堂、培训中心违规使用公款消费问题进行了重点检查,发现了一批违规问题,已责成相关部门进行严肃处理或者正在进行处理。

10 月 3 日发布十堰市茅箭区委办公室、武汉大学同城吃请、工作日午餐饮酒问题。

(1)2014 年 9 月 28 日,十堰市茅箭区委办公室公务接待工作日午餐饮酒。

(2)2015 年 7 月,武汉大学同城接待武汉理工大学一行 7 人,花费 1,394 元;接待湖北大学一行 6 人,花费 545 元。

湖北省纪委指出,上述问题严重违反中央八项规定精神,属于顶风违纪问题。省纪委将责成相关地方和单位严肃查处,并点名道姓通报曝光。

(3)试将同一天的报纸、电视、广播和网络新闻进行比较,看其选择新闻的价值标准有何不同?

(4)请选取本地城市影响最大的一份报纸,任意选择某一个月(比如 5 月),比较其在今年 5 月、10 年前的 5 月、20 年前的 5 月的新闻报道内容有什么不同? 从这些报道内容中能否看出新闻价值观的变化? 如果有变化,请指出是什么样的变化?

第 2 章　新闻报道基础

本 章 要 点

● 新闻六要素——何人（Who）、何事（What）、何时（When）、何地（Where）、为何（Why）、如何（How）必须表述清楚；"何事"要素是新闻的核心要素，无事不成新闻。

● 新近发生的事件是最大的新闻由头。

● 过时的旧闻，必须跟踪事件的最新进展，通过新近发生的事实引出旧事；或者通过披露新闻来源的方法引出旧事，展开报道。

● 新闻报道既有单一主题，也有多个主题。一个主题报道完毕后再报道下一个主题，新闻会显得有条不紊，脉络清晰，便于受众快速、高效地接受信息。

第一节　新闻要素

新闻要素，是指新闻事实的主要构成元素。撰写新闻，必须把新闻要素写清楚，缺乏新闻要素的新闻，难以满足受众的新闻需求，不是一条成功的新闻。

一、六个 W

写新闻一般都要交代清楚六个基本要素：何事（What）、何人（Who）、何时（When）、何地（Where）、为何（Why）、如何（How）。中国人将其称为"六何"，西方则将前面五个要素称为"五个 W"——因为前面五个要素中的英文字母都是以 W 开头，故称为"五个 W"，而将"如何（How）"称为"一个 H"。为了便于理解和记忆，也为了论述的方便、简洁，我们将这个"如何（How）"也称为"一个 W"，因为这个"How"的英文字母中也有一个"W"。这样，新闻的六要素可以称为"六个 W"。

英国诗人拉迪亚德·吉卜林（Rudyard Kipling）曾写过下面的诗句：

我雇佣了六个忠实的仆人，

（他们教会我知道全部事情）；

他们的名字是何事、何故和何时，

还有如何、何处和何人。

英国诗人吉卜林把新闻六要素比作"六个忠实的仆人",形象生动、准确贴切,可以帮助我们理解新闻六要素。

> 今天上午7:30,本市市中区向阳路与光明路交叉路口发生一起车祸。张姓司机驾驶的一辆满载煤炭的东风大卡车在超车时侧翻,将一辆比亚迪轿车整体压住,当场压死轿车司机和副驾位置的一位女士。轿车内另外二人重伤,正送医院抢救。

上面这条新闻包含了新闻最基本的六个要素。

何时:今天上午7:30。

何地:本市市中区向阳路与光明路交叉路口。

何人:张姓司机、死者和伤者。

何事:车祸。

为何:满载煤炭的东风大卡车在超车时侧翻。

如何:当场压死轿车司机和一位女士,另有二人重伤。

一般来说,一条新闻必须交代清楚新闻六要素。但由于新闻报道讲究时效,记者不一定都能在匆忙的采访过程中了解到每条新闻的六要素,比如火灾和空难等事故及一些复杂的新闻事件,记者一下子很难了解到事件发生的原因,"为何"要素就难以交代。但是,对于绝大多数新闻报道来说,记者都要尽可能地了解新闻的六要素,要尽量交代清楚六个要素。

一般来说,具备了上述六个要素,一条新闻就相对比较完整了,也基本上能满足受众对事件的知悉。

一些新闻写作的初学者往往忽略交代新闻要素,这种忽略首先表现在采访的过程中,记者可能压根儿就没有想到某个新闻要素还需要调查清楚,只是很简单、很草率地调查了一下基本事实,就打道回府。采访完毕后,记者回到新闻机构,匆忙写完新闻稿就交给了新闻部门的负责人或者编辑。

不仅是新闻写作的初学者容易犯这样的低级错误,甚至是新闻媒体上的报道,也偶尔会出现这样的失误。下面是两篇同样报道陈毅故居陈列馆在故乡落成开馆的消息,其中一篇就存在这种毛病,而另一篇报道则报道得比较清楚。

先看第一篇报道:

> 今天,陈毅故居陈列馆,在他诞辰86周年之际落成开馆。陈列馆门上悬挂着军委主席邓小平亲笔题写的"陈毅故居"四个金匾大字。新修建的陈列馆分为18个部分,共展出各种图片和文物史料960件。

这则报道没有报道陈毅故居在什么地方,而这个要素是非常重要的要素,必须报道出来,而且应该在导语中就作交代。我们不能以任何理由和借口不交代新闻要素,不能因为陈毅元帅威名远扬就可以不交代其故居的地址。不管多么伟大、著名的人物,如果我们报道其故居的陈列馆开馆,就应该交代其故居的具体地址,因为有相当多的人不知道这些人物的具体出生地。

另一篇报道对新闻要素的交代就比较清楚:

> 在陈毅元帅的故乡——四川乐至县劳动乡,昨天有一万多名群众欢庆陈毅故居陈列馆落成开馆。陈毅同志 1901 年 8 月 26 日诞生于乐至县复兴乡正沟湾。1959 年 10 月,他回故乡视察时,家乡人民准备将场口新修的一座石桥取名"将军桥"。陈毅不同意,提议定名为"劳动桥"。从此复兴乡便更名"劳动乡"。

这篇报道在导语最前面的位置就向读者交代了陈毅元帅的故乡在哪里——四川省乐至县劳动乡,而且还交代了陈毅元帅的生日——1901 年 8 月 26 日,交代了陈毅元帅故居——"劳动乡"名字的由来,比起前一篇来说,报道水平的确存在高低之别。不过,关于生日和故居的改名,可以放在导语之后再介绍。

不交代基本的新闻要素的新闻报道并不少见。下面这条新闻同样存在新闻要素不全的问题:

——|男子因女儿太丑状告整容妻子获赔 75 万|——
2012 年 11 月 5 日　09:41　来源:人民网

> 男子冯健以妻子太丑为由将其告上法庭申请离婚,更离奇的是他还打赢了官司,并获赔 75 万多元。冯先生表示他是在女儿出生后才对妻子的长相产生了质疑——女儿丑得不可思议。面对指控,冯妻承认自己曾花费约 62 万元整容。
>
> 冯健被孩子的相貌震惊了,而且孩子和父母长得也不像。起初他是指控妻子不忠。面对指控,冯先生的妻子承认自己曾经花费大约 62 万元人民币进行整容手术,所以才使得自己的容貌发生了巨大变化。她表示整容手术都是在她与丈夫认识之前做的,而在两人结识后她也从未向丈夫坦白整容事宜。冯先生向法院申请离婚,认为妻子用虚假的容貌骗其与之结婚。法院同意了他的诉求并准予了他的赔偿要求。

在上面这条新闻中,事件究竟发生在什么时间、什么地方、由什么地方的法院判决的,整条新闻都没有交代。由于缺乏时间、地点这两个最基本的要素,受众对这条新闻的可信度就会产生怀疑,怀疑记者编造了这条新闻。后经查实,该新闻实为一条假新闻。

二、"何事"要素最重要

新闻六要素在新闻报道中的地位与作用并不完全相等,而是有主次之分。一般而言,"何事"是新闻的核心要素,因为无事不成新闻。

─ │日本东京两列车相撞 10 余人受伤、列车脱轨│ ─

2014 年 2 月 15 日　08：40　来源：中国新闻网

【中新网 2 月 15 日电】　据日本新闻网报道，当地时间 15 日凌晨 0 时 30 分许，连接日本东京与神奈川县的东急东横线列车在元住吉车站相撞，已经造成十余人受伤，列车脱轨。

来自川崎市消防局的消息说，消防等急救队员正在现场抢救伤员，目前还没有发现有人遇难。事故现场位于川崎市内，当地积雪已有 20 厘米。

这条新闻的主要内容就是"何事"：日本东京两列列车相撞，10 余人受伤，列车脱轨。没有这个事件，就没有这条新闻。

─ │男子因迷恋女同事对其强吻 赔 12 万并获刑│ ─

2014 年 2 月 15 日　07：20　来源：大洋网 – 广州日报

【本报珠海讯】　（记者陈治家 通讯员曹大起、李华）　因为迷恋女同事，一时冲动强行又抱又吻，要求与自己谈恋爱，结果付出惨痛的代价，在赔偿对方 12 万元后还获刑！

昨日，记者从珠海市金湾区法院获悉，该院以强制猥亵妇女罪判处被告有期徒刑八个月，缓刑一年。

珠海市金湾区人民检察院指控，2013 年 9 月 22 日 14 时许，被告人冯某在珠海阳某儿童用品有限公司加班期间，尾随同事被害人黄某兰进入其所在的办公室，趁周围无人之机，强行抱住被害人黄某兰，不顾被害人黄某兰的激烈反抗，强吻被害人黄某兰的脖子和脸部，并用手乱摸被害人黄某兰大腿内侧、胸部等部位，并要求被害人黄某兰与其谈恋爱。该过程持续约半个小时，后被告人冯某在被害人黄某兰的劝说下才离开被害人黄某兰的办公室。

2013 年 9 月 23 日被告人冯某主动到公安机关投案。据了解，被告人冯某案发后赔偿了被害人黄某兰精神损失共计人民币 12 万元，并取得了被害人黄某兰的谅解。

公诉机关认为，被告人冯某违背妇女意志，以暴力方式强制猥亵妇女，其行为触犯了《中华人民共和国刑法》第二百三十七条第一款的规定，构成强制猥亵妇女罪。被告人冯某自动投案，如实供述自己的犯罪事实，系自首，根据《中华人民共和国刑法》相关规定，可以从轻或者减轻处罚。同时其已赔偿被害人精神损失，取得被害人的谅解，可以酌情从轻处罚。

辩护人对公诉机关指控的犯罪事实及罪名均无异议，但认为被告人冯某是因酒后一时冲动才会对被害人实施猥亵行为。

近日，该院一审判处被告人冯某犯强制猥亵妇女罪，判处有期徒刑八个月，缓刑一年。

上面这条新闻，导语着重强调"何事"和"如何"，其时间要素出现在正文第二段中。由于导语省略了时间要素，事件要素就显得更加吸引受众，使事件更具冲击力。

三、"何时"要素常出现在导语中

新闻的最大特点之一是新鲜。要显示新闻的时效性,就必须将时间要素在新闻的第一段中显示出来。一般而言,记者在新闻的第一段中往往都要写上"昨日""今天"等字样,以表明新闻事件是新近发生的,不是过时的旧闻。

女子为父办户口与父结婚 未办成请法院判婚姻无效

2014 年 2 月 16 日　07:29:16　来源:《京华时报》

据《成都商报》报道,为把父亲的户口从老家迁到成都,成都的林丽(化名)与自己的亲生父亲登记结婚。由于按规定其父仍不能取得成都户口,林丽近日将生父告上法院,请求判令两人婚姻关系无效。最终,法院认定两人属于"禁止结婚"的情形,判决婚姻无效。

30 多岁的林丽住在成都成华区,并取得了当地户口,离婚后独居。去年,住在老家的父亲生病,花了一大笔钱。为节省今后的医药费,林丽决定将父亲的户口迁到成都,并为父亲办理成都的社保。由于她的房子不到 70 平方米,未满足老人投靠子女入户的条件。她听说若是夫妻关系,就可以办下户口。林丽决定和自己的亲生父亲结婚。今年年初,父女俩在民政局成功办理了结婚证。但按规定,即便是夫妻关系,她依然不能为父亲办理成都户口。林丽遂决定解除与父亲的婚姻关系。

近日,林丽和父亲来到当初办结婚证的民政局办离婚,并说明了自己的情况。但工作人员称,协议离婚只适用于合法存在的婚姻,两人的情况只能去法院处理。林丽于是将父亲告上成华区法院,请求解除他们父女的婚姻关系。

成华区法院经审理认为,被告与原告系父女关系,属直系血亲,原、被告违反法律禁止性规定办理了结婚登记,其婚姻关系无效。无效的婚姻,自始无效,不受法律保护,当事人之间不具有夫妻的权利与义务,故林丽要求判决确认其与父亲的婚姻无效的诉讼请求,法院依法予以支持。

据了解,依据相关法规,民政局对当事人双方是否具有禁止结婚的近亲属关系,并不会进行实质性审核。

上面这条新闻,最具有新闻价值的核心信息是"女儿与自己的亲生父亲登记结婚",但是这件事件发生在之前,离新闻报道的时间比较远。为了突出时间要素,记者将"林丽近日将生父告上法院,请求判令两人婚姻关系无效"这个比较次要的信息在第一段中作了交代。

一般说来,"何时"要素应出现在第一段中,以显示新闻的时效性。但近年来,也有一些新闻报道开始突破一些固化的新闻思维模式和僵化的新闻理念,将时间要素延后陈述。如果记者认为新闻事件的时间要素不是最重要的,为了突出其他要素,就会将时间要素放在第二段甚至放在新闻主体中进行交代。时间要素不出现在新闻的第一段中,这在西方的新闻报道中更为常见。

| 奥斯卡金像悉数被盗 |

【路透社洛杉矶(2000年)3月17日电】　就连好莱坞也编造不出这样的故事:为了侦破一起神秘的盗窃案,一个联合特别行动组成立了;联邦调查局也被请来了;一条特殊的电话热线开通了,悬赏破案的赏金是5万美元。

什么被偷了?英王皇冠上的珠宝?比尔·盖茨的财产?都不是。被盗的东西是对洛杉矶市来说要重要得多的东西:奥斯卡金像不见了!

美国电影艺术和科学学院的官员们今天证实,今年奥斯卡的总共55座金像在一家运输公司于洛杉矶以南的工业城市贝尔装货时全部被盗。

……

这条新闻的导语采用的是软导语的写法,开头设置悬念,引起受众的兴趣,第二段才说出新闻的核心内容:奥斯卡金像被盗。而时间要素更为滞后,一直到第三段才告诉受众:官员"今天"证实了奥斯卡金像被盗的事实。记者认为时间要素在这个新闻事件中不是最重要的要素,因此将其放在第三段。

四、受众更关注"如何"要素

"如何"要素从上世纪中后期开始受到新闻界和受众的重视,这可能与人类特别注重结果有关,人类比起以往任何时期都更加务实,对于结果非常在意。一次车祸,受众最关注的第一要素可能是结果怎么样,有无人员伤亡,如果有,伤亡有多大,多少人死亡,多少人重伤;一次火灾,受众首先也是关注是否有人被烧死或烧伤,然后就是关注财产损失。

| 四川商城爆炸事故已致4人死亡35人入院治疗 |

2013年12月27日　06:45:40　来源:四川在线

记者从泸州市江阳区政府新闻办获悉,2013年12月26日22时40分左右,泸州市江阳区摩尔玛商场发生天然气爆燃事故,导致商场负一楼和一、二楼起火。据初步统计,截至27日凌晨6时,事故造成4人死亡,35人被送往医院留院观察治疗。受伤人员正在全力救治中。

事故发生后,当地立即启动应急预案,市区两级领导和当地公安、消防、卫生、安监、住建、商务等部门赶赴现场开展应急救援工作。目前,当地社会秩序正常,灭火及人员搜救工作仍在进行中,事故调查及善后处理等各项工作已全面展开。

对于上面这条简短的新闻,受众最关注的首先是事故造成的人员伤亡,其次是财产损失。由于时间紧迫,这条新闻还没有将具体的财产损失调查出来,但一定要调查出伤亡人数,即使不准确,也要先报道出一个大致的数字,如果后面的人员伤亡还在增加,可以进一步再继续告知受众。特别是灾难性新闻报道,受众非常关注结果怎样。这条新闻有一个小瑕疵:"2013年"这个时间不必写在新闻中,甚至"12月"也可以省略不写。

五、根据新闻价值大小决定突出哪个要素

记者写作新闻,必须交代新闻要素。新闻要素的交代不能平均使用笔墨,必须详略得当。在新闻导语中,重点报道哪个要素、先报道哪个要素,其判断依据是新闻要素的新闻价值的大小。记者必须精心选择,将最具有新闻价值的新闻要素重点报道、优先表现出来。

────| **印度饭馆煤气罐爆炸引爆两层楼 致90人死亡** |────

2015年9月12日 19:06 来源:新华社

【新华社新德里9月12日电】(记者吴强) 印度医疗部门官员12日说,当天发生在印度中央邦恰布瓦市的一起煤气罐爆炸事故造成的死亡人数已升至90人。

印度中央邦首席主任医师夏马对当地媒体表示,已经证实90人死亡、上百人受伤,而且死伤人数可能会继续上升,救援人员仍在房屋废墟中寻找可能的生还者。

警方说,目前对爆炸事故原因的调查结果显示,发生爆炸的两层楼房的房主在楼内非法储存大量的鞭炮火药,并将煤气罐与火药放置在一起。这栋楼房的门面房是一家低档饭馆,饭馆的煤气罐爆炸后引发火灾,造成这一事故。

从电视画面看,爆炸将楼房夷为平地,周围许多建筑物也严重受损。由于楼房地处一个人员密集的路口,而且饭馆正在营业,造成人员伤亡严重。

当地政府已要求对事故进行彻底调查,对肇事者追究刑事责任,并对死者家属和伤者提供抚恤金。

印度城市经常发生煤气罐爆炸和房屋倒塌事故。缺乏安全监督和没有安全观念被认为是造成这类事故的主要原因。

上面这条新闻,主要是突出"何事"要素,是以事件为核心来展开报道的。这是大多数新闻报道通常采用的方法。就这条新闻来说,突出报道"何事",是非常正确的选择和判断。

如果要更加突出"何时"要素,我们可以尝试这样写:

12日上午,印度中央邦恰布瓦市发生一起煤气罐爆炸事故,当场造成90人死亡、上百人受伤。

如果要突出"何人"要素,可以这样写:

印度中央邦首席主任医师夏马对当地媒体表示,12日发生在该邦恰布瓦市的一起煤气罐爆炸事故,已经证实90人死亡、上百人受伤,而且死伤人数可能会继续上升。

如果要突出"何地"要素,可以这样写:

印度中央邦恰布瓦市12日上午发生一起煤气罐爆炸事故,已造成90人死亡、上百人受伤。

如果要突出"为何"要素,可以这样写:

> 房主在楼内非法储存大量鞭炮火药,并将火药与饭馆的煤气罐放置在一起。煤气罐爆炸引发火灾,造成 90 人死亡、上百人受伤。这是 12 日上午发生在印度中央邦恰布瓦市的惨剧。

如果要突出"如何"要素,可以这样写:

> 90 人死亡、上百人受伤。12 日上午,印度中央邦恰布瓦市发生一起煤气罐爆炸事故。

什么要素必须突出报道、优先报道,什么要素可以放在新闻主体中简要报道,记者必须根据事实的新闻价值仔细斟酌、认真选择和判断,否则,就会本末倒置、喧宾夺主,降低焦点信息和核心要素的重要性,影响受众对新闻的接受度。

第二节　新闻由头

所谓新闻由头,是指事实作为新闻报道的依据或契机,成为新闻的根据。所以,新闻由头又称为新闻根据。

新闻由头一般着眼于新闻事件发生的时间,必须报道最新动态的事实,因此,一条新闻最主要的新闻由头就是事实发生的时间。

一、新闻必须有由头

一般来说,消息都要有新闻由头,没有新闻由头的事实不是新闻,不能作为新闻来报道。我们来看下面这段材料:

> 中国农业在取得巨大成就的同时付出了很大的代价:一方面,农业资源长期透支、过度开发,复种指数高、四海无闲田;资源利用的弦绷得越来越紧;另一方面,农业面源污染加重,农业生态系统退化,生态环境的承载能力越来越接近极限。

这段文字只是事实,或者是一个观点,但不是新闻,因为它没有新闻由头。如果要把它写成一条新闻,就必须通过新闻由头引出来。下面来看看经过改动的材料:

> 农业部长韩长赋今天说,中国农业资源长期透支、过度开发,复种指数高、四海无闲田。农业面源污染加重,农业生态系统退化,生态环境的承载能力越来越接近极限。因此,必须坚定不移推进农业可持续发展。①

---

① 农业部长:农业资源长期透支过度开发 四海无闲田[EB/OL].(2015 - 9 - 14)[2017 - 2 - 1].http://www.chinanews.com/gn/2015/09 - 14/7522628.shtml.

这个改动因为有了新闻由头,就成了新闻。"农业部长韩长赋今天说",这就是新闻由头,有了这个新闻由头,它才能成为一条新闻。如果没有这个新闻由头,它就只能是新闻背景,而不是新闻事实,也就不能成为一条新闻。

下面这条新华社报道的新闻,发表在 1981 年,这条新闻就没有新闻由头。我们来看一下。

| 李万铭改造成新人 |

50 年代轰动全国的政治诈骗犯李万铭,已经改造成了新人。现在他是陕西新安机械厂的工人。他表示,要在自己的有生之年,为祖国的四化建设贡献力量,做一个有益于人民的公民。

李万铭是陕西省安康县人,现年 56 岁,解放前他是国民党的下级军官(准尉),1949年,他冒充中央大学学生,混进我二野军政大学学习。……从此,他趁人民政权初建,人事组织制度不够健全之机,以不断地伪造证件、编造谎言、捏造履历、冒充共产党员、冒充战斗英雄和领导干部等手段进行诈骗……担任过一些重要职务,还曾作为中国农民代表团的成员出国访问。……1956 年,李万铭被判有期徒刑 15 年,刑满后再剥夺政治权利 5 年。服刑期间,表现良好。但"十年动乱"中,又被加刑 10 年,1979 年 5 月,西安市政法部门撤销了对他加刑的判决,安排他在新安机械厂就业。他完成任务好,受到了工人和干部的好评。当记者采访他时,他说:"过去我是一个有害于人民的人,现在我要做一个有益于人民的人,要在我的有生之年为祖国的四化建设贡献力量。"

这条新闻中所写的事实,并不是发生在新华社报道的当天或与当天比较靠近的几天内,而是发生在 1979 年 5 月,但却延迟到 1981 年才发表。时隔两年,记者没有采访到新的事实,尤其是离报道时间最近的事实,这样,这条新闻就不能成为严格意义上的新闻。因为过去的事实已经不是新闻事实,只能作为新闻的背景出现在新闻报道中,把新闻背景作为新闻事实来报道,违背了新闻的基本原则。[①]

这里所说的新闻由头,是指一条新闻的导语必须写新近的事实,从最新近的事实引出报道,这样,新闻才能成立。否则,导语如果报道过去很久的事实,新闻难以成立。至于新闻主体,既可以报道新近发生的事实,也可以写过去发生的事实。当然,一般来说,新闻报道应该以新近发生的事实为主,而过去发生的事实只能作为新闻背景贯穿于新闻报道中。

二、时效性是最大的新闻由头

一些突发事件、各种各样的重大活动以及受众关心的事件,其新近发生的时间,就是最大的新闻由头,是最有力的新闻根据。只要记者注意快速捕捉、立即采写,媒体及时报道,就可以产生一条具备充分由头的新闻。各种类型的新闻媒体上报道的大多数新闻,都是新近

---

① 成美,童兵.新闻理论教程[M].北京:中国人民大学出版社,1993:39-40.

发生的事实,都是有由头的新闻。

　　看下面这两条新闻:

──┤ **泰国国王出现肺炎及血液感染情况 已接受治疗** ├──

2015 年 9 月 14 日　08:32:24　来源:中国新闻网

　　【**中新网 9 月 14 日电**】　据"中央社"报道,泰国王室 13 日表示,泰国国王普密蓬因血液感染和肺炎接受治疗。泰国国王是世上在位最久的君主。

　　据报道,高龄 87 的泰王住进曼谷诗丽拉医院已超过 3 个月,泰王 5 月接受身体检查,发现脑水肿后,已接受治疗。他在本月 7 日时因胸腔感染而接受治疗。

　　报道称,普密蓬的健康状况引发各界密切关注。泰王在位 69 年间,泰国政局动荡频繁,普密蓬总会适时出面扮演道德仲裁者角色,并被视为泰国团结象征。

　　泰国王室在声明中说,泰王 12 日发高烧,血氧含量浓度低于正常标准。

　　声明中说:"血液检查发现感染,胸部 X 光检查结果则发现左肺下部发炎。"声明表示,泰王血压正常,但仍有发烧情形。

　　据悉,普密蓬体弱多病,过去 6 年多次进出医院。

──┤ **叙利亚东北部发生汽车炸弹爆炸 至少 20 人死亡** ├──

2015 年 9 月 14 日　20:46:36　来源:中国新闻网

　　【**中新网 9 月 14 日电**】　据法新社报道,14 日,叙利亚东北部城市发生汽车炸弹爆炸事件,造成至少 20 人丧生。

　　报道称,救援人员已经抵达现场,他们在倒塌的建筑中寻找失踪者。

　　上面这两条新闻,报道的事实都是新近发生的事实,其新近发生的时间就是最好的新闻由头,不需要再去刻意寻找新闻由头。

三、如何为旧闻寻找新闻由头

　　在新闻报道中,一些有新闻价值的事实,由于种种主客观原因,记者没有及时知悉,更没有及时捕捉,媒体也就没有及时报道。当记者后来从各种渠道知悉时,已经过去很久了,失去了最佳报道时间。但记者判断这些信息仍然很有报道价值,受众也很想知悉。对此类过时的"旧闻",记者应该如何将其报道出来? 这就必须寻找新闻由头。

(一)采访方法

　　寻找新闻由头,首先要求记者在采访的过程中就要开始判断事实、选择事实,如果等到新闻写作时才开始寻找新闻由头,可能为时已晚。

　　当记者在采访的过程中捕捉到了一件有报道价值的事实,却发现这个事实已经过去了很久时,记者就要注意跟踪这个事件的进展,捕捉与这个事件相关的新近变动。

| 书记取消厂长预备党员资格　厂长又将书记夫妇辞退出厂 |

【本报讯】（记者李蓬、王志杰）　自今年2月下旬以来,许昌市第二内燃机配件厂厂长与党委书记之间"内战"激烈。书记主持党委会,取消了厂长的预备党员资格;厂长召开厂务委员会,以辞退职工的名义辞退了书记。

许昌市二内燃厂是一家拥有近千名职工的中型企业,建厂多年来由于经营管理不善,经济效益一直不景气。1985年11月,管技术的副厂长李振炎与市里签了承包合同,成为企业法人代表,党委书记宋海亮虽然也在承包合同上签了字,但很不情愿,认为与李振炎无法共事,因而一再向上级要求调出该厂。此后,双方互相指责,矛盾日趋激烈。

今年1月15日,李振炎所在党支部通过了同意李振炎预备党员转正的决议。2月23日,宋海亮等人召开党委会审批时,以李"收受贿赂,以权谋私,唯我独尊,不讲原则,目无组织"为由,取消了李的预备党员资格。李振炎对此毫不示弱,从2月27日至3月10日7次召开厂务委员会,对党委成员及其家属作出一连串的处理决定,其中包括:免去宋的厂务委员会副主任职务,下浮两级工资一年;下浮屈德山(党委副书记)的三级工资两年;取消宋、屈在70%面调资中的升级资格;辞退了宋的妻子(本厂职工);最后以"对改革持抵制态度,不能以实际行动支持厂长工作"为由,辞退了党委书记宋海亮,并给党委副书记屈德山及其妻子"放长假"让回家"休息"。

李、宋等人的"争斗",在群众中造成恶劣影响。企业危机四伏,职工忧心忡忡。市有关部门组成联合调查组进驻该厂。经过一个多月的调查,目前向厂领导通报了初步调查结果:企业管理混乱,经营亏损,1987年上报盈利1.01万元,实为亏损3.02万元;领导班子严重不团结,党、政、工各方面不能配合工作;厂领导成员组织观念淡薄,政策水平差;企业连续发生重大事故,已死亡2人,重伤1人。调查组进行的职工民意测验表明,李、宋及其他领导成员均已失去了大多数干部和工人的信任。

据悉,二内燃厂领导班子的问题已引起市委、市政府的高度重视,有关部门目前正在加紧着手解决该厂的问题。(原载于《河南日报》,1988年5月9日)

这条新闻是一条好新闻,被评为1988年度全国好新闻二等奖。这条新闻报道的内容很有新闻价值,从这个意义上来说,这条新闻被评为全国好新闻当之无愧。但是,美中不足的是,这条新闻没有新闻由头。新闻的发布时间与主要新闻事实的发生相隔两个多月,记者也没有找到报道这条新闻的由头。

这条新闻的现存由头,是市有关部门组成的联合调查组目前向厂领导通报初步调查结果。记者可以通过这个最新的事实引出要报道的新闻背景——"书记取消厂长预备党员资格,厂长又将书记夫妇辞退出厂"。

如果记者不想用这个通报结果作为新闻由头,就必须采取跟踪的方法,继续寻找其他新闻由头。厂长和厂党委书记有矛盾,记者可以随时跟踪事件的最新进展。比如,两人"今天"又在办公室吵架、打架;两人原先的部下"今天"发生了矛盾;两人的支持者"今天"发生了矛盾;甚至两人的妻子、儿女"今天"发生了矛盾,等等,都可以作为新闻由头,引出曾经发生过的"书记取消厂长预备党员资格,厂长又将书记夫妇辞退出厂"的事件。

1980 年 8 月 6 日,《北京日报》一版报道了古燕阁书画社 7 名待业青年承办国内旅游服务的新闻。古燕阁书画社成立于当年 5 月,当记者知悉这一新生事物时,古燕阁书画社已经承办了 24 批国内旅游服务。记者是这样处理这条"旧闻"的:

> 今天清晨,古燕阁书画社待业青年组织的第 25 批国内旅游者愉快地踏上旅途,前往避暑胜地——北戴河旅游消夏。

虽然错过了前面 24 批国内旅游服务,但是记者跟踪到了第 25 批国内旅游服务,并对"今天清晨"发生的事件进行了及时报道。《北京日报》关于古燕阁书画社待业青年承办国内旅游业务的新闻,报道的时间虽然离此事发生的时间已经过去了 3 个月,但由于抓住了最新的事件进展,使读者仍然觉得有新意。

(二)写作方法

对于一些过去了的"旧闻",要显示新闻中新近的时间要素,就要从新闻事件的进展中挖掘出与新闻事件密切相关的新近的事实,突出"最新近时间点"。

1. 以新带旧

把记者挖掘、捕捉到的与"旧闻"息息相关的最新事实作为"由头",将其写在新闻导语中,通过最新事实引出过去的事实,引出"旧闻",这就是"以新带旧"。

《湖南日报》老记者熊先志报道过这样一条新闻:岳阳县一位通讯员曾向他反映一件事,一对青年办结婚登记手续,男的骑自行车,女的坐在自行车后头,下坡时,不慎将一个老太太当场撞死。周围农民把这对青年捆绑起来,要打他们。这对青年家里人知道后,调集了 10 多位强壮农民准备抢人。一场很可能面临更大悲剧的械斗即将发生。在这关键时刻,那位被撞死的老太太的儿子站了出来,他是中学校长,知书达理又懂法,尽管母亲被撞死了,很悲痛,但他还是控制住自己的感情,主动为两位被捆绑的小青年松绑,劝大家不要动手打人,一场将要发生的恶斗就这样被平息下来。经过多方协商,后事处理得很好。这件事在当地传遍,大家都很佩服这位校长。记者要写一条新闻报道,但事件已经过去了一年。如何报道这件事? 正好在此时,这对小青年刚生了一个小孩。记者认为,小孩的出生是最新的事件,于是由小孩的出生展开报道,引出"旧闻"。

再看下面这条新闻：

| 1937 年日本报纸上的一段新闻　日本侵略军在南京进行杀人比赛 |

【本报讯】　日本政府文部省在修改中小学教科书时，把日本军国主义者对中国的侵略篡改为"进入"。他们甚至想掩盖日本侵略军在南京杀害中国几十万人的大血案，把南京大屠杀改为"占领南京"。

但是，历史是不能更改的。这里，我们把 1937 年 12 月日本《东京日日新闻》登载的一段新闻抄录下来，用以示众：

题目：《紫金山下》

内容：准尉野田与宫冈曾约定作一个砍杀 100 个敌人的比赛，12 月 10 日，二人在紫金山下相见，彼此手中都拿着砍缺了口的军刀。

野田道："我杀了 105 名，你的成绩呢?"

宫冈答："我杀了 106 名。"

于是两人同时狂笑："哈哈，宫冈先生多杀了一个！"

可是很不幸，确定不了是谁先达到 100 之数。因此，他俩决定这次是不分胜负，重新再赌谁先杀满 150 名中国人。

12 月 11 日起，比赛又在进行。（原载于《人民日报》，1982 年 8 月 5 日）①

日本侵略者在中国南京大肆屠杀中国平民，这已经是 40 多年前的旧闻了，40 多年前的旧闻不能作为新闻直接报道。如果要报道，只能通过新的新闻由头引出旧闻。这篇报道通过近日日本文部省篡改历史教科书这一新发生的事实，引出 40 多年前的旧闻，使过去多年的历史事实又重新具有了极高的新闻价值。

一些非事件性新闻、人物新闻也可以用这种以新带旧的方法体现其新闻根据，抓住人物或事物最新发生的事件，由点到面。比如，老教授从教 40 年，桃李满天下，记者可以从他的一个学生最近获得了一个大奖开始写起；一个资深工程师 30 多年来有多项发明，记者可以从其中一项成果最近投产写起；还可以从人物或事物的最新变动着墨。

人物新闻，可以从任命新职务、晋升新职称等新的变动事实落笔；事件新闻，可以从事件的最新变化展开。

2. 披露新闻来源

这里有两种类型：一是某个时间点上的旧闻，可通过披露新闻来源的方法引出来。一些重大新闻事件、重要新闻事实，发生的当时由于种种原因没能被及时披露，后来被有关机构或有关人士公开披露。记者应该紧紧抓住这个新的信息，通过交代新闻来源，体现时效性。

我们来看下面的新闻导语：

---

① 黄炜. 新闻采访写作[M]. 上海：上海大学出版社，2005：63.

> **【法新社雅加达 12 月 4 日电】**　印度尼西亚国家安全首脑×××上将今天说,上个月中旬在爪哇几个城镇发生的骚乱中,有 8 个人被打死。(《参考消息》,1990 年 12 月 9 日)

印度尼西亚爪哇的几个城镇发生骚乱,有 8 个人被打死。时间已经过去了约 20 天,新闻已经没有了时效性,但记者通过一个权威人士今天披露事件的进展,引出旧闻,这就使新闻有了新鲜的信息,因而具有很强的时效性。

二是持续时间较长的新闻,可通过披露新闻来源的方法引出来。有些事件所包含的时间是一段持续性较长的时间,对于这种新闻事件,可以采用披露新闻来源的方法来寻找新闻由头,体现出新闻的时效性。

看下面的新闻导语:

> **【本报讯】**　邓小平同志南方讲话以来,广东省经济持续、稳定地发展……(1998 年 1 月 14 日,南方某报)

邓小平南方讲话是在 1992 年,新闻报道的时间是在 1998 年,新闻事件的持续时间有 6 年之久,显然,这条新闻没有任何时效性可言。

我们试着将这条新闻的导语改一下,新闻的时效性马上就体现出来了:

> **【本报讯】**　广东省省长×××今天说,自邓小平同志南方讲话以来,广东省经济持续、稳定地发展……

这个新闻来源有可能是省政府新闻发言人,也有可能是分管经济的副省长,还可能是省经济部门的官员,只要这个人是比较权威的人士,只要"今天"或"昨天"有权威人士说了与"自邓小平同志南方讲话以来,广东省经济持续、稳定地发展"相关的信息,都可以作为新闻来源,体现出新闻的时效性,引出记者要报道的内容。

有些持续时间较长的时间段中发生的新闻事件,既可以通过披露新闻来源的方法体现新闻的时效性,也可以通过其他与报道内容紧密相关的事件来体现新闻的时效性。

> **｜台湾十年车祸调查:南高北低 高雄为"六都"之冠｜**
>
> 2015 年 9 月 14 日　10:01:16　来源:中国台湾网
>
> 据台湾《联合报》报道,根据台湾"交通部"2005 年到 2014 年死亡车祸大数据显示,死亡者以 70 岁以上老人居首,其次是 18 到 24 岁年轻人。以平均数来看,一向给人悠活印象的台东、花莲居冠,台北、新北反而最低,台东甚至是台北市的八倍,颠覆一般人印象。
>
> ……

台湾 2005 年到 2014 年车祸死亡情况,是在持续时间较长的时间段中发生的新闻事件,如果直接报道,就没有时效性,不符合新闻报道规律。这里采用了披露新闻来源的方法来报道此事,通过台湾"交通部"来披露 2005 年到 2014 年台湾车祸死亡数据,就有了新闻由头,使之变成了一个新闻事件。虽然这条新闻没有显示报道的时间,但暗含了记者获悉信息的时间——今日或最近的时间。

下面这条新闻写的也是一段持续性较长的时间段中发生的事件,我们来看看:

▌浚县少年怀揣"两证"出学堂▐

【本报讯】(记者 王泽农) 果树结果不多怎么办?猪养不肥怎么办?这些在外行人看来很难办的问题到了浚县少年手里就不算什么了——少年技校的课堂上早就讲过其中的奥秘。在河南省浚县,有80%以上的中小学校同时也是少年技校,孩子们在学习文化知识的同时还学到了一些劳动技能,大部分学生在走上社会时都拿到了技校合格证和学历毕业证。

长期以来,我国基础教育中课堂教育同经济建设脱节问题一直存在,除少数"尖子"之外的学生不能学有所长,不能在社会实践中发挥应有的作用,这一现象在农村尤为突出,以至于有的农民认为毕业回来既不会干农活,又瞧不上干农活的人,全无用处,不如辍学。因此,改应试教育为素质教育的呼声日高。在此背景之下,少年技校应运而生。

浚县的少年技校是从1991年开始办起来的。为了达到实施素质教育的目的,他们采取一个学校两块牌子、一个讲台两块基地的形式,从小学三年级开始设置劳动技术教育课程,小学每周两课时,初中每周三课时,由专兼职教师根据当地实际,有组织有计划地加强劳动教育、职业教育,逐步培养有知识、有技能的新型劳动者。目前该县少年技校总数已达205所,学员总数达42,000人。

浚县少年技校7年来的实践证明,它不仅沟通了教育与经济、学校和社会的关系,同时还取得了良好的育人效益、经济效益和社会效益,不少学生成了农村科技致富的领路人。像该县小河镇小河村少年技校先后培育出的"中华一号""红世界"等四个冬桃和"中华巨梨"等三个冬梨新品种已推广到全国十多个地市;新镇镇胡岸少年技校试验大棚韭菜成功后,很快带出了一个蔬菜种植基地,该村村民人均纯收入迅速提高400多元;城关乡后嘴头村技校学员回家后指导家长饲养从国外引进的优良种鱼,全村当年净增收入50多万元;善堂镇利用少年技校的人才优势,结合本地资源优势,形成了苹果、大枣、蔬菜、西瓜、红薯、花生六大支柱产业,成为全国首批"明星镇"等事例都是成功进行素质教育的印证。原国家教委领导视察了浚县少年技校后盛赞其为农村基础教育改革摸索出了一条有效的途径。

据有关人士介绍,尤其令人兴奋的是,由于少年技校重视对学生全面素质的提高,有效地帮助了学生智力的发展,全县设有少年技校的学校文化课教育质量都有不同程度的提高。(原载于《农民日报》,1998年6月1日)

这条新闻报道的内容具有很高的报道价值,但是,这条新闻的导语无新闻由头,新闻报道的基本上是过去很久的事情,没有什么新鲜的事情。类似这种新闻,既可以通过披露新闻来源的方法引出一直以来发生的事件,也可以找到与新闻内容相关的新近发生的事件,引出

记者要报道的内容。比如,报道浚县少年技校培育出的某个新品种受到市场欢迎,或者某个新产品今天获得了什么大奖,由此引出对"旧闻"的报道。

第三节 报道单元

报道单元,简单地说,是指新闻报道主题,也就是我们平时所称的"新闻点""新闻眼""焦点信息""核心信息"等。

主题在各种类型的文章中,往往是观念形态的东西,是作者对所写内容提炼出来的中心思想和基本观点,是其要表达的一种态度和倾向,抒发的一种感情,阐述的一种看法。而新闻报道则强调客观公正,不能表达观点和意见,事实和意见必须分开。

我们在这里所指的主题,主要是指新闻报道的重点和核心内容,一般来说都是事实形态的,而不是观念形态的。这在消息类的新闻报道中表现得更为普遍,换句话说,消息类的新闻报道,其主题往往以事实形态呈现在受众面前。

报道单元也可以理解为报道元素,一个报道元素就是一个报道单元,两个报道元素就是两个报道单元,多个报道元素就是多个报道单元。

一、单一元素报道

单一元素报道是指具有一个报道主题的新闻。一些事件性新闻往往都是单一元素报道。单一元素报道的事件,情节简单明确,事件单一,人物与人物之间、事实与事实之间没有复杂的内容,事实关系清楚。

根据美国著名新闻教育家梅尔文·门彻的观点,我们可以将单一元素报道的基本结构解剖如下:

- ·导语
- ·解释性和详述性材料
- ·背景
- ·次要材料
- ·次要新闻点

导语,报道本条新闻的主题,即新闻的核心内容和焦点信息。导语之后,新闻主体紧接着对导语进行解释,并详细展开导语提及的事实内容。然后,介绍相关背景,背景介绍不能延迟得太久,否则,受众无法透彻理解新闻报道的内容。简要的背景介绍之后,再补充支撑导语的材料。当然,这只是就一般而言,不是固定的模式。有些新闻报道在解释导语之后,不一定马上介绍背景,而是对导语进行补充,介绍新的信息,补充完导语之后,才开始介绍背景。在有些新闻报道中,背景会穿插在整个报道中,其结构顺序不完全遵循上述顺序;也有一些报道不一定需要介绍背景,尤其是情节简单明确、事实关系清楚的单一元素的报道。次要材料是对新闻的核心内容的进一步补充和解释,使新闻更完备、更详细、更清楚。

智利强震已导致 11 人死亡 仍有数百人在避难所避难

2015 年 9 月 18 日　11:00:51　来源:中国新闻网

（1）【中新网 9 月 18 日电】　据外媒 18 日报道,智利国家紧急事务办公室主管里卡多·托罗表示,智利强烈地震已造成 11 人死亡。

（2）托罗称:"遇难人数已升至 11 人。早上我们确认又新增一名遇难者。"

（3）托罗表示,地震共导致 9 人受伤,现有 428 人处于避难所,610 人财产蒙受损失,约 180 座房屋完全被毁,450 余座房屋受到部分损毁。

（4）当地时间 18 日晚,智利海岸发生地震,美国地质勘探局测定为 8.3 级。震中位于伊亚佩尔市西北部 54 公里处,首都圣地亚哥以北 228 公里。地震后又发生多次余震。

（5）地震引发海啸,沿海城市科金博录得最高 4.5 米巨浪,智利政府下令沿海地区逾百万人紧急疏散,最后全面解除海啸预警。美国加州及夏威夷一度发出预警,其后也调低戒备级别。

这条新闻的报道主题是智利地震造成人员伤亡、财产损失和房屋损毁,是单一元素报道。导语报道新闻主题的核心内容:智利地震,造成 11 人死亡。第二自然段解释导语,新增一名遇难者,所以死亡人数升至 11 人。第三自然段补充导语,除了人员死亡外,还有人员受伤,数百人在避难所避难,以及财产损失、房屋损毁等。第四自然段继续补充导语,介绍地震的基本情况:震级、震中位置、余震等。第五自然段进一步补充导语,报告新的信息,陈述地震引发海啸,百万人紧急疏散,甚至与智利较近的美国两个区域也一度发出预警。这条新闻围绕报道主题,按照事实的重要性依次递减的次序展开报道内容,脉络清晰、简洁明快。

下面这条新闻报道的是一条预告新闻:

世界首例 7 胞胎将迎成人礼 纪念特别成长经历

2015 年 9 月 18 日　10:53　来源:中国新闻网

（1）【中新网 9 月 18 日电】　据美国媒体报道,1997 年,当世界首例 7 胞胎来到这个世界的时候,医生担心他们活不过几天。但是事实证明,当年轰动一时的小家伙们不仅成功活下来,而且生活得很快乐。今年 11 月 19 日,他们即将在爱荷华州的家中庆祝他们的 18 岁生日。

（2）报道称,1997 年波比·麦考伊在服用生育辅助药物后怀上 7 胞胎,波比和丈夫肯尼·麦考伊拒绝选择性地保留胎儿,而是决定把他们全部生下。夫妇俩的这个决定也引起了外界的诸多批评。1997 年 9 月 11 日,波比比预产期提前 9 周生下了 7 胞胎,成为国际各大媒体头条。

（3）据悉,时任美国总统的克林顿致电祝贺。美国脱口秀女王奥普拉邀请他们全家参加脱口秀节目。公司和陌生人也都慷慨解囊地帮助波比一家。他们收到了大量捐赠。其中,波比一家收到了一栋约 511 平方米的大房子、一辆面包车、一年的通心粉和足够 7 个宝宝用两年的尿布。此外,爱荷华州政府表示,他们的 7 胞胎将来可以以全额奖学金到该州的任何大学就读。

（4）刚出生的几个月里,7 个宝宝每天喝 42 瓶奶粉,用 52 个尿布。现在,波比一家还住在 7 胞胎出生时别人捐赠的那所房子里,还用着获赠的面包车。波比表示多亏了来自家人和朋友的这些帮助,他们才能成功地养大这 7 个孩子。

（5）但是,波比一家也经历了一些痛苦。7 胞胎中的两个孩子患有先天性大脑麻痹症。两个孩子都接受了手术,现在都很健康。

（6）对于孩子们即将到来的成人礼,妈妈波比非常激动。波比表示:"这些年发生了很多事情,那些记忆、快乐和痛苦都让我们成为现在的样子,这些经历很特别。"现在,孩子们马上要进入大学校园,回望过去,波比一家满怀感恩。

这条新闻也是单一元素报道。新闻主题是:世界首例 7 胞胎将迎来成人礼,纪念其特别的成长经历。由于是一条预告性新闻,这条新闻主要以新闻背景的介绍为主。第二自然段主要介绍 7 胞胎出生的情况。第三自然段和第四自然段介绍 7 胞胎出生后波比一家收到总统、脱口秀女王等著名人物的祝贺和做节目邀请,收到亲友和陌生人的帮助。第五自然段简要介绍波比一家的曲折经历,第六自然段从新闻背景过渡到现在,写妈妈对孩子们过去的经历的表述,一家人对受助的感恩。整条新闻报道的重点是介绍 7 胞胎的特别成长经历,在其成长经历中,贯穿人们的友爱与无私援助以及波比一家的感恩之心。

二、多元素报道

多元素报道是指一条新闻中有两个及两个以上的新闻点。新闻对这两个及两个以上的新闻点基本上是平均使用笔墨进行报道。

多元素报道有两种报道方法:一是记者在新闻的主体部分依次展开多方面的主题和核心内容,即一个元素的核心内容报道完毕后,再报道下一个元素的核心内容。二是记者在新闻的主体部分交替展开多方面的主题和核心内容,不过,这种写法会使新闻报道的明晰性受到影响,使受众难以快速、有效地接受,因此尽量少采用为宜。

多元素报道可以分为二元素报道、三元素报道……N 元素报道,一般情况下,多元素报道以二元素报道和三元素报道居多。因此,下面仅对二元素报道和三元素报道进行简单介绍。

（一）二元素报道

二元素报道,是指一条新闻有两个核心内容的新闻报道,往往是在一个总主题下,分成两个分主题即两个核心内容来展开对新闻事件的报道。有的二元素报道没有总主题,两个主题并列成立。

|落马官员百字交代材料含数十错别字 求他人代笔|

2010年12月21日　11:30　来源:《都市时报》

(1)【本报讯】　12月16日,玉溪市委召开专门会议,对去年以来全市查办的党员干部违纪违法案件主要情况和部分严重违纪违法案件进行通报。玉溪市委常委、市纪委书记李文斌在会上讲话时指出,要吸取深刻教训,切实增强从政为官的风险意识。

(2)据通报,玉溪市原运政系统官员陈有云,在失去监督的情况下,一步步走向了违法犯罪道路。他牢牢把持全市运政系统的人事权和财权,市运政处和县区运政所要进人,县区所要拨工作经费,都是他一个人说了算。他还抽调运政处的7名职工管理交通行业技能培训站,通过所谓的"市场运作",收取培训费用1,700多万元,在上级不知情的情况下,将其中的近500万元集体私分,自己个人分得17.8万元。

(3)陈有云通过弄虚作假,将妻子刘某某超龄招收为江川县运政所职工,且在清理超龄招收人员期间又将刘某某调到峨山县运政所,一年后办理了提前退休手续。陈有云还动用关系网将才有15岁的儿子年龄改大后参军,为其转业后分到交通运政管理系统铺平道路。

(4)在市纪委对陈有云采取"双规"措施期间,他所写的交代材料,一百个字就有数十个错别字。更让人啼笑皆非的是,专案组要求其写对错误行为的认识,有大学文凭的陈有云久久不能落笔,后来苦苦要求办案人员代笔,并大言不惭地说:"我是能说不能写,如果我真有文化,早就当副省长了。"

(5)陈有云在市纪委调查谈话中曾说,他在市交通运政管理处身兼几职,不但担任运政处处长,而且还兼任海事局局长、航务处处长、党支部书记,谁也不敢监督他。

(6)据通报,玉溪市委组织部原副部长过国庆,平时交往的多是一些投其所好的企业老板、国企职工、自由职业者和少数领导干部,经常聚在一起吃饭、唱歌、跳舞、打麻将赌博。这些"朋友"用逐步渗透的办法接近他们,利用他们,抓牢他们,并最终通过他们为自己捞取好处。

(7)一些党员干部千方百计讨好迎合过国庆,送钱送物甚至送"色",希望政治上能有更快更好的"进步",他们盘算的不过是市委组织部副部长手中的权力。

(8)过国庆在悔过书中曾反思:"家庭破裂尤其到玉溪工作后,没有正确处理好恋爱、交友关系,心存空虚,生活作风放纵,与多名女人发生不正当性关系,使自己的道德标准大大降低。""本应把更多的时间用在学习工作上,但却与爱好赌博的人混在一起,用打麻将赌钱消磨时光,这种不健康的生活方式导致自己意志减退。"

这条新闻是一个二元素报道。新闻的总主题是:玉溪市委通报违纪违法案件,要求吸取教训,增强为官风险意识。在总主题下,下面两个分主题分别说明总主题。第一个报道元素即第一个分主题是"陈有云违纪违法案件",从第二自然段到第五自然段,新闻对陈有云违纪违法的行为进行了详细的陈述。第二个报道元素即第二个分主题是"过国庆违纪违法案

件",从第六自然段到第八自然段,新闻对过国庆违纪违法的行为也进行了清晰的介绍。相比之下,第一个报道元素着墨较多,第二个较为简略。两个报道元素依次展开,叙述事实有条不紊、井然有序,使读者接受起来也十分清晰、明白,无任何阅读障碍。这条新闻的标题采用的是第一个分主题的核心内容,但是这并不妨碍受众对整条新闻的接受。

中国政府恢复对香港行使主权

戴威国

(1)【新华社北京 7 月 1 日电】 1997 年 7 月 1 日零时,在香港会议展览中心新翼举行的中英香港政权交接仪式上,英国米字旗刚刚落下,中国的五星红旗徐徐升起。中国政府向全世界宣布恢复对香港行使主权。

(2)仪式上易旗的过程不到两分钟,它标志着英国在香港实行了一个半世纪的殖民统治的终结。

(3)中国国家主席江泽民、国务院总理李鹏,英国王储查尔斯王子、首相布莱尔,同中英两国政府代表团其他成员一起参加了这一历史盛典。

(4)江泽民主席在交接仪式上讲话时说:香港回归祖国标志着"香港的发展从此进入一个崭新的时代","香港回归后,中国政府将坚定不移地推行'一国两制''港人治港'、高度自治的基本方针,保持香港原有的社会、经济制度和生活方式不变,法律基本不变"。

(5)40 多个国家和地区、30 多个国际组织和地区性组织的代表,各国驻港总领事,海外华侨及华人代表,以及香港社会各界人士应邀出席了通过电视向全球直播的仪式。

(6)在仪式举行的同时,中国人民解放军驻港部队先头部队同英国驻港部队在军营里举行防务交接仪式;中华人民共和国外交部驻香港特别行政区特派员公署大厦升起了五星红旗;海关职员和警察等纪律部队成员的领章、肩章图案上的英国皇家标志,立即被香港特别行政区的象征——紫荆花所取代。

(7)香港自古就是中国的领土。英国强迫中国清朝政府分别于 1842 年、1860 年和 1898 年签订了 3 个不平等条约,侵占了整个香港地区。1984 年,中英两国政府签署了关于香港问题的联合声明,宣布中国政府将于 1997 年 7 月 1 日恢复对香港行使主权。

(8)整个中国为百年国耻得以洗雪而沸腾,各地张灯结彩举行各种庆祝活动成了中国人民自信心和自豪感的大展示。男女老幼都以各自喜欢的方式庆祝中华民族这一世纪盛事。许多人彻夜不眠收看电视直播节目。

(9)在首都北京,10 万群众的联欢活动把天安门广场变成了一片欢腾的海洋。当距 7 月 1 日零时还有 10 秒钟时,人们面对倒计时牌,有节奏地齐声高喊:"10,9,8,……"当倒计时牌上的显示锁定在"0"时,鼓乐喧天,欢声雷动,10 里以外都能听到。

(10)在"割让香港"的不平等条约《南京条约》的议约地南京静海寺,7 月 1 日零时,人们撞响了"警世钟"155 响的最后一响,象征着 155 年的国耻的终结,告诫人们永远不要忘记落后挨打的历史教训。

（11）在东莞市虎门镇，人们用五彩缤纷的焰火告慰民族英雄林则徐和在鸦片战争中牺牲的先烈们。林则徐在中国是一位家喻户晓的民族英雄，他因主持了 1839 年虎门销烟奋起抗英而受到敬仰。

（12）林则徐的五世孙凌青在接受记者采访时说："香港回归这一历史性事件无疑将大大激发我们这一代的爱国主义热情，而当今爱国主义的最好体现就是在共产党的领导下推进中国的改革开放和现代化建设。"

（13）这一盛事受到国际社会的普遍赞扬。联合国秘书长安南早些时候曾说："所有的人都会从（这一事件）中获益，不论是香港人，还是中国内地人，或是世界其他国家和地区的人。"

（14）多次民意测验表明，香港 600 多万同胞对未来充满信心。香港特别行政区首任行政长官董建华说："7 月 1 日，与其说是香港一个历史的终结，不如说是一个新纪元的开始。香港将以骄人的成绩跨入 21 世纪。"

这条新闻是一个二元素报道，共有两个主题即两个核心内容：中国政府恢复对香港行使主权和"香港回归"后各界的反应。从第一自然段到第六自然段，展开对第一个报道元素即第一个新闻主题"中国政府恢复对香港行使主权"的报道。第一自然段报道恢复行使主权的最重要的标志：两国易旗，英国米字旗落下，中国五星红旗升起。第二自然段是对易旗的评价，指出易旗的意义。第三自然段介绍参加政权交接仪式的两国主要领导人。第四自然段报道时任中国国家主席江泽民宣布政权交接后中国政府对香港治理的基本原则与方针。第五自然段报道世界各国代表参加仪式交接。第六自然段介绍标志政权更替的其他交接与更替·军事防务交接，领章、肩章等标志主权的服饰更换，等等。第七自然段是一个背景段落，也是一个过渡段，将报道单元过渡到第二个报道元素。从第八自然段一直到新闻结尾，展开对第二个报道元素即第二个新闻分主题"香港回归后各界的反应"的报道。第八自然段是一个概括性的段落，概述祖国各地隆重庆祝"香港回归"这一中华民族的世纪盛事。第九、十、十一自然段，分别选择报道具有标志性意义的三个城市北京、南京、东莞等地民众庆祝"香港回归"。第十二自然段到第十四自然段，同样是报道"香港回归"后的反应，主要是报道权威人士和香港同胞对"中国政府恢复对香港行使主权"的看法。两个报道元素衔接过渡巧妙、自然，报道清晰、明确。

（二）三元素报道

三元素报道，是指一条新闻有三个核心内容的新闻报道。有时候是在一个总主题下，分成三个分主题即三个核心内容来展开对新闻事件的报道；有时候没有总主题，三个主题各自独立呈现。

研究将三个因素与心脏病相联系

（1）大纽约健康保险计划的一项新研究再次证明，抽烟、超重和缺乏锻炼与大大增加的心脏病所导致的死亡和残障有关联。这项研究是在该计划的 11 万成人成员中展开的。

（2）这项研究发表在昨天出版的《美国公众健康杂志》6 月号上。研究指出，男女烟民面临的首次心脏病发作的危险是非烟民的 2 倍。

（3）该研究还发现，在抽烟斗和雪茄的烟民中，一年里首次心脏病发病率高于非烟民，但是不如吸卷烟的烟民高。

（4）"活动最少"的人，无论有无工作，首次心脏病发作的可能性是"适度活动"的人的 2 倍，而且患致命性心脏病的可能性是后者的 4 倍。

（5）在心脏病发病率方面，被归入"最爱活动"一类的男性并不比那些被认为"适度活动"的男性具有优势。作者们报告说，活动和不活动男性之间的其他差异，例如他们的吸烟量，不能解释他们不同的心脏病发病率。

（6）在该项研究中，与较小体重的男性相比，较大体重的男性首次心脏病发作的概率高出 50%。该研究还发现，自 25 岁起体重大量增加的女性面临的危险加大了。

（7）作者称，根据吸烟和运动习惯上的差异解释不了与体重相关的风险的差异。

（8）这项研究还发现，在心脏病发病率方面，男性白人要高于非白人，男性犹太人要高于白人新教徒和天主教徒，但是女性犹太人与女性非犹太人并没有显著差别。（简·E.布罗迪，《纽约时报》）

这条新闻有一个总主题:吸烟、超重和缺乏锻炼会增加患心脏病的风险,在这个总主题下有三个分主题。在新闻主体段落中,第二自然段和第三自然段,报道第一个分主题:吸烟导致心脏病发病率高;第四自然段和第五自然段,报道第二个分主题:缺乏锻炼比适度锻炼的人要容易患心脏病;第六自然段和第七自然段,报道第三个分主题:陈述超重增加患心脏病的概率;最后一个自然段,介绍与主题相关的次要信息。

在中国近年的新闻报道中,有一种比较常见的写法:当一条新闻在 500 字以上时,记者往往都要在新闻报道中加小标题,这种加小标题的写法,在目前的网络新闻报道中比较多。在这种文中加小标题的新闻报道中,每一个小标题可以理解为一个报道元素,新闻中有两个小标题,就是二元素报道;新闻中有三个小标题,就是三元素报道。依此类推,有几个小标题,就是几个元素的报道。

孤寡老人捡到 11 万现金　雨中等候失主

2015 年 9 月 18 日　03:09　来源:《现代快报》　记者:姜振军

盐城东台 66 岁的孤寡老人王高云下夜班回家,在路上看到一堆衣服,结果打开一看,里面有两大捆现金,大概有 10 万多元,于是老人冒雨在路边寻找,并等候失主。半个多小时后,一位心急如焚的妇女找来了,说是救命钱,老人当面清点 11 万一分不少,并主动将现金还给对方。作为感谢,失主硬塞给老人1,000元。《现代快报》记者了解到,老人一直想还掉这1,000元,可是却找不到失主。如果您是这位失主或有她的线索,请拨打快报热线96060,圆王大爷一个心愿吧!

【意外发现】下班途中捡到11万现金,雨中等候

9月初的一天,东台市溱东镇青一村的孤寡老人王高云下夜班,此时是凌晨4点多钟,外面下着小雨,路上没有人,他独自一人沿着229省道往家走,快要到青蒲路口时,看到马路的中间有一堆衣服,一向热心的他觉得这些衣服影响交通,就上前动手想把衣服捡进垃圾桶。"可是刚抱起那堆衣服时,感觉有件衣服很重,然后就摸到了一个硬硬的东西,发现两只口袋鼓鼓的,仔细一看鼓鼓囊囊的都是钱。"王高云吓得赶紧把那件衣服卷了起来,夹到了腋下。

"这么多钱,丢钱的人该多着急啊。"王高云的第一反应就是找失主,可是凌晨4点多去哪里找人呢,于是他沿着公路来回找了10多分钟都没有发现一个人,"相信失主会回来找的"。于是他撑着伞站在发现衣服的地方等。

【完璧归赵】失主称是救命钱,硬塞千元酬谢金

大约半个小时后,王高云看到一位妇女电瓶车骑得非常慢,慌慌张张地似乎在寻找着什么,看到王高云后带着哭腔说:"爹爹,您刚刚看到这路上有掉了的衣服吗?"王高云故作镇定地说:"刚刚是看到了七八件衣服堆在路中间的,可都被车弄脏了。""衣服脏了没关系,我要找的是那衣服里的钱。"说着那妇女哭了起来。

见此情景,王高云认定此人就是失主,于是他说自己捡到了一些钱,那女人听完这话连忙说自己一共丢了11万元,钱全部放在一件褐色的外套里,一个口袋里装了5万,另一个口袋里装了6万。这时王高云把衣服从腋下拿了出来,当着对方的面数了起来,11万一分不少,于是王高云把钱连同衣服还给了对方。

"她说自己是泰州溱潼人,奔波了一宿,直到凌晨4点多钟才从亲戚朋友那里凑齐了11万元救命钱,赶着回家急用的,将装衣服的纸袋子挂在了车把手上,没想到小雨把纸袋子淋烂了,衣服从袋子底部漏掉了,到家后才发现。"王高云告诉《现代快报》记者,东台市溱东镇和泰州的溱潼离得不远,女子的话不会假。"临走时她抽出1,000元塞给我,说这钱如果不收下她这辈子都不会安生,说着骑着车飞快地走了。"

【他的心愿】老人家想找到失主还掉千元酬金

说起这1000元钱,王高云懊恼地说:"我希望能够把钱还给她,可是我追不上啊,又不知道她叫啥名字住在哪里。"此事过去了10多天,老人一直没有说出去,直到有一天镇宣传委员一行人去村里办事,老人请他们帮忙寻找失主,要还掉1,000元,事情才被大家知晓。

这几天青一村的街头巷尾都在谈论着王高云老人拾金不昧的事儿。"上个月我们晚上在桥上乘凉,不知谁掉了5元钱,老王看到了立马捡了起来寻找失主。"说起王高云拾金不昧的事情,村民们纷纷表示,这事发生在他身上一点都不奇怪。王高云憨厚地笑着说:"将心比心,这么一大笔救命钱谁丢了不着急啊!"

"老人拾金不昧的精神值得所有人学习,满满的正能量。"溱东镇宣传委员吴超兰告诉《现代快报》记者,老人一直没有成家,孤身一人,是村里的孤寡老人,为了生计,他在一家企业当门卫,一个月收入 1,000 多元,"11 万相当于他 10 年的工资"。

他无依无靠,一个月工资才 1,000 多元,面对捡来的 11 万巨款,他的选择是苦寻失主,让我们为他点个赞。

上面这条新闻是一个三元素报道。导语陈述了新闻的三个基本主题:孤寡老人王高云下夜班途中捡到 11 万元巨款,于是冒雨等候失主;失主找来,说是救命钱,老人将钱交给失主,失主硬塞给老人千元酬谢金;老人想找到失主,还掉千元酬金。导语之后,在新闻主体部分,作者将这三个主题有条不紊地依次陈述出来,每一个主题层次加上一个小标题,三个主题有三个小标题。该新闻事件报道得非常清楚,使读者接受起来方便、清晰。

这种写法的好处非常明显,受众不用在新闻中花大量的时间、精力来分析和研究这条新闻表达了几个层面的意思,只要一看到新闻中的小标题,一切就显而易见,使受众可以快速、高效地接受新闻的核心内容。

明晰是新闻报道的基本理念之一,新闻报道明晰,可以使受众方便、清楚、毫无障碍地接受信息。如果几个新闻元素交替进行报道,有时会让读者接受困难,甚至找不着北。因此,把相关的材料组合起来,将关于同一主题的所有内容放在一处,这是一种比较好的新闻写作方法。显然,当一条新闻报道存在两个或两个以上的报道元素时,将新闻的各个报道元素依次展开,一个报道元素即核心内容陈述完毕,再进入下一个报道元素即核心内容的陈述,要比将新闻的各个报道元素交替展开更能让读者方便、快捷地接受。

思考与练习

一、思考题

1. 在新闻网站或报纸上找出几篇新闻稿,看看这些新闻报道是如何交代新闻要素的。

2. 什么是新闻由头? 如何寻找新闻由头?

3. 认真领会单一元素报道和多元素报道。

二、练习题

1. 请指出下面这个材料中,新闻导语最应该突出的新闻要素是什么?

沈阳夏女士的儿子丁某因故意伤害罪在沈阳市第一看守所服刑。今年(2015 年)2 月末,夏女士接到一自称儿子管教的电话,称丁某得了阑尾炎,病得很严重,要马上手术,让夏女士拿 4,600 元医疗费。

随即,夏女士赶到沈阳市第四人民医院门前把钱送给了对方。两天后,对方身着"警服"来到夏女士位于于洪区北李官的家中,又索要了 4,000 元"医疗费"。

3 月 3 日,对方再次打来电话说,可以帮助丁某办理保外就医,要走了 1 万元。事后,丁某并没能出来,夏女士找不到对方,遂向公安机关报了警。

3 月 5 日,警方在和平区一酒吧将犯罪嫌疑人孔某抓捕归案。经审,孔某 2 月末那天,上午刚从沈阳市第一看守所刑满释放出来,下午就开始着手实施诈骗了。

别看孔某只有 17 岁,但已是诈骗老手。曾做过辅警的孔某,第一次因在山东冒充民警,以帮人"捞人"骗取钱财,被判拘役 4 个月。

出来后,孔某来到了沈阳,通过网络与女大学生王某相识。孔某伪造了任职审批表和相关证件,化身为"省检察院犯罪科科长李波",赢得王某的芳心,并住进王某家中,与之过起了同居生活。

2014 年 1 月,孔某以单位给自己招秘书、给相关领导好处费、随礼、家人生病、酒驾肇事平事等为由,从王某女同学李某手中骗取 47,700 元。

此外,于洪区造化的陈某因琐事与村干部发生了肢体冲突,当地警方介入调查。为了摆脱罪责,陈某通过熟人找到了化身"省检察院犯罪科科长李波"的孔某。孔某以带其到医院做司法鉴定、帮忙摆平事为由,两次共索要 6,850 元。

陈某的姐夫发现有些不对劲,将孔某控制并移交警方。孔某被判处有期徒刑十个月,羁押在沈阳市第一看守所服刑。孔某和丁某服刑同住一室。本来丁某委托孔某给家人报平安,没想到孔某上午刚被刑满释放出来,下午就去骗夏女士的钱财。

于洪区人民法院审理认为,孔某冒充人民警察招摇撞骗,其行为已构成招摇撞骗罪。因孔某能如实供述自己的犯罪事实,且犯罪时不满 18 周岁,应该从轻或者减轻处罚。

最终,法院以招摇撞骗罪判处孔某有期徒刑一年零六个月。责令被告人退赔给被害人经济损失 18,600 元。[①]

2. 下面这则材料是一个持续 10 年的故事,记者如何为这个故事寻找新闻由头?

金志一明年就要过 90 大寿了,可 50 年前因一场意外导致全身瘫痪的爱女李华却让老人忙碌到现在仍不能安享晚年。

金志一老人大女儿早年婚嫁在闵行,如今已年过七旬,现处于老年痴呆症状态;二女儿远嫁宁波,小女儿李华自幼跟着金志一夫妇生活。20 年前,金志一的丈夫突然去世,老人只能独自照料起瘫痪的女儿。

金志一说,她从未想过放弃,女儿李华 50 多年都未能和她说上一句正常的话,丈夫离开后,她只能对着老屋的四壁说话。

金志一住在黄浦区药局弄,这里是典型的老城厢,老式建筑修修补补,仍是雨天漏、晴天

---

① http://legal.people.com.cn/n/2015/1023/c188502-27733971.html.

闷,母女俩在这里过着极其简朴的生活,几十年如一日。

心态再好,也顶不住日益加重的负担。70 多岁时金志一还能把女儿从轮椅抱到床上,再从床上抱到轮椅上,然而一过 80 岁,不仅浑身使不出一点劲,而且老眼昏花,一日三餐自己都不能对付。老式住宅里三层外三层的高高门槛,已多次把老人绊倒,每一次都磕绊得鼻青脸肿,老人的泪流干了,习惯了,但看着浑身神经抽搐的女儿,老人手足无措,幸好嫁到宁波的女儿还会时常过来照顾。

李华常年坐卧,缺乏运动,神志不清,疾病不断,为她看病是最让金志一头疼的事。老人每天会硬撑着给女儿擦身、翻身,尽量保持年轻时的照料习惯,如此细心,李华 50 多年来,浑身竟没有一处褥疮。但作为女性,生理病却无法抑制,李华无法用言语表达痛苦,日积月累,妇科病加重,这让金志一老人无奈到极点。

一位快 90 岁的老人推着快 60 岁的残疾女儿去医院,可以想象那个场景会是怎样的令人心酸。金志一老人曾多次找到离家最近的医院,希望医生能上门为女儿看病,但每一次都是扫兴而归,直到外孙女几天前告诉她,可以试试拨打宅医送热线。

金志一告诉记者:"小女儿今年 57 岁,瘫在床上已有 51 年,最近总是用手挠下身,我以为是连日来阴雨天造成的皮肤瘙痒,但从女儿叽里呱啦的表达中,我觉得有问题。阿拉外孙女从网上查到了一个电话,我请邻居打过去,医生马上就上门来了。"

记者了解到,金志一的外孙女从网上查到的是今年 3 月开通的"宅医送热线"。也就是这次通话,揭开了这段感人的母女情故事。

接线员张倩表示,拨打热线求助的几乎都是残疾人家庭,接到金志一的电话很意外,没想到竟是一位快 90 岁的老人来电为自己 57 岁的女儿求医。主治医师黄玲一行根据电话记录判断,立即带了些药具出发了。金志一老人的故事也因此被医院发布到了微博上,受到志愿者的关注。

李华得的是常见妇科炎症,治疗难度不大,但因患者一直患有脑膜炎,伴随性的抽搐让她无法顺利完成输液等治疗。

不过,令金阿婆欣慰的是,终于有人可以陪她说话了,一直以来,除了远嫁宁波的二女儿偶尔来一趟,其他再无人登门,医护人员和志愿者的相继到来,让一直沉闷的屋子里有了温暖的声音。

志愿者杨梅说:"金志一老人让我们看到了暖暖的亲情,最爱莫过母爱。除了医治李华的疾病,我们不得不面对金阿婆年迈的事实,金阿婆自己也患有房颤、视弱等老年病症,马上 90 岁的老人了,的确没有力气给女儿翻身、擦拭了。"

金阿婆说,现在为女儿翻身擦洗的是从街道请来的钟点工,洗衣做饭都是二女儿来完成。"但二女儿终究会回到宁波,等我百年以后,谁替我照顾小女儿?"提起今后的日子,金阿婆忧心忡忡。她说,年轻时也有很多亲戚劝她放弃对女儿的抚养,老伴去世后,也有邻居劝她送女儿去福利机构,给自己晚年留一点快乐的空间。"但我没有放弃对瘫痪女儿的照料,我愿用一生的时间对女儿倾注亲情。"①

3. 阅读下面这条新闻,请指出它是几元素报道,并对其中的报道元素进行分析。

中山大学获校友捐赠2.8亿 将用于建设珠海校区

2015年9月18日 05:40 来源:《南方日报》 记者:吴少敏

中山大学接到校史上获赠金额最大的捐款! 17日晚,中山大学与珠海市新型战略合作启动项目——中山大学珠海校区(以下简称"珠海校区")捐建项目签约仪式在珠海举行,校友和企业共捐赠2.8亿元。省委常委、珠海市委书记李嘉,中山大学党委书记郑德涛、校长罗俊参加了捐赠活动。

这笔捐款将用于支持珠海校区基础设施建设、面向全球引进高水平人才,着力把珠海校区建成亚太地区具有重要国际影响力的创新基地,具有一流办学水平和广泛国际声誉的现代化滨海校区。中大在保证总体招生规模不变的前提下,将逐步减少广州校区的招生规模。

珠海校区将拥多个"唯一"

在珠海唐家湾畔的捐赠现场,碧桂园集团董事局主席杨国强、副主席杨惠妍父女以个人名义完成了向中大捐赠1亿元的仪式。随后,加多宝集团、汇辉置业有限公司、禾田投资集团、广东方圆集团公司、广州佳都集团以及中大校友陈光明,分别捐赠3,000万元。据统计,此次企业家、中大校友累计捐赠人民币2.8亿元,其中碧桂园捐款最多。这成为中大历史上获赠金额最大的捐款,也是国内高校获赠金额最大的捐款之一。

罗俊透露,新获赠的2.8亿元善款将全部用于支持珠海校区基础设施建设,以及面向全球引进高层次人才。

罗俊说,接下来,珠海校区将迎来发展的"第二春",将建成多个国内高校的"唯一"。譬如,珠海将在凤凰山建设天文台、天文馆,而中大将成为全国唯一有自己天文台的高校;珠海还将修"一洞一路",即面积1万平方米的引力物理实验山洞和到天文台馆的上山公路;珠海还将改造海湾大道为景观绿化带,修建3.2公里的人工沙滩,而中大将成为全国唯一拥有沙滩的高校。

珠海校区将构建起覆盖人文学科、社会科学、理学、工学和医学的完整学科体系,并围绕珠海市产业发展需求和学校发展战略布局,建设"天琴计划"国家级重大科学研究平台,万吨级海洋科考船(全国高校中最大的科考船)以及核工程与技术和食品安全领域国家级科学研究平台。

将新建12个完整建制学院

根据计划,未来的珠海校区将成为亚太地区具有重要国际影响力的创新基地。

其中,珠海校区将全部采取整建制学院建设。届时,珠海校区的常驻教师和科研人员

---

① http://news.xinhuanet.com/politics/2014-07/06/c_126715650.htm.

将超过 2,000 人,其中包括两院院士、长江学者等高层次人才;在校生人数达到 15,000 人,其中全日制本科生 10,000 至 12,000 人,研究生 3,000 至 5,000 人。

珠海校区的学生数量增加了,是否意味着扩大招生规模呢?中大党委常务副书记、副校长陈春声解释说,中大学生总规模不会增加,不会因为珠海校区要发展就增加招生人数。珠海校区现有 7 个完整建制的学院,到 2018 年要新建 12 个,还要把国际关系学院从广州搬迁过来。

他说,预计明年珠海校区将有新增的 6 个整建制学院开始招生,而广州校区招生人数比较多的专业可能会减少招生。(有删节)[1]

---

[1]　http://news.sina.com.cn/c/2015-09-18/doc-ifxhxzxp4562850.shtml.

第 3 章 导语

本 章 要 点

- 与公众切身利益相关的事件、突发事件、重大事件、时效性强的事件,一般都采用硬导语的方式报道。

- 软导语通常适用于故事性、戏剧性、趣味性强的新闻、新闻特稿和各类软新闻的写作。

- 写作导语前要先构思。比大小是找出最佳报道角度的切实有效的方法;要学会设身处地从读者维度思考报道角度。

- 寻找焦点从采访时即开始。把自己当成一个普通人,一个非新闻专业人士,换位思考,更能找到焦点。当焦点不能很快判断出来时,采用层层推进、步步深入的方法,可以找到最有价值的信息。

- 有些新闻事件的焦点信息不止一个,两个信息都很重要,而且不能拆分成两条新闻报道,谓之双焦点信息。

- 导语写作要抓实质性信息。

- 新闻导语要简洁明快、生动、吸引人。

第一节 什么是导语

一、导语的定义

什么是导语?简单的解释,即导语就是新闻的开头;准确的解释,即导语是以简明扼要的文字,突出最新鲜、受众最关心和最想知悉的核心事实,揭示新闻主题,吸引受众阅读全文的新闻开头部分。中国古人所谓"立片言以居要,乃一篇之警策",可以帮助我们更进一步地理解导语这个概念。

一般来说,导语是新闻开头的第一段。有的短新闻不分段,其导语就是开头的第一句话。导语是新闻的重要组成部分。对于消息写作来说,不存在没有导语的新闻。

有的新闻的导语有两个或两个以上的段落,这种导语称为复合导语。

爱德华兹创造跨世纪纪录

【新华社哥德堡(1995 年 8 月 7 日电)】 （记者杨明、马小林）　爱德华兹大笑,爱德华兹大叫,爱德华兹兴奋得乱喊乱跳。

这位大器晚成的英国选手今天在第五届世界田径锦标赛男子三级跳远决赛中,以 18 米 29 的辉煌腾越创造了一项属于 21 世纪的纪录。

……

上面的新闻导语就是一个复合导语。导语的第一段再现了运动员爱德华兹的兴奋状态,对他的动作进行了描写,使受众仿佛看见了这位运动员的欣喜之情。导语的第二段才告诉受众这条新闻的核心内容即报道主题:爱德华兹以 18 米 29 的成绩创造了三级跳远的跨世纪纪录。两个自然段组成一个复合导语。

有些复合导语的报道主题,往往会延迟到新闻的第三段、第四段乃至第五段才出现,前面几段都只是铺垫。

唐·克拉克的猫小心地走过草坪,然后突然停下来,看上去进退两难。

小猫试验性地嗅了嗅,然后迅速逃离草地并在接下来的几分钟舔着爪子——试图把爪子上的涂料斑点清理掉。

草坪最近被修剪过,绿得像一张台球桌,因为它刚刚被一种植物染料漆了一遍。

圣芭芭拉的居民已经想出了新办法来保持他们院子的常绿状态,由于今年面临着预期的 50% 的淡水短缺,该城市二月下旬宣布"干旱危机"并禁止草坪灌溉。

克拉克的猫刚刚经历了一次:几家园艺公司现在提供油漆,而本地苗圃正在把绿色涂料和抽水喷雾器摆上货架。（迈尔斯·科温,《纽约时报》）

上面这条新闻,前面三段都是描写,其目的是为了引出后面的核心信息。第四段才开始出现核心信息:圣芭芭拉面临淡水短缺,因此禁止草坪灌溉。第五段进一步延伸核心内容:由于禁止草坪灌溉,居民们想出了新办法,用植物涂料油漆染绿草坪。第四、五两段组成导语的核心信息段。由此观之,这条新闻的导语由五个段落组成一个复合导语。

中西方对于复合导语的运用有所不同。中国的新闻报道,一般要求在第一段就将核心信息告知受众,复合导语的运用相当少。即使是复合导语,一般也要求在第二段将核心信息告知受众;如果在第二段以后才告知受众核心信息的话,记者可能会受到编辑和更高层新闻领导的批评,且其业务能力会被质疑。而西方的新闻报道,可以在第五段才写出新闻的核心信息。

必须明确的是,无论东西方,复合导语一般只适用于软新闻,硬新闻一般不采用复合导语的形式。

二、导语的产生

导语形成今天这样一个固定的、特殊的风格,经历了一个从无到有的发展过程。

从技术方面来说,19 世纪 50 年代,电报的发明,使新闻事业在技术上有了一个比较大的飞跃,记者可以借助电子技术快速地传递新闻。但是,早期的电讯技术不太完善,在收发电报时常常会出现故障。往往是电讯稿发到一半或者只剩几句话甚至几个字时,便难以收发。为了把重要的、受众关心的信息迅速及时地报道出去,记者们便将受众最关心、最新鲜、最重要的事实写在新闻的第一段,即使是发生电讯故障,受众也能够了解到最新鲜、最重要、最精彩的内容。从此以后,这种方法便成为一种固定的风格和格式。

从新闻传播规律来说,这样一种结构形式暗合新闻传播规律。从人们的接受心理来说,受众接受新闻信息,主要是为了获悉新近发生的最重要的、他们最关心的和最想知悉的信息,如果新闻不能在开头就将受众最想了解的信息告诉受众,那么,受众就会失去耐心和兴趣,不愿意继续往下阅读。

三、导语的沿革

导语产生之后,经历了第一代导语、第二代导语,现在已经有第三代导语了。

(一)第一代导语

新闻五要素或六要素齐全的导语称为第一代导语,又叫全要素导语。

如前所述,从技术方面来说,当时的电讯技术不完善,常常在收发稿件时突然出现电讯中断的情况。为了让报社编辑部即使只能收到电讯稿的第一段,也能作为一条完整的新闻及时地传播出去,记者便将新闻事实的时间、地点、人物、事件的主要内容、原因、结果等全部在第一段里交代完全。

美联社记者约翰·唐宁于 1889 年发的一条新闻,其导语被西方新闻学著作奉为第一代导语的楷模:

> **【萨莫亚·阿庇亚 3 月 30 日电】** 南太平洋沿岸有史以来最猛烈、破坏性最大的风暴,于 3 月 16 日、17 日横扫萨莫亚群岛,结果有 6 条战舰和 10 条其他船只要么被掀到港口附近的珊瑚礁上摔得粉身碎骨;要么被掀到阿庇亚小城的海滩上搁了浅。与此同时,美国和德国的 143 名海军官兵有的葬身珊瑚礁上,有的则在远离家乡万里之外的无名墓地上为自己找到了永远安息的场所。

这条导语后来被许多新闻学著作认为是新闻六要素齐全的经典之作。这条新闻有"何时"(3 月 16 日、17 日)、"何地"(萨莫亚群岛)、"何人"(美国和德国的 143 名海军官兵)、"何事"(风暴使海军官兵遇难、战舰和船只受损)、"何因"(遇上最猛烈的海上风暴)、"如何"(舰船受损、官兵死亡)6 个要素。

时任美联社总编辑、总经理的维尔·E.斯通将这条新闻导语树为写作典范。他明确指出,美联社记者所发出的每一条新闻报道,必须具备这 6 个要素。

此后,第一代导语风靡于世界各国,直至 20 世纪 20 年代均得到了广泛应用。这种导语被称为"晒衣绳式导语",意思是指将所有新闻要素不分主次地一个个都挂在一条"晒衣绳"——导语上。

第一代导语的优点是:具体、完整、信息量大。但不足之处也很明显:冗长、重点不突出、主次不分、受众难以快速地接受实质性信息。

(二)第二代导语

侧重交代部分要素的导语称为第二代导语,又称部分要素导语或微型导语。

如上所述,新闻五要素或六要素俱全的第一代导语虽然详细、完整,但是,内容太庞杂、主次不分、重点不突出,难以给受众留下深刻的印象。第二次世界大战以来,这种导语越来越显示出其弊端。

时代在向前发展,社会生活节奏日益加快,受众对新闻信息及其传递形式有了新的要求,受众希望更简洁、更快速地知悉信息。同时,广播电视新闻对报纸新闻产生了挑战,报纸新闻的导语写得简明扼要,新闻传递的速度会更快,既方便受众快捷地接受信息,又能够和广播电视展开竞争。而且,科学技术的巨大进步也使报纸新闻快捷地传递信息成为可能。随着电子技术的发展,电讯中断的问题已经不复存在,记者不必在第一段将新闻的所有要素和所有重要信息都披露无遗。

从 20 世纪 30 年代开始,一些新闻工作者提出,新闻导语不必非得包含五要素或六要素,可以根据每条新闻的特点,从六要素中选取一两个最能吸引受众兴趣的要素写入导语,其余的要素可以放在新闻主体中。这样,可以突出重点,达到先声夺人的效果。从第二次世界大战以来,这种"部分要素"的导语形式,开始在大小报刊上风行。

我们来比较一下第一代导语和第二代导语:

> 今晚大约 9 时半,在福特剧场,当总统正同林肯夫人、哈里斯夫人和罗斯本少校同在私人包厢中看戏的时候,有个凶手突然闯进包厢,向总统开了一枪。(《纽约先驱报》,1865 年 4 月 15 日)

这是一条第一代导语。但从新闻要素来看,这并不是典型的第一代导语,只有时间、地点、人物、事件等四要素,还有两个要素没有交代。

总统同谁一起看戏,不是非常重要的信息,不必在导语中表达出来。用 16 个字(含标点)来报道这一信息显得比较啰唆;这样重大的事件,叙述了一些不是十分重要的细节,使导语显得迟缓,影响新闻的快速传递。而且,一个非常重要的要素没有交代,即结果如何? 总统被枪击,是死是活,受众不得而知。

对于这种总统遇刺事件,第二代导语只用一句话就表达完毕:

> 肯尼迪总统今天遭枪击身亡。(《纽约时报》,1963 年 11 月 22 日)

第二代导语总字数虽然只有 13 个字(含标点),但最重要的信息已经陈述清楚,比上面这条总统遇刺的第一代导语的要素不会少,同样是四个要素——时间:今天;人物:肯尼迪总统;事件:遭到枪击;结果:总统身亡。

我们可以用这种写法来试着将上面的第一代导语改写为第二代导语:

> 林肯总统今晚 9 时半在福特剧场遇刺。

改后的导语也有四个新闻要素,即时间:今晚 9 时半;地点:福特剧场;人物:林肯总统;事件:遇刺。改后的导语省略了人物,事件也写得非常简单,省略了在私人包厢中与夫人和友人看戏,还省略了凶手闯进包厢(向总统开枪)这一细节。

(三) 第三代导语

第三代导语始于 20 世纪 70 年代,其特点就是无特点,没有固定的写法,往往是根据具体情况进行相应处理。

第三代导语表现手法和报道角度自由灵活、形式不拘一格。它包括各种软导语、延迟性导语以及各种新奇独特的导语形式。

第三代导语是对第二代导语的补充和扩展。它适应当代新闻报道内容和传播意图的丰富性要求,追求特定新闻内容的最佳表现角度和表现手法,以求达到最佳报道效果。所以,又称当代丰富型导语。

我们将上面第一代导语的典范——美联社记者约翰·唐宁发的一条新闻略作改动,对一些不十分重要的新闻要素进行适当浓缩,可以改为下面的第三代导语:

> 【萨莫亚·阿庇亚 3 月 30 日电】 3 月 16、17 日,萨莫亚群岛遭受有史以来最大风暴袭击,6 条战舰和 10 条船只被毁,143 名美德海军官兵丧生。

相比第一代导语,这条导语比较简略,但是,新闻六要素俱全。时间:3 月 16、17 日;地点:萨莫亚群岛;人物:143 名美德海军官兵;事件:风暴使战舰和船只被毁,海军官兵遇难;原因:遇上风暴袭击;结果:舰船被毁、官兵丧生。改后的导语六个要素齐全,且和第一代导语相比,文字简练,包括标点符号在内只有 53 个字,第一代导语包括标点符号在内有 155 个字,在文字上减少了 70%;简洁的导语,能够适应现代受众的接受习惯,满足现代受众的接受需求。

四、好导语的标准

什么样的导语可以称得上好导语? 好导语有什么标准? 人们对此各有说法。本书作者认为,好导语一般都具有以下特征,这些特征可以衡量一条导语是否是好导语。

(一) 测试"哇"效果

美国著名刑侦记者、《迈阿密先驱报》记者埃德娜·布坎南(Edna Buchanan)曾经说:"对我而言,感觉最好的一天就是我能写出这样的导语的一天:我的导语让读者喷出了早餐咖啡,抓住胸口嚷道:'天啊!马莎,你看这个了吗?'"①显然,布坎南认为,如果导语能够写成这样,那就可以说是一条好导语。

美国新闻写作指导教师卡罗尔·里奇(Carole Rich)把衡量导语是否能够引起受众惊讶的方法称为"测试'哇'效果"。他说:"'哇'测试是一种办法。当你用一句话向朋友讲述报道内容时,假如报道主题非常重要、感人或紧急,足以引起一声'哇'或者其他惊叫声,考虑采用硬新闻导语。"②

《全能记者必备》的作者凯利·莱特尔等人对此也有同感,莱特尔引用美国《国家图片》编辑部成员詹姆斯·雷诺兹(James Reynolds)的话说:"你的导语要让读者大叫一声'哇'——导语要让读者眼前一亮,这样才能吸引他的注意力,让他迫不及待地读完报道的其余部分。"该书作者认为这是"经典的教诲"。③

判断一条新闻的导语是否是一条好导语,可以根据这条新闻的导语是否触动了受众的兴奋点,是否能够引起受众惊讶、引发受众本能地尖叫,如果做到了这些,这条新闻就是一条好导语。不过,刻意地哗众取宠,故作惊人之语,甚至挑战社会的主流价值观,突破社会基本的道德底线的新闻导语不是好新闻导语,而是应该受到批评和禁止的导语。

> 昨日,南京耗资5,000万元新建一年的汉中门大桥,被市民发现有30多根栏杆裂开了口子。据当地媒体报道,这个月,有市民发现,横跨秦淮河的汉中门大桥"有点不对劲":南侧的几十根栏杆都出现裂纹,并且裂得很规则。市民担心桥梁受力的结构出现问题,于是向媒体报料,希望相关部门立即调查。据了解,这项工程属于改造项目。由于施工的难度较大,工程从2007年开始,一直到2008年6月才竣工。据工程负责人称,整个项目总投资大约5,000万元。但今年12月,陆续有附近市民发现,桥上很多栏杆出现裂痕,而且裂缝的走向有规则,与拱桥桥面的"八"字形相符合。有退休工程师看了之后担心:"这不是普通的热胀冷缩,而是结构上出现问题。桥面受力出现问题,那后果可能非常严重啊!"南京某媒体记者来到现场查看发现,大桥南侧人行道的花岗岩栏杆都出现裂纹,裂纹在栏杆的根部,约有30多根栏杆都出现了这样的裂纹。有的裂口缝隙宽到足以塞进成年男子的手掌。在接到投诉后,施工单位连夜用胶水将裂口糊上了。记者联系了南京市政设施养护管理处,工作人员表示会与桥梁维护单位联系,并称:"在没调查清楚原因前,不敢武断下结论就是质量问题,导致结构损坏,也有可能是热胀冷缩等原因造成。"据了解,南京市建委目前已紧急出台汉中门大桥整改意见,并对施工单位擅自采用胶结材料封闭裂缝,在社会造成不良影响表示道歉。南京市建委表示将追究相关人员责任,绝不护短。但不少网民还是斥责这种豆腐渣工程太"雷人"。④

---

① 里奇.新闻写作与报道训练教程:第3版[M].钟新,主译.北京:中国人民大学出版社,2004:155.
② 里奇.新闻写作与报道训练教程:第3版[M].钟新,主译.北京:中国人民大学出版社,2004:159.
③ 莱特尔,哈里斯,约翰逊.全能记者必备:第7版[M].宋铁军,译.北京:中国人民大学出版社,2005:130.
④ http://www.cqwb.com.cn/cqwb/html/2009-12/13/content_187807.htm.

上面这个材料,受众阅读后本能地产生惊讶的是什么? 不是"耗资 5,000 万新建一年的汉中门大桥,被市民发现有 30 多根栏杆裂开了口子",而是大桥"裂口缝隙宽到足以塞进成年男子的手掌。在接到投诉后,施工单位连夜用胶水将裂口糊上了"。大桥裂口,怎么可能用胶水糊上呢? 胶水能糊得住吗? 读者读到这里的时候,会张大嘴巴大吃一惊:天下竟然还有这样的施工单位?!

上面这个材料的新闻导语可以尝试这样写:

> **【本报讯】** 昨日,南京耗资 5,000 万元新建一年的汉中门大桥,被市民发现有 30 多根栏杆裂开了口子,有的裂口缝隙宽到足以塞进成年男子的手掌。在接到投诉后,施工单位连夜用胶水将裂口糊上了。

新闻导语要想产生"哇"效果,触动受众的兴奋点,引发受众惊讶尖叫,就要找准报道焦点,即最吸引受众的信息。

(二)吸引读者往下阅读

导语非常重要,因为读者会在三秒钟内决定是否阅读这条新闻。新闻报道必须在三秒钟内抓住读者的眼球并留住读者的视线,否则,读者的视线就会离开这条报道,要么转到下一条报道,要么去看别的什么信息。记者撰写的新闻报道要想在三秒钟内抓住读者,就必须有一条吸引读者阅读的好导语。

好的导语要善于引发受众的兴趣和注意力。怎样引发受众的注意力? 国外一位讲授小说写作的老师关于小说开头的方法可以给我们一些启迪。

一位新闻界人士说,要想引起读者和编辑的注意,就要像他的老师多年前做的那样,大声说:

> "喂,你! 听见了吗? 我有话要跟你说。"

这位新闻界人士回忆说,20 年前,我选修的小说课老师走进教室为我们上第一节课,他翻弄了几分钟报纸,然后突然走到前排一名男生跟前,用手指着他,说:

> "喂,你!"

那年轻人站起来,吓得呆住了。

> "听到我讲话了吗?"老师问。
> "听到了。"学生迅速回答。
> "好,"老师说,走回他的讲台,"这就是一篇文章应采用的开篇方式:抓住读者的注意力,用最简短的话使他用心听,趁此机会你将文章的主旨介绍给他。"

小说写作尚且应该如此重视开头、刻意吸引读者,新闻写作就更应该重视导语的写作,在开头就要抓住读者的心。

　　<u>导语事实上面临着双重任务</u>：既要将新闻中最新鲜、最重要、受众最关心的信息呈现出来，还要告诉读者一些信息，想方设法紧紧抓住读者，使读者看完开头后还想继续读下去。梅尔文·门彻认为："有效的导语满足两个要求：它抓住了事件的实质，它吸引读者或听众为该报道停留。"[①]

　　记者面临的两难是：一方面，记者如果不在导语中将受众最感兴趣的焦点信息告诉受众，而是将其放在新闻主体中以吸引受众阅读完整条新闻，受众可能在开始就不会这样阅读这条新闻；但如果受众一旦在导语中阅读了整个新闻最核心、最实质性的信息，就会失去继续阅读的兴趣，因为新闻主体中的信息已经不太重要了，受众觉得可以不必往下看了。记者面临的这种两难的局面，对导语写作提出了很高的要求，既要将最有新闻价值的信息在导语中呈现出来，又要绞尽脑汁、挖空心思地遣词造句，吸引读者继续往下阅读。

　　我们来看下面的导语：

> 昨晚我们睡在了敌人的营地里。

　　这是美国南北战争时期，一位美国记者写的导语。记者既写出了整条新闻的实质性内容，又能够吸引读者往下阅读：我方为什么会睡在敌人的营地里？敌人会把我方人士杀掉吗？读者会带着这样的疑问往下阅读。

> 光荣的代价是什么？两只眼睛、两条腿、一只胳膊——每月 12 美元。

　　这是美国《华盛顿先驱报》记者写的关于"一战"后一名残废老兵一贫如洗的报道。两只眼睛、两条腿、一只胳膊，每月就只值 12 美元？这究竟是怎么回事？读者会带着满腹的疑问和强烈的好奇心，迫不及待地阅读下面的新闻主体部分。

　　任何文章体裁的写作，都非常重视吸引读者往下阅读。作者会精心设置文章的开头部分，无数次地思考和修改开头。梅尔文·门彻引用多产作家安德鲁·E.斯文森的话说，写作的诀窍就是在第一页中设置惊险、神秘和刺激，以确保孩子们从这一页往下翻。他提到自己曾经 20 多次重写一部作品的第一页。[②]

　　新闻写作也是如此，精心撰写导语，吸引读者往下阅读，是新闻记者最重要的工作之一。

(三)不仅要规范，而且要好

1.标准规范

　　各行各业都有自己的标准和规范，否则，就不专业、不地道。新闻导语的标准和规范，就是要准确、清晰、简洁、明快。

　　"好的导语要求语言清晰、明快、丰富、准确。这样的语言与简短的句子和段落组合在一

---

① 门彻.新闻报道与写作[M].展江,主译.北京:华夏出版社,2003:126.
② 门彻.新闻报道与写作[M].展江,主译.北京:华夏出版社,2003:128.

起,就能创作出一篇优秀的新闻报道。但是句子、段落要长短不一,句型结构也要富于变化。"①

首先是事实要准确。事实不准确、信息不真实,导语写得再好也无用。这是导语写作最基本的要求,如果连这一点都做不到,其他规范要求则无从谈起。(第十章"新闻报道原则"第一节"准确"将对这个问题进行比较深入的阐述,这里不作赘述。)

其次要清晰。新闻报道事实模糊,事实之间关系错乱,语言含混不清、艰深晦涩,这样的导语很难吸引读者。新闻导语必须事实清楚明白,语言平易晓畅,让读者轻松愉快地接受信息。这不仅是对导语的要求,也是对新闻各个组成部分的要求。

最后要简洁。简洁的导语言简意赅,对读者才有吸引力。冗长啰唆的导语会让读者兴趣索然。(本章第三节"导语的写作方法"将专门论述导语简洁的问题;第十章"新闻报道原则"第五节"简洁"将专门论述简洁的问题,这里不作赘述。)

2. 出奇出新

记者在撰写导语时,有时候会出现这样的问题:一条导语遵循了标准和规律,它对新闻事件的新闻价值作出了准确的判断,抓住了新闻事件的焦点,但它就是难以吸引读者阅读。这样的导语吸引不了读者是因为虽然它符合规范,但刻板呆滞、缺乏独创性、不生动、没有独特的风格。所以,一条好的导语不仅要符合规范,还要独特、生动、富有魅力,甚至偶尔违背标准和规范,但只要能吸引读者的注意,也是一条好导语,甚至是一条绝好的导语。

标准、规范并不是绝对的,没有一成不变的标准,记者应该根据新闻导语的现实情况而适当变化。

人类在对自然界和社会的认识、表达和改造的过程中,在进行思考和行动时,一般都是先摸索规律,然后遵守规律、运用规律,进而打破规律。也就是先求正,再求奇。

人文社会科学和自然科学不同,一般来说,人文社会科学没有唯一的标准和规范。当记者对标准和规范运用自如之后,就可以自由地运用标准和规范,甚至突破标准和规范。这样,记者撰写出来的导语就会给人以新奇之感,令人叹为观止。有人甚至认为:"撰写导语的唯一真正的规则是没有规则。"②这句话虽然比较极端,但表达的思想值得学习和借鉴。

1989 年 7 月 21 日,新华社在华盛顿发表了一条《泰森:85 秒卫冕成功》的电讯。我们来看这条电讯最初的导语:

> 世界重量级拳王迈克·泰森今晚以 85 秒钟的时间,击垮挑战者卡尔·威廉斯,创造了历时最短的一场拳王卫冕战。

这条新闻导语循规蹈矩,记者们一般都是这样写作新闻导语的,但是这条导语平淡无奇。编辑接到这条导语后,对这条导语进行了修改,修改后的导语如下:

---

① 莱特尔,哈里斯,约翰逊. 全能记者必备:第 7 版[M]. 宋铁军,译. 北京:中国人民大学出版社,2005:132.
② 伊图尔,安德森. 当代媒体新闻写作与报道:第 6 版[M]. 北京:中国人民大学出版社,2009:62.

> 85 秒！拳王泰森击败挑战者。85 秒！历史上最短的拳王卫冕战。85 秒！1,300 万美元尽入腰包。

按照一般要求来说,新闻导语是寸土寸金之地,文字不能重复,而且重复作为一种修辞手法,一般不适用于新闻报道,尤其是不适用于导语写作。但是,这个导语中"85 秒"重复了三次,且读者读过这条新闻导语后并没有觉得文字啰唆,也没有感到不客观、不公正。经过修改后的导语,把这次比赛的主要内容和重要特色全部概括了出来,虽然文字比先前的导语更简短,但包含的信息更多,除了前导语的所有信息都保留外,还增加了一个信息,即拳王赢得了 1,300 万美元的奖金,信息量更大。

我们再来看下面的新闻导语:

> A. 百万富翁哈罗德·F. 麦考密克今天买下了一个穷人的青春。

19 世纪 20 年代初,美国百万富翁麦考密克进行胸腺移植手术之后,合众社记者写下了这条导语。

> B. "我感觉自己仿佛被肮脏的手抓了一下。"玛莎·格雷厄姆说。

此前,两名国会议员公然将格雷厄姆的舞蹈贬为"色情的"。

梅尔文·门彻认为,"这些导语几乎否定了被那些规定新闻写作标准的人奉为圭臬的每一条规则"。不过,"虽违反规则,但令人难忘"。A 导语的品位有些问题,所以,合众社纽约总社迅速枪毙了这条导语,另拟了一条导语发稿。B 导语是一条引语,导语写作规则要求,一般情况下,导语应尽量少用引语开头。

虽然上述导语都违反了标准和规则,但却非常吸引读者。梅尔文·门彻分析说:"它们之所以有这样的效果,是因为它们适应了导语写作的要求:它们用白描的手法将事件核心形象化了,它们吸引读者继续阅读。"[1]

《美联社新闻写作指南》的作者杰克·卡彭(Jack Cappon)也说过类似的话:"一条好的导语应当清晰地阐述新闻的要点,如果有可能,还应包含区别于其他报道的细节。"[2]抓一些吸引人、能充分表现新闻主题和新闻价值的小细节、运用白描的手法写这些细节,这是导语写作的最重要的法则,甚至是至高无上的法则。

综上所述,新闻导语究竟应该遵守标准规范,还是应该打破标准规范出奇出新呢？一般而言,初学者应该多遵守标准规范,等到业务技巧圆熟之后,再追求出奇出新;多数导语应该遵守标准规范,少数可以考虑出奇出新;不能为出奇出新而出奇出新,如果过于刻意追求,可能会弄巧成拙、得不偿失。

---

[1]　门彻. 新闻报道与写作[M]. 展江,主译. 北京:华夏出版社,2003:126 – 128.
[2]　莱特尔,哈里斯,约翰逊. 全能记者必备:第 7 版[M]. 宋铁军,译. 北京:中国人民大学出版社,2005:131.

知识链接

导语的作用是什么?

(1)告诉读者这条消息的内容是什么。

(2)使读者愿意读下去。

(3)必要时制造适当的气氛。

导语是新闻报道中最重要的部分。抓住或者失去读者,取决于新闻稿的第一段、第一句,甚至是第一行。

导语是记者展示其杰作的橱窗。读者和编辑(以及新闻学讲师)都会自然地设想,如果记者未能在导语中表现出水平,那么,他就是没水平。①

知识链接

优秀导语的标准

优秀的记者都使用尽可能少的文字告诉读者他们需要知道的事实。他们使用简洁的文字、有力的文字、生动的文字和独特的文字。他们选择读者能够看到的细节。优秀的记者在动笔之前思路清晰、目标明确。优秀的记者言之有物,作品自成一格、行文优雅、感人至深。

如果展开想象的翅膀、了解事实的与众不同之处,并用清晰、准确的文字强调独特的角度,那么大部分导语都能够修饰得尽善尽美。②

知识链接

优秀导语的特点

参与编写《美联社写作手册》的该社写作和计划工作组成员霍华德·海恩列举了一条优秀导语的九个特点。他说,一条优秀导语应该是提供消息,简短,明晰,准确,简单,直截了当,生动,客观和富于色彩。……除了上述九点,海恩先生又加了第十个特点:格调高尚。③

第二节　导语的类型

导语的类型有很多,不同的新闻学者和新闻工作者有不同的划分方法。这里我们将导语划分为两大类:一类是硬导语,一类是软导语。

---

① 梅茨.怎样写新闻——从导语到结尾[M].苏金琥,阮宁,洪天国,选译.北京:新华出版社,1983:21.
② 莱特尔,哈里斯,约翰逊.全能记者必备:第 7 版[M].宋铁军,译.北京:中国人民大学出版社,2005:143 - 144.
③ 梅茨.怎样写新闻——从导语到结尾[M].苏金琥,阮宁,洪天国,选译.北京:新华出版社,1983:22 - 23.

一、硬导语

所谓硬导语,也称硬新闻导语、直接性导语,就是开门见山、简明扼要地概括陈述新闻内容要点的导语,比较适用于时效性强的事件性新闻。

硬导语是以凝练的文字,抓住新闻中受众最关注、最新鲜、最重要、最吸引人的核心事实,以言简意赅的方式直截了当地呈现给受众。这种导语适合快速报道新闻和快节奏的现代生活。在日常的新闻报道中,与公众切身利益相关的事件、突发事件、重大事件,一般都采用硬导语的方式报道。对记者来说,这种导语形式比较容易掌握,运用起来也比较方便。

> (1)【新华社小浪底工地(1997 年)10 月 28 日电】　(记者张宿堂 郭献文)　中华民族治黄史上带有里程碑意义的黄河小浪底工程,今天 10 时 28 分实现截流。
>
> (2)【路透社北京(1964 年)10 月 16 日电】　今天格林威治时间 7 时中国爆炸了一枚原子弹,从而闯进了核俱乐部。
>
> (3)【美联社休斯敦(1969 年)7 月 20 日电】　美国星际航行员阿姆斯特朗今天晚上格林威治时间 2 时 26 分成了第一个登上月球的人。

第一条新闻,黄河小浪底工程成功实行截流,是这条新闻的核心信息,导语对此简要陈述,同时介绍了截流的时间,而地点已经在电头中出现,无须重复交代;开头第一句话的前半句是背景和评价。导语只用一句话,就将最有价值的信息告诉了公众。第二条新闻,核心信息是中国爆炸了一枚原子弹,新闻交代了时间,地点不太重要,没有交代;中国"闯进了核俱乐部",既是事实,也带有议论的成分。第三条新闻的核心信息是美国宇航员登上月球,同时简要介绍人物、时间,记者对这个信息也进行了简要评价:阿姆斯特朗是世界上第一个登上月球的人。上述硬新闻导语皆文字简洁,核心信息交代明确,受众接受起来也更加快捷、高效、清晰。

写好硬导语的方法是:善于分析比较,鉴别判断,准确地抓住最具有新闻价值、受众最关心的事实。记者在写作硬导语之前,首先要学会鉴别事实,在所要报道的事实内容中,判断哪一个事实最有新闻价值、对受众最有吸引力,并将这个事实写在导语中。

> 【本报讯】　(夜线报道组)　昨天下午 4 时许,海淀区永泰庄西路一网吧内,一名年轻男子小陈(化名)被发现死在座位上。
>
> 事发网吧位于永泰庄西路南侧一座四层楼的二层,此处不仅有一家网吧。
>
> 昨天下午 5 时许,记者赶到现场时看到,网吧依然在正常营业。警方只将男子倒下的那一排位置封锁,并勘察现场。
>
> 小陈死亡的座位在网吧的中间位置。他躺在椅子上面,身上还盖着自己的长袖衫,眼镜还丢在桌子上。
>
> 据了解,昨天下午,网吧内有人发现小陈一直仰面靠在座椅上一动不动,胳膊上还出现了红斑,已经没有呼吸,无法唤醒。

网管迅速拨打了 120,但下午 4 时许急救医生到达现场后就宣布小陈已经死亡,随后,警方也到达了现场。

据网吧一工作人员透露,小陈是前日晚上 9 时许独自一人到达网吧的,到了以后就开始玩游戏再未离开。昨天凌晨,小陈便靠在椅子上睡去,没人注意到他有什么异常,也没有听到什么响动,无人知道他具体何时死亡的。

根据网吧的登记信息,小陈年仅 23 岁。

昨天下午 5 时 40 分,一辆黑色灵车到达网吧楼下,小陈的遗体被运走。他的家属也同时到达现场,其母亲泣不成声。

目前,此事警方尚在进一步调查中。

在那家网吧当中,像小陈这样玩游戏的人占多数,他们在游戏的世界中流连忘返,连周遭发生了什么也毫不理睬。昨天下午,哪怕小陈的尸体一直躺在椅子上,警察来回进出,勘察人员的相机闪光灯阵阵闪烁,大多数玩家还是眼睛死死盯着屏幕,并且用耳麦和同伴们相互沟通,说着各种游戏术语。

当记者问起和小陈坐前后排位置的多名玩家,他们当中有人同样通宵游戏,却没人注意到小陈的情况。“忙着呢忙着呢!”大多数人都这么回答。

直到小陈的尸体被抬出,才有人站起身来看看热闹,却也只是伸了个懒腰,随即又坐下。

“他还抽玉溪呢,可惜了。”有一名玩家说了这样一句话,随后,声音被淹没在网吧的嘈杂声中,再没人关注这件事,大家依然不停地玩着游戏。

此时,小陈的母亲正在楼下哭泣,直到在家人的劝慰之下,哽咽着离开现场。

小陈静静地躺在椅子上,好像睡着了一样。衣服一点都不凌乱,完全看不出他是通宵游戏之后死去的,安静得似乎和嘈杂的网吧毫无关系。

不过,他所用的那台电脑最后的画面,却定格在一场游戏结束的场景。

小陈人生当中的最后一场游戏,是一款名为 DOTA 的对战类游戏。这个游戏是一款节奏极快的团队对战游戏,风靡于学生群体当中,各大对战平台上,每天同时在线的人数就超过 150 万。

这个游戏的最终目的是和自己的队友配合,将对方的远古遗迹打爆。而小陈电脑的最后一个画面,正是他控制的人物站在对方阵地当中,横刀立马,摆出胜利的姿势。对方的远古遗迹已经爆炸,小陈在游戏中取得了胜利。

但他的人生却就此终结了。

根据游戏记录,这场对战持续了 1 小时 50 分钟,小陈曾经在游戏中穿着豪华的装备,所向披靡。根据网吧工作人员回忆,小陈大概是昨日凌晨打赢这场游戏之后,就靠着椅子睡着的,之后再没醒来。(文并摄/记者徐超,2013 年 6 月 6 日 14:57,来源:《法制晚报》)

这条新闻有几个值得报道的新闻点：

A. 一名年轻男子小陈（化名）在海淀区永泰庄西路一网吧内，被发现死在座位上。

B. 一名年轻男子小陈（化名）在网吧内打游戏时死亡。

C. 一名年轻男子在网吧打 DOTA 获胜后身亡。

D. 一名年轻男子在网吧打 DOTA，游戏胜利了，人生却结束了。

E. 一名年轻男子在网吧打 DOTA 获胜后身亡，现场的其他游戏玩家们对其毫不理睬，眼睛依然死死盯着屏幕，在其尸体旁继续打游戏。

初学者往往会将 A 或者 B 作为新闻点，这是很多初学者在新闻现场采访后的第一反应。某个地方有人跳楼，某个地方有人死亡，这的确是新闻，但是，当这个新闻事件中还有更有价值的信息时，这种经常发生的跳楼、死亡等信息的新闻价值就显得较小了，而其他更有报道价值的信息就凸显出来，成为记者要报道的新闻点。做过二三年新闻报道的记者，会将 C 或者 D 作为新闻点，特别是 D，寓意深刻，耐人寻味，更发人深省。当我们进一步研究这个材料时会发现，E 是最有新闻价值的点，有人打游戏死亡了，但其他玩家们根本不当一回事，继续打游戏，这不仅是对他人生命的漠视，也是对自己生命的漠视，因为像这些游戏玩家们这样玩命地打游戏，没准下一个死亡的就是这些冷漠的玩家自己。所以，最有报道价值的焦点是：男子打游戏死亡了，众玩家毫不理睬，眼睛依然死死盯着屏幕，在其尸体旁继续打游戏。通过一番分析比较、鉴别和判断，我们就可以将这个材料作为最佳新闻点，写入导语中。我们可以尝试将上面这条新闻的导语进行如下修改：

> 【本报讯】　（夜线报道组）　昨天下午 4 时许，一名年轻男子在海淀区永泰庄西路一网吧打游戏时死亡。警察来回进出勘察现场，相机闪光灯阵阵闪烁，大多数玩家却视而不见，眼睛依然死死盯着屏幕，在其尸体旁继续打游戏。

从消息类体裁的新闻报道来看，对这条新闻的导语进行如此修改，其报道效果可能更好一点。

写好硬导语的关键，首先不在于写作方法与技术如何，而在于记者对新闻的鉴别与判断能力。记者的新闻鉴别和判断能力强，才能够写好硬导语。硬导语的使用非常广泛，在写作方法上也比较容易掌握，这里就不进行重点介绍了。软导语虽然使用得相对较少，但是在写作方法上复杂多变、技巧较多，下面将重点对其进行介绍。

知识链接

导语要素

直接式导语通常包括：

· 关于何事发生或说了什么的具体信息

· 事件何时发生

· 事件地点

·信息来源①

二、软导语

(一)软导语的定义

软导语又称延缓性导语、延迟性导语、间接性导语、特写导语等,是相对于硬导语的一种常用的导语形式,是指在导语中曲折迂回地引出新闻的核心内容,间接地表达新闻主题。

软导语通常用于故事性、趣味性强的新闻、新闻特稿和各类软新闻的写作。那些情节性、戏剧性、趣味性强的报道比较适合采用这种导语形式。一些后续报道、解释性报道、调查性报道也经常采用这种导语形式。但对于重大事件、突发事件等时效性强的事件,一般不适合采用软导语报道。软导语通常"以一个事例、一则趣事或一个例子来设置某种情境或唤起某种情绪"。②

好的软导语,具有较强的趣味性和可读性,能引起读者的强烈兴趣。这种导语形式也深受记者的欢迎,因为它能充分发挥和展示记者的写作才能。

(二)区分软导语和软新闻导语

软新闻,是指报道节奏舒缓、文笔优美的新闻。它不一定有什么重要意义,但具有较强的趣味性、人情味,有一定的娱乐价值或具有幽默讽刺意味。软新闻追求趣味性,注重娱乐价值;可以铺陈字句,硬新闻的一句话,软新闻则可以写成富有文采的几句话。

软导语和软新闻导语的区别是:软导语报道的内容不一定是"软"的,即不一定是软新闻,有些硬新闻也可以采用软导语的形式;而软新闻导语报道的内容则是"软"的,即是那些趣味性、娱乐性、人情味强的内容。

(三)软导语的写作方式

软导语主要有两种写作方式:

第一种方式是,新闻中的焦点信息不在导语开头第一句话或前面几句话中直接呈现出来,而是在导语开头第一段的中间或第一段的末尾呈现出来。

第二种方式是,新闻中的焦点信息不在导语第一段中呈现出来,而是在第五段之前的某一段落中呈现出来。

在我国的新闻报道中,大多数软导语的写作方式都采用第一种方式,即在新闻第一段的中间或末尾引出实质性信息或新闻主题。在西方国家,采用软导语形式写作的新闻,其实质性信息或新闻主题可以在前面五段的任何一段中表现出来。

相对来说,中国的新闻导语更直接一些,实质性信息延迟的时间不长,而西方新闻导语

---

① 门彻.新闻报道与写作[M].展江,主译.北京:华夏出版社,2003:135-136.

② 门彻.新闻报道与写作[M].展江,主译.北京:华夏出版社,2003:138.

的实质性信息有时要延迟得久一点。

但不管是采用哪一种方式写作软导语,有一点是相同的:都用细节、情节、引语、故事的精彩片段激发起读者的兴趣,或设置悬念引起读者的疑问和好奇心,引领读者往下阅读。

(四)软导语的类型与写作方法

软导语可以分为叙述式导语、描写式导语、对比式导语、引语式导语、提问式导语等。下面我们来看看这几种软导语的写作方法。

1. 叙述式导语

叙述式导语与前面的硬导语不同,虽然两者有相同的地方,即叙述事实,但是,硬导语即直接性导语叙述的是核心新闻事实、焦点内容、新闻要素,而软导语中的叙述式导语叙述的并不是核心新闻事实、焦点内容、新闻要素,而是有趣的新闻事实,有意义的情节、细节,以及生动的情景,往往以讲故事的方式陈述事实。

下面是选自美国西北大学校报《西北日报》的一个三段式导语群。这篇特稿是关于女生联谊会主办的每年一次的竞赛。在第一段中,作者介绍了一个年轻人并使读者喜欢上了他,同时正如所希望的那样,也使读者对这篇新闻报道产生了感情。导语首段也是从行动的中间开始的:

> 彼得·斯皮尔斯随着歌曲 *Neutron Dance* 的节奏转动,背对着观众,迅速脱下夹克衫,露出一件解开到腰部的衬衣。
>
> 斯皮尔斯跟着节奏跳着花式慢步舞,慢慢地脱下衬衣和裤子。他系着一个黑色的蝶形领结,穿着一套黑色的比基尼泳衣,跳入了佩滕体育馆的游泳池里。
>
> 文学科学学院一年级学生,西格玛·努男生联谊会成员斯皮尔斯周日荣获了由德尔塔伽玛女生联谊会主办的第四次年度竞赛的"花样入池先生"称号。

在导语的开头第一段,作者叙述一个青年学生"背对着观众",迅速脱下夹克衫,衬衣解开到腰部,表现了一个青年人的开放和活力。作者在想办法使读者喜欢上这个青年学生。第二段接着叙述。新闻描绘了一幅图画,把读者深深地吸引到了新闻报道中。一系列的动词如"转动""迅速""脱下""露出""跳着花式慢步舞""慢慢地脱下""跳入游泳池",表现了青年学生的优美舞姿和青春活力。"黑色的蝶形领结""黑色的比基尼"和一系列动作组成了一幅"酷毙了"的画面。

当作者觉得读者已经被带到了竞赛的现场,并且对彼得·斯皮尔斯有了某种情感的牵连之后,作者到第三段才将本条新闻最核心的信息披露出来:斯皮尔斯周日荣获第四次年度竞赛的"花样入池先生"称号。第三段称为"核心段落",将本篇新闻报道最具新闻价值的信息呈现给读者,揭示了新闻报道的主题。

如果我们以硬导语来写作这条新闻,其新闻导语就可以直接以第三段为开头:

> 文学科学学院一年级学生,西格马·努男生联谊会成员斯皮尔斯周日荣获了由德尔塔伽玛女生联谊会主办的第四次年度竞赛的"花样入池先生"称号。①

以这种硬导语的方式写作这条新闻的导语没有什么不妥当之处,但是不够生动,对受众缺乏吸引力,而采用软导语的方式写作导语,受众会产生更大的阅读兴趣。上述信息不是非常重大的新闻事件,也不是公众"应知"的信息,所以适宜于采用软导语的方式写作。

西方新闻报道的叙述式导语,有时会在新闻的第三段、第四段或第五段才将核心事实和报道焦点展示出来。一般情况下,西方的新闻采访写作教科书和新闻机构的新闻报道手册,都要求记者必须将核心段落放在新闻报道较前的位置,最迟也应在新闻的第五段将核心事实和报道焦点展示出来。

叙述式导语可以采用逸闻轶事式的方法写作,"用足够的生动情节讲述故事,以使读者能够有如同他们亲身目击事件一般的感觉"。② 这种导语可以采用小说的技巧写作,包括对话、情景描写和悬念设置。但对于这种类型的导语,新闻的核心段落即展示核心事实和报道焦点往往会延迟得过久。

> 朱安·卡贝里拉警官感觉到有一支扣紧扳机的枪顶着他的头。
>
> "我要杀了你。"身后一个声音说。
>
> "我看不见是谁,我不知道发生了什么事情,"卡贝里拉说,"我只是想有人打算杀我。"
>
> 卡贝里拉本能地打掉了枪,把嫌疑犯按倒在地上,给他上了手铐。
>
> 嫌疑犯是一个 12 岁的男孩。
>
> 枪是一支玩具枪。
>
> "它看上去像一支 0.38 口径的短筒左轮手枪,"卡贝里拉是有五年军龄的老兵,他说,"这是一支使用纸弹的玩具枪。"
>
> 这个事件对那个男孩来说可不是个玩笑。他被指控为袭击法律授权的警察而遭到逮捕。

这条新闻的核心事实和报道焦点在第五段、第六段才出来了一半:从背后袭击警官的只是一位 12 岁的小男孩,他使用的枪只是一只玩具枪。还有一半的核心信息却延迟到了整个新闻的末尾才显示出来:男孩可能是想开个玩笑,但是,他开玩笑开错了对象,结果被指控为袭击警察而被逮捕。

这条新闻只是一个特殊个例,软导语的焦点信息和新闻主题还是必须在前面五段内揭示出来,不能延迟得太久,否则,受众会失去耐心。

对于特稿、综合性新闻,西方记者喜欢采用一种被称为橱窗式导语的形式写作,这也是

---

① 伊图尔,安德森.当代媒体新闻写作与报道:第 6 版[M].北京:中国人民大学出版社,2009:54.
② 里奇.新闻写作与报道训练教程:第 3 版[M].钟新,主译.北京:中国人民大学出版社,2004:174-175.

叙述式导语的一种写作形式。这种导语的写作方法是,在导语开头先用讲故事的方式讲述一个典型事例,这个故事是一个有代表性的故事,"有如一只小小的麻雀,五脏俱全,可供解剖。通过讲述这个典型事例,读者可以了解事物的细微部分,获得具体的印象,受到感染,为之感动,产生兴趣,进而由感性认识转入理性思考"。① 刘明华等人将这种导语称为"橱窗式导语","有如橱窗展示样品"。这种导语在讲述一个故事后,往往在第二段或后面几段紧接着就转入要报道的焦点和主题。

| 美国的无家可归者 |

　　【本报讯】　在纽约的宾夕法尼亚车站拥挤的人群中,33 岁的威廉·默塞尔正低着头,在人们的脚底下寻找一根香烟。6 年前,默塞尔同他的妻子离婚之后就成为一个无家可归者。

　　他说:"我是一个胶印工人,我辞去了工作。开始生活在这个车站里,我不愿到那个拥挤的收容所里去。"

　　没有冲洗的地方,得不到干净的衣服,晚上也不能睡一个安稳觉,默塞尔不知道怎样才能再找到一个工作,离开这个地方。

　　他是纽约 7 万至 9 万个无家可归者中的一个。他并不仅仅是唯一的处境艰难者。……
　　……②

　　这条新闻的前三段写的是一个典型案例,一个 33 岁的男人在同他的妻子离婚之后成了一个无家可归者。第四段承接这个具体的案例,引入记者要报道的主题:纽约有 7 万至 9 万个无家可归者,他们处境凄凉,身心疲惫。这种状况在全美有扩大的势头,10 年后,全美无家可归者将增长 6 倍以上。

知识链接

撰写记叙式导语

　　撰写有效的记叙式导语的关键是通过观察来写下记者在新闻报道过程中所看到、听到、闻到、尝到和触摸到的一切。在采访人物时,必须记录:

- 他们怎样行动
- 采访时他们在做什么
- 他们穿着什么衣服以及衣服的颜色
- 他们说话大声还是小声
- 他们回答一个问题需要多长时间
- 周围的气味与场景

---

① 刘明华,徐泓,张征.新闻写作教程[M].北京:中国人民大学出版社,2002:167.
② 熊昌义,余天恩.国外现场短新闻选萃[M].北京:新华出版社,1992:195.

· 表现他们与众不同的任何材料

这些观察在新闻报道里极其重要,对记叙式导语来说更是如此。[1]

2. 描写式导语

描写式导语,又称描述式导语,是指通过对新闻事实的场景、情节或细节、画面进行描写或描述而写成的导语。有些新闻事件,其最主要的新闻事实具有形象性的元素,有画面感,或有情有景,记者就必须抓住这难得的画面和情景,在导语中进行描写,把它生动地呈现在读者的眼前。

（1）描写宏观事实

宏观事实,是指大场景、大景物、总体事实、整体事实。记者一般通过鸟瞰式、扫描式的观察方法获得材料,其观察往往是粗略的、笼统的。描写宏观事实,就是要抓大景物,抓主要的场景,一般不写细节。

> 彩旗飘扬,人声鼎沸。昨天下午,大约三千人在市集广场上召开了和平集会。会上有50多人作了反对种族歧视、宣扬和平的发言。

这里的宏观事实是"彩旗飘扬,人声鼎沸""市集广场",这些都是宏观的场景;"三千人"是粗略的估算,是一个总体数字。新闻通过对这些宏观场景和总体数字的描写,使读者感受到现场的气氛和情景,仿佛到了人山人海、群情激奋的现场,看到了人们在踊跃发表反对种族歧视、要求种族平等的言论。

（2）描写具体事实

这种写法与上面的写法刚好相反,上面的写法是抓大景物、抓主要场景和画面,这种写法是抓小景物、抓细节,但必须抓有意义的小景物、生动形象的细节。这个具体事实,或者其本身就是最佳新闻点,或者其能够充分表现和说明最佳新闻点。

记者在新闻写作过程中,要善于抓住新闻事件在运行过程中的一些具体的、形象化的事实,特别是那些生动的情景或场面等,并对其进行描绘。

> 【本报讯】 多么威武神气的猫头鹰! 一对大眼睛正在扫射着什么,翅膀微微耸起,看来它准备振翼飞扑过去,抓住那狡猾的大田鼠。这只用棕榈树桩因材施艺而雕琢成的猫头鹰,最近飞越太平洋,在美国旧金山的"中国上海民间艺术展览会"上栖息。

"中国上海民间艺术展览会"在美国旧金山召开并展出作品,作者没有直接陈述这个信息,而是采用描写的方式,选取其中一件作品,抓住一个细节进行形象的描绘。这个细节形象生动,是对"中国上海民间艺术展览会今日在美国旧金山展览并展出作品"这个焦点信息

---

[1] 伊图尔,安德森. 当代媒体新闻写作与报道:第6版[M]. 贾陆依,华建昌,译. 北京:中国人民大学出版社,2009:55.

的最好说明,使读者在接受这个信息时感到非常愉悦与舒畅。

对于这条描写式导语,我们如果用硬导语的写法,可以这样写作:

> 【本报讯】 "中国上海民间艺术展览会"今日在美国旧金山举行。

用这种叙述的方式写作,信息披露明确,也很简洁,但是不够形象生动,使读者阅读起来感到枯燥无味。而采用描写的方式写作,就可使一条平淡无奇的新闻显得生动形象、可视可感。

（3）将抽象的事实形象化

事实有时候比较抽象,读者难以理解;有时候又比较枯燥,读者阅读起来会感到兴味索然。为了提高读者的阅读兴趣、方便读者阅读,记者可以在新闻导语中将抽象、枯燥的事实形象化。

> 两位经验丰富的电影业经理今天被沃尔特·迪士尼制片公司的董事会选中,他们将领导这家由一只老鼠起家、如今处境艰难的公司。[①]

在这里,作者将抽象的事实"几乎是白手起家"形象化了,而且非常准确地写成是"由一只老鼠起家",这样写,使新闻导语一下子生动起来,能够吸引读者的注意力和阅读兴趣。

采用描写式导语进行写作时,要注意下面几点:

第一,不要为描写而描写。新闻本身必须有值得描绘的场景、情节、景物或画面,描写的内容要能够感动人或令人感兴趣。

第二,要运用白描的手法,抓住新闻事实中最有意义的细节、片段,寥寥几笔勾勒出事物的形象,少用和不用细描的手法描写事实。

第三,描写语言要质朴,不要堆砌形容词,语言不要过于华丽,更不能矫揉造作,不要铺张地进行描绘,不要用过多的修辞手法。

3. 对比式导语

在导语中将反差较大的两个或两个以上的信息进行对比使之相互衬托的写法,就是对比式导语的写法。值得对比的信息非常多,今与昔、新与旧、正与反、得与失、彼与此、前与后……对比的信息反差越大,效果越好。

对比的方法,主要有纵比和横比两种。纵比,是从历史的角度进行比较,比较事物前后之间的差别;横比,是比较一事物和其他事物之间或同一事物内部之间的差别。

（1）纵比

请看新华社《凤阳县推行生产责任制两年翻身 过去连年吃返销粮如今排队卖余粮》新

---

① 门彻.新闻报道与写作[M].展江,主译.北京:华夏出版社,2003:136.

闻的导语：

> **【新华社 11 月 17 日电】** 历史上以讨饭出名,两年前还要吃国家供应粮的安徽省凤阳县,今年成了全省最早完成全年粮食征购、超购任务的一个县。

安徽省凤阳县在历史上以讨饭出名,那首有名的凤阳花鼓是这样唱的:"说凤阳道凤阳,凤阳本是好地方,自从出了朱皇帝,十年就有九年荒。"新中国成立后,三年自然灾害,十年"文革",凤阳人难以吃饱饭,只能靠国家的供应粮食才能解决温饱问题。但是,推行联产承包责任制后,这个县很快就成为全省最早完成国家粮食征购任务的一个县,而且还超额完成了任务。这样一对比,新闻事实就具有非凡的意义。

（2）横比

我们来看下面这条导语：

> 正当鸟语花香的春天到来时,记者在河北山区,看到大约半数荒山都见不到新绿。

春天本该是苍翠欲滴、满目葱郁,但是却有半数荒山一片光秃秃。导语两相对比,造成悬念,吸引读者往下阅读。

需要注意的是,在运用对比式导语时,构成对比的两个信息要具有可比性,如果不具有可比性,就是拉郎配,强扭的瓜不甜。勉强将两个没有可比性的事实硬捏在一起,会非常别扭,不能说明任何问题,也没有多大意义。

4. 引语式导语

引语式导语,是指在导语中引述新闻人物非常重要、特色鲜明、富有情趣的语言。引语的内容一般都是新闻的核心事实或焦点信息,本身就是最具新闻价值的要素。引语有时也起引导作用,引出新闻的焦点信息或新闻主题。

引语式导语在广播电视新闻中运用较多,其声音和画面比较直观,效果很好,本身就是最具有新闻价值的事实,能够充分说明主题。近年来,在平面媒体和网络媒体新闻报道中,引语式导语常常出现。引语式导语往往具有浓郁的生活气息,能激发读者的阅读兴趣。同时,由于新闻人物的语言本身就是最具有新闻价值的事实,其意义在导语中会得到充分的彰显。但如果在平面媒体中,引语不能充分说明主题,不宜采用引语式导语。

引语式导语可以分为直接引语式导语和间接引语式导语两种形式。

（1）直接引语式导语

所谓直接引语,是指用双引号标示出来的新闻人物所讲的原话。在导语中引用新闻人物的原话,即直接引语式导语。

================== 朱镕基总理谈百姓评价 ==================

【本报(《文汇报》)两会记者组北京(2000 年)3 月 16 日电】　中国总理朱镕基希望自己卸任后人们记得他什么?他今天说:"我只希望在卸任后,全国人民能说一句:他是一个清官,不是贪官。我就很满意了!"

朱镕基希望自己卸任后,人们说他是一个清官,不是贪官,这充分表现了他清正廉洁的品格,也间接表达了他对贪腐的痛恨。朱镕基这句话是最具新闻报道价值的信息,因而具有较高的引用价值,作为直接引语运用在导语中,能够彰显这条新闻的价值。

使用直接引语作为导语,新闻人物的原话一般都是比较重要、非同寻常的,其本身就具有非常高的新闻价值。

(2)间接引语式导语

间接引语是引用新闻人物讲话的主要意思,引文不用引号。在导语中使用间接引语,称为间接引语式导语。

================== 国家邮政局官员:大学生寄脏衣成邮政新业务 ==================

【央视网消息】　(记者郑根岭、苏龙、寇德印、沈玮)　在 3 月 9 日晚全国"两会"新闻中心举行的网络访谈中,国家邮政局市场监管司副司长刘良一爆料:由于快递业务的便捷,眼下,高校学生把积攒的脏衣服寄洗,再通过快递寄回来,成了邮政的一种新业务。(2014 年 3 月 9 日 21:20,来源:中国网络电视台)

这条新闻导语没有采用直接引语,而是采用间接引语来报道新闻人物语言的主要意思:大学生把积攒的脏衣服寄洗,再通过快递寄回来,现在已经成了邮政的一种新业务。一种新的业务形态出现,显然具有较高的新闻价值。

使用间接引语作为导语,新闻人物所讲的话也应该是最有新闻价值的话,必须是非常重要、受众非常感兴趣的话。

在使用引语式导语时,要注意以下几点:第一,一定要注意区分直接引语和间接引语,直接引语一定要使用原话,不能引错一个字。第二,即使是间接引语,也必须忠实于人物的原话或原意,不能断章取义,更不能歪曲人物的原意。第三,引语不要太长,要简洁精辟。

5. 提问式导语

提问式导语是通过向受众提出问题开始一篇新闻报道,一般是正面提问,而不是反问。

提问式导语在新闻的开头就会引起受众的强烈关注,能集中受众的注意力,使受众努力在新闻中寻找问题的答案。因此,问题提出之后,必须尽快回答,最好是在第一段就回答,揭示新闻主题。如果不能在第一段回答,在第二段必须回答,不能过于吊受众的胃口。

"当受众的疑问和公众的关注点成为报道的中心时,提问式导语再适合不过了。"[①]当新闻报道的内容是公众高度关注的问题,或者是能够引起公众强烈的好奇心的人物和事物时,采用提问式导语,效果会比较好。

我们来看下面这篇新华社电讯《一些中央国家机关的情况表明需要加强劳动纪律》的导语:

> **【新华社北京(1987 年)6 月 15 日电】** (记者邹爱国、张严平) 8 点上班的钟声响过之后,中央国家机关多少人迟到?
>
> 6 月 9 日到 12 日 8 时 30 分,记者到中央国家机关 8 个部委门前作了一番观察,发现各部委迟到人数最多的竟有 371 人,最少的也有 124 人。

在导语的第一段中,记者提出了问题。中央国家机关的公务员理应做全国行政事业单位乃至各行各业上班人士的表率,按时上班,这个表率做得如何? 这个问题是广大读者普遍关心、感兴趣的问题。导语的第一段没有作出回答,但在紧接着的第二段,马上就回答出来:记者观察到的中央国家机关 8 个部委的迟到人数最多的竟有 371 人,最少的也有 124 人。记者在新闻中回答得很快,受众立即获悉了问题的答案。

在提问式导语中,即使导语开头记者提出的问题非常敏感、突出,一开始就抓住了读者的心,但如果记者不在导语中或第二段马上作答,受众就会失去阅读兴趣,很可能会跳转到下一条新闻。所以,新闻导语必须马上回答提出的问题,紧紧抓住受众。

再看下面这一条新闻的导语:

今年中国经济仍将保持良好的发展势头

> **【新华社北京(1993 年)10 月 13 日电】** 中国政府对经济加强宏观调控后,经济界有人担心,中国经济会不会出现 1988 年那样的急剧滑坡?
>
> 国家权威部门认为……

"中国经济会不会出现 1988 年那样的急剧滑坡?"这个问题是全文的重点,也是新闻的核心。记者提出这个问题后,在新闻主体中,紧接着就通过一系列的数据和分析,回答问题,得出结论:中国经济不会急剧滑坡。

提问式导语所提出的问题,必须是受众感兴趣的问题,或者是能发人深省、给人以启迪的问题。我们来看下面这两个提问式导语:

> 大使的狗是否也有外交豁免权? (美联社)
> 如果有人给了你生命,你将如何感谢他? (底特律新闻)

[①] 莱特尔,哈里斯,约翰逊.全能记者必备:第 7 版[M].宋铁军,译.北京:中国人民大学出版社,2005.136.

第一个问题提得很新奇,外交官都有一定的外交豁免权,但外交官的狗是否也有外交豁免权呢? 新奇的提法能够引发受众的好奇心。第二个问题有比较浓厚的人情味,导语从人性的角度提出问题,能唤起受众的感恩之心,吸引受众往下阅读。

提问式导语的提问要集中,不能提出太多的问题;问题要提得具体明确,不要空洞模糊;要提出有价值的问题,不要为问而问,也不要勉强发问。

导语的类型非常多,上面列举的几种导语形式仅仅是无数导语形式中比较常见的类型。记者在写作新闻导语时,最好不要被框框套套所束缚,不必自己给自己提僵硬的要求,"我要给这篇报道写一个叙述式导语""我的这篇报道要写一个描写式导语的开头",等等。这些僵化的想法是错误的,事实上也没有谁要求记者一定要采用某种类型的导语。究竟应该采用什么样的导语形式,要根据新闻报道的内容来决定,也应根据记者在新闻写作过程中的发挥和表达来确定导语的类型。记者大可不必在导语写作前、写作中思考导语的类型。导语完成以后,究竟是什么类型,记者也大可不必深究,只要觉得导语充分表达了新闻内容、焦点信息和核心信息,觉得导语非常吸引人阅读就足够了,这样的导语形式就是好的导语形式。

还需要说明的是,软导语的这些导语类型,在硬导语中也可以采用。硬导语和软导语的形式不是一成不变的,是可以互相借鉴和交叉使用的。

知识链接

下面几点建议可以帮助撰稿者确定写何种类型的导语:

· 撰稿者的创造力。只要读者、观众、听众能理解完成的导语,与众不同永远是一件好事。

· 如实引用消息来源的话。撰稿者必须如实引用消息来源的话,不能编造引语或叙述以提高新闻或特稿的吸引力。

· 撰稿者的观察。撰稿者必须如实报道采访时所看到、听到、闻到和触摸到的一切,不可以对其进行渲染和混淆。

· 传统。记者们通常都知道什么时候采用概括式导语,什么时候不用。

· 撰稿者的编辑。直面这个事实。记者们都在为编辑们撰写导语。有的编辑只喜欢概括式导语,有的除概括式导语外只接受记叙式导语或对比式导语,有的认为引语式导语也不错。

· 版面空间。记者可能写出了一篇极其精彩的占据 2 英寸空间的三段式导语群。但如果编辑说"你只有 8 英寸的版面空间",那么这篇精彩的导语可能将被弃用。①

---

① 伊图尔,安德森.当代媒体新闻写作与报道:第 6 版[M].贾陆依,华建昌,译.北京:中国人民大学出版社,2009:62.

第三节　导语的写作方法

美国哥伦比亚大学新闻教育家梅尔文·门彻说:"新闻写作过程中的第一步也是最重要的一步,就是写作导语。写好导语相当于写好消息。"梅尔文·门彻把导语称为"伟大的开头"。美国《纽约人》杂志撰稿人约翰·麦克菲(John Mcphee)甚至说:"如果你已经写好了导语,那么你就已经完成了90%的报道内容。""确定导语是一场战斗。"《全能记者必备》的作者凯利·莱特尔也非常看重导语,他引述作家、自由撰稿人罗伯特·奈特的话说:"一个记者必须要用导语引起读者和编辑的注意……无论涉及哪种体裁,这一原则都是相同的。第一个字、第一个短语、第一个段落至关重要。"[①]

自从有了新闻导语以来,几乎所有的新闻学者和新闻工作者都将导语看成新闻写作中的重中之重。因此,导语的写作就显得至关重要。

一、构思先行

如何写好导语?经验丰富的记者们发现了一个写好导语的方法:"提前想好它们——在报道还未展开时就设计好导语。"[②]如果记者一打开电脑,就开始敲击键盘,写出来的新闻导语可能会比较平庸。记者在写作导语前先构思,无疑是一个非常好的方法,这会使将要写作出来的导语更加吸引受众。

(一)从新闻角度思考:找出"最……"

记者在撰写导语之前,可以问自己以下几个问题:

· 最有价值的新闻点是什么?

· 读者最想要知悉的是什么?

· 最震撼、最有趣的是什么?

提炼导语最实际的方法:比大小

写导语时运用比较的方法可以帮助记者找到最佳新闻点,即前面所说的焦点。十个指头有长短,新闻价值一般都有大小之分、高低之别,不可能十个指头一般齐,总有某个信息点是最有新闻价值的,这就是新闻的焦点。记者运用比较的方法,将认为颇有价值的几个事实罗列出来,会一目了然,很容易就能分辨出新闻价值的大小来。

---

① 莱特尔,哈里斯,约翰逊.全能记者必备:第7版[M].宋铁军,译.北京:中国人民大学出版社,2005:99.
② 门彻.新闻报道与写作[M].展江,主译.北京:华夏出版社,2003:129.

14 日零时许,听到母亲呼救的一位于姓巡警赶到沈阳市涟水街 20 - 1 号楼现场。

他告诉记者:"我赶来时看到男孩面朝外坐在窗台上,稍一使劲儿就会滑下楼,母亲站在屋里一直抱着男孩的腰。我们劝了几句看劝不下来,就赶紧报警。110 的白警官和 119 都马上赶来了,又劝了 20 多分钟,也没劝动。"

当晚出警的向工派出所白警官回放了强行解救的过程:"我们苦劝了 20 多分钟,先稳定一下他的情绪。但是我们劝不下来,只好和 119 配合。119 云梯升到七楼的同时,我们破门而入,把男孩儿从窗外拽了回来。"

最先赶到现场的于姓巡警感叹:"也许只有母亲救儿子才会有这样超常的力量,半个多小时里,只要他妈手一松,他就掉下来了。"

小丁母亲哭着说:"我也不知道怎么坚持这么长时间,我这脑袋已经什么都不能想了。"她说,她的大腿在救儿子时已经压得青了一大片,但救下儿子才知道疼。

被救下的小丁坐在床上。小丁身高 1.85 米,体重近 200 斤。他家 40 余平方米的单间里挂满了他的画。大多为人体水彩画和素描。一幅刚画好的少女肖像还在画架上,画架旁是肖像少女本人的照片,画得惟妙惟肖。

就在母亲和民警劝他不要再轻生时,小丁突然跃起身,再次冲向窗口。幸好几位民警反应迅速,将其摁在床上。

为保证小丁的安全,民警将其带到向工派出所,进行开导。

而小丁只说了一句:"我没工作,上不了学,什么都没有,我不想活了。"就再也没说话,表情古怪地望着前方。

据母亲说,小丁 24 岁,在他八九岁时父母就离婚了。

"离婚后,孩子判给了他爸,5 年前,他从美术学校毕业后,就跟我一起生活。"受惊的母亲有些语无伦次:"小丁是个挺好的孩子,你们看他画得多好。就自从我跟他爸离婚后,他就像得了忧郁症一样。也不爱说话,这一年来还总幻听,总说有人在背后嘀咕他,看不起他。"

小丁母亲说:"这十几天,小丁脾气特别不好,有时甚至掐我的脖子,用水果刀威胁我。他说我和他爸对不起他,不能让他上学。他说他现在没工作,没女朋友,别人都看不起他。其实他这几年也找了几个画动漫和摄影的工作,都没干长。他有时觉得我有钱不给他,其实,我哪有钱呀。"

"近三天,他的情绪特别不对,我几乎三天没睡,劝他。今天他没发脾气,我以为没事了,没想到,他会跳楼。"母亲不停地擦眼泪。记者看见,这位母亲身体瘦弱。她告诉记者,她身高 1.55 米,体重不足 90 斤。

向工派出所民警表示,会尽快与街道联系,努力帮助小丁母子解决生活上的困难。"但是,最终还得靠男孩自己努力,不能再轻生。"白警官说。(材料有改动——引者注)

记者根据上面这段材料,可以提炼出以下多个值得报道的新闻点:

A.男青年轻生跳楼。

B.男青年轻生跳楼,被母亲拉住。

C.男青年轻生跳楼,被母亲拉住,最后被警方解救下来。

D.父母离异,导致男青年轻生跳楼。

E.家庭生活贫困,导致男青年轻生跳楼。

F.母爱的超常力量:身高1.55米,体重不足90斤,却抱住身高1.85米、体重近200斤的儿子半小时。

我们根据上述材料提炼出的6个比较好的新闻点,哪一个是最佳新闻点呢?这就需要比大小了。A、B、C三个角度,是新闻报道的惯常角度,这类新闻比较多,从新闻价值的角度来衡量,价值比较小。D、E角度,则更平常了,这种新闻的价值更小。只有F角度,具备新闻价值要素中的显著性、人情味,因而最有新闻价值,是最佳报道点。

(二)从读者角度思考:设身处地法

记者在撰写导语前,要设身处地从读者的角度思考问题,思考自己将要撰写的导语是不是读者最感兴趣的信息,要把记者本人"我"想象成读者,仔细思考:这些信息"跟我有什么关系"?就好像记者在讲一个故事。记者讲述的这个故事,如果记者本人是听者,你自己是否喜欢听这个故事?

我们来看下面这段材料:

2011环球企业家高峰论坛(昨日)12月1日在北京举行,民生银行行长洪崎在论坛上说:"以民营为主的银行,在法人治理结构上面,在所有体制中间应该是最完善的。我们现在开董事会,独立董事和执行董事在里头话语权是比较多。对风险的把控,以及对市场的敏感度,作为一个经营者是有压力的。民生银行成立15年,换了我是第五任行长,这在国有银行是不可能的,国有银行可能15年两个行长,但我已经是第五位行长了。""在经济结构调整的大趋势下,银行业已经度过了最鼎盛的时期,现在工农中建交70%的股权都是国有,我认为国有控股的股权可以逐步地退出市场,让更多的社会资金进入银行。国有股从银行逐步撤出,让社会资本参与,又减少风险,又能够使需要的资金转换到更大的投入当中,以保证经济的合理的调整。""整个银行业这些年数字确实非常靓丽,尤其像今年,整个企业的资金需求,企业经营压力很大,中国银行业一枝独秀、利润很高,不良率很低,大家有一点为富不仁的感觉,企业利润那么低,银行利润那么高,所以我们有时候利润太高了,有时候自己都不好意思公布。但是,我想谈实体经济依然是银行的基础,银行如果健康发展,对经济结构的优化,资源的迅速优化,以及整个资源在社会中间的效益最大化,我想是有其促进作用的,但是一旦整体的经济系统性地出现风险以后,银行想独善其身也是不可能的。"洪崎说。(摘自《成都晚报》,材料的顺序有小幅调整)

根据上面这个材料,我们也可以提炼出下面这几个值得报道的新闻点:

A.2011 环球企业家高峰论坛(昨日)在北京举行。

B.民生银行成立 15 年,换了五任行长。

C.民生银行行长:"国有股应从银行逐步撤出。"

D.民生银行行长:"银行业利润太高了,不好意思公布。""大家有一点为富不仁的感觉。"

A 新闻点,是初学者常常采用的报道角度,这种角度几乎没有什么价值,除非是这次会议对公众来说很有价值,公众非常想知悉这个高峰论坛,但是,大多数公众尤其是普通公众对这个论坛兴趣不大,它只不过是富人之间的游戏。B 新闻点,讲的是民营银行的独立董事和执行董事有比较多的话语权,民营银行行长的压力很大,所以行长不断更换。民营银行虽然是民营,但还是大富大贵者才能担当之事,即使是"城头变幻大王旗",也和普通公众关系不大。C 新闻点,讲的是国有股可以逐步退出市场,让社会资本参与,减少风险,保证经济结构的合理调整。这种信息,关心的公众也不多,普通公众根本就没有雄厚的资金参与银行业的经营。D 新闻点,是银行业人士自揭内幕:在中国企业普遍经营压力很大的时候,银行业却一枝独秀、利润很高,大家有一点为富不仁的感觉,银行业利润太高了,都不好意思公布。这样的信息,是公众最感兴趣的。一些公众认为银行业店大欺客、赚取高额利润、工资高、福利高、工作轻松压力小,对银行业有一股怨气。所以,记者设身处地,从公众角度选取这样的信息,就会赢得公众的欢迎和喜爱。

下面是这段材料的原新闻:

【本报讯】　2011 环球企业家高峰论坛 12 月 1 日在北京举行,民生银行行长洪崎在论坛上发言,"企业利润那么低,银行利润那么高,所以我们有时候利润太高了,有时候自己都不好意思公布。"

｜"大家有一点为富不仁的感觉"｜

《成都晚报》报道,"整个银行业这些年数字确实非常靓丽,尤其像今年,整个企业的资金需求,企业经营压力很大,中国银行业一枝独秀、利润很高,不良率很低,大家有一点为富不仁的感觉,企业利润那么低,银行利润那么高,所以我们有时候利润太高了,有时候自己都不好意思公布。但是,我想谈实体经济依然是银行的基础,银行如果健康发展,对经济结构的优化,资源的迅速优化,以及整个资源在社会中间的效益最大化,我想是有其促进作用的,但是一旦整体的经济系统性地出现风险以后,银行想独善其身也是不可能的。"洪崎说。

"国有股应从银行逐步撤出"

"以民营为主的银行,在法人治理结构上面,在所有体制中间应该是最完善的。我们现在开董事会,独立董事和执行董事在里头话语权是比较多。对风险的把控,以及对市场的敏感度,作为一个经营者是有压力的。民生银行成立15年,换了我是第五任行长,这在国有银行是不可能的,国有银行可能15年两个行长,但我已经是第五位行长了。"

洪崎认为,"在经济结构调整的大趋势下,银行业已经度过了最鼎盛的时期,现在工农中建交70%的股权都是国有,我认为国有控股的股权可以逐步地退出市场,让更多的社会资金进入银行。国有股从银行逐步撤出,让社会资本参与,又减少风险,又能够使需要的资金转换到更大的投入当中,以保证经济的合理的调整。"(《成都晚报》)

这条新闻报道后,各家媒体争相转载,在全国产生了很大的影响。公众纷纷批评银行业与民争利,批评银行业工资过高。一直到次年的全国"两会",仍然有很多媒体的记者就这个问题采访银行业的代表和委员,银行业人士纷纷出来辩解、诉苦和叫屈。可见,从受众的角度判断和选择最佳新闻点,能够引起受众的强烈共鸣。

很多作家也包括一些学者,在没有写出书和文章之前,总是要先将自己的构思讲给自己的亲人,比如妻子、父母、子女听,先问一下这些人的直接感受,然后再判断这篇文章究竟能不能为读者所接受,能不能在社会上产生影响。

新闻作品也一样,记者在写作新闻导语之前,也可以先问问朋友、周围的人,尤其是自己的亲人对这条新闻的感受。看看他们是否真的喜欢,共同探讨采用什么样的方法才能更吸引读者的注意,等等。这样写出来的新闻导语,才可能是读者喜欢阅读的新闻导语。

(三)从编辑角度思考:先跟编辑聊上几句

记者构思写作新闻导语,还可以先跟自己的新闻部门主任谈谈,征求他们的意见,也可以先与编辑或主编聊上几句。

新闻部门主任对新闻的感觉和判断,很多时候会比普通记者强,这对提高记者的新闻导语写作水平有很大的帮助。

新闻主编和编辑每天接触到大量的新闻稿件,既可以使记者避免重复曾经有过的报道和报道角度,还可以减少一些不必要的修改。更重要的是,编辑对新闻价值的判断和对新闻导语的构思与写作,一般至少在理论和思维上要高于普通记者。因此,在写作新闻导语前,记者先与编辑沟通,征求编辑的意见,能够使新闻导语写得更好,更吸引读者。

◌ 知识链接

记者如何思考导语

记者在为他们的报道寻找合适的导语时问自己5个问题:

· 在发生的事实中,什么是独一无二的、最重要的或者是最不同寻常的?

·该事件与谁有关——谁做的或谁说的?

在回答完这些问题之后,记者可以接下来问 3 个问题,从中寻找到使回答具体化的词语和格式。

·最好用直接式导语,还是延迟式导语(报道的主题是放在了第一句还是放在前 6 段中的某一处)?

·我是否有一个吸引人的词语或生动的短语可以放在导语中?

·主语是什么? 什么动词最能吸引读者阅读报道?[①]

知识链接

要找到一条能在报道中对你有帮助的导语,首先找到核心段,问问你自己报道的要点是什么,然后提出几个这样的问题来得出导语:

读者兴趣:你或者读者会对这个主题的哪个方面最感兴趣?

印象最深刻的事情:最令人难忘的印象或事实是什么?

以人为中心:有什么人可以用来形象地诠释矛盾或问题呢? 如果你讲述这个人的故事或者展现他的行为,你能否引出核心段中的报道要点?

描写手法:对场景的描写能建立与报道重点的关联吗?

神秘手法:你能用一件导出核心段的惊人之事吸引读者吗?

围绕引语:是否有可以支持导语的精彩引语? 如果有这样的引语,导语应配合引语而不重复引语。

对比:"过去—现在"方法管用吗?

问题/解决:你能设置一个问题让读者去寻找解决方案吗?

叙述故事:如果你有一个好故事要讲,你会怎样开头? 你能重新解构故事把读者带入场景之中吗?[②]

知识链接

·确定五个"W"和一个"H"

·评定"W"和"H"的重要程度

在确定五个"W"和一个"H"后,还必须按照重要程度对它们进行评定。这对于刚开始工作的记者来说并不是一件容易的事。这里有三条原则可以帮助他们:

◆ 进行调研。如果有可能的话,在对新闻事件及卷入该事件的人进行调查之后再报道该新闻事件,这样能更容易地找到最新的新闻、关键的问题、以前曾报道过的内容以及一些修饰性的细节。

◆ 尽量在报道(这里指采访——引者注)过程中就确定五个"W"和一个"H"。六要素

---

① 门彻.新闻报道与写作[M].展江,主译.北京:华夏出版社,2003:133 - 134.

② 里奇.新闻写作与报道训练教程:第 3 版[M].钟新,主译.北京:中国人民大学出版社,2004:184 - 185.

是新闻报道的基础,要在观察和倾听的过程中找到它们;在做笔记时,用一个星号突出它们,并用下划线或两个星号标示出最重要的因素。

◆ 与编辑交谈。他们经常会告诉你他们希望的新闻报道的导向是什么。①

知识链接

有几个因素会影响记者对新闻报道的思考:

·过去已经报道过的事实。记者们总是在寻找新的东西。(如果市长本周已就人行道工程做了6次演讲,而且每次讲的都是同样的内容,那么记者可能不会认为这是最好的导语。)

·记者对新闻主题的感觉。记者在报道每一个新闻时都会带入自己的偏见和感情。

·读者、观众、听众对新闻主题的感觉。如果该人行道工程是本市正在谈论的有争议的问题,记者应该知道这一点。他们希望让读者、观众、听众了解事态的最新进展情况。

·来自编辑的指令意见。如果编辑说"就人行道工程写一个导语",记者可能会集中精力关注此事。②

二、寻找焦点

寻找焦点的过程,本质上也还是一个构思的过程,是记者还没有动笔之前对导语的探究和思考。

一位学习新闻写作的学生李·希尔(Lee Hill)冲进教室向她的新闻写作指导教授讲述前一天晚上她做的梦。

"我梦见我在篮球场上,你在边线上做指导,"她说道,"你大声地喊'焦点,焦点,焦点',我绕着场地不停地奔跑,最后把焦点锁定在篮筐上。"

"你投篮了没有?"教授问道。

"我记不起来了,"她笑着说,"我只记得你大声地喊道:'焦点。'"③

美国新闻写作指导教师卡罗尔·里奇形象地将篮筐比作焦点。记者写作新闻导语如同篮球运动员在篮球场上打球一样,一切的努力都是在寻找焦点,为焦点服务。所以,学习新闻写作,首先是要学习写作导语,而写作导语的核心就是要寻找焦点。焦点就是新闻的主题,是新闻的新闻点、新闻眼。总之,它是整个新闻最核心的内容,是受众最想知道的内容。

就像篮球教练只能在边线上做指导,不能代替球员打球和投篮一样,新闻写作同样只能由学生自己来完成,新闻写作指导教师不能代替学生写作。

(一)采访时即开始寻找焦点

寻找焦点首先是从新闻采访开始的。

---

① 伊图尔,安德森.当代媒体新闻写作与报道:第6版[M].贾陆依,华建昌,译.北京:中国人民大学出版社,2009:41-42.

② 伊图尔,安德森.当代媒体新闻写作与报道:第6版[M].贾陆依,华建昌,译.北京:中国人民大学出版社,2009:42.

③ 里奇.新闻写作与报道训练教程:第3版[M].钟新,主译.北京:中国人民大学出版社,2004:3-4.

美国《萨凡纳新闻晨报》记者利奥诺拉·博恩·拉彼得被派去报道一场对一名杀害了一家四口的凶手的审判。这位记者事后说:"在我走进审判室的那一刻,便开始思考如何写作这篇报道。我想:'我的导语在哪里? 我如何使用它? 在休息时我要与谁交谈?'"

这里,记者拉彼得首先考虑的问题是:该如何写作导语。在导语写作中,最重要的是寻找焦点,一旦找到焦点,导语就能一挥而就。如何寻找焦点呢? 记者拉彼得说:"我寻找特殊的时刻,寻找用于报道开头的素材。我寻找细节,寻找可能成为报道细节的人们干的事。"

运用这样的方法,记者拉彼得找到了这条新闻的焦点。拉彼得说,当凶手低垂着头时,我想:"就是它,就是它。"

下面是拉彼得根据她在审判室内观察到的细节写出的一条导语:

> **【门罗(Monroe)电】**　康妮·史密斯奋拉着头,一动不动。
>
> 星期二,坐在门罗审判室的前排——周围是亲朋好友——她没抬起头来看电视屏幕。
>
> 屏幕上显示的是,1997 年 12 月 4 日清晨,她的姐姐金·丹尼尔在圣克劳斯的家的内部场景。大约 7 小时后,33 岁的金、她的丈夫 47 岁的丹尼,以及他们的两个孩子——16 岁的杰西卡、8 岁的布赖恩特在床上睡觉时被枪杀。[①]

记者在这里没有写凶手的心理活动,但读者能够从这里看出杀人凶手内心的挣扎,反悔、内疚、悔罪等,全部都在这里面——"奋拉着头,一动不动"。这就是整个新闻的焦点。这是延缓式新闻报道寻找焦点的做法。

如果记者在采访时没有注意寻找导语、寻找焦点,等到离开新闻事件现场回到自己的办公室才开始写作,可能就会茫然无措,为找不到最好的新闻报道焦点而烦恼不已。有经验的记者都善于在采访时就开始寻找新闻焦点和最佳新闻报道角度。

在采访时开始寻找焦点,报道效率更高,更能节省新闻写作时间,增强新闻的时效性,提高新闻报道的竞争力,新闻报道也更能吸引受众。

(二)普通人判断法

记者寻找焦点,有一个方法可以尝试,这就是普通人判断法。记者不要把自己当成一个记者,而是把自己当成一个普通人,一个非新闻专业人士。当记者面对一个事实时,可以这样思考:作为一个普通人,我最想告诉我身边的朋友的核心信息是什么?

著名记者艾丰讲过这样一个有趣的故事:

某中央报纸的一位驻地方记者,他给编辑部写了一条新闻,新闻写好之后,他还有些不放心,于是又写了一封短信,随稿件一起寄回编辑部。在家值班的编辑拿起这位记者写的新闻一看,行文太长,条理不清,读起来很吃力,于是把稿件交到记者部主任手里,并告之此稿难以采用。主任看过记者的稿件以后,认为编辑的意见是对的。可是,他猛然发现,记者的

---

① 门彻.新闻报道与写作[M].展江,主译.北京:华夏出版社,2003:138-139.

这封短信写得很好,把新闻中最主要的新闻事实点出来了,把这个新闻事实的意义也指出来了,而且所用的语言既简练又通俗,有亲切感和交流感。这位主任灵机一动,他觉得就用这封信作为稿件发表不是很好吗? 于是出现了这样的结果:记者的稿件被"枪毙"了,记者的附信被当作稿件采用了。①

产生这种现象主要有两方面的原因:一是记者的刻板成见和僵化的思想影响了他对新闻的判断。长期以来,一些假大空、毫无新闻价值的新闻在媒体上被大量报道,而真正有价值的新闻却被记者们"忽略"了。二是记者判断新闻的能力不强,历练不够,新闻经验不丰富。因此,确立的报道焦点没有多大价值。产生这两个原因的实质,其实还是记者过于从新闻的角度考虑,过于僵化与刻板,因而没有寻找到最佳报道点。如果记者换位思考,将自己还原成一个普通人、一个非新闻人来思考自己所要报道的这个事件的价值,可能会找到最佳的报道焦点。其实,那封随稿件寄出的短信,可能就是记者把自己还原成一个普通人后对自己所采访的事件的描述和看法,从而使这封信的内容更有新闻价值。

人们往往会犯下这样的错误:当人们过于从职业的角度思考问题、描述事件的时候,由于长期养成的职业习惯和职业行为,往往会使他们离客观事物的本来面目和本质越来越远。这时,撕开"伪装"、卸下"道具",把自己改换为一个普通人、一个非专业人士,换位思考,往往更能接近事物的本真,更能抓住事物的本质。

(三)层层推进法

对于新闻报道焦点,有时候记者能够很快判断出来,但有的时候往往也需要认真思考才能找到。记者可以采用层层推进、步步深入的方法,逐步挖掘最有价值的信息。

> **【浙江在线4月15日讯】** 两年来,杭州淳安屏门乡连续发生近20起入室盗窃案,让人想不到的是,行窃者竟是一位盲人。
>
> 4月12日凌晨,淳安屏门乡村民玉英(化名)家中被盗1700元,报警。
>
> 民警发现失窃现场的门和防盗窗均没有被撬痕迹。通过走访调查,村里的盲人关某有作案嫌疑。
>
> 关某,淳安一普通农民,6岁时因高烧、荨麻疹导致双目失明,之后的30多年一直生活在黑暗中。他身高1米65,皮肤偏黄,额头很高,平时沉默寡言,喜欢穿布鞋,走路无声。虽然双目失明,但他听力敏锐,自学了一身修理自行车、电瓶车的本事,甚至还能靠听力骑电瓶车出行。
>
> 虽然母亲、妹妹和村里乡亲都挺关照他,但关某没有固定收入,生活一向拮据。可是最近,大家都发现他穿着光鲜、出手大方起来。经调查,关某交代了盗窃事实。眼睛看不见,他偷窃靠的是听。

---

① 艾丰.新闻写作方法论[M].北京:人民日报出版社,1993:45-46.

> 　　关某经常到邻居家串门,由于双目失明,大家对他并不提防,存放钱也不避开他。于是关某靠敏锐的听觉,分辨出邻居们放钱抽屉的位置。
>
> 　　4 月 11 日,趁着玉英家无人,关某就带着工具,熟练地卸下窗外的防盗窗,跳进窗户,凭着记忆在一楼找到放钱的抽屉,拿走里面的钱。紧接着,他又上了二楼,虽然没有上去过,但关某曾“听”过玉英在二楼走动的路线,又顺利在房间床头柜的抽屉中偷到了钱。
>
> 　　从 2010 年至今,他趁着夜色,入室盗窃了近 20 起,共窃得 1 万余元。
>
> 　　目前犯罪嫌疑人关某已被刑事拘留。(2012 年 4 月 15 日,来源:浙江在线)

　　对于上面这条新闻,记者在采访中没有找到焦点。这里,焦点显然不是 20 起盗窃案被破获,也不完全是盗窃者竟然是一个盲人,真正的焦点是:盲人盗窃时,能够靠耳朵分辨钱在哪里。记者在采访中没有将这一点作为最重要的新闻点即焦点进行思考,在写作时也就没有将这个焦点写在导语中。

　　对于这条新闻,我们可以采用层层推进的方法,逐步深入,直到最后找到最佳的报道点。首先,我们知道这是一个盗窃案。一般来说,盗窃数额的大小,决定了案件报道价值的大小,而这个盗窃案的数额不大,报道价值也不大。我们继续分析和挖掘,发现这是一起盲人盗窃案,由于盲人是残疾人,而且盗窃的难度大于其他残疾人,因此新闻价值比较大,本条新闻的导语也是从这个角度切入的。但是,当我们再进一步深入探究时发现,盲人居然能够靠“听”准确地分辨钱的位置,从而顺利地偷走钱,从这个角度报道,新闻价值就更大。

　　我们找到最佳报道点的路径是:盗窃案→盲人盗窃案→盲人靠耳朵“听”→准确找到放钱的位置→顺利偷到钱。请看下面这个寻找焦点的图示:

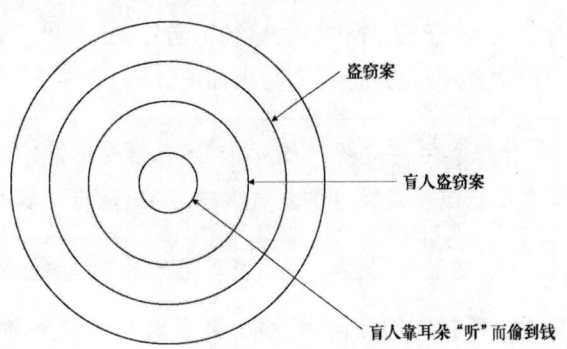

图 3 - 1　层层推进法寻找焦点的路径

三、确立焦点

　　寻找焦点后,要确立焦点。确立焦点一般在写作中完成。

　　美国一位新闻学教师提出,在写作导语之前,记者向自己提出的第一个问题是:<u>报道的重点是什么?</u>记者应该能够用一句话写出问题的答案,并且最好是在 35 个字以内。这就是记者对焦点的陈述。记者要把这句话置于报道的最上方,时刻提醒自己不要忘记焦点。如果记者决定采用开门见山的手法,这句陈述将成为记者报道的导语;如果记者希望用一个更有创意的导语,这句陈述将成为新闻的焦点段落——也称为"核心段落"。①

在这里,报道的重点就是指报道焦点,核心段落所要表达的内容就是焦点信息。报道焦点需要记者反复斟酌,绞尽脑汁地分析、比较、鉴别与判断,这样才能抓住报道焦点。

诺贝尔物理学奖获得者丁肇中儿时在重庆市沙坪坝区磁器口生活了8年。2014年1月5日,他来到中国科学院重庆绿色智能技术研究院,为重庆科研人员作学术讲座。重庆媒体都对丁肇中的讲座进行了大篇幅报道。重庆都市类报纸主要以社会新闻、娱乐新闻吸引读者,其报道的新闻点也从这些角度挖掘。我们来看2014年1月6日重庆某报的导语:

> 【本报讯】 少小离家老大回,乡音无改鬓毛衰。昨日,诺贝尔物理学奖获得者、华裔国际著名物理学家丁肇中再回重庆,在中科院重庆绿色智能技术研究院向全市400多名科研人员作学术讲座,并被聘为该院首席科技顾问。昨日下午,他参观了中科院重庆研究院,并进行了交流。

如果我们从重庆都市类报纸的社会化、娱乐化的受众定位来看这条新闻的导语,导语显然没有抓住丁肇中这次讲座的焦点信息。

如果是初学者来写这条新闻,其新闻的导语可能是如下写法:

> 【本报讯】 昨日,诺贝尔物理学奖获得者、华裔国际著名物理学家丁肇中来到中科院重庆绿色智能技术研究院,向全市400多名科研人员作了一场学术讲座。

报社新闻部主任看了这条新闻的导语后会感到不满意,要求初学者重写,尽力挖掘其中有报道价值的新闻点。初学者经过思考后,会写出如下导语:

> 【本报讯】 诺贝尔物理学奖获得者、华裔国际著名物理学家丁肇中儿时在磁器口生活了8年。昨日,他来到中科院重庆绿色智能技术研究院,用重庆话向全市400多名科研人员作了一场学术讲座。

报社新闻部主任看了这条新闻的导语后,脸上会露出一丝微笑,但笑得还是很勉强,他要求初学者再重写,再进一步挖掘其中更有报道价值的新闻点。初学者的稿子再次被打回,未免有点不高兴,回到电脑前,一阵抓耳挠腮之后,再次写出如下导语:

---

① 里奇.新闻写作与报道训练教程:第3版[M].钟新,主译.北京:中国人民大学出版社,2004:5.

> 【本报讯】　诺贝尔物理学奖获得者、华裔国际著名物理学家丁肇中儿时在磁器口生活了 8 年。昨日,他来到中科院重庆绿色智能技术研究院,主动要求用重庆话向全市 400 多名科研人员作了一场学术讲座。

　　报社新闻部主任看了这条新闻的导语后,脸上的微笑消失了,他不再要求初学者重写,而是自己审阅整条新闻,在审阅的过程中,他发现了比记者挖掘的新闻点更有价值的新闻点,对这条新闻导语的最后一句话做了小小的改动,修改后的导语如下:

> 【本报讯】　诺贝尔物理学奖获得者、华裔国际著名物理学家丁肇中儿时在磁器口生活了 8 年。昨日,他来到中科院重庆绿色智能技术研究院,向全市 400 多名科研人员<u>用地道的重庆话作完两小时整场学术报告</u>。

　　经过这番修改后,导语的报道焦点更明晰、读者更有兴趣阅读了。阔别故乡数十年,而且还是在异国他乡,汉语都可能已经不会讲了,何况是家乡话。但这位诺贝尔物理学奖获得者、华裔国际著名物理学家还能讲出如此地道的家乡话,而且一讲就是两个小时,这就不是作秀,不是做个样子了,难道不令人称奇吗? 其中表现出来的浓厚的家乡情结难道不令重庆人感动、感兴趣吗?

　　上述新闻导语的修改过程是:诺贝尔物理学奖获得者、华裔国际著名物理学家丁肇中在重庆作学术报告——用重庆话作报告——主动要求用重庆话作报告——用地道的重庆话作完两小时整场报告。从新闻社会化、娱乐化的角度对诺贝尔物理学奖获得者丁肇中在重庆作学术报告的新闻点进行挖掘,是一个不断深入、不断明晰的过程,这些新闻点一个比一个更有报道价值。

双焦点信息

　　在新闻报道中,记者如果发现自己采访到的新闻事件的事实链中有两个以上值得报道的新闻点,按照一事一报的报道方法,记者应将这几个新闻点拆分开来,即一条新闻只报道一个新闻点,因此,已经刊播的大多数新闻乃至绝大多数新闻(主要是消息),一般都只有一个焦点信息。但是,在有些新闻事件的事实链中,其焦点信息不止一个,两个信息都很重要。更为关键的是,这两个焦点信息不能拆分开来,两者之间的逻辑关系非常紧密,这时,一些优秀的记者就将这两个焦点信息全部写在导语中,并将这两个焦点信息给予同等重要的地位,不仅在导语中而且在标题中也突出这两个焦点信息,以单行标题或者双行标题的形式呈现出来,而不是以主题和副题甚至虚题和副题的形式呈现出来。不过,相当多的初学者往往只看到一个焦点信息,或者即使看到了两个焦点信息,但在实际的导语写作中,只将一个焦点信息写进导语中,而另一个焦点信息则被弱化。

我们来看下面一条新闻:

> 昨天 6 时左右,位于河南禹州、隶属中平能化集团的平禹煤电公司四矿 12190 采面在施工防突钻孔时发生煤与瓦斯突出事故,井下当时共有 276 人作业,事故发生后 239 人安全撤至地面,初核工作面区域有 37 人被困。目前已有 21 人遇难,16 人生死不明。
>
> 现场指挥救援组组长、中平能化集团安监局长杨玉生表示,目前井下过高的瓦斯浓度,影响了救援进度。局部瓦斯浓度甚至超过 60%。
>
> 国务院总理温家宝、副总理张德江为此专门作出批示,要求全力以赴做好救援工作。
>
> 昨天下午,河南省省长郭庚茂、国家安全监管总局局长骆琳,国家安全监管总局副局长、煤矿安监局局长赵铁锤等一行抵达矿难现场。
>
> 郭庚茂说,这个事故是一起重大、特重大事故,21 人遇难、16 人生死不明,尽管事故原因有待进一步调查,但造成的损失是惨重的、教训是深刻的,特别是发生在十七届五中全会期间。他表示,当务之急,是要把救人工作放到最优先的位置、最核心的目标。
>
> 2008 年 8 月 1 日,该矿曾发生煤与瓦斯突出事故,当时造成 23 人死亡,直接经济损失 830 万元。本起事故与上次事故发生在同一矿井的同一个作业面。(综合中新社、《联合早报》2010 年 10 月 17 日的报道,内容有删节,材料顺序有调整)

从这个材料看来,其焦点信息不止一个,而是有两个。初学者一般都会选择将事故矿难的信息作为报道焦点:河南禹州一个矿场发生矿难,21 人遇难,16 人生死未卜。这个信息当然是一个不可否认也不能回避的焦点信息,是必须在导语中报道的信息。但是,这段材料除了这个信息以外,另外一个信息与这个信息有同等重要的报道价值甚至更有报道价值:在 2008 年 8 月 1 日,该矿曾发生过致命事故,当时造成 23 人死亡,昨天在同一矿井的同一个作业面再度发生矿难。很多在现场采访的记者可能不会挖掘出这个信息,或者即使挖掘出这个信息,也有可能忽略它的报道价值。实际上,这个信息和矿难一样有报道价值,甚至比矿难更有新闻价值。这个材料符合上述双焦点信息的特点,即两个信息不能彼此拆分,不能一事一报,只能合在一起报道。由此,上述材料的新闻导语可以这样写:

> 河南禹州一个矿场在 2008 年发生 23 人的致命事故后,昨天在同一矿井的同一个作业面再度发生矿难,造成 21 人遇难,16 人生死未卜。

我们再来看下面这个材料:

> 201314(2013 年 1 月 4 日——引者注)是个神奇的数字,36 岁的冬冬和 30 岁的七七要将特别的爱在特别的日子给特别的对方。昨晚,她们在深圳罗湖区某酒店大摆宴席 16 桌,用庄重和热闹告诉全世界:她们彼此相爱,至死不渝。她们也是深圳首对公开恋情并大摆婚宴的女同性恋者。这场婚姻虽历经曲折,但所幸得到双方父母的祝福。

　　结婚前一个晚上,在罗湖区百货大厦某酒吧,记者与冬冬、七七这对恋人深聊。七七说,之所以不用原名,是因为冬冬与七七在圈内更有名气,她们向更多人宣告:201314,"拉拉"的幸福正式开始。

　　2008 年夏天,冬冬与七七在圈内的 QQ 群上相识。一次偶然,冬冬无意中进了七七的空间,"我们都比较喜欢文学,她的日志写得很凄婉",冬冬说,从七七的字里行间,她看到这个女孩对生活有独特的领悟,"她就像沙漠里的一棵仙人球,在人群中独来独往"。

　　那时,冬冬在北京,七七在深圳。之后两人在交往中逐步了解对方。

　　冬冬说,去年 1 月份,自己查出乳腺癌早期需要动手术,七七请假 3 个月飞往大连去照顾她,"我 170 斤,她 90 多斤,挽着我跑上跑下,她每天端屎端尿照顾我生活的一切,这辈子我不选她还选谁?"

　　昨日下午,冬冬的母亲告诉南都记者,她尊重孩子的选择,她曾经反对过,跟孩子讲了很多,"但是我想,无论孩子是跟男人或者女人在一起,她(冬冬)始终是我的女儿,我就当家中多了一个女儿,这也是一件幸福的事情"。

　　"双方的结合不是炒作",深圳首部女同性恋电影《她"他"》制片人郑亮亮说,冬冬和七七已经到成熟的年龄,双方事业相对稳定,也得到家人支持,经过三年的沉淀,不像闪婚的同性恋者,应该说感情基础较稳定,"对于这段婚姻,个人非常看好"。

　　上面这个材料的焦点信息是深圳首对女同性恋者公开恋情并大摆婚宴。细读材料后我们发现,另外一个信息也具有较大的价值:家长支持。一般而言,家长年龄比较大,和年轻人有代沟,作为家长这一代人来说,往往很难接受这样的事实,何况还要摆宴席邀请亲友出席,因此这个信息具有和上一个信息同等重要的报道价值。同时,这个信息不能作为可以一事一报的信息单独报道,只能和上一个信息合在一起报道,因为两个信息之间的关系非常紧密。由此,上述材料的导语可以尝试作如下处理:

　　昨晚,36 岁的冬冬和 30 岁的七七成为深圳首对公开恋情并大摆婚宴的女同性恋者。这场婚姻得到双方父母的祝福。冬冬的母亲说:"我就当家中多了一个女儿,这也是一件幸福的事情。"

四、抓实质性信息

　　"不管你的导语是哪种类型,你必须用使之具体化的信息来支持它,假如你没有实质性的内容来支持导语,你的导语就写错了。"[1]

　　导语要突出的实质性内容主要是新闻六要素。在新闻六要素中,特别要注意交代何人、何时、何地、何事四个基本要素,要说明什么人、在什么时间、什么地点、发生了什么重要事

---

[1]　里奇.新闻写作与报道训练教程:第 3 版[M].钟新,主译.北京:中国人民大学出版社,2004:156.

情,或是什么人、在什么时间、在什么地点、发表了什么重要意见。在这四个要素中,还必须抓住其中最值得报道的要素。这些内容看起来简单,写作起来并不容易,特别是要抓住这四个基本要素中深层次的内容,抓住能够反映事物本质的信息,抓住一个事实或事件的核心事实。

实质性信息和上面的焦点信息意义基本相同,都是要求记者要善于抓住新闻点、新闻眼,善于揭示新闻主题。其不同之处是,实质性信息除了包含焦点信息的内容外,相对于空洞的、假大空的内容和信息而言,实质性信息是实实在在的信息,有价值的内容。一些初学者、一些爱使用假大空语言写作新闻的记者,往往会抓住那些无关痛痒的内容,将一些不着边际的信息写在新闻导语中,对于这些记者来说,强调实质性信息更为重要。

我们来看看下面这条新闻:

| 印尼总统表示将继续推进与中国的友好关系 |

【新华社雅加达(1998年)4月18日电】 印度尼西亚总统苏哈托希望他的国家将始终发展同中国的友好合作关系。

苏哈托是昨天在他的总统办公室会见正在印尼访问的中国外交部长唐家璇时作上述表示的。

苏哈托重申,印度尼西亚的"一个中国"政策将不会改变。

唐家璇表示,他欣赏印度尼西亚的这一政策。唐是应印尼外长阿里·阿拉塔斯的邀请访问印度尼西亚的。

唐说,在与印尼的关系中,中国政府将继续执行睦邻友好政策。

上星期天,唐与阿拉塔斯举行了3个小时会谈。他在会谈时表示,中国将尽一切可能帮助印尼克服金融危机。

唐说,中国将尽快向印尼提供300万美元的药品和食品援助。

阿拉塔斯说,印尼政府将得到中国提供的两年期的2亿美元的出口信贷设备。

苏哈托感谢中国的宝贵援助以及中国关于人民币不贬值的决定。

苏哈托说,这个决定将帮助东南亚国家稳定它们的经济和货币。

这是新华社播发的一条外事新闻,在这条新闻中,导语写得非常空洞,没有实质内容。显然,除非两国在访问前不友好、有矛盾,不然,这里记者报道"两国提出发展友好合作关系"肯定就很有新闻报道价值。但是,如果两国一直以来都比较友好,这里再以两国将始终发展友好合作关系为核心事实,就没有多大的报道价值,只是友好国家之间的一句客套话,不是实质性的话语。所以,印尼总统苏哈托会见中国外长,其最主要的目的不可能就只是说些印尼要"始终发展同中国的友好合作关系"这类无关痛痒的话,同理,中国时任外交部长唐家璇也不可能为了听印尼总统这句话专程跑到印尼访问。两人之间肯定说了更具实质性的话语,究竟是什么话呢?当时,《中国日报》(香港版)的编辑收到新华社的这条新闻,感到非常头痛,觉得没有什么实质性的内容,于是马上调出相关外电,对新华社的电讯做了一次改写。下面是改写过后的新闻:

中国提供 4 亿美元帮助印尼克服金融危机

【综合外电雅加达 18 日消息】　中国外长唐家璇昨天在此间说,中国已承诺通过国际货币组织向印度尼西亚提供 4 亿美元以帮助印尼克服经济危机。

唐家璇在会见印尼总统苏哈托后对记者说:"我们已同意通过国际货币组织向印尼提供 4 亿美元。"

上星期天,中国还宣布了一系列有关援助印尼的协议,其中包括 2 亿美元的贸易出口信贷和 300 万美元的药品援助。

唐家璇于星期天抵达雅加达,将对印尼作 3 天的工作访问。他说:"有关贸易将以双方的需要为基础进行安排。"

他说,印尼表示它有兴趣向中国出口橡胶、椰子油和木材。

"中国需要这些货物。我们将向印尼提供蔗糖、白糖、药品、医疗器材以及玉米、大米等谷物。"

唐还说,中国已经承诺向受到金融危机影响的亚洲国家提供 40 亿美元的援助来帮助它们。"尽管数量不大,但这是一种真诚的援助,不附带任何条件",他说。

改写后的新闻与新华社的电讯差别很大。从报道的内容来看,这次会见的实质性信息是:中国承诺向印尼提供 4 亿美元的援助、2 亿美元的贸易出口信贷和 300 万美元的药品援助帮助其克服经济危机,改写后的新闻将实质性的内容首先放在导语中进行报道,让受众获悉。同时,这条新闻的主体也比原新闻要写得实在得多。①

知识链接

如果你的报道涉及下面所列要素的任何一项,就把那些信息写进导语:

· 有人丧生。

· 重大财产损失。

· 扰乱了很多人的正常生活。

· 有着重大、深远影响的决策。

· 处于公众信任位置的人物的腐败或其他犯罪行为。②

五、简洁明快

简洁,是导语写作一个非常重要的要求,即"立片言以居要",要惜墨如金。《中国新闻实用大辞典》认为,导语的长度以 5 行(110 字)为限,显然,这个要求已经不适应现代社会的要求,110 字的导语太长。美联社上世纪 70 年代曾要求该社电讯导语的长度不超过 35 个字

---

① 刘其中.诤语良言:与青年记者谈新闻写作[M].北京:新华出版社,2003:90 - 92.

② 吉布斯,瓦霍沃.新闻采写教程——如何挖掘完整的故事[M].姚清江,刘肇熙,译.北京:新华出版社,2004:133 - 134.

（英文单词），80 年代又提出要进一步缩减到 25 个字（英文单词）以下。

"在硬新闻中，导语通常只有一句话，即报道的第一句话，但其中却涵盖了事件最为重要的信息。"①所以，导语非常珍贵，字字千金。

杰克·卡彭在《美联社写作指南》中忠告记者：导语的"每个字都要花费你 10 美元，每个字都要刻在不锈钢板上，而你就是坐在燃烧的火炉旁操作的人"。② 10 美元在当时的美国是比较值钱的。在不锈钢板上刻字，也是一件非常艰难的事件，而坐在燃烧的火炉旁操作，炽热的火焰、滚烫的热浪让人很不舒服，想马上离开。杰克·卡彭用这些形象的语言表达的意思是，记者要惜墨如金，不要浪费笔墨。

1945 年 8 月 14 日，美国杜鲁门总统宣布，日本已无条件投降。美联社在抢发这条爆炸性的新闻时，导语干脆利落：

> 日本投降了!

这条短而有力的导语，当时被新闻界公认为"最佳导语"。因为电头已经有了时间和地点，导语只要点出人物（日本）和事件（投降）就足够了。这条导语只有 6 个字（含标点），可谓简洁之极。

再看下面的例子：

> 【合众社（1940 年）5 月 10 日电】　德国于今日黎明时分对荷兰、比利时、卢森堡不宣而战。

军情紧急，容不得说多余的废话，因此，导语将核心信息用最精简的语言陈述得非常清楚，使公众完全能够获悉最基本的事件信息。

这两个导语都是一句话导语，浓缩的都是精华，短短的一句话，将最重要、最新鲜、读者最想知悉的信息披露清楚了。

看下面两条新闻的导语：

> 【本报北京 1 月 22 日电】　（记者王光荣报道）　今天从中科院获悉，将于 23 日出版的英国《自然》杂志以长文形式发表我国学者、中科院古脊椎动物与古人类研究所徐星、周忠和博士及其同事在鸟类飞行起源研究方面的最新成果。徐星等人通过研究我国辽西早白垩世的恐龙化石材料，发现鸟类的祖先恐龙长有四个翅膀，很可能具有滑翔能力。这一发现为鸟类飞行起源于树栖动物，经历了一个滑翔阶段的假说提供了关键性证据。同期配发的权威评论文章认为，徐星等人这一工作是有关鸟类起源研究有史以来最为重要的工作。③

---

① 里奇. 新闻写作与报道训练教程：第 3 版[M]. 钟新，主译. 北京：中国人民大学出版社，2004：36.
② 莱特尔，哈里斯，约翰逊. 全能记者必备：第 7 版[M]. 宋铁军，译. 北京：中国人民大学出版社，2005：109.
③ 光明日报，2003 - 01 - 23.

【本报北京 3 月 9 日讯】（记者唐维红报道）　中组部、中央企业工委管理的国有大中型企业领导班子及成员"三讲"学习教育活动工作会议今天在京召开。中共中央政治局委员、国务院副总理、中央企业工委书记吴邦国在会上强调指出，在国有大中型企业中开展"三讲"学习教育活动，是党中央在新时期加强国有企业党的建设，提高国有企业领导班子及成员的整体素质特别是思想政治素质，加快国有企业改革与发展步伐的重大举措。要以邓小平理论和江泽民"三个代表"重要思想为指导，按照中央的要求，扎扎实实地开展"三讲"学习教育活动，切实解决企业领导班子及成员存在的影响企业改革与发展的突出问题，抓住重要环节，突出工作重点。加强组织领导，周密部署，做到学习教育活动与企业生产经营"两不误、两促进"。[①]

第一条新闻的导语有 212 个字（不算消息头和记者署名），第二条新闻的导语更长，有 305 个字（不算消息头和记者署名）。类似这种长导语，在今天的报纸新闻中还并不少见，即使是在中国历年的全国好新闻的评奖作品中，也不乏长导语。

【本报北京 3 月 28 日讯】（记者江世杰报道）　"决战西南，强攻煤运、建设高速、扩展路网、突破七万"，这是新任铁道部部长傅志寰在今天召开的加快铁路建设动员大会上提出的今后五年铁路建设总体部署和目标。他要求全路建设、设计、施工、监理单位，按照"快速度、有秩序、高效益"的原则，拿出比组织"八五"铁路建设会战还要大的气魄和决心，采取坚决有力的措施，夺取这场跨世纪铁路建设大会战的全胜。[②]

这是荣获第九届中国新闻奖二等奖的《我国铁路建设确定五年目标》新闻的导语。这个导语也比较长，包括消息头和记者署名，包括标点符号，共有 183 个字，除去消息头和记者署名，也还有 166 个字。这条导语完全可以切为两段，根本不损害新闻的原意：

【本报北京 3 月 28 日讯】（记者江世杰报道）　"决战西南，强攻煤运、建设高速、扩展路网、突破七万"，这是新任铁道部部长傅志寰在今天召开的加快铁路建设动员大会上提出的今后五年铁路建设总体部署和目标。

傅志寰要求全路建设、设计、施工、监理单位，按照"快速度、有秩序、高效益"的原则，拿出比组织"八五"铁路建设会战还要大的气魄和决心，采取坚决有力的措施，夺取这场跨世纪铁路建设大会战的全胜。

导语被切成两段后，字数马上锐减至 75 个字（标点符号计算在内），重点更为突出，信息披露得更加明晰，虽然离西方新闻导语 30～35 个字的要求还超出一倍多，但是，比起原新闻的导语，减少了一半还多。

① 光明日报，2003 - 01 - 23.
② 人民日报，1998 - 03 - 29.

新闻导语要求简洁,并不是要求一律都用最少的文字来表达,其长短可以根据新闻的内容和受众对新闻的期待来进行调整。不过,一般而言,导语还是应该以简短为宜。导语太长,会让受众失去阅读兴趣。

重大新闻出现时,也可以写长导语

要求新闻导语简洁,并不是绝对不允许记者偶尔用长导语,尤其是当重大新闻出现时。"当一个事件引人注目、极为重要时,所有的规则和指导方针都将被扔到一边,这种情况允许作者把所有事实都塞进第一个句子。"①

下面是 2001 年 9 月 11 日纽约与华盛顿遭受恐怖袭击之后,《纽约时报》刊登的导语:

> 昨天,在第三架喷气客机撞向弗吉尼亚的五角大楼时,劫机者操纵喷气式飞机撞塌了纽约世界贸易中心的两座塔楼,激起地狱般的灰尘、碎玻璃、浓烟,吞没了大量受害者。尽管没有官方统计的数据,但是布什总统说,数千人遇害,灾难爆发之后,它立即被列为美国历史上最惨重、最大胆的恐怖攻击。

这条新闻的导语有 133 个字,已经远远超过了《纽约时报》和欧美新闻机构对新闻导语字数的限制性要求,约是这种限制性要求的四倍。但是,当一个举世瞩目的事件出现时,只要对报道有利,所有的规则都可以进行修改,既可以用三五个字的短语作为导语,也可以用100 多字的长导语,其最高原则就是最大限度地满足受众对新闻的需求。

导语不仅要简洁,而且要清楚、明白地陈述信息。如果受众看不懂记者撰写的导语,或者导语中重要的、有价值的信息没有呈现出来,无论导语多么简洁,都是没有意义的。

我们来看下面这些导语:

> **【路透社北京(1982 年)7 月 10 日电】** 世界历史上规模空前的人口普查登记今日结束。
>
> **【路透社(1964 年)10 月 16 日电】** 今天格林威治时间 7 时,中国爆炸了一枚原子弹,从而闯进了核俱乐部。

第一个导语很短,包括标点符号在内只有 21 个字(不算电头);第二个导语略长一点,包括标点符号在内也只有 32 个字(不算电头)。虽然这两个导语都很简短,但是,导语都已经将核心新闻要素和最新鲜、最重要、受众最想知悉的信息表达了出来,而且语言通俗易懂、明白晓畅,信息陈述非常清晰。

---

① 门彻.新闻报道与写作[M].展江,主译.北京:华夏出版社,2003:150.

知识链接

一般而言,一条导语的字数不宜超过 35 个字,不过这只是参考数字。作者自己需要决定哪些要素最重要,需要在第一句话里强调。[①]

知识链接

读者调查一次又一次证明:较短的词汇、较短的句子、较短的段落更通俗易读。因此,记者们不再试图把传统的五个 W 都塞进报道的第一句话,甚至第一个段落。目前,报纸通常都努力把导语限制在 30 个字左右,当然也因报道而宜,有些导语甚至更短,但没有人能够忍受五六十个字,甚至 70 个字的导语。[②]

知识链接

记者在写作导语时,常常像在背道而驰的两股涌流之间航行。一股涌流把他拉向冗长而平庸的句子,因为导语必须提供重要信息;另一股涌流则促使他转向短句子,因为短句比长句更可读。

为了既说清楚问题又具有可读性,导语的句子应该尽可能地限制在 35 个单词以内。冗长的导语会占用版面有限的报纸或在线专栏的过多空间,使人望而生畏。对广播新闻来说,所有的句子都应简短,以便听众能迅速理解。

美联社告诫记者:"当一条导语超出了 20 ~ 25 个单词,记者就要开始进行调整。"可以抛弃一些多余的东西:

- 不必要的消息来源。
- 有"但是""并且"之类词语的复合句。
- 确切的日期和时间,除非必不可少。[③]

六、生动吸引人

新闻写作要求在非常短的时间一挥而就,但是,这并不是说新闻就不能写得更优美一点,让读者读起来更有味道一点。在快的同时,如果能够写得更生动、更优美,这就会使新闻好上加好。

一身戎装,一部轮椅,一面国旗,一个军礼。叶乔波以这样庄严而悲壮的一幕,结束了今晚在首都体育馆为她隆重举行的"叶乔波冰坛生涯 20 年专题晚会",同时也结束了她拼搏冰坛 20 年的赛场生涯。

---

① 里奇.新闻写作与报道训练教程:第 3 版[M].钟新,主译.北京:中国人民大学出版社,2004:36.
② 莱特尔,哈里斯,约翰逊.全能记者必备:第 7 版[M].宋铁军,译.北京:中国人民大学出版社,2005:103.
③ 门彻.新闻报道与写作[M].展江,主译.北京:华夏出版社,2003:149 - 150.

这是 1994 年 6 月 5 日新华社播发的体育新闻《叶乔波壮别体坛》。这条导语用白描的笔法,通过对四个具体的物象的简笔勾勒,使悲壮的场面、新闻人物的爱国情怀、对体育事业的依依难舍之情鲜明地呈现在读者面前;整个导语写得悲壮感人,令人肃然起敬。

我们来比较下面这两条对同一新闻事件所写的不同的新闻导语,看哪条更生动形象:

> 【格雷波凡,得克萨斯州(美联社)】 有关官员表示,三角洲航空公司一架大型飞机在接近达拉斯的福特沃思国际机场时坠毁,造成大约 130 人死亡。这架航班号为 191 的飞机上共有 160 人,至少有 34 人受伤。
>
> 【格雷波凡,得克萨斯州(合众国际社)】 三角洲航空公司一架载有 161 人的大型飞机星期五在达拉斯福特沃思国际机场降落时遇到恶劣风暴垂直俯冲坠落,并发生剧烈爆炸,导致至少 122 人死亡,在半英里范围内都可以看到散落的飞机残骸。

美联社的导语要简洁一些,包括标点符号在内共 79 个字。但是,美联社的导语比较生硬,不生动。合众国际社的导语要略长一些,包括标点符号在内共 90 个字。但是,合众国际社的报道在文字上比美联社的报道更生动、更丰富一些,用了动词"垂直俯冲""坠落""剧烈爆炸",使新闻更具直观性,还用了"恶劣风暴"等较形象、生动的词,使新闻更耐读。

知识链接

概括式导语应该做两方面的工作:

- 概括新闻报道。
- 吸引读者。
- 不要满足于第一稿导语;在写完一个可以接受的导语后,重写并改进它;要不断地对自己说"我可以写得更好"。
- 避免使用多余的词。
- 避免使用浮夸、冗长而费解的语言。
- 写得清晰、简洁。
- 使用生动的动词。
- 使用富于色彩的词。[1]

---

① 伊图尔,安德森.当代媒体新闻写作与报道:第 6 版[M].贾陆依,华建昌,译.北京:中国人民大学出版社,2009:50.

思考与练习

一、思考题

1.什么是导语？好导语有哪些标准？

2.什么是硬导语？什么是软导语？

3.简述软导语的几种类型与写作方法。

4.简述导语出奇出新与遵守标准规范的辩证关系。

5.记者在写作导语前如何构思导语？

6.记者在写作导语前如何寻找焦点？

7.记者在写作导语时如何确立焦点？

二、练习题

1.请根据下面这个材料，写作一条引语式导语。

昨天，市检察院一分院向媒体通报了此案。据市一检院承办检察官介绍，2006 年 1 月，重庆市沙坪坝区征地办工作人员丁某由沙区征地办安排到"西永微电园征地办公室"，负责西永镇征地拆迁工作。去年 6 月底，一养殖场法人代表刘某找到丁某，请求在拆迁时予以照顾，丁通过虚增养殖场鸭棚面积、虚列土地补偿款等方式，为刘谋取利益，3 个月后，刘送给丁存有 50 万元的银行卡，还给了 5 万元现金。从 2006 年到 2007 年一年多时间里，丁收受财物 161.4193 万元。今年 11 月 21 日，检方向市一中院提起公诉。此案 12 月初开庭时，丁在法庭上突然翻供，称自己只收了那张存有 50 万的银行卡，至于受贿款项他也不记得了。检方当即在法庭上亮出包括丁自己书写的陈述在内的大量证据，对其予以驳斥。据了解，市一中院将在近期对此案宣判。女检察官提审丁某时，丁依然讲究穿着。丁："你是女的，穿的皮鞋都没有我尖，皮鞋要经常保养，买支几百块的滋润霜擦下嘛。"检察官："你的名牌货是在哪里买的？"丁："我基本上不在重庆买，都是托人，一些特别的款式，我会直接上大牌的官网订购，绝对不是有些人穿的那些 A 货。"检察官："现在后悔吗？"丁："后悔也没有用了，其实我很享受穿名牌的过程。""1,000 元以下的鞋我认为是垃圾，看都懒得看"，丁某落网后说。警方和检方发现其家里装修一般，但奢侈品倒是不少，比如 LV、GUCCI、CHANEL、DIOR 等国际知名品牌的鞋子。检方清理后发现，足足有 200 多双。随后，检方打开衣柜，10 多套笔挺的西装挂在里面，还有上百件各种名牌服饰。此外，检方还搜出了上百个各式各样的紫砂壶。"我的西装没有 1 万元以下的，比如说自己喜欢的是意大利的诺悠翩雅等牌子，像几千块的金利来、堡尼这些，我是不会去看的，最贵的一套是卡沃奇的，4 万多，穿这个东西，我很讲究的，衬衫领带的搭配，穿这些名牌我自己都感觉一身轻松，工作起来办事效率都要高些！"丁某在接受检方调查时称。收受贿赂后，丁购买了一辆凯美瑞豪华轿车。去年 6 月，沙区一机械厂老板胡某找到丁，请其给予照顾，丁大笔一挥，该厂提供的非原始发票等通通入账，办公区面积也"变大"了。拿到补偿款后，对方承诺给丁 50 万感谢费，但是先拿 20 万现金，丁立即跑到丰田4S店订了一台豪华锐志车,然后让对方开出支票来买单。丁表示这样做是怕对方赖账。目前,两车已被拍卖。据市一检院有关负责人称,今年以来,沙区征地办已有5名工作人员因受贿落马,检方发现,这些工作人员被指派到某一区域负责拆迁赔偿时,几乎没有人来进行监管,掌握的权力太大。检察院随后向沙区征地办发出了检察建议,检方认为应做好拆迁标的物原始数据的保存,建立档案,防止暗箱操作;对于涉及金额达到10万以上的物品,应该采取复查,最好进行全程摄像取证。(记者陈宇,2008年12月16日,《重庆商报》)

2. 请给下面这则材料写一条双焦点信息新闻导语。

前不久,湖北鄂州女孩小美因想买海外化妆品,在网上结识了一名海外代购,对方叫文斌,常住澳大利亚。从网上晒出的照片来看,文斌高大帅气、生活阔绰。此后,文斌经常给小美推销一些奢侈品,怂恿她购买。小美也经常照顾他的生意,这一来二往间,两人的聊天话题渐渐有了变化。文斌的幽默博学吸引了小美。

"他聊天很风趣,什么都可以跟你聊,生活、经济、法律相关问题说得头头是道。"小美这样形容对方。在随后的时间里,两人虽然没有见面,却很快发展成了男女朋友关系。

在3个月时间里,文斌先后以要投资做生意和货物被扣等理由找小美频繁要钱,每次小美都是尽全力帮助。

一段时间以后,文斌却突然玩起了失踪,小美这才意识到,自己可能受骗了。

"前前后后被骗了260余万。"小美称这笔钱还都没算利息。警方调查发现,这200多万都转入了湖南一个姓杨的户主名下,但是该户主不是男性,而是一名90后的妙龄女子。

据警方介绍,该湖南女子是一名大学没读完的女孩,没有正当职业和正式工作,如今在家做网上代购的生意。6月底,警方在湖南邵阳将杨某抓获。据她交代,她在网上冒充高富帅原本是为了招揽生意,后来发现小美是富二代之后,就觉得骗她的钱来得比较快。

警方调查发现,该名湖南女子骗钱得手后,买了昂贵的名牌手镯、衣服、鞋子、包包等东西,还买了一辆价值90余万的玛莎拉蒂轿车。目前,车辆已经被扣,案件仍在处理中。(未来网,2016年7月24日)

3. 请指出下面这则材料最有价值的信息。

今年9月11日,郑州110指挥中心接报警称,两名年轻人在陇海路一超市门口实施抢劫。被害人王先生称,两名年轻人趁自己上车之际,突然闯入车内,用刀抵住他的脖子要钱。王先生拼命反抗,将其中一名"壮实"的劫匪手中的匕首夺下,两人见情况不妙,各自逃窜。

警方调取现场监控录像,将两名犯罪嫌疑人锁定。9月12日,两人相继落网。家住河北的犯罪嫌疑人王某供述,8月底他在网上见一论坛有人发帖称:快速致富,有意者留QQ号。王某留下QQ号后,很快,一网名叫"相信一切"的人联系了他,这人告诉王某说自己姓张,"快速致富"就是结伙抢劫。王某考虑两天后,同意加入。

9月10日,张某从广州坐火车来到石家庄,王某到车站迎接。"见张某身材魁梧,我心里踏实多了。"王某说,当晚,两人在石家庄一家快捷酒店开房。经商量,将抢劫地点定在郑州。而后,两人同床酣睡。次日,两人坐车来到郑州,当天 20 时左右,两人实施抢劫。

经民警查证,看起来较"壮实"的张某,其实是名 21 岁的女性,现居广州。"我根本不知道她是女的!"王某说,"我视力不好,抢劫时还戴着眼镜。"

昨日,记者从郑州管城区检察院获悉,涉案两人已被批捕。(见习记者刘启路,2012 年 11 月 12 日,《大河报》)

4. 下面这则材料,你抓的焦点信息是什么?

昨日,记者调查东北的一项铁路工程时发现,2010 年 7 月,吕天博签订了一份"施工合同",带着几十名农民工开始修建一项重要铁路工程的一座特大桥。吕天博参与修建的铁路名为"靖宇至松江河线工程",位于吉林省白山市的靖宇县和抚松县境内,线路全长 74.1 公里,总投资 23.11 亿元,由铁道部批准建设,项目业主单位为沈阳铁路局。2009 年 6 月,沈阳铁路局对该项目进行公开招标,中国中铁九局集团有限公司(以下简称中铁九局)中标。中铁九局中标后将这一工程分割为多个标段,分包给江西、湖南、河南、福建的多家建设公司,而其中的江西昌厦建设工程集团公司(以下简称江西昌厦)又将工程分包给几个并无资质的农民工队伍。吕天博是一位农民工,曾经做过厨师、开过饭店、修过路,他对建桥一窍不通。吕天博介绍,江西昌厦承包的工程内容包括头道松花江 2 号特大桥、3 号特大桥与胜利村隧道等。吕天博自己负责 2 号特大桥的施工,而 3 号桥及隧道工程的施工负责人和他一样,都是没有建桥经验的农民工,签订施工合同前,没人对他们进行过任何的资质审查。更蹊跷的是,记者在调查此事时,又得到一个匪夷所思的消息:负责承包项目的江西昌厦在已经施工近两年之后突然于 2011 年 9 月发表声明,称该公司从未与中铁九局签订过靖宇至松江河的新建铁路项目的合同,并称被犯罪分子伪造该公司印章承接该项工程。江西昌厦一名姓黄的法律顾问向记者出示了由南昌市公安司法鉴定中心出具的几份公司印章鉴定文书,黄律师称,与中铁九局和施工队签合同的并非江西昌厦的工作人员,而是一伙诈骗分子。更为严重的是,在几座特大桥的修建过程中,还普遍存在偷工减料问题,由此带来的质量与安全隐患难以预测。据吕天博、郑伟等施工人员反映,几座特大桥在修建过程中,原本应全部由混凝土浇筑的桥墩基座,都被填放了大量碎石、砂石等混合物,给桥墩留下极大的安全隐患,而项目经理部却照样签字验收。通过多方取证和现场调查,记者找到了 3 号特大桥 12、13 号桥墩被投放石块的多份相关证据。一个名叫大伟的施工人员承认,今年 6 月份,他曾亲自向 12 号桥墩内扔过石块。3 号桥的另一名施工人员柴芳则在电话中回忆当时的情况:"5、13、8、9、11 号墩,都用翻斗车往里填石头,哪个都得一二百方的样子,石块不够用时,连废渣都往里推。"她还说:"13 号墩就在江心,你要往下钻,不到两米就都是石头……"记者搜集到了 2 号、3 号桥的设计图纸,按照图纸,所有桥墩基座必须全部由混凝土浇筑。那么,在混凝土中掺杂石块,会有怎样的质量问题?记者就此采访了中铁大桥局桥梁科学研究院的一名赵姓研究员。他表示,这种偷工减料的行为会带来巨大隐患。"基座就好比是鞋,混凝土浇筑的桥墩是脚,鞋里如果有大量碎石子,能站得稳吗?"他介绍称,在桥墩底部投放石料会使桥墩底部出现斜坡或严重的受力不均。一旦铁路建成,长期遭受到各种力的作用,就可能出现桥墩倾斜甚至断裂的后果。对于这样的工程质量,一名叫丽明的施工人员更是直言:"他们扔石头,我说千万别这么整。将来这趟火车通了,我可不敢坐。"在违规分包中,最令人不解的便是为何会出现"骗子承包、厨子施工"的荒诞场面。对此,记者先是从中铁九局 2011 年 1 月 26 日的一份文件中看到这样的说法:"由于中铁九局宇松项目部在劳务分包资质审查时把关不严,导致江西昌厦建筑工程集团公司在无隧道施工资质的情况下,承揽了隧道施工任务。"而项目部的一名负责人聂喜峰称:"负责资质审查的是公司的成本管理部,审查时只是直接看的原件,上面都盖了公章,并没有用别的方法进行审查,证件全了就行了。"而中铁九局三公司的一名王姓负责人则不经意透露了事情真相:"江西昌厦是沈阳铁路局的一个高层领导介绍进来的,你说我们怎么审查?"(据新华社电,2011 年 10 月 21 日,有改动)

第 4 章　报道结构

本 章 要 点

- 新闻文体结构与文学文体结构截然相反:新闻文体结构在开头就"把警察打死",文学文体结构在结尾才"把警察打死"。
- 倒金字塔结构,是指以事实的重要程度或受众关心程度依次递减的次序,先主后次地陈述事实的新闻报道结构。倒金字塔结构最大的优点是速度和效率。
- 在新闻报道中大量使用的是宽泛意义上的倒金字塔结构,即泛倒金字塔结构,而不是严格意义上的倒金字塔结构。
- 泛倒金字塔结构,是指导语按照倒金字塔结构的要求写作,新闻主体部分采用其他结构形式安排和组织新闻事实材料的新闻结构形式。
- 金字塔结构在硬新闻中使用较少,从某种意义上说,在硬新闻中,金字塔结构的理论意义大于实践意义。
- 沙漏型结构是由倒金字塔的导语与金字塔式的主体和结尾结合组成的结构,也属于泛倒金字塔结构。
- 华尔街日报体采用的是从特殊到一般的报道方法,新闻开头使用软导语,从新闻事件中的一个人物、一个场景、一个细节或情节落笔,然后过渡到新闻的主题;在结尾处,又用过渡手法回到新闻开头讲的小故事或人物、场景、情节,照应开头,首尾呼应。
- 华尔街日报体常常用生动具体的材料来阐释抽象的主题,用看得见、摸得着的事实使枯燥乏味的问题、观点、趋势等变得可感、可触、有声有色。

新闻报道的结构,是指新闻内部的组织构造。安排新闻报道的结构,就是谋篇布局。

造一条船、建一座楼甚至缝制一件衣服,都要事先进行设计。新闻报道也是一样,要写好一篇报道,必须预先谋划和安排,思考如何在新闻报道中组织事实材料、安排层次段落,从而更好地体现新闻眼、表现新闻主题,这就是对新闻结构的安排和思考。

新闻的结构必须符合客观事物发展的规律和内在逻辑联系,为充分表现新闻主题和新闻点服务,适应不同体裁、不同类型新闻的特点。所有新闻都必须力求结构严谨、层次清晰、重点突出、简明扼要。

记者在写作新闻报道时,要思考受众想要知道什么,要以什么样的次序来告诉他们,这是记者从受众层面要考虑的问题。从新闻报道本身来思考,记者必须理解到,所有新闻报道都应该帮助受众理解新闻事件的焦点和关键性信息以及与其相关的事实内容。这就要求记者必须考虑采用什么样的结构形式来报道。

需要厘清的两个问题:

一是这里讲的报道结构,主要是从形式方面而言,是指新闻报道的结构形式,这种结构形式一旦形成,就相对固定,成为一种模式、模板。从内容而言,新闻报道的结构是指新闻报道各部分的组成。新闻报道由标题、导语、主体、结尾组成,其间还穿插新闻背景的介绍。对于新闻报道各部分的组成及其写作方法,我们将在下一章节详细讨论。

二是记者安排新闻的报道结构,有思维和行为、有形和无形之分。记者在组织和安排事实材料时的"思维"就是构思;这种构思呈现为一种动态性,是一个复杂的创造性思维活动,它是无形的,甚至是不可捉摸的。记者将构思时对新闻事实的"排序",即按照事实之间的关系对事实材料先后顺序的安排用书面语言表达出来形成文本的过程,是一个行为的过程,形成的文本,即是有形的文本。

新闻的结构形式比较多,这里主要介绍以下几种结构形式:倒金字塔结构、泛倒金字塔结构、金字塔结构、沙漏型结构、华尔街日报体。

第一节 倒金字塔结构

一、新闻结构与文学文体结构截然相反

新闻文体结构:在开头就"把警察打死"
文学文体结构:在结尾才"把警察打死"

新闻文体与文学文体的结构有着根本的不同。新闻文体结构的最大特点,就是将最核心的内容、焦点信息或新闻主题在开头就告诉读者。而文学文体的结构特点,往往是在结尾才告诉读者。

美国新闻写作指导教师卡罗尔·里奇认为:"如果事件本身就是一个谜团,那么记者应该在第一段就告诉读者谜底,然后在接下来的段落中介绍事情的原委。"卡罗尔·里奇引述一位美国执行副总编丹·亨德森(Dan Henderson)的话说:"新闻报道的基本结构类似于(美国——引者注)西部传奇小说的写作模式:在第一段就把警察打死。"[①]

美国新闻学教授威廉·梅茨(William Metz)也有类似的说法:"一条新闻的结构与一篇小说正好相反。作家把一本小说的绝大部分篇幅用于创造情节和表现人物,而把高潮放在结尾。直到那时读者才知道谁是凶手。而一篇倒金字塔结构的消息,则立即写到了要害处,

---

① 里奇.新闻写作与报道训练教程:第3版[M].钟新,主译.北京:中国人民大学出版社,2004:33.

在第一段就告知读者这是'谁干的'。"①

下面两篇都是写网恋的文章,内容基本一样,但是,其体裁一篇是文学性文体,一篇是新闻报道,体裁不同,导致其文体结构有本质的区别。我们来看看两篇文章不同的结构安排:

简妮的网恋

庞启帆　编译

简妮是大三的学生。一个周末的晚上,她在宿舍里上网,浏览一些八卦新闻后,她登录一个聊天室。刚进去不久,一个自称杰瑞米的男子主动向她示好。为了安全起见,简妮告诉对方自己叫莎莉。然后,她故意向对方说了些暧昧的话语,对方更大胆地向她作出回应。

第二天晚上,他们又在聊天室里相遇。他们的话语越来越亲密。简妮没有告诉杰瑞米她还在上大学,她怕对方觉得她不够成熟。这种情形持续了几个月,到了年底,他们已经很亲昵了,不过他们还没有通过电话。

最后,他们都觉得自己已经坠入爱河,必须见面。杰瑞米对简妮说,他想让她成为他的第二任妻子。起初,简妮有点介意,后来她就不在乎了。"我不会在意他结过婚,也不会在意他的年纪有多大或者长相如何,我爱的是他的心灵。"她对自己说。她觉得他是唯一能触动她心灵的男人。

他们决定在周末见面。简妮希望他们的第一次见面是一个亲密的幽会,她建议杰瑞米在旅馆预订一个房间,在那里见面,他们就可以免受打扰。

转眼,周末到了。简妮按照杰瑞米提供的地址先到那家旅馆。她在房间里点亮一根蜡烛,然后躺在了床上。她想给杰瑞米一个惊喜。很快,她听到了钥匙开门的声音。朦胧的烛光中,她看见一个男人走了进来。她娇柔地问道:"是杰瑞米吗?"男子边答应着,边打开灯。

后来,旅馆的经理回忆说,他听到了两声尖叫。那女孩尖叫道:"爸爸。"②

大叔假装富豪约女网友开房 见面发现是女儿

2014 年 3 月 18 日　11:54　来源:人民网

【人民网合肥 3 月 18 日电】（记者李阔 韩畅）　日前,安徽省马鞍山市丹阳镇一名 40 岁男子张某通过微信与 20 岁女孩热聊。交谈中,张某自称约 30 岁,家财万贯,双方约定开房见面。张某兴冲冲去到宾馆,才发现那竟是自己亲生女!张某妻子尾随丈夫捉奸,惊呆,以为丈夫对女儿图谋不轨,冲上去就要拼命……

今日,人民网安徽频道记者从马鞍山警方获悉,这一幕竟是真实存在,三人笔录证明男子与女孩是父女关系。

---

① 梅茨.怎样写新闻——从导语到结尾[M].苏金琥,阮宁,洪天刚,选译.北京:新华出版社,1983:61.
② 庞启帆.简妮的网恋[J].喜剧世界(上半月),2013(2).

据马鞍山警方介绍,3 月 13 日晚 19 时许,该市丹阳派出所接到报警,当地一家宾馆服务员反映:一对夫妻模样的人在宾馆打架,女的把男的衣服都扯破了。

民警赶到现场,房间有 2 女 1 男,年纪大的女子把男子抵在墙角,"还有良心?你配做父亲吗?"女子破口大骂,男子一言不发。

听闻要到派出所做笔录,房间里的男女都不说话了。坐在床上的年轻女孩尤其不愿配合,始终不肯出门。

询问室里,踟蹰许久,打人女子才把话说开了:丈夫风流成性,异性朋友不止一个,她早起疑心,但是抓不到证据,也不好说什么。

3 月 13 日晚上吃过晚饭以后,丈夫急匆匆出门,妻子也赶紧放下碗筷紧随其后。绕了半圈丈夫进了一间宾馆,妻子压不住怒火一把推开房门,朝坐在床上的年轻女孩破口大骂。让她傻眼的是,丈夫幽会的女子,正是自己的亲生女儿。

据丹阳派出所民警介绍,他们对这家 3 人都做了详细的询问笔录,对于"复杂"的父女关系,3 人均表示属实。民警也查询了他们的身份证,证实男子和女孩确实是父女。

目前经过警方劝解工作,李某决定对张某既往不咎,而张某通过此事也表示要痛改前非,好好生活。

上面两篇文章,第一篇是文学性的文章:父亲想另寻新欢,在网络上化名杰瑞米,女儿化名莎莉,两人在聊天室里相遇,通过多次的聊天,他们之间越来越亲密,然后坠入爱河,最后在宾馆开房,没有想到的是,双方是一对亲生的父女关系!但对于这个最吸引读者、最具有看点的信息,作者将其放在了文章的结尾,在故事的高潮处才把谜底含蓄而又明确地告诉读者——"爸爸和女儿约会",即在文章最后才"把警察打死"。

第二篇文章是一篇新闻报道:安徽省马鞍山市丹阳镇一名 40 岁男子张某(父亲)想另寻新欢,通过微信与 20 岁女孩热聊。张某不仅谎报年龄,将自己的年龄说小了 10 岁,而且骗对方说自己家财万贯,双方约定在宾馆开房见面时,张某妻子却尾随丈夫到宾馆捉奸,结果发现约会女子竟是自己的亲生女儿!对于这个最吸引读者、最具有看点的信息,作者将其放在新闻的开头,在第一段就告诉了读者,即在新闻开头就"把警察打死了"。

从以上两篇文章可以看出,新闻文体结构和文学文体结构完全相反,新闻文体结构常常将最精彩、受众最关心的内容放在新闻的最前面,而文学文体结构则往往将读者最感兴趣的内容安排在文章的结尾处。

二、倒金字塔结构的写作方法

倒金字塔结构,是指以事实的重要程度或受众关心程度依次递减的次序,先主后次地陈述事实的新闻报道结构。这种结构"头重脚轻",如倒置的金

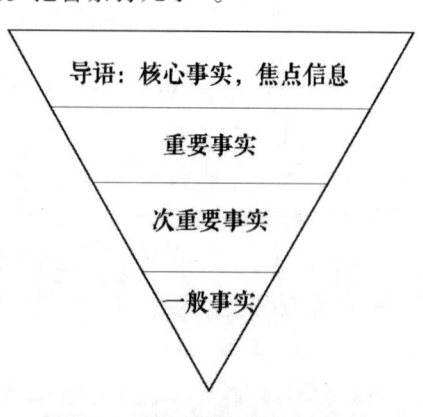

图 4-1 倒金字塔结构示意图

字塔,所以称为倒金字塔结构。

在一篇新闻中,记者要先把受众最关心、最重要、最新鲜、最吸引人的事实放在导语中;在导语中,也要尽量根据新闻价值的高低次序,由高到低地安排事实材料,将最有新闻价值的事实放在导语最前面的位置;在新闻的主体部分,各段的内容也是依照重要性或受众关心的程度依次递减的顺序来安排,重要的往前放,次要的往后放,不重要的安排在最后面。

倒金字塔结构大多用于对重大事件、突发事件、时效性强的事件以及与公众切身利益息息相关的事件的报道。

巴以冲突伤亡者突破万人 加沙流离失所者增至 46 万

2014 年 8 月 3 日　06:05:53　来源:中国新闻网

(1)【中新社联合国 8 月 2 日电】　(记者 李洋)　仍在持续的巴以冲突 2 日进入第 26 天,冲突造成的伤亡人数已经突破万人。联合国同日称,加沙人道局势继续恶化,当地流离失所者增至 46 万人。

(2)根据巴方目前统计,自上月初以色列对加沙发动大规模军事行动以来,已有至少 1,675 名巴勒斯坦人丧生,另有 9,000 人受伤。至少 50 多人据报死于 2 日的冲突。大部分死伤者皆为平民。以色列方面有 63 名以军士兵死亡,3 名平民丧生。

(3)联合国近东巴勒斯坦难民救济和工程处(近东救济工程处)2 日透露,目前加沙流离失所者已经增加到 46 万人,各种紧急救援物资特别是药品严重短缺,加沙卫生系统"处于崩溃边缘",医院人满为患,数千名伤者中有很多人伤势严重。

(4)近东救济工程处当天还修正了募款数额,提出短期筹款目标,呼吁国际社会能尽快帮助其获得 1.8 亿美元的紧急应对资金,以满足 25 万加沙难民未来 8 周的紧急人道物资供应。

(5)联合国此前透露在加沙的各援助机构呼吁紧急募捐 3.69 亿美元,以应对当地迫切的人道主义需求。但外界普遍认为该数额过于庞大,短时间内难以募集到位,因而包括近东救济工程处在内的一些救援机构提出了短期筹款目标。

(6)近东救济工程处同时哀悼该机构死于加沙的第 9 名工作人员。他为机构一所学校工作,本月 1 日死于空袭,年仅 21 岁。联合国机构和救援组织职员在当地的工作环境日趋严峻。

(7)停火斡旋工作目前仍在进行中。巴勒斯坦代表团 2 日赴埃及首都开罗,就加沙停火展开谈判,希望能够重启人道停火。哈马斯等派别成员也将参与。

(8)以色列方面态度依旧强硬,虽然目前有一些意图结束军事行动的迹象出现。以色列总理内塔尼亚胡警告,哈马斯如继续从加沙向以色列发射火箭弹,将会付出沉重代价。以方还表示不会派代表团赴埃及。

(9)以色列民调显示,以民众对于以军在加沙的军事行动有不同看法。32% 的受访者支持停火,另有 31% 的受访者支持单方面撤军,而还有超过三成的受访者支持继续扩大军事行动,彻底打垮哈马斯武装。

这条新闻采用的是倒金字塔结构,导语将最重要的核心信息告诉读者:"持续的巴以冲突造成的伤亡人数突破万人,加沙流离失所者增至 46 万人。"第二和第三两段解释导语。第二段解释导语中的"伤亡万人",提供更详细、明确的信息,也是次重要的信息:至少 1,675 名巴勒斯坦人丧生,另有 9,000 人受伤;以色列方面有 63 名以军士兵死亡,3 名平民丧生。对伤亡人数的报道应该放在主体的第一段,生命是最值得重视、值得珍惜的。第三段解释导语中的"流离失所者增至 46 万人",药品严重短缺,医院人满为患。相比人员伤亡,这个事实相对次要一些,因此放在第三段。第四、五两段是对救援工作的报道。筹集救援资金是继人员伤亡、民众流离失所之后最值得重视的事情,因此安排在第四段报道;第五段是对第四段"呼吁国际社会能尽快帮助其获得 1.8 亿美元的紧急应对资金"的解释。第六段报道救援人员也会遇袭身亡,凸显救援工作的严峻和险恶。最紧急、受众最欲知悉的信息报道完后,第七段开始报道停火斡旋的信息;第八段报道交战双方的说法;最后一段是以色列民间的态度。不过,新闻没有报道哈马斯方面的说法和信息,是白璧微瑕。这条新闻的基本顺序是:导语陈述焦点信息→解释导语,首先解释伤亡人数,然后解释流离失所者情况→报道救援工作→报道停火斡旋工作→报道交战方的说法和态度。记者的思维脉络完全按照这样的逻辑展开:最重要的信息→次重要的信息→比较重要的信息→一般的信息。这是一条非常典型的倒金字塔结构的新闻报道,具体结构图如 4 - 2 所示。

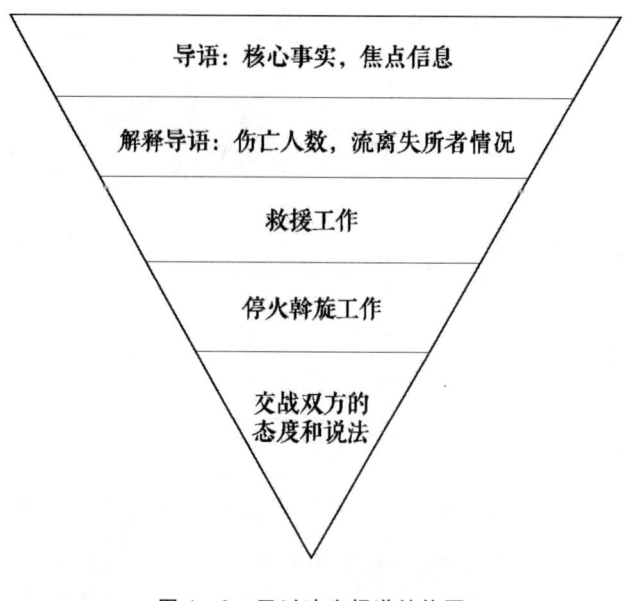

图 4 - 2　巴以冲突报道结构图

三、倒金字塔结构的优点和不足

(一) 优点

倒金字塔结构最大的优点体现在速度和效率上。新闻媒体可以快速、高效地报道新闻，受众也可以快速、高效地接受信息。具体如下：

第一，受众能够快速、方便地接受信息，有利于其在最短的时间内了解最重要、最想知道的新闻。受众还可以根据自己的时间安排，确定是否继续阅读、继续阅读多少内容，不必担心由于时间不够没有阅读全文而遗漏掉最重要的信息。

第二，方便记者快速写作新闻。记者不需要花大量时间考虑新闻的结构安排，只需要将重要的信息依次排列出来就行。

第三，方便编辑删减稿件。编辑可以根据版面的需要，从新闻的最后一段开始删起，直到版面能够容纳为止，不必担心将重要的信息误删掉，也不会损害这条新闻的完整性。

威廉·梅茨认为，这些好处的共同点，"都是争取速度。由于采用倒金字塔方式，从写的人到读的人，都可以较快地把消息处理掉"。[①]

正是因为速度和效率，倒金字塔结构历久不衰。否则，"它就不可能持续存在这么多年了。这种形式之所以延续下来，是因为它满足了媒体用户的需求。人们通常想在报道一开始就知道发生了什么。如果它有趣，他们就会注意。否则，他们会转到其他版面。人们太忙了，不愿为毫无收获而耽误工夫"。[②]

(二) 不足

倒金字塔结构最大的不足，是结构上的标准化、程式化，它像八股文一样，结构固定、呆板，没有变化。这也是该结构受到诟病的最主要原因。为了改变这种僵化的结构样式，一代又一代的新闻人曾经试图采用灵活多样的结构样式来代替倒金字塔结构，但是，改革者除了在软新闻上取得些许成功以外，在硬新闻上却毫无进展。

倒金字塔结构的第二个不足，是它难以自始至终吸引读者。如前所述，倒金字塔结构是以事实的重要程度或受众关心程度依次递减的次序，先主后次地陈述事实，因此，受众的阅读兴趣也将会随着这种依次递减的次序而依次递减，直至毫无兴趣。

第二节　泛倒金字塔结构

严格意义上的倒金字塔结构在新闻报道中并没有得到广泛运用，在新闻报道中大量使用的是宽泛意义上的倒金字塔结构，我们姑且将这种结构称为泛倒金字塔结构。

---

① 梅茨.怎样写新闻——从导语到结尾[M].苏金琥,阮宁,洪天国,选译.北京:新华出版社,1983:62.
② 门彻.新闻报道与写作[M].展江,主译.北京:华夏出版社,2003:161.

所谓泛倒金字塔结构,是指导语按照倒金字塔结构的要求写作,新闻主体部分采用其他的结构形式安排和组织新闻事实材料的新闻结构形式。

这种报道结构,要求在导语中必须将最具有新闻价值、受众最关心的事实告诉读者,即严格采用倒金字塔结构的要求写作。导语之后,新闻的主体部分,可以不按照倒金字塔结构的要求安排和组织事实材料,不必根据事实的重要性程度或受众关心程度依次递减的次序展开报道,而是根据事实本身所固有的逻辑关系、事实材料自身的特点来安排和组织事实材料,也可以根据记者比较熟悉和擅长的结构形式来写作。

新闻事实(包括新闻背景)之间不是毫无关联、杂乱无序地随机混合在一起的,而是按照其内在的规律有机地组合在一起的。事实之间的有机联系即逻辑关系主要表现为主次关系、并列关系、对比关系、因果关系、递进关系等。

一、根据主次关系安排新闻主体结构

根据事实之间的主次关系安排新闻主体的结构,是指记者在展开主体部分时,要分清主次轻重,按照事实的重要性程度和受众关心程度依次递减的顺序先主后次地安排事实材料,先写最重要的事实,再写次重要的事实,将最不重要的事实放在新闻的最后面。这种结构形式,是典型的倒金字塔结构形式,我们在本章第一节已经进行了介绍,这里就不再赘述。

二、根据并列关系安排新闻主体结构

根据事实之间的并列关系安排新闻主体的结构,是指新闻主体的各个事实之间呈现的是并列关系,各个事实材料之间没有主次轻重之别,各个段落层次之间相对独立、平等,可以不分先后顺序。

| 上级要求教师在成绩单上讲假话 |

【合众国际社怀俄明州 1987 年 7 月 8 日电】 此间学校即将发成绩册,各学校的教师都已领到上级发下来的一张通知,启发他们用圆滑、得体的话向家长们说明孩子们的品行。

对一个恃强欺弱的学生,上级建议教师这样写:"有领导才能,但需要指导他如何以更民主的方式发挥自己的才能。"

再比如给一个爱说谎的学生写评语,上级建议写成:"在区别事实和想象方面困难。"一个爱吵闹的学生则:"应注意在与人接触时培养雍容娴静的气质。"

本州拉兰明县学区业务通讯第一期建议教师避免使用刺激性的措辞。比如,一个学生明明肮脏、身上有臭味,他的评语却应写成:"需要引导他培养良好的卫生习惯。"

如果一个学生自私自利,教师应当这样写他的评语:"有必要帮助他与别人共欢乐。"

这个学区的领导对教师说,如果一个学生与某个街头帮派有联系,教师应这样写他的评语:"该生只有处于集体中时才有安全之感,因而应当注意培养他的独立精神。"①

---

① 李大卫,石维,艾顿.合众社百年新闻佳作[M].西安:陕西师范大学出版社,2002:303.

上面这条新闻的导语是一个概括性导语,将最有新闻价值、受众最关心的焦点信息用概括的语言告诉了读者:上级要求学校教师"用圆滑、得体的话向家长们说明孩子们的品行"。导语之后,在新闻的主体部分,各个段落之间的关系表现为并列关系。新闻从第二段开始分别陈述对有不良习惯、品行不好的学生的评语应该如何措辞。对恃强欺弱、爱说谎、爱吵闹、不讲卫生、自私自利甚至涉黑的学生的评语,上级都给出了标准措辞。各个事实之间没有主次之分,各个段落之间也可以变换先后顺序,其关系相对独立、平等,都是为同一主题服务。

三、根据对比关系安排新闻主体结构

根据事实之间的对比关系安排新闻主体的结构,是指新闻主体的事实(包括背景)之间存在反差,反差越大,对比的效果就越好。对比彰显新闻事实和背景的本质意义,突出新闻事实和背景的特征,也使新闻价值更加凸显。在这种对比关系中,既有新闻事实之间的对比,也有新闻事实与背景的对比,还有背景与背景的对比。

下面这条新闻,其主体部分就是根据事实之间的对比关系来组织事实材料的:

——| 从邮局看变化 |——

【新华社乌鲁木齐(1980 年)1 月 17 日电】 (记者顾月忠报道) 春节将到,记者在新疆维吾尔自治区邮电管理局里,看到了跟一年前大不相同的情况:过去忙于分拣从内地寄来的大批副食品包裹,而今天却忙于收订大量报刊。

新疆维吾尔自治区邮电管理局副局长张勇在他的办公室对记者说:"往年这个时候,你在这间屋子里准找不到我。机关的全部人马都帮助分拣包裹去了。"

前几年,由于林彪、"四人帮"极"左"路线的干扰破坏,新疆副食品供应十分紧张。每年新年春节期间,人们只好把钱寄到关内,委托亲友帮助买吃的东西。于是,从关内邮寄香肠、猪肉、糖、花生米等的包裹猛增。单是花生米一项,最多的时候一天就寄来 16 吨。开往乌鲁木齐的列车不得不加挂车皮,邮局货场包裹堆积如山。邮局分拣的同志一天干十来个小时还分拣不完。邮电学校的 100 多名学生到邮局帮忙,还是忙不过来。这样,机关只好关门,从局领导到职工都去帮助分拣包裹。

今年,自治区邮电管理局接运包裹的"旺季"突然不旺了。据初步统计,去年 12 月和前年同期相比,寄往关内的汇款减少了 64,000 多元,即减少了 50%,从关内邮来的包裹减少了 12,000 多件,即减少了三分之一。原来新疆的市场上,香肠、大肉等都可以买到,核桃、瓜子很多,食品商店里的砂糖、糖果和糕点也很丰富。过节需要的副食品,这里大体都有了。人们把这一变化同贯彻党的十一届三中全会精神和中央的两个农业文件联系起来,说:"政策开了花,经济结了果。"

尽管邮包减少了,但邮局里的干部和职工还是够忙的。几十名机关干部又开赴第一线,帮助办理订阅报刊业务。因为在各个营业门市部,经常有许多人排队,渴望订到自己喜爱的报纸、杂志。据统计,去年年底与前年同期相比,全疆的报刊订户增加了 20% 以上。现在,新疆平均每 4.7 人就有一份报刊。邮电局的同志说:"现在党的工作着重点已经转移到四化建设上来,各族人民学科学、学文化的劲头越来越足了。"

这条新闻的导语是一个概括式导语,对全文的内容进行简要的概述:春节期间,新疆邮局跟一年前大不相同:过去忙于分拣从内地寄来的大批副食品包裹,而今天却忙于收订大量报刊。该导语采用的是倒金字塔结构,新闻的关键性信息和核心内容表露无遗。

在新闻的主体部分,记者采用对比的写法,先写往年新疆邮局的情况:大量的副食品包裹从内地寄来,列车加挂车皮,邮局包裹堆积如山。邮局机关不得不关门分拣包裹。再写今年新疆邮局的情况:副食品包裹骤减,但收订书、报刊业务却大增。随着党的工作重点的转移,各族人民对科学、文化知识感兴趣了。通过对比,读者看到了新疆改革开放前后的巨大变化。改革开放前,各种生活物质短缺,因此内地寄往新疆的包裹以副食品为主;改革开放后,随着各种物质特别是生活物资开始丰富起来以及人们的生活水平提高,民众对生活食粮的饥渴程度自然就降低了,对精神食粮产生了自发、自觉的追求。建设富强的中国需要科学文化,需要信息交流,所以订阅报刊业务大增。前后的对比,彰显出新疆改革开放后的发展与进步。

四、根据因果关系安排新闻主体结构

根据事实之间的因果关系安排新闻主体的结构,是指新闻主体的事实、背景之间存在因果关系。有结果,必有原因;有原因,也会有结果。有什么样的结果,就会有什么样的原因;有什么样的原因,也会有什么样的结果。

|妇人无钱读书愿代客生子赚学费|

【合众国际社华盛顿州范库弗(1945年)9月21日电】 杰奎林·博加特愿向无子女父母"出租"她的子宫,租金是15,000美元。她说,她需要一笔钱入学攻读护理课程。

博加特今年27岁,已离婚,有两个孩子。她说:"我急需用钱。"最近她在报上登了广告,内容是:"本人身体健康,愿为不育夫妇怀孕生子。"

她说:"我需要钱读书,但又没有时间工作。我有生育能力,所以我想用它来赚钱。"

她目前有一份兼差,工作是助产护士。但她说这份收入不足开销,因为她既要支付学费,又要付房租和养活孩子。她想用3年时间当代理母亲赚取这15,000美元。

博加特17岁时结婚,生下第一个孩子海迪后不久与丈夫离婚。海迪今年9岁。

离婚后她想再要一个孩子,于是接受一个朋友捐赠的精液,进行人工授精,结果生下了杰弗里,现已2岁。

她已收到4个人对她广告的反应,但她表示怀疑他们是否有能力支付这笔费用以及医药费等其他开支。

博加特说,她曾向当局询问,确定"他们不会以出卖婴儿的罪名逮捕我,因为我这样做是合法的"。①

---

① 李大卫,石维,艾顿.合众社百年新闻佳作[M].西安:陕西师范大学出版社,2002:77.

　　这条新闻中,新闻人物杰奎林·博加特愿意向无子女父母"出租"她的子宫,代客生子,租金 15,000 美元,这是"果",新闻在导语中对"果"进行了非常明确的陈述。这个"果"非常独特,新闻人物想法大胆,甚至离奇反常,具有很高的新闻价值。读者看到这个事实之后,非常急切地想看到新闻人物提出这种想法的原因。导语之后,新闻对杰奎林·博加特代客生子之"因"展开报道。博加特离了婚,有两个孩子,她既要支付攻读护理课程的学费,又要付房租和养活孩子,急需用钱,这是"因"。对"果"和"因"的报道,将事实的原因和结果完整、清晰地呈现在读者面前,满足了读者的新闻欲。

　　这种根据因果关系安排主体结构的新闻,主要表现为两种形式:一种是先写"果",再写"因";一种是先写"因",再写"果"。一般情况下,先果后因的报道更多一些,因为一个离奇、反常、怪异的结果更能吸引读者的注意力。

五、根据递进关系安排新闻主体结构

　　根据事实之间的递进关系安排新闻主体的结构,是指新闻主体的各个段落层次之间表现为递进关系。各个事实之间的关系步步向前、层层推进。

|奥地利全国暴乱|

　　【合众社维也纳(1927 年)7 月 15 日电】　今天晚上,奥地利的维也纳成了一个火药桶。大火已经烧毁了"司法官"。枪声在整个城市中回响,尸体堆满了街道。左派分子号召推翻伊格那兹·赛佩尔总理的政府。

　　"退伍军人运动"的 3 名成员被指控犯有藐视"共和国辩护团"罪之后又被宣布无罪释放,暴乱因此发生。这几名退伍军人被指控打了一名工人和一名儿童。无罪释放的裁决刚一宣布,工人们便举行罢工,涌上街道。其中一些人占领了维也纳大学,这里被认为是纳粹活动的一个中心。另一些人则占领了司法官,并将其付之一炬。

　　警察迅速行动控制暴乱。他们向罢工者开枪射击,至少有 89 人中弹身亡,600 多人受伤。

　　社会民主党领袖利用这种极为紧张的局势要求赛佩尔总理辞职。社会民主党人指控他容忍退伍军人的非法活动。赛佩尔阁下三年前曾遇刺但幸免于难,他是一位狂热的反社会主义者,这次没有让步的表示。

　　维也纳报纸指控莫斯科唆使这些暴乱分子暴乱。一篇社论说如果暴乱继续发生,奥地利将被德国吞并。[1]

　　这条新闻的导语采用的是倒金字塔结构,将新闻的关键性信息告诉了读者:奥地利发生暴乱。在新闻的主体部分,第二段陈述暴乱发生的直接原因,并报道暴乱发生的基本事实;第三段紧接着写警察对暴乱的控制;第四段进了一步,报道政治家们利用暴乱展开博弈和斗争;最后一段,揭示暴乱背后的深层原因,并指出暴乱的严重后果。暴乱发生→发

---

[1]　李大卫,石维,艾顿.合众社百年新闻佳作[M].西安:陕西师范大学出版社,2002:36.

生的直接原因→警察控制暴乱→政治家利用暴乱→暴乱的深层原因,新闻环环相扣、层层递进,在非常短的篇幅内,把暴乱的基本情况、前因后果及其深层原因报道得清楚、明晰。

泛倒金字塔结构在新闻报道中得到了广泛的运用,严格意义上的倒金字塔结构事实上并不多,大量的新闻报道都是以泛倒金字塔结构撰写的。如果把泛倒金字塔结构也划入倒金字塔结构的话,倒金字塔结构在新闻报道中占比相当高。

据密苏里新闻学院写作组的估计,"当今报纸上大概有90%的消息是用倒金字塔结构写的"。他们认为,"只要报纸继续强调迅速、直接、简洁的表达方式,只要千百万读者继续接受它,倒金字塔将很好地为记者服务"。① 另一位美国学者的统计比密苏里新闻学院写作组估计的比例略低一点,据这位学者统计,"用倒金字塔结构写成的新闻约占美国新闻总量的80%"。②

前文指出,严格意义上的倒金字塔结构并不多,大量的新闻采用的都是泛倒金字塔结构。因此,不论是密苏里新闻学院写作组的估计数字,还是美国学者的统计数字,他们所指的倒金字塔结构应该不完全是严格意义上的倒金字塔结构,而是包含泛倒金字塔结构在内的倒金字塔结构。

在西方,有些软新闻常常采用软导语形式。软导语一般不采用倒金字塔结构或泛倒金字塔结构。在中国,多数软新闻常常采用硬导语形式。硬导语一般都采用倒金字塔结构或泛倒金字塔结构。

那么,可以这样认为,在中国,用泛倒金字塔结构写成的新闻占中国新闻的总量至少不会少于美国。美国著名新闻记者杰克·海敦语气坚定地说,倒金字塔结构"永远不会过时"。③ 杰克·海敦所指的倒金字塔结构,也同样应包含泛倒金字塔结构。

总而言之,泛倒金字塔结构在新闻报道中占据绝对的统治地位。

第三节　金字塔结构

金字塔结构,是指按照时间顺序安排事实材料的一种结构形式,即按照新闻事实的发生、发展、高潮、结束的顺序组织事实材料。一般来说,事件的发生和结束,就是新闻的开头和结尾。事件的高潮和结束往往融合在一起进行报道,事件的高潮就自然成为新闻报道的结尾。

如果新闻事件比较精彩、有趣,发展的节奏较

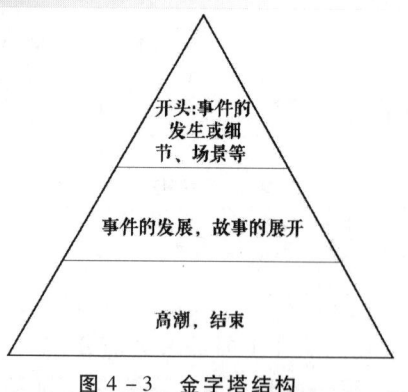

图4-3　金字塔结构

① 密苏里新闻学院写作组. 新闻写作教程[M]. 褚高德,译. 北京:新华出版社,1986:43.
② Brian S. News Reporting and Writing[M]. Borton and New York: Bedford/St. Martins,2005:145. 转引自李希光,孙静惟,王晶. 新闻采访写作教程[M]. 北京:清华大学出版社,2011:118.
③ 海敦. 怎样当好新闻记者[M]. 伍任,译. 北京:新华出版社,1980:67.

快,前后时间跨度比较小,有比较完整、曲折的情节或生动的细节,比较适合采用金字塔结构。在简短的新闻报道中使用这种结构效果更好。

> 　　昨天早晨,马夫弗兰克·庇隆在上班的路上拣到了一个他以为是公路照明弹的东西。由于星期五就是独立纪念日,他想这个照明弹可以放出一些五彩缤纷的烟火,就把这个圆筒状的东西插在裤子的臀部口袋里。
>
> 　　吃午饭时,他把它拿出来给另一个叫安迪·麦克弗森的工人看了。安迪后来回忆曾告诉弗兰克说:"嗨,你啊! 那是甘油炸弹,加小心哪!"
>
> 　　庇隆点点头,仍把拣来的那个东西塞回臀部口袋里,吃完他的午饭。
>
> 　　两小时以后,这个马厩工人在驯一匹烈马时被马踢倒。甘油炸弹爆炸了,炸死了庇隆,并烧毁了马厩一侧。麦克弗森受轻伤,他目睹了这一不幸事件。

　　这条新闻篇幅较短,按照时间顺序组织事实材料;事件的开头和结尾,也是新闻的开头和结尾。记者在开头就设置了悬念,促使读者带着强烈的好奇心读完全文。

　　如果新闻事件的故事性较强、情节颇为曲折,比较适合采用金字塔结构形式来报道。记者报道这种类型的事件,往往在新闻导语中设置一个悬念,吸引读者往下阅读,然后在新闻的结尾处才解开悬念,写出事件的结果。

|"纽约号"对谁开炮? |

> **【合众国际社华盛顿电】**　关于飞碟的传说,对国内一般人说来,也许只是茶余饭后的话题而已,可是对于参加过第二次世界大战的"纽约号"战舰的船员说来,却只能勾起令人难堪的回忆。
>
> 　　事情发生在该舰前往参加硫磺岛战役的途中。
>
> 　　"纽约号"因接连出了不少倒霉的事故,一直没有机会参加太平洋的战斗。
>
> 　　尽管它的推进器掉了一个叶片,速度受到了影响,但它仍继续朝硫磺岛进发。
>
> 　　那天海上风平浪静,天空晴朗。猛然间,军官们在舰桥上看到上空有件奇怪的东西。
>
> 　　军官们进行了研究,但弄不清是什么东西。那是一个银白色的圆形物体,约有两层楼房那么大。
>
> 　　舰长肯普·克里斯蒂安海军少将被请了出来。
>
> 　　那个东西用肉眼就可以看清楚,但舰长叫人把他的望远镜拿来。他对准那个似乎跟定该舰飞行的物体进行观察。
>
> 　　军官们想起了关于在美国西北部发现日本气球的报道,那些气球是为了引起森林火灾而放出来的。
>
> 　　舰桥上的军官们得出一致的结论:那东西一定是敌人的气球。
>
> 　　但不管是什么东西,那物体与军舰互不干扰,于是军舰继续前进。
>
> 　　军官们相信,这艘军舰的推进器虽然少了一个叶片,但在速度上准可以超过气球。

> 然而,一个小时以后,那个巨大的银白色物体仍然在军舰上空盘旋,就在正上方约一英里的高空。
>
> 这时,舰长有些不耐烦了,也许有些担心了。
>
> 他命令道:"炮手给我测个距离!"
>
> 回答是:"1,700码。"
>
> 他又给雷达下了同样的命令,得到了同样的回答。
>
> 最后,他发出了"开炮!"的命令。
>
> 于是3英寸口径的大炮开火了,但炮弹却碰不到那"银白色的气球"。
>
> 舰长又命令护航的驱逐舰用它们的五英寸口径大炮射击,也都没有打上。
>
> 这时,头天晚上值夜班的领航员来到甲板上。
>
> 他看了看空中的物体,看到炮弹打上去却碰不到目标。
>
> 他皱起了眉头,匆匆回到自己房间里,赶快进行了计算,又回来向舰长报告。
>
> "长官,"他说,"如果白天这个时候能够看到金星的话,它正好在这个方位。"
>
> 舰长大吃一惊。他指示驱逐舰的领航员核实金星的方位。
>
> 回答证明"纽约号"领航员的计算是正确的。
>
> 原来"纽约号"战舰对着金星开了炮。

这条新闻一开始就设置悬念,将飞碟的传说与参加过"二战"的"纽约号"战舰的船员们联系在一起,让读者的心悬起来:是不是这些船员遇到了飞碟? 他们是如何应对飞碟的? 是什么使船员们的回忆"令人难堪"? 读者会带着强烈的好奇心迫不及待地往下阅读。"纽约号"战舰在前往参加硫磺岛战役的途中,突然在舰桥上空发现了一个约有两层楼房那么大的银白色的圆形物体。读者会马上想到,那是不是新闻开头所说的飞碟? 正当读者确信这可能就是飞碟时,新闻却报道说,军官们一致认为那一定是为了引起森林火灾而放出来的日本气球。这是新闻中的第一个转折。既然已经确定是日本气球,为何不向它开炮? 新闻从一个悬念转向另一个悬念。读者正在疑惑之时,新闻报道说,那物体持续一个多小时与军舰互不干扰,而且军官们相信军舰在速度上准可以超过气球,也就是说,军舰可以摆脱敌人,没有什么危险,比较安全。读者的担心开始缓和下来。但很快,读者的心又揪紧了:那个巨大的银白色物体一小时后仍然在军舰上空盘旋,而且越离越近,就在"正上方约一英里的高空",炮手测的距离"只有1,700码"。这是新闻中的第二个转折,即危险不仅没有解除,而且近在咫尺,于是舰长命令开炮。读者以为这下可以解除危险了,但是,炮弹根本就碰不到那"银白色的气球"。读者的心又悬起来了,是不是遇到了强劲的敌人? "纽约号"会有危险吗? 这是新闻中的第三个悬念。最后,军舰上两位领航员计算和核实的结果是,那个"银白色的气球"是金星,新闻中出现了第三个转折:不明物不是日本气球,是金星。新闻的最后一句话才揭开谜底,明确告诉读者:原来,"纽约号"战舰对着金星开了炮。这篇新闻是一个典型的金字塔结构,按照时间顺序展开报道,整个新闻情节一波三折、悬念丛生、故事性强,使读者读来兴趣盎然。

如果新闻事件已经被媒体报道过了,读者早就知道了这个事件,但这个事件又具有较大的新闻价值,记者可以采用金字塔结构的形式写作,将跌宕起伏、惊心动魄的事件描述出来。最典型的案例是合众国际社记者梅里曼·史密斯1964年写的报道《我看见历史在爆炸》。

当时,刺客向肯尼迪开枪后,枪声一响,坐在新闻采访车前面位置的记者贝尔就抓起身旁的电话机,立即向自己的媒体报道新闻。坐在后排座位的其他记者包括史密斯也立即跑过来,为了争电话机而拳头相向。结果,贝尔抢先向全世界发出肯尼迪遇刺的第一条新闻。史密斯没有抢发到第一条新闻,但没有放弃,数小时后,他写出了这篇现场目击记。这篇报道获得了普利策国内报道奖。

金字塔结构也可以运用在长篇报道中,但故事必须能够吸引读者,必须有吸引读者的精彩情节或有趣、戏剧性的情节。金字塔结构比较适用于那些情节有趣、具有戏剧性、有某些悬念因素的新闻事件。

福特总统遇刺 幸而无恙

【合众国际社(1975年)9月6日电】 今天晴空万里,阳光明媚,一个娇小玲珑的红衣女郎同群众一道等待着福特总统从他们面前走过。

大多数前来欢迎总统的人们都希望同他握一握手。

这个身穿红衣服的女郎带着一支手枪。

勒奈特·阿丽丝·弗洛姆,二十七岁,属于查尔斯·曼松那个恐怖主义团体。在这个团体中她的代号是"雏鸽",据目击者说,她一声不响地站在欢迎人群的后排,站在州议会大厦前等待总统光临。

她对人群中一名叫凯伦·斯凯尔顿的十四岁的姑娘说:"啊,今天天气太好了!"

事件发生后,凯伦说:"她看上去像吉普赛人。"

"雏鸽"身穿红色长袍,头戴红色无檐帽,手中拿着一个很大的红色手提袋。这些东西与她的红头发十分相配。

她的前额上有一个红色的"X"记号,这是1971年曼松及其三名女追随者因谋杀罪名成立在洛杉矶受审时她自己刻上的。

"雏鸽"特地从北加利福尼亚赶到萨克拉门托,从而步正在服刑的41岁的曼松的后尘。现在,她正耐心地等待着总统的到来。

她的手提袋里藏着一支上满子弹的0.45厘米口径的自动手枪。

太阳热辣辣地直晒下来,气温是华氏九十多度,人们热得不耐烦,不由得走来走去。

突然,欢迎的人群振作起来了,原来福特出现在参议员大饭店门口,接着走上一条人行道,穿过州议会大厦前的停车场,朝着人群走了过来。他的前后左右都是特工人员。

福特止步,向欢迎的人群挥手致意。

欢迎的群众被绳子拦在后面,他们纷纷向前涌去,同总统打招呼。

总统向左转过身去,他伸出双臂,去握欢迎群众伸出来的手。

每同一个人握手,他就说一句"早晨好!"

"雏鸽"仍然没有采取行动。

突然,她从人群后面挤到前面来,边挤边用双臂拨开周围的人。

警察说,她挤到离总统只有两英尺的地方时,突然拔枪瞄准了总统。

凯伦·斯凯尔顿说,总统见到这支左轮手枪,"脸刷地吓白了"。

另一位名叫罗伊·米勒的五十岁的欢迎群众说,福特"大吃一惊,吓坏了,把脖子缩了起来"。

说时迟那时快,特工人员莱瑞·布恩道夫立即采取措施保卫总统生命安全。他冒着生命危险,冲上前去,站在了"雏鸽"和福特中间。

接着他把"雏鸽"摔倒在地上,同警察一道缴了她的枪。

"雏鸽"尖声叫道:"他不是你们的公仆!"

她还对警察说:"别激动,伙计们,别打我,枪是没响吗?"

四五名特工人员同时围了上来,把福特与群众隔开,旋即簇拥着他离开了人群。

福特的膝部一向有毛病,这次在惊吓中几乎支持不住自己,但他很快就站稳了。

当警察给"雏鸽"戴手铐时,她喊道:"美国乱透了!那家伙不是你们的总统!"

过了一小会儿,一辆警车把她送走,这时候,她脸上露出了一丝微笑,神情似乎很镇定。

这篇报谊采用的是金字塔结构,按照时间顺序在组织事实材料。新闻在开头就设置了一个悬念,埋下了一个伏笔:在晴空万里、阳光明媚的日子里,一个娇小玲珑的红衣女郎同人群一道等待着福特总统的到来,准备欢迎总统。这个娇小玲珑的红衣女郎究竟是什么人?记者为什么要单独写这个娇小玲珑的红衣女郎?读者会带着疑问往下阅读。随着新闻的展开,记者告诉读者,这个娇小玲珑的红衣女郎携带着一支枪,是恐怖主义团体成员。这就给读者又设置了一个悬念、又埋下了一个伏笔:她想干什么?读者会带着急切的心情往下阅读,神经也高度紧张起来。在新闻的结尾部分,读者担心的事件发生了:这个娇小玲珑的红衣女郎要刺杀总统,新闻在这里达到了高潮。这篇新闻的段落都非常短,短段落使报道的节奏加快,加上悬念和伏笔的运用,给读者以急迫感,对读者产生了情感上和心理上的强烈冲击。

一般来说,长篇报道不适宜采用金字塔结构,如果出现上述适合以金字塔结构报道的新闻事件,记者必须充分运用悬念、伏笔等叙述技巧和手法来报道这些新闻事件。否则,长篇报道就会像王婆的裹脚一样又长又臭。

金字塔结构具有以下优点和不足:

其优点体现在以下几点:

第一,便于构思行文。按照时间顺序构思、安排和组织事实材料,记者不必花费太多的精力冥思苦想新闻的结构布局,可以循着事实发生、发展、高潮这样的自然顺序方便、快捷地行文,既不容易出差错,又可以加快新闻写作速度。

第二,脉络清晰,故事完整。按照时间顺序安排新闻的结构,可以使新闻事件的发生、发展自然、有序流动,新闻故事情节连贯、完整。

第三,读者接受无障碍。金字塔结构可以让读者对新闻事件的来龙去脉、前因后果有一个清晰和完整的了解,这尤其适合一部分喜欢完整故事的中国读者。有些新闻报道线索复杂、材料交叉跳跃,读者阅读起来比较吃力,而金字塔结构可以让读者免受这些苦恼,快速、有效地理解和接受信息。

其不足体现在以下几点:

第一,平铺直叙,平淡无味。除去少数叙事技巧高超的记者,多数记者采用金字塔结构写作时常常使新闻报道显得寡然无味、平淡无奇,难以吸引读者。

第二,篇幅较长。由于要保持故事的完整性,一些不十分重要甚至是多余的字句在所难免。

第三,难以吸引读者。由于结果、结论和关键性的焦点信息置于篇末,加上篇幅相对较长,缺乏耐心的读者可能不愿意坚持读到最后去看看新闻到底写了什么。

在现代社会节奏快、信息海量的背景下,多数读者都不愿意在新闻最后才看到事件的高潮和结局。如果记者在报道开头没有告诉读者最精彩的内容,读者的视线就会跳转到下一条新闻。

节奏慢、冗余信息多,是金字塔结构最大的问题。从目前的新闻实践来看,金字塔结构在新闻报道中使用比较少,尤其是在硬新闻中,基本上不使用金字塔结构报道新闻。从某种意义上说,在硬新闻的写作中,金字塔结构的理论意义大于实践意义。

我们来看 1984 年 1 月 24 日《北京晚报》报道的一条新闻:

｜两名大学生玩命｜

【本报讯】　1 月 22 日下午 7 时,北大分校物理系十八岁学生吴某,与三名女同学到学校附近的铁路边散步。

吴某对女同学说,国外曾有人趴在铁轨中间,火车过后安然无恙。

这时,一列火车正巧从西直门方向驶来。吴某和一名女同学欲亲身一试。他们迎着火车趴在路轨中间。

火车司机发现后,立刻采取制动措施。车头和一节车厢从他们上面驶过之后停了下来。

女同学从车下爬出,侥幸留下了性命。吴某却没有出来。他的头颅受到严重损伤,已经丧生。

这条新闻的导语开头从新闻事件的开始说起,按照新闻事件发生、发展的前后顺序来展开;新闻最后才将关键性的焦点信息陈述出来。这条新闻是很多教科书都经常引用的一个案例。在上个世纪 80 年代节奏比较慢的中国社会,用金字塔结构来写作这个事实,可能还比较适宜。但是,如果这个事件发生在今天,记者采用金字塔结构形式写作这个事实,可能会受到编辑的大声呵斥和严厉批评。大多数媒体可能会这样写作这条新闻的导语:

> 【本报讯】 北大分校物理系学生吴某听说国外曾有人趴在铁轨中间,火车过后安然无恙。1月22日下午7时,他在学校附近的铁路上以身效法,结果被火车压死。
> ……

这条新闻的导语也可以采用其他的文字表达,但不管用什么文字表述,一般都会在导语中就告知读者这个关键性的焦点信息:吴某在铁路上以身效法,被火车压死。

第四节 沙漏型结构

沙漏型结构是由倒金字塔式的导语与金字塔式的主体和结尾结合组成的结构,其结构形状如古代计时的沙漏,所以称为沙漏型结构,又称"双金字塔"结构。

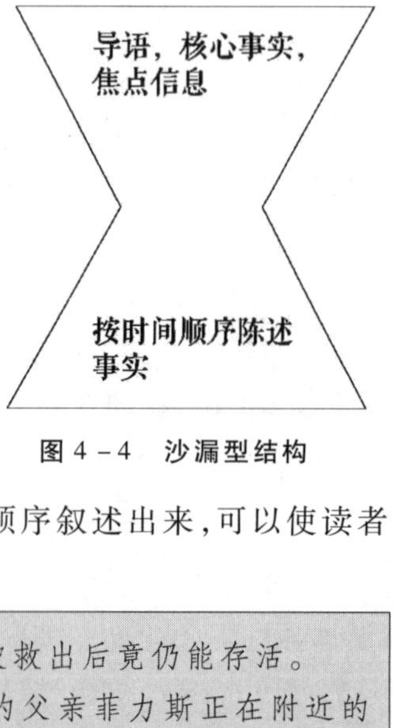

沙漏型结构在导语部分采用倒金字塔结构,将本条新闻最重要、最有价值的焦点信息和核心内容在报道的开头陈述出来,然后在主体部分按照时间顺序对要报道的新闻事件进行具体、完整的叙述。沙漏型结构也属于我们前面讲的泛倒金字塔结构。

图4-4 沙漏型结构

沙漏型结构比较适用于报道法治新闻特别是犯罪新闻、事故报道或灾难新闻;将有戏剧性情节的新闻事件,按照时间顺序叙述出来,可以使读者比较详细、完整地知悉事件的全过程。

> 【本报讯】 巴西一名婴儿被大蟒蛇吞进肚子里一小时,被救出后竟仍能存活。
> 昨天下午,6个月大的小斯沙正睡在屋前的摇篮里,而他的父亲菲力斯正在附近的田里工作,完全不知道一条蟒蛇正爬向摇篮。菲力斯事后回忆说:"我们忽听到婴儿凄楚地大叫,赶回家中,看见的景象使我的心也凉了:一条巨大的、黑绿两色的大蟒蛇已爬进摇篮,那条蛇一瞬间便爬到地上,并钻到地下去了。"
> 菲力斯呆站在那里,一筹莫展,只好咒骂那条蛇。他的妻子比他冷静,跑到邻居家中求助。
> 警方及消防队员知情后不久赶到现场,消防队员用猛烈的水枪射向大蟒蛇藏身之处,将近一个小时,终于把它赶到空地上。它大概有二点七米长,腹部隆起。菲力斯立即用斧头把它的头砍下来,紧接着用刀把蛇腹剖开。他已做好最坏心理准备,然而小斯沙奇迹般地未被咬伤,菲力斯打了他一下,他居然哭了起来。医生检验后证明小斯沙健康无恙。

这条新闻的导语,将整个事件的核心内容和结果概括地叙述出来:一条大蟒蛇将一名婴儿吞进肚子里一小时,结果婴儿居然没有死亡,被救出后还活着。新闻的导语采用的是典型的倒金字塔结构模式。在新闻主体部分,这条新闻采用金字塔结构,叙述事件的发生、发展、高潮和结局。第二段叙述了事件的发生:一条大蟒蛇爬进摇篮吞吃婴儿后逃跑。第三段叙述事件的发展:婴儿父母对蟒蛇吞吃婴儿的反应——父亲一筹莫展,母亲冷静求助。第四段叙述事件的高潮和结局:警方及消防队员抓蛇,父亲剖蛇腹救出婴儿,婴儿还活着,而且健康无恙。

再来看下面这条新闻:

> **【法新社巴黎(1964 年)10 月 15 日电】**　据可靠消息说,赫鲁晓夫已辞去苏共中央总书记、苏联部长会议主席两项最高职务。
>
> 虽然今年早已出现某些传闻,可是,直到今日 16 时 05 分才首次证实此事。当时驻莫斯科的外国共产党记者被告知不要离开收音机,等候"重要消息"。
>
> 接着在 16 时 09 分,法新社驻莫斯科分社注意到,往常在下午出版的《消息报》没有出版。一分钟后,一条电讯谈到了苏共中央领导机构将发生变动的新闻。这时,法新社记者注意到在莫斯科苏共中央委员会所在地前面停了许多黑色轿车。
>
> 大约半小时后,即 16 时 34 分,法新社记者注意到赫鲁晓夫没有出席在克里姆林宫为古巴总统多尔蒂科斯举行的午宴。到 16 时 47 分,莫斯科宣布,《消息报》到明天早晨才出版。
>
> 从 16 时 55 分起,情况更惊人了:人们看到赫鲁晓夫的名字从《真理报》上消失了。17 时 45 分,从赫尔辛基传来的消息说,赫鲁晓夫"可能辞去了他在苏联领导机构中担任的职务之一"。18 时 04 分,法新社从巴黎发出的电讯证实他已辞去了两个职务。
>
> 虽然赫鲁晓夫下台已经肯定了,可是,这时人们还不知道下台的原因。最后,在 18 时 45 分,从莫斯科传来了半正式的消息:赫鲁晓夫辞去了他在党和政府的两个职务。
>
> 4 分钟后,即 18 时 49 分,据同一来源的同一人士说,继承者已确定:党的首领是勃列日涅夫,政府首脑是柯西金。
>
> 从那时起,从莫斯科传来了各种各样的传说。18 时 53 分的消息说,接替赫鲁晓夫的决定是在一次中央委员会会议上通过的。赫鲁晓夫参加了这次会议,他谈到了自己的健康状况,提出了辞职。
>
> 稍后不久,即 18 时 55 分,法新社驻莫斯科分社宣布,据消息灵通人士说,赫鲁晓夫业已辞职。

这条新闻的导语将最实质性的信息和最具爆炸性的信息告诉了读者:赫鲁晓夫已辞去苏共中央总书记、苏联部长会议主席两项最高职务。新闻主体部分则按照时间顺序叙述事件,将赫鲁晓夫辞职事件的整个过程叙述得非常清晰、完整。由于事件重大,人物地位显赫,记者精确到分钟地陈述事件的发展,读者可以从中感觉到斗争的残酷和惊心动魄。新闻的结尾与导语相呼应,形成首尾照应,使新闻更完整、紧凑。

沙漏型结构具有以下优点和不足:

其优点具体表现为:

按照时间顺序叙述新闻内容,可以使新闻报道更具有故事性。"沙漏结构是借用古老的叙事力量以增强报道吸引力的一种有效方法。"①按照时间顺序叙述事件,还能够使读者完整、清晰地了解新闻事件。同时,在新闻开头突出实质性核心信息和新闻要旨,既方便读者快速掌握信息,又能够节约大量的时间。

其不足具体表现为:

这种结构的不足主要体现在新闻的主体部分,按时间顺序叙述新闻事件,可能会重复新闻开头提到过的部分关键信息,使新闻篇幅增多。如果新闻内容没有足够的吸引力,会使读者感觉浪费时间、效率不高。

知识链接

佛罗里达州圣彼得斯堡波因特媒介研究学院的罗伊·彼得·克拉克认为沙漏式结构具有如下优点:

- 重要的新闻内容在文首提供。
- 撰稿者可以利用记叙体的长处。
- 最重要的信息会在记叙部分重复,使读者有机会充分了解吸收。
- 与倒金字塔式结构的头重脚轻不同,沙漏式结构更平衡。
- 它将读者吸引到报道中并将他们带到事件的真实结尾。
- 它使编辑不能从结尾删减报道。②

第五节　华尔街日报体

华尔街日报体采用的是从特殊到一般的报道方法,讲究点面结合。新闻开头使用软导语,从新闻事件中的一个人物、一个场景、一个细节或情节落笔,从讲故事或对主题的阐释开始报道。

软导语之后,新闻紧接着用一两个过渡段转入要报道的主题。记者为什么要报道这个新闻?读者为什么要阅读这个新闻?报道主题所在的核心段会充分地回答这些问题,它将向读者展示这篇新闻的主要内容以及它的重要性。

---

① 福克斯.新闻写作——报刊记者指南[M].李彬,译.北京:新华出版社,1999:111.
② 伊图尔,安德森.当代媒体新闻写作与报道:第 6 版[M].贾陆依,华建昌,译.北京:中国人民大学出版社,2009:70－71.

然后,新闻将为报道主题提供支持性材料,通过陈述大量的典型事实材料、统计性材料和观点性材料,来充分阐释主题。

在其他新闻报道结构中,新闻的主题报道完毕后,新闻也就自然结束了。而华尔街日报体在新闻结尾处,又会用过渡手法回到新闻开头讲的小故事,回到开头写的人物、场景、细节或情节上去,照应开头、首尾呼应。

这种结构方式,在《华尔街日报》以外的媒体机构中也得到广泛的应用,但是因为《华尔街日报》擅长采用这种结构报道新闻,因而得名为"华尔街日报体"。

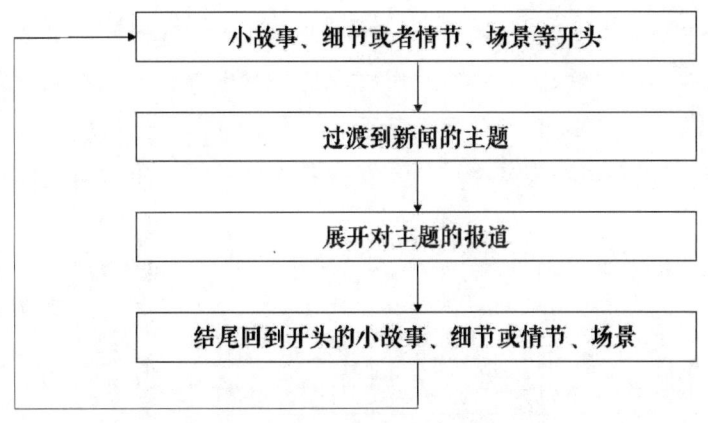

图 4-5　华尔街日报体

华尔街日报体比较讲究文章的过渡,常常用很多轶事、趣事、细节、情节、直接引语和其他文学技巧来报道新闻。

| 卡西诺毁掉了大学梦 |

住在卡西诺赌场附近的大学生更容易染上赌瘾。近几年去赌场赌博的大学生人数一直呈上升趋势。

【密苏里州堪萨斯城】　迈克尔·哈兹派斯(Michael Hudspeth)在初中时就开始了赌博,那时候他在食堂的地板上用午饭钱与别人玩掷骰儿赌博;当他上大学后,他到密苏里河上的游艇里赌博。

他从一天输掉母亲给他的 2 美元午饭钱,发展到一夜之间输掉他借来的 2,000 美元助学贷款。

"我每天都会去那船上赌博。"24 岁的哈兹派斯说,他经常从位于圣约瑟的密苏里西部学院逃课,到 5 分钟路程之外的名叫圣乔治弗朗蒂尔的卡西诺(Casinos)去赌钱。

"我不知道为什么,只知道那里的人们以及那里令人兴奋的事情吸引着我不断地去那里。"

卡西诺赌场在全国范围内蔓延,可能导致了大学生赌博这一社会问题。

住在卡西诺赌场周围的学生们更容易染上赌瘾,新泽西州理查德·斯托克顿学院(Richard Stockton College)的心理学教授迈克尔·弗兰克(Michael Frank)说:"近几年卡西诺赌场的数量在不断增长。"该学院所在的亚特兰大市至少有12家卡西诺赌场。

哈佛医学院的一个研究"上瘾行为"的研究小组做了一项调查,被调查的美国及加拿大的大学生们有大约一半声称自己最近几年里有过在卡西诺赌场赌博的经历。

位于巴吞鲁日的路易斯安那州立大学,校园附近不到两英里的范围内就有两艘卡西诺赌场游艇。该校有一名学生最近被指控从学校里骗走了3,000美元去支付自己的赌资。

"赌博在新泽西每一所高中和大学里蔓延,"新泽西反赌博委员会委员爱德华·鲁尼(Edward Looney)说,"这已经成了一种通病,这个国家所有大学都有学生在赛马场和卡西诺里赌博。"

堪萨斯大学距离6家卡西诺赌场不到一小时车程。该校学生去年还建立了一个赌博者匿名协会。

"统计数字显示了年轻人赌博问题不断发展的严重趋势,我们必须对那些距离大学校园过近的卡西诺赌场特别关注。"史蒂夫·泰勒(Steve Taylor)说。他是密苏里州的一个反赌博协会卡西诺监督者组织的发言人。

在大多数州里,允许赌博的法定年龄是21岁,如果不足这个年龄的人被发现在卡西诺赌场里赌博,赌场的主人将面临巨额罚款,但是许多不够年龄的学生总能找到办法进入赌场,就像他们能够设法买到酒或进入酒吧一样。

许多人使用伪造的或借来的身份证,或者在进门的时候根本没有被要求证明自己的年龄。许多大学生都很容易从父母处或从助学贷款项目中获得现金,学生们手中也塞满了各种信用卡,孩子使用信用卡时通常不需要父母签字。

密苏里州的全部11家卡西诺赌场游艇都实施了一项叫作"拒绝21"的计划,提醒那些不足年龄的人:赌博是违法的,并且教导工作人员如何识别出不足年龄的赌博者。

北堪萨斯城海拉赌场酒店的市场总监杰夫·胡克(Jeff Hook)说,如果发现顾客的年龄可能存在问题的话,海拉赌场的工作人员会在顾客进出赌场时检查他们的身份证。

哈兹派斯生于堪萨斯城,赌博几乎占有了他的全部生活。他为了进赌场而向最好的朋友借用驾照,有时他又把母亲给他的房租用于体育赌博,他花光了他的信用卡的钱,并且取出了助学贷款来满足自己的赌瘾。他没能完成学业,相反为了偿还债务而不得不全天工作。

美联社记者齐亚·桑特·布鲁克斯(Kia Shanté Breaux)[①]

新闻采用软导语开头,以讲故事的形式,向读者介绍一位大学生哈兹派斯爱赌博,从一天输掉2美元,到一夜之间输掉借来的2,000美元助学贷款,沉湎于其中而不能自拔。第五段开始由点到面,过渡到新闻的主题:卡西诺赌场在全国范围内蔓延,可能导致了大学生赌

① 里奇.新闻写作与报道训练教程:第3版[M].钟新,主译.北京:中国人民大学出版社,2004:212-213.

博,而且这个问题将成为一个社会问题。然后新闻又开始由面到点围绕这一主题展开报道。作者引述专家对大学生赌博上瘾的观点:"住在卡西诺赌场周围的学生们更容易染上赌瘾";引述统计资料:在被调查的美国及加拿大的大学生中,有一半的大学生有过在卡西诺赌场赌博的经历。这是面上的材料。然后新闻报道路易斯安那州立大学、新泽西州的高中和大学、堪萨斯大学等学校大学生的赌博现象,这是点上的材料。从面到点的材料,都说明一个问题:大学生赌博已经成为一种趋势。后面几段,新闻报道了社会特别是赌场为遏止大学生赌博采取了种种措施,但是收效甚微,"不够年龄的学生总能找到办法进入赌场",这进一步说明这种趋势难以遏止。在新闻的结尾,又回到"赌博几乎占有了他的全部生活"的哈兹派斯,他输光了母亲给他的房租钱、花光了信用卡的钱,甚至动用助学贷款的钱满足赌瘾,结果不能完成学业,不得不全天工作来偿还赌债,和开头相照应。

华尔街日报体具有以下优点和不足:

其优点表现为:

用生动、具体的材料来阐释抽象的主题,用看得见、摸得着的事实使枯燥乏味的问题、观点、趋势等变得可感、可触、有声有色,这种从特殊到一般,也可以称为从具体到一般的方法,借鉴了文学写作的方法和技巧,这是华尔街日报体的显著特点,也是其最大的优点。

"一千万人死亡只是个统计数字;一个人怎样死却可以写成悲剧。"集中描绘整体中的一个部分能产生巨大的作用。[①]

"很少人能解释小麦市场系统是怎么回事,但如果我们从头至尾地了解到一蒲式耳小麦是如何从下种到家庭主妇在超级市场拿起一条面包的全过程的话,我们就能解释出小麦市场系统是怎么一回事了。""许多读者对有关 IBM 的报道不感兴趣,但是,如果从一位正被提升的年轻经理的角度撰写,这篇报道就有可能吸引读者看下去。许多读者对失业率是 6.7%的报道毫无感受,但如果报道讲的是一位失业工人叙述他的公司宁可关门而不愿遵守政府防止污染标准措施,这就有可能吸引读者迫切地想看下去。"[②]

华尔街日报体特别擅长通过对一个人物、一个场景、一个细节或情节(主要是人物)的报道,而将一个重大的也可能是枯燥乏味的报道主题具体化、故事化、人性化、情趣化,从而引起读者的强烈兴趣。这种报道方式,让读者在愉快的阅读中了解到某种趋势、某个人物、某个新闻事件对公众、对社会产生的影响。

其不足表现为:

这种体裁要求用小故事引出报道主题,讲究过渡、讲首尾照应,这些内容将会增加新闻报道的篇幅。华尔街日报体需要找到能够充分说明主题的小故事,这种故事有时候可能难以获得,这将增加采访的难度,也会延长采访报道的时间。在特别讲求新闻的时效的现代社会,这种体裁会影响对新闻的迅速、及时的报道。这种结构一旦固定,就可能多少有些呆板、僵化、格式化。

①　密苏里新闻学院写作组.新闻写作教程[M].褚高德,译.北京:新华出版社,1986:258.
②　密苏里新闻学院写作组.新闻写作教程[M].褚高德,译.北京:新华出版社,1986:258–259.

⌒知识链接

《华尔街日报》报道套路

下面是《华尔街日报》使用的一种报道结构:

趣闻轶事:以一个事例或对主题的解释开篇。

对主题的清晰陈述:展开导语。它应该在第六段之前进行。有时候,这一段被称为核心段。

对主题重要性的陈述:回答读者的问题:"为什么我应该读它?"

细节:证据和对主题的展开。

对读者问题的回答:这件事为什么会发生? 对该事件正在采取什么行动?①

⌒知识链接

应用《华尔街日报》写法的几点步骤

《华尔街日报》写法有一套现成的步骤。第一步是将重点放在某个独特的方面,这是最重要的一步。紧接着还有三步:

- ·向主题过渡。
- ·报道主题。
- ·回到稿件开始的重点,写一强有力的结尾或作一总结性的阐述。②

新闻报道的结构形式还有很多,这里只是择要进行讨论,其他结构形式在这里不一一列举。

金末学者王若虚在《文辩》中写道:"或问文章有体乎? 曰:无。又问无体乎? 曰:有。然则果何如? 曰:定体则无,大体则有。"文无定法,以上的新闻结构形式虽然是相对固定的,但并不是绝对固定的。记者在报道新闻安排结构时,一般情况下,应该按照自己比较熟悉、稿件比较适合的新闻结构形式去安排新闻的结构,但也不要被固定的结构形式所束缚,在合适的时候,可以突破固有的结构形式,创造出新的更适合报道内容的结构形式来。"内容为王"是一条颠扑不破的真理,形式必须为内容服务。有什么样的内容,就有什么样的形式。记者也可以根据具体的、特殊的报道内容,构思、设计出更适合报道内容、更好的、独特的结构形式来。

---

① 门彻.新闻报道与写作[M].展江,主译.北京:华夏出版社,2003:162.

② 密苏里新闻学院写作组.新闻写作教程[M].褚高德,译.北京:新华出版社,1986:260.

思考与练习

一、思考题

1. 理解新闻结构和文学结构的不同。

2. 什么是倒金字塔结构？简述这种结构的优缺点。

3. 什么是泛倒金字塔结构？简述这种结构的几种主要表现形式。

4. 什么是金字塔结构？简述这种结构的优缺点。

5. 什么是沙漏型结构？简述这种结构的优缺点。

6. 谈谈华尔街日报体的写作方法。

二、练习题

1. 请把下面这个材料改写成一条倒金字塔结构的新闻。

白宫星期三（3 月 19 日电）宣布，美国已经展开旨在解除伊拉克武装的军事行动。当地时间星期四凌晨，美军对伊首都巴格达的伊拉克领导层所在的建筑物进行了空袭。美国战机是在总统乔治·布什要求伊拉克总统萨达姆·侯赛因要么离开伊拉克，要么面临战争的最后期限到期 1 个半小时后，袭击伊拉克首都巴格达的。巨大的爆炸声不绝于耳，火焰照亮了天空，空袭警报声响彻这座拥有 500 万人口的城市。目击者说，伊拉克领导层所在的建筑在美军针对巴格达的两轮空袭中遭到了袭击，造成人员伤亡。伊拉克防空部队对美军战斗机进行了回击。第一轮爆炸发生在格林尼治时间星期四早晨 2 点 45 分，曳光弹和大团的黑烟出现在巴格达南部。居民们纷纷躲进家中加固的房间里或大型建筑下的公共防空洞里。供电并没有停止，但爆炸之后国家广播电视台已停止了播音。早些时候，联合国秘书长科菲·安南曾向美国和英国发出警告："根据国际法，交战方有责任保护平民。"周三晚上，美军战机在伊西部和南部袭击了伊拉克地对地导弹和炮火设施，但五角大楼坚持说此举只是为了维护禁飞区，并不算战争的开始。巴格达上空传出空袭警报数分钟后，白宫发言人阿里·弗莱舍对记者说："解除伊拉克政权武装行动的初始阶段已经开始。"（材料来源于新华社，2003 年 3 月 20 日）

2. 请把下面这个材料改写成一条金字塔结构的新闻（限 500 字以内）。

即使想听，涛涛（化名）再也听不到妹妹叫他"哥哥"了，妹妹的声音曾是多么稚嫩，从妹妹嘴里最后吐出来的"哥哥"这两个字，又曾是多么甜美、多么无助……8 月 10 日下午 6 时许，西安市阎良区振兴街办谭家村，四组的村民们正在村道里纳凉聊天，忽然间，村道西头传来呼喊声。村民谭某顺着声音望去，是三组 71 岁的吴老太太，怀里抱着她 1 岁半的孙女，正向村道上的卫生室跑来，一边跑一边说："娃看着很严重，赶紧救救她！"她的声音都沙哑了。在旁边一起呼喊着的，是她的侄儿媳妇。几名村民见状，赶紧迎上前去看个究竟。"小女孩脸色苍白，脖子、衣服上都是血，没有任何声音。"谭某说。村民们将孩子抱住后，吴老太太都快瘫倒在地上,大家赶忙将她扶了起来。卫生室的康医生三步并作两步跑了过去。在进行初步查看时,他觉得小女孩的情况很严重,他处理不了。于是,他转回身去发动自己停在卫生室门口的车。吴老太太抱着孙女坐上车,康医生的车开出村道,驶向阎良区人民医院。但很快,这辆车就载着吴老太太和孙女返回来了。带回来的也是一个噩耗,小女孩的颈部总动脉和静脉全部都断了,已被医院确定为死亡。康医生说,小女孩的左侧颈部有一条大约11厘米长的伤口。昨日下午,《华商报》记者通过多种途径了解到,在接受警方讯问时,涛涛说,他将奶奶支走之后,就开始对妹妹动手。涛涛先用双手掐住了妹妹的脖子,几十秒钟之后,他突然就觉得心软了,然后松开了双手,这时候,妹妹睁开了眼睛,看着他,叫了一声"哥哥"。听到妹妹叫"哥哥",涛涛的眼泪就顺着脸庞流了下来。他也经过了激烈的心理斗争,后来担心妹妹长大了记恨他,所以选择了继续。他不再掐妹妹的脖子了,而是用被子捂住她的头部,然后,他抱着妹妹进了厨房,拿起了菜刀……民警问他后悔不?他的回答是"不后悔!"民警连续问了他至少4次,他的回答都是"不后悔!"涛涛还说,他恨父母,爱奶奶。昨日上午,谭家村三组,涛涛家的木门紧闭,门上的封条随风飘扬。大家都不知道事发后涛涛的父母和奶奶去了哪里。涛涛家现在仍然是老房子,村民说,涛涛的父亲孙某他们在阎良城区买房了,很少回老家居住。吴老太太在老家住的时间较长。由于涛涛在城区上学,大家平时也很难在村里见到他。出了这样的事,整个村子的村民都觉得很悲伤,有村民说,在刚刚过去的那个晚上,他们几乎都不曾合眼,老是觉得心里堵得慌。有村民称,暑假里,孙某让涛涛去补课,遭到涛涛反对。于是,他向妹妹下了手,他的目的就是想报复父母,让父母后悔。案发后,阎良警方成立专案组进行调查。昨日上午11时30分,专案组民警带着涛涛回到谭家村指认现场。华商报记者看到警车中的涛涛,眼睛看着前方,脸上也没有什么表情。涛涛的父亲孙某是阎良区一乡镇医院的医生,年龄约45岁,母亲李某在阎良区汽车站附近开了一家商店,主营烟酒副食、饮料和水果,孙某经常会来商店帮忙,两口子在外面忙着,一双儿女主要就交给了老家的奶奶照看,老太太先是将涛涛带大了,后来,孙女出生了,她又开始带孙女。事发当日,商店还正常开着门,孙某和李某都在。晚上7时许,涛涛出现在店里,他是从谭家村来的。他对在店里的父母说,他用菜刀把妹妹杀了。听到这后,孙某拨打110报了警。很快,西安市公安局阎良分局胜利路派出所就出了警,随后,谭家村所属的振兴派出所和公安阎良分局刑警大队也介入调查。陕西高瑾律师事务所律师高瑾说,《刑法》第十七条中有明确的规定,已满十六周岁的人犯罪,应当负刑事责任。已满十四周岁不满十六周岁的人,犯故意杀人、故意伤害致人重伤或者死亡、强奸、抢劫、贩卖毒品、放火、爆炸、投毒罪的,应当负刑事责任。但是,已满十四周岁不满十八周岁的人犯罪,应当从轻或者减轻处罚。"所以,尽管涛涛未满十六岁,仍然要承担相应的刑事责任。"西安心理学会会长尚华教授分析说,在涛涛的内心,家庭全部的爱之前是给了他一个人的,但随着妹妹的出生,部分爱被分享了,他的心理出现了波动,这是很正常的一种反应。但在这种情况下,父母应该对其解释,告诉他们,家庭对每个孩子的爱是一样的,要让孩子有一个接受的过程。尚华教授认为,家庭、学校和社会普遍缺乏对孩子进行珍爱生命方面的教育,大家只关注孩子的学习成绩,不关注人格的培养,这就导致孩子人格的缺陷。也许,补课只是一个导火索,他的心理,更多的是一种不平衡,他需要一个宣泄的途径,从而缓解最近的负面情绪。在这种情况下,他可能会把父母给予妹妹正常的爱进行放大,从而产生犯罪心理。陕西阳光心理研究所副所长胡宝华说,十四岁这个年龄刚好是儿童向成年发展的过渡期,也就是通常所说的青春期,这个时期,他们身心发展极不平衡,身体发育得很好,但是心理年龄没有跟上,他们的自我调节能力很脆弱,处理和解决问题的能力比较低下。有了弟弟妹妹之后,他会感觉受到了冷落和忽视,就出现了不理智的反抗。胡宝华认为,现在二胎政策比之前放开了,很多家庭却疏忽了对老大心理的正确引导。胡宝华说:"家长在要二胎之前,应该征求老大的意见,告诉他弟弟或妹妹的到来,是一种陪伴,让老大也一起进行期盼,一起呵护弟弟妹妹的成长。"(材料来源:《华商报》)

3.根据你平时的观察和思考,策划一个选题,在校园或社会上采访,根据采访得来的材料,用华尔街日报体结构写一条新闻。

第 5 章　完整的报道

本 章 要 点

● 注释导语和补充导语是报道展开的重要环节和内容。

● 要围绕新闻点或新闻主题展开报道。

● 新闻必须有背景;要学会将背景自然、融洽地插入新闻中;学会运用背景巧妙表达记者的意见。

● 硬新闻不必过分、刻意雕琢新闻结尾,自然结尾是一种比较好的方式。软新闻、特稿及深度报道可以对结尾进行精雕细刻。

● 好文章是改出来的,而且必须自己修改;应将修改作为新闻写作重要的、必不可少的环节,从程序上予以确立。

　　一条完整的新闻报道一般由标题、导语、主体、结尾组成,同时,需要提供必要的背景,帮助读者加深对新闻的理解;将事实、背景巧妙地连接在一起,需要讲究过渡的技巧。新闻报道完成后,在时间许可时,还需要对写好的报道进行认真、仔细的修改;经过反复推敲、研读、改正后的稿件,才能算是最后完成的新闻稿。

第一节　报道的展开

　　新闻标题是新闻报道结构中的第一个环节,是最重要的环节之一。现代社会,人类已经进入读题时代,新闻标题的地位越来越重要。但是,新闻标题是新闻编辑学最重要的内容,为了避免重复,这里就略去不论。

　　导语是新闻报道结构中的第二个环节,也是最重要的环节之一。我们在第三章对导语已经进行了专章讨论,这里也不再赘述。

　　新闻的主体是新闻报道结构中的第三个环节,又称"新闻躯干",是一篇新闻最基本、比较重要的组成部分,是新闻内容的展开部分;具体的新闻事实、更多的细节都要在主体部分叙述和交代,这是本节要讨论的内容。

一、报道如何展开

有些记者认为只要把导语写好了,新闻主体可以随意写作,不需要花太多的精力。这种观点是错误的,会影响记者努力建构新闻报道的主体部分。

美国著名记者肯·富森(Ken Fuson)说:"我知道绝大多数报纸读者不会从头一直读到尾。但是我对自己说如果我写得足够好,他们会读完我的报道。"①如果记者像写作导语一样写作新闻主体,读者也会像阅读导语一样阅读新闻主体,会非常乐意阅读完一条完整的报道。

(一)注释导语

导语是对新闻事实的高度概括。为了吸引读者,使新闻更简洁,导语只是粗线条地对新闻事实的总体轮廓作了一个简单、概括的介绍,只将新闻的焦点和核心信息告诉读者,而更丰富、更充实的内容还在新闻主体部分,显然,很多读者对此介绍并不满足,希望进一步往下阅读,以期了解到更为详细、更为完整的信息。

为了使导语中的事实更加清楚、更加详细,以满足读者深入了解新闻事实的要求,记者要向读者提供一些与导语相关的细节、情节,并交代必要的背景,让读者对报道的内容有更清晰的了解。

(二)补充导语

新闻要素在导语中并没有全部出现,有些要素在主体中才出现。如果读者对一个新闻事件的基本要素都不了解,读者可能就难以把一个新闻事件弄明白,记者的新闻报道也就是失败的。因此,在主体部分必须交代导语中没有交代的新闻要素。同时,在导语中没有提及的事实,并不是可有可无的事实,而是读者想知悉、也应该知悉的事实。在新闻的主体部分,记者必须补充新的信息,使新闻更完备。

| 加拿大滑铁卢一名女大学生校园内遭雷击身亡 |

2014 年 9 月 6 日　09:18　来源:中国新闻网

(1)【中新社多伦多 9 月 5 日电】　(记者　徐长安)　加拿大安大略省滑铁卢市警方于当地时间 9 月 5 日确认,一名 18 岁的女大学生当天早晨在该市滑铁卢大学校园内遭到雷击身亡。

(2)警方称,当天早上约 9 时,警方应急服务部门接到滑铁卢大学称一名行人被雷击后,立即作出响应。(注释导语)

(3)警方介绍,受害人是一名大学一年级的女学生。当地消防部门称,遇难女学生当时站在树下,雷电击中树木,电流传到了她身上。据两名目击者称,他们看到一名女生被

---

① 里奇.新闻写作与报道训练教程:第 3 版[M].钟新,主译.北京:中国人民大学出版社,2004:189.

雷击中倒在树下,身上冒着烟,皮肤被烧焦。(注释导语)

(4)警方称,这名女学生被发现时已经没有了生命迹象,后送医院几分钟后,被宣布死亡。(注释导语)

(5)滑铁卢警方已经通知死者位于马卡姆市的直系亲属。警方表示,该学生在滑铁卢大学工程系学习。(补充导语,新的信息)

(6)滑铁卢市在多伦多以西约120公里,是当地工业重镇。(背景)当天早上,滑铁卢地区有暴雨,伴有雷电,降雨达60毫米。(补充导语,新的信息)

(7)事发后,滑铁卢大学方面很快发出信息,并在当天下午提供了更加详细的信息。滑铁卢大学校长斐丹·汉杜拉普(Feridun Hamdullahpur)发表声明,对学生死亡表示极大悲痛。(补充导语,更多新的信息)

(8)汉杜拉普表示,遇难的学生18岁,是该校纳米技术工程专业的新生,来自安大略省马卡姆市。该专业是加拿大最有竞争力的工程专业之一。汉杜拉普同时表示这名学生学业优异。汉杜拉普说,根据遇难学生家属保护学生的隐私的要求,不对外公布遇难学生的姓名。(补充导语,更多新的信息)

(9)目前,滑铁卢警方已经协同法医对事发时的周遭环境进行调查。(补充导语,更多新的信息)

(10)事发在新生开学之际,汉杜拉普表示,在这个本应该充满生机的时间发生这样的事情,令人沮丧。(补充导语,更多新的信息)

(11)由于警方和校方公布的信息都称,该遇难学生来自安大略省马卡姆市。而马卡姆市是当地华裔聚居区之一,因此,当地媒体称,遇难学生来自华裔社区。(补充导语,更多新的信息)

这条新闻的导语写得非常简略,只是对焦点信息进行了介绍。从第二段开始一直到第四段,是对导语的注释。新闻主体部分采用的是金字塔结构形式,按照时间顺序安排和组织事实材料。第二段,警方接到雷击事件信息后,第一时间作出响应,这段文字注释导语中的"警方于当地时间9月5日确认"。第三段和第四段注释"18岁的女大学生当天早晨在该市滑铁卢大学校园内遭到雷击身亡"。第三段进一步详细报道女大学生遭受雷击和受伤的经过。第四段报道身亡的详细内容。从第五段开始,新闻围绕新闻主题和焦点信息——"18岁的女大学生遭到雷击身亡"补充相关的信息,这些信息都是导语中没有介绍的,同时又是有必要介绍的背景。第五段,警方确认女大学生是滑铁卢大学工程系的学生,并通知死者家属。第六段前一句是对滑铁卢市的背景介绍,后一句是对雷击事件时的天气状况的描述,进一步证实死者遭到雷击的可能性。第七段和第八段报道死者所在大学对死者的详细信息的披露及其悲痛的心情。第八段专门叙述滑铁卢大学校长对死者基本情况的介绍。第九段是警方会同法医的进一步调查。第十段又回到校长对死者的态度,进一步表达其悲痛和沮丧的心情。最后一段介绍死者来自华裔聚居区,暗示死者可能是华人。

再看下面这条新闻：

崔世安当选澳门特区第四任行政长官候任人

2014 年 8 月 31 日　12：10：29　来源：中国新闻网

（1）【中新社澳门 8 月 31 日电】（记者 王国安）　澳门特区第四任行政长官选举 31 日在澳门东亚运动会体育馆国际会议中心举行，唯一候选人崔世安以 380 票当选，成为澳门特区第四任行政长官候任人，得票率为 95.96%。

（2）选举于上午 10 时举行，396 名来自社会各界有广泛代表性的选举委员会委员出席投票，占全部 400 名选举委员会委员人数的 99%。（注释导语）

（3）整个选举过程历时逾一个半小时。经投票和点票，总核算委员会进行总核算工作并确认结果后，澳门特区行政长官选举管理委员会主席宋敏莉宣布，候选人崔世安获得 380 票，超过选委会全体委员的半数，当选为第四任澳门特区行政长官候任人。（注释导语）

（4）随后，崔世安上台向大家鞠躬致谢。现场响起热烈掌声。（补充导语，新的信息）

（5）根据有关规定，选举结果将交由澳门特区终审法院确认。（补充导语，新的信息）

（6）当天选举结束后，崔世安以第四任澳门特首候任人的身份举行了新闻发布会。（补充导语，新的信息）

（7）1957 年出生的崔世安是现任澳门特首，其作为第三任澳门特首的任期将于今年 12 月 19 日届满。此前，崔世安于今年 7 月 15 日正式宣布参选，寻求连任。本月 18 日，他公布题为"同心致远，共享繁荣"的参选政纲，表示要积极进取、和谐同创、成果共享，坚持务实与前瞻结合，改革与创新并举。（背景）

（8）按照程序，崔世安在得到中央政府正式任命后，将于今年 12 月 20 日宣誓就任澳门特区第四任行政长官，展开他的第二个 5 年任期。（补充导语，新的信息）

这条新闻中，导语报道最核心的焦点信息：崔世安以 380 票当选澳门特区第四任行政长官候任人。第二段和第三段是对导语的注释，第四段到新闻的结尾是对导语的补充。第二段介绍选举人数，第三段介绍选举过程，这两段都是对导语"当选"的注释。从第四段开始，补充导语中没有提及的内容。第四段是崔世安当选后的态度和选举委员们的回应。第五段介绍选举结果还需要相关法院依法确认，这显然是非常重要的信息。第六段叙述崔世安当选后召开新闻发布会。第七段是背景介绍。第八段介绍正式任职的时间等内容。第四段到第八段是对与"当选"相关的重要信息的补充交代，使整个新闻内容更完整、更清晰。

新闻主体展开的步骤是：先注释导语，再补充导语，这个顺序一般不能变更。背景介绍多数情况下出现在注释导语之后，但也可以根据新闻报道的需要灵活运用。

二、报道展开的方法

报道展开的方法很多，这里择要介绍几种常用的方法。

(一)紧扣新闻眼

任何文章的写作,在材料的安排和组织上都必须紧紧围绕主题,与主题无关或关系不大的材料不能滥竽充数地写进文章中,新闻写作更不能例外。新闻写作比任何文章的写作都更强调简明扼要,让读者方便、快捷、高效地接受信息。这就要求记者在展开新闻主体时,要紧扣新闻眼和新闻主题,虽然文字可以不像导语那样字字千金,但也还是应该惜墨如金。

伯利恒在凄风寒雨中度过圣诞节

(1)【德新社约旦河西岸伯利恒1987年12月25日电】 基督教香客星期五在倾盆大雨和严寒的伯利恒平安地度过了圣诞节。

(2)以色列士兵站在灯火通明的曼格广场四周的街道和房顶上警戒,相传耶稣就降生在广场附近一座马棚里。市政官员说,大约有4,000名香客,比往年人数要少许多。

(3)一位爱尔兰神父轻蔑地冷笑说:"在圣诞节,就连圣地也得寂静。"

(4)直到昨天,这里还是充满了恐惧,人们担心约旦河西岸巴勒斯坦人抗议以色列占领的示威会影响到圣诞节的庆祝活动。

(5)但是,当以色列人在占领区逮捕了600多名巴勒斯坦青年后,示威活动就停顿下来。以色列军方一位发言人说,派往伯利恒的一部分军队已于星期四撤离。

(6)星期五,香客们冒着倾盆大雨,三五成群地在伯利恒的圣凯瑟琳大教堂和耶稣诞生教堂逗留,隔壁有一个山洞,上面缀有一颗银制的五角星,纪念传说中的耶稣降生地。

(7)晚上,耶路撒冷的拉丁主教贾科莫·伯尔特里蒂在圣凯瑟琳大教堂主持了午夜弥撒,有2,000名左右香客参加。[①]

这条新闻的基本主题就是标题:伯利恒在凄风寒雨中度过圣诞节。新闻紧紧围绕这个主题来展开报道。导语是对主题的概括。第二段到第五段写社会环境的"凄风寒雨",以色列人占领了伯利恒,以色列士兵在这里警戒,逮捕了600多名巴勒斯坦青年,本来应该非常热闹、值得庆祝的节日,由于受到这种社会环境的"凄风寒雨"的影响,人们感到恐惧,香客减少,气氛冷清,连外籍神父也表示不满。第六段和第七段,实写自然环境的"凄风寒雨",香客继续锐减,只有2,000名左右的香客冒着倾盆大雨,在伯利恒的圣凯瑟琳大教堂和耶稣诞生教堂度过圣诞节。所有事实材料都紧扣主题,没有一句偏离主题。

(二)过渡的技巧

在展开新闻主体时,从一个事实或背景到另一个事实或背景,彼此之间需要衔接,这个衔接就是过渡。过渡,是展开新闻主体、进行新闻写作非常重要的技巧之一。

将事实或背景连接起来,需要中介和桥梁;字词、短语、句子和段落,是过渡常用的四种

---

① 熊昌义,余天恩.国外现场短新闻选萃[M].北京:新华出版社,1992:186-187.

最主要的连接物。如果没有这四种连接物,从一个事实或背景到另一个事实或背景就会显得突兀、跳跃,新闻就会晦涩难懂,甚至令人感到莫名其妙。由于强调简洁明快,新闻文体在事实与事实之间、事实与背景之间的跳跃比其他类型的文章大,如果新闻没有过渡或过渡使用得不好,读者就难以理解新闻的内容。因此,在展开新闻主体时,过渡非常重要。

过渡技巧主要包括以下四种:

1. 字词的过渡

表示时间的过渡词,是经常使用的过渡词之一,比如,今天、昨天、今年、去年、某年某月某日等。

表示地点的词,也常用来作过渡词,如,广东、福建、上海、某市、某县、某街道、某村、某学校、某商场等。

一些关联词也是常用的过渡词,如,虽然……但是、不过、尽管如此、而且、同时等。

2. 短语的过渡

表示过渡的短语如:侥幸的是、令人难忘的是、在他的家乡重庆、在说到这个问题时、巧合得很、高兴的是、在看到这个人时等。

3. 句子的过渡

表示过渡的句子如:刚好就在这个时候,某某出现了(或另外的事情发生了)、某某完全没有想到的是、这个事情勾起了他对往事的追忆、另一个人物出现在他的面前等。

除此以外,还有一些其他的字词、短语、句子。在行文时,在具体的新闻语境中,任何字词、短语、句子都有可能适宜于作为过渡的连接。

4. 段落的过渡

通过一个完整的段落,将要报道的内容转入下一个内容。这个段落不完全只是起过渡作用,其本身也可以就是一个新闻事实,或者是一个新闻背景。

新华社记者戴威国撰写的《中国政府恢复对香港行使主权》,前面六个自然段主要报道"中国政府恢复对香港行使主权",诸如中英两国易旗,英国米字旗落下,中国五星红旗升起,两国军事防务交接,领章、肩章等标志主权的服饰更换,等等。然后新闻开始转向另一个内容的报道:祖国各地及世界对香港回归后的反应,这就需要过渡。如何过渡到新的内容? 记者在新闻中用了一个过渡段来过渡:

(7) 香港自古就是中国的领土。英国强迫中国清朝政府分别于 1842 年、1860 年和 1898 年签订了 3 个不平等条约,侵占了整个香港地区。1984 年,中英两国政府签署了关于香港问题的联合声明,宣布中国政府将于 1997 年 7 月 1 日恢复对香港行使主权。

> （8）整个中国为百年国耻得以洗雪而沸腾，各地张灯结彩举行各种庆祝活动成了中国人民自信心和自豪感的大展示。男女老幼都以各自喜欢的方式庆祝中华民族这一世纪盛事。许多人彻夜不眠地收看电视直播节目。
>
> （9）在首都北京，10万群众的联欢活动把天安门广场变成了一片欢腾的海洋。当距7月1日零时还有10秒钟时，人们面对倒计时牌，有节奏地齐声高喊："10，9，8，……"当倒计时牌上的显示锁定在"0"时，鼓乐喧天，欢声雷动，10里以外都能听到。
>
> ……

第七段是一个背景段落，也是一个过渡段，将报道内容切换到下一个内容：祖国各地民众欢庆香港回归。记者随后报道了几个有代表性的城市的民众举行的盛大庆祝活动。这个背景段用在这里起到了承上启下的作用。背景信息表明，香港回归中国于法于理都是理所当然的，是合情、合理、合法的，这是整条新闻所有内容的坚实基础，也是对整条新闻所有内容的逻辑证明。有了这个背景段落，上下两部分的内容不仅在形式上自然地连接在一起，而且在文脉、思路上也非常顺畅。

（三）化繁为简

新闻报道不是长篇大论，也不是政府报告可以洋洋万言，新闻报道必须简洁明快；记者将手中的调查材料形诸文字时，有很多事实和材料不仅内容庞杂，而且错综复杂，记者必须将这些事实和材料化繁为简，将复杂的信息内容简单化、清晰化。

1. 罗列要点

记者采访得到的事实和材料相当多，不可能、也没有必要将所有的内容都告诉读者，而且读者也没有兴趣来听记者饶舌，他们只是希望得到一些处理好了的简单信息。记者可以将复杂、繁多的内容用提纲式的方法展现出来，罗列要点即可。

―――――| 法国在丛林战中失败 |―――――

【路透社新加坡1954年5月8日电】 对奠边府长达55天的残酷围困结束了。在共产党踏进泥地、越过壕沟、占领了机场后，法国的反抗彻底失败。

……

纳瓦尔将军要他的士兵以法兰西民族荣誉感来守卫奠边府，因此他们打得都很勇敢。这一仗打败了，他们不止输了一场战役，他们可能已经输掉了整个这场战争。

下面是这场战争的大事记：

1953年2月。法越军队撤退，奠边府回到越盟手中。

11月29日。按照卡斯特作战计划，法国和越南伞兵着陆，重新占领奠边府并加强该地区的防守。

1954年3月15日。法军外层的加里布埃尔防线在越盟的猛攻下被击溃。

3 月 23 日。越盟向奠边府防线发起第一次大规模进攻。卡斯特里上校的比阿特利斯战线瓦解。

3 月 28 日。纳瓦尔将军要求暂时停火以撤走伤员。越盟武元甲将军以对法军的空袭作为答复。

3 月 30 日。越盟发起第二次进攻。在持续的战斗中,法国的艾当和多米尼克防线 6 次易主。

5 月 2 日。越盟在日内瓦谈判前夕发动第三次进攻。

5 月 3 日。法国正式表扬奠边府法越驻军所做出的努力。

5 月 4 日。法越军的最后一道防线在白刃战中失陷。

5 月 6 日。越盟发动第四次进攻。突破法国的伊莎贝尔防线。

5 月 7 日。奠边府法越军要塞落入武元甲将军领导下的越盟手中。①

上面这条新闻报道的是法国军队在越南战场的失败,通过一次战役引出了对整个这场法国对越南的战争的梳理。在 1953 年和 1954 年这两年内,法军基本上是节节败退,越盟则是步步得胜。这篇新闻的文字本来已经很多,大约有 800 字左右,要写的内容很多,如果记者对这两年的战争情况进行铺张式的描述,势必使全文更长,文字更啰唆。而且,这两年的战争状况,毕竟只是新闻背景,没有必要大肆铺陈。因此,记者在这里采用提纲式的写法,将这两年的主要战役和法军的败绩简要陈述给读者;读者看到这个提要式的报道后,对法军的失败就有了比较清楚、明确的知悉。

一些政府决议和公文、企事业单位的文件和资料、科研院所的研究成果等,比较适合采用这种方法。

2. 简化文字

对于一些艰深晦涩、深奥难懂的事实和背景,比如一些科学技术材料、经济信息材料以及专业性强的材料如政府文件和企事业单位的材料,记者要用简单的句子和语言来表达,否则,读者会如坠五里雾中,一片茫然。记者应该将这些复杂的信息简单化。

简化文字包括句子简化和语言简化。

(关于"简化文字"的内容,本书将在第九章"新闻语言"和第十章"新闻报道原则"第五节"简洁"中详细讨论,请参看这些章节关于简洁的相关论述,这里不再赘述。)

---

① 李大卫,石维,艾顿.路透社百年新闻佳作[M].西安:陕西师范大学出版社,2002:100 - 101.

○知识链接

过渡技巧

段落之间流畅的转接可能需要一种过渡技巧,但是最好的过渡是没有过渡——一篇报道组织得如此完好以至于思维能够自然地顺流直下。上一段中的信息应当提出一个问题,这个问题需要在下个段落中得以解答,或者,上一段落所表达的信息能够在下一段落用直接引语或者事实进一步补充、支持。如果是那样的话,你就不需要任何特殊的过渡技巧,但是当你实际操作时,你可以尝试用这些技巧为下一个段落铺平道路。

使用原因和结果。如果上个段落提出了问题,就在下个段落中回答这个问题或者用实例或引语加以详述,试着预测读者可能会提出的问题。

需要在前一个说话者后介绍一位新的说话者时,使用关于新说话者或出自新说话者的陈述,然后导入引用的话或释义性的材料。

需要插入背景的时候,你可以使用单词或短语,比如以前或过去,或者使用具体的时间要素,比如两个月前。如果你准备用时间顺序叙述报道的某个部分,你可以用这样的短语开头:事情是这样开始的。

从一个观点转到另一个观点,尤其在讨论一些问题的会议报道中,你可以使用过渡短语:关于另一个问题、关于相关问题。

上一段中的单词或短语可以在下一段落中被重复。①

第二节 背景

一、什么是新闻背景

(一)理解新闻背景

所谓新闻背景,是指新闻事实之外,对新闻事实进行解释、补充、烘托的材料,是新闻事实出现的缘由、环境和主客观条件。

新闻报道中的新闻事实不是孤立存在的,它是在一定的社会环境中、一定的历史条件下存在和发展的。从纵的方面看,它反映事实发生发展的来龙去脉、前因后果;从横的方面看,它反映事实与其他事实和事物的联系。

哥伦比亚大学教授梅尔文·门彻说:"一个事件如果不放在特定的语境中,那就缺乏意义。语境可以提供事件发生的方式和原因。"②这里所说的语境,就是指新闻的背景。

---

① 里奇.新闻写作与报道训练教程:第3版[M].钟新,主译.北京:中国人民大学出版社,2004:190-192.
② 门彻.新闻报道与写作[M].展江,主译.北京:华夏出版社,2003:194.

美联社新闻主编杰克·卡彭批评美联社一篇报道志愿参军者多得异乎寻常的新闻说："报道在谈到原因时面面俱到,但是却少了最主要的一个:经济滑坡,失业率上升。在这样的情况下,参军人数总是上升。"显然,撰写这则报道的记者未能收集到充分的背景信息,尤其是没有收集到最关键的背景资料。因此,卡彭说:"在新闻写作中,为了准确表达意义,必须确保在充分的语境中报道任何事件、演讲、局势或数据,没有什么比这更重要了。"①

新闻报道中的背景材料,被称为是"新闻背后的新闻",是"用来说明新事实的旧事实"。背景材料本身也是事实,只不过是过去了的事实,过去了的事实不能称为新闻事实。那些持续存在的事实也不是新闻事实。比如,四川外国语大学坐落在歌乐山下、嘉陵江边,这是一个持续存在的事实,这样的事实虽然不是"旧事实",但也不能理解为新闻事实。只有刚刚发生、正在发生、将要发生的事实,才是新闻事实,除此之外的事实,都只能是新闻背景。

多数情况下,新闻都必须交代背景。"不使用背景材料,几乎没有什么报道是全面的。忽视这个忠告的记者,他们绝不能给读者和听众提供充分的情况。""事情并不是突然从不知什么地方蹦出来的。记者的任务就是发现它们的起因,说明它们的发展,而且最好在一个最短的篇幅里做到这些。"②

当然,并非所有的新闻都要交代背景,一句话新闻、简讯、简短的新闻、事实比较明确的新闻、读者耳熟能详的背景材料可以不必交代背景。否则,只要是觉得读者可能不懂、不理解的新闻,都应该适当交代背景。

(二) 新闻背景的类型

新闻的背景材料主要有两种划分法。

1. 按照背景的内容划分

按照背景材料的内容划分,可以分为以下两种类型:

一般背景知识。这是指记者在新闻报道中运用的各个方面的知识。一般背景知识的搜集,主要依靠记者大量的阅读和平时日积月累的搜集;另一个途径是记者日常生活阅历的累积。所谓"读万卷书,行万里路",记者需要具备宽广的知识面,建构立体的知识结构。

具体背景知识。这是指与某篇新闻中的新闻事件相关的背景知识。记者在报道新闻时,要搜集、提供与新闻事件相关的背景材料。比如,记者报道某个医药新闻,就需要搜集和提供与此条新闻相关的医学知识、药学知识以及药物名称、类型、功用、保质期、副作用等;记者报道上市公司新闻,就需要搜集和提供与此条新闻相关的动态市盈率、税后利润、股本结构等方面的知识。上述所列的背景知识,记者只是根据本条新闻的需要择要提供。

---

①　门彻.新闻报道与写作[M].展江,主译.北京:华夏出版社,2003:194.

②　曼切尔.新闻报道与写作[M].艾丰,译.北京:中国广播电视出版社,1981:175.转引自刘明华,徐泓,张征.新闻写作教程[M].北京:中国人民大学出版社,2002:195.

2. 按照背景的性质划分

按照新闻背景的性质划分,可以将背景分为六类:

·**事件背景**。指关于新闻事件和事物的性质、特点以及与相关事件和事物的联系等背景材料。

·**人物背景**。指新闻人物的学习和工作经历、成就、性格特点等背景材料。

·**知识背景**。指与新闻事件相关的专业知识、专业术语以及行话、黑话等背景材料。

·**社会背景**。指与新闻事件相关的当时的政治、经济、文化及社会环境与条件等背景材料。

·**历史背景**。指与新闻事件相关的史实、逸事等背景材料。

·**地理背景**。指与新闻事件相关的地理环境等背景材料。

二、新闻背景的写作方法

(一)具备新闻背景意识

记者写作新闻报道,首先要具备新闻背景意识,没有这个意识,记者就不可能在采访中搜集背景资料,也就不可能在新闻写作中写入新闻背景。

新闻院校的学生、新闻初学者,甚至包括部分入道多年的老记者,还不具备充分的新闻背景意识。沃尔特·福克斯(Walter Fox)说:"许多刚工作的记者都不会在其报道中提供充足的背景信息,因为他们不懂得将自己摆到读者的位置上考虑问题,相反,他们总是从一种对事实了如指掌的优越角度撰写报道,结果其报道总是布满令读者糊涂而冒火的不明不白之处。"[1]沃尔特·福克斯的这番话对新闻背景意识淡漠的记者和准记者具有警示意义。当前新闻实务界的现状是,有相当多的新闻报道对新闻背景运用不够,或者是运用不当,这值得引起记者和准记者们的高度重视。

看下面这条新闻:

| 重庆夏天最热时期或长达 20 天 高温将直逼 40℃ |

大渝网新闻中心《重庆晚报》〔微博〕 朱隽 2013 年 7 月 23 日 07:38

【重庆晚报讯】 "大暑"过后,今天迎来"中伏"。本周,我市各地以连晴天气为主,极端高温将直逼 40℃,偶尔会有多云天和阵雨出现。

7 月,天空给的雨点很吝啬。气候中心统计,从 7 月 1 日至 21 日,重庆平均气温已达 29.5℃,比常年高出 2.5℃,而全市的平均日照时数高达 120.9 小时,比常年偏多了近 17 小时,创下 1951 年来历史同期最大值,也就是 63 年的历史最高。

据悉,今年的中伏天长达 20 天,为今夏最热时期。

---

① 福克斯. 新闻写作——报刊记者指南[M]. 李彬,译. 北京:新华出版社,1999:59.

> 　　随着副高西伸加强,本周连晴,气温会越升越高。未来三天,全市最高温可能达到
> 39℃。本周后期,部分区县最高气温可能会冲破40℃。
> 　　……

　　这条新闻的第二段交代了一些背景:"气候中心统计,从 7 月 1 日至 21 日,重庆平均气温已达 29.5℃,比常年高出 2.5℃,而全市的平均日照时数高达 120.9 小时,比常年偏多了近 17 小时,创下 1951 年来历史同期最大值,也就是 63 年的历史最高。"为什么会比常年平均气温高? 为什么会创下 63 年历史最高? 读者很想知道,但是记者没有交代。记者应该采访一下气象专家,问问为什么,或者查看相关资料,找出原因。显然,记者新闻背景意识的淡漠,导致这条新闻报道让读者阅读后会有一些不解之处,会有些遗憾。

　　具备新闻背景意识是记者能够充分、熟练运用背景材料的首要因素,很难设想一个背景意识淡漠的记者,能够在新闻报道中充分运用背景材料。

(二) 将背景插入新闻中

　　记者报道新闻,必须提供必要的新闻背景,否则,会影响读者的阅读兴趣。但是,不能在新闻中大段大段地提供背景,这会使新闻主体发展缓慢甚至停顿,其结果也会降低读者的阅读兴趣。因此,提供新闻背景不能从一个极端走向另一个极端,不提供新闻背景显然不行,但把大篇幅的新闻背景塞进新闻报道中也不行,提供背景以少而精为原则,既不使新闻主体发展减缓甚至停顿,又补充了必要的背景材料,使读者能够对新闻报道有一个明确、清晰和完整的了解。记者可以将新闻背景穿插在新闻报道中,像天女散花一样。

1. 短语嵌入

　　通过使用短语,将必要的背景嵌入新闻之中,是一种最佳的背景提供方法。这种方法,由于词汇有限,使读者在一两秒的时间内就可以阅读完,几乎不影响对新闻事件的接受。"高明的记者都清楚,任何纯提供背景信息的句子都会打断报道内容的正常发展。因此,不论何时,只要可能,他们都尽量在那些驱动报道内容展开的句子中提供此类信息。"[①]

　　下面是新华社 1949 年 1 月 31 日的新闻《北平解放》的导语:

> 　　**【新华社陕北三十一日电】**　世界驰名的文化古都、拥有二百余万人口的北平,本日宣告解放。

　　"世界驰名""文化古都""拥有二百余万人口",记者将这些背景作为定语,嵌入导语的第一个句子中,在没有影响新闻报道的进度的同时,说明了和平解放北平(北京)的缘由和依据,充分显示出北平和平解放的重大意义。

---

① 福克斯.新闻写作——报刊记者指南[M].李彬,译.北京:新华出版社,1999:61.

2. 符号嵌入

如果新闻背景比较简单,内容不太多,记者可以通过运用标点符号嵌入短语,提供新闻背景,比如,运用括号、逗号、破折号等来解释背景。

我们来看美国《洛杉矶时报》记者报道的 1965 年的洛杉矶骚乱《"烧吧,宝贝,烧吧!"——瓦茨骚乱目击记》中的片段:

> 但是,火焰还在继续蔓延。汽车穿梭般地急驶过这一地区。汽车上的人伸出所熟悉的一个、两个或三个指头互相致意,狞笑地狂呼着口号:
>
> "烧吧,宝贝,烧吧!"
>
> (一个指头表示他是瓦茨人,两个指头表示康普顿人,三个指头表示来自威洛布鲁克地区。)
>
> ……
>
> (《洛杉矶时报》,1965 年 8 月 15 日)①

在这条新闻中,如果记者不解释一个指头、两个指头、三个指头,读者可能就看不懂是什么意思,于是记者对此进行了解释,并把解释放在括号内。这种方法可以将突然插入的解释对文脉的连贯、行文的流畅的影响降到最低。

3. 句子插入

有些新闻报道,通过使用短语嵌入背景,不能完全将背景表达清楚,这时记者可以将完整的句子插入新闻报道中,告诉读者这个事件的背景。

| 埃及亚历山大图书馆正式开馆 |

> **【美联社埃及亚历山大(2002 年)10 月 16 日电】** 各国总统和王公贵族今天参加了埃及亚历山大图书馆的开馆典礼,这所图书馆是那座古代曾以思想和言论自由著称的亚历山大图书馆的现代版本。
>
> 据说,亚历山大图书馆在 4 世纪被烧毁,它以前曾藏有 50 万册书卷。新图书馆虽然在这方面无法和老馆相比,但馆内存放的数字档案却多达 100 亿个网页。
>
> ……
>
> 亚历山大图书馆耗资 2.3 亿美元,获得了来自世界各地的经济资助和后勤支持。这座图书馆希望能反映古代亚历山大图书馆的精神风貌。古代的亚历山大图书馆是公元前后由亚历山大大帝的继任者托勒密一世创建的。②

---

① 熊昌义,余天恩.国外现场短新闻选萃[M].北京:新华出版社,1992:1-2.
② 刘明华,张征.新闻作品选读[M].北京:中国人民大学出版社,2003:125-126.

上面这条新闻,导语中的"那座古代曾以思想和言论自由著称的亚历山大图书馆"是短语嵌入新闻背景,介绍古代亚历山大图书馆的精神,这对新图书馆的办馆宗旨将产生巨大影响;第二段的首句是句子插入介绍新闻背景,介绍当年的藏书量,昔日的荣耀也会对今天的办馆有重要的推动作用。新闻最后一段的末句也是句子插入介绍新闻背景,介绍亚历山大图书馆的悠久历史——公元前后就创建了、创建者地位的显赫——亚历山大大帝的继任者托勒密一世,这些背景都进一步夯实建设新图书馆的重要性,凸显新馆开馆的重要价值。

4.加入段落

当运用短语嵌入、句子插入的方法还不能将必要的新闻背景表达清楚、明白,记者感到读者可能还有疑问,读者可能还想知道更进一步的背景信息,这时,记者可以考虑适当加入一个整体段落的背景材料,帮助读者进一步了解相关信息,满足读者的阅读兴趣。

法新社记者1982年5月20日报道的《数以千万计老鼠造成灾难 埃及老鼠生吃骆驼》,前面用了7段报道鼠患成灾的残酷景象:老鼠的数量是当地人的6倍,不但毁坏农作物、残害家禽家畜,而且还袭击婴儿和老人,直接威胁到人类的生存。然后,记者引出了新闻的背景:

> 鼠多成灾的现象是一年多以前开始的。1973年以色列—埃及战争后,许多苏伊士运河沿岸的村庄和城镇被人们遗弃了,人去室空,老鼠便在这些地方繁殖起来,8年来一直在繁殖。

新闻用了一个整段来介绍背景,这个背景告诉读者,鼠灾源于人祸,如果没有那场战争,可能就没有这样的鼠灾,这是新闻事件发生的主要原因。新闻背景带给读者深沉的思考,暗示人们要珍爱和平、远离战争。

值得注意的是,记者切忌在新闻报道中大段大段地提供新闻背景,这会使新闻的展开进程变得缓慢,同时,也会使文字变得枯燥乏味,影响读者的阅读兴趣。

三、新闻背景的作用

新闻背景有以下几个方面的作用:彰显新闻价值;解释新闻事实。

(一)彰显新闻价值

新闻背景的首要作用,是凸显新闻事实的新闻价值,这也是新闻报道的首要目的。任何一个事实,只有具备新闻价值,记者才去报道,如果事实没有新闻价值,对于新闻报道来说就毫无意义。新闻背景的提供同样如此,也应为提高和增加新闻事实的新闻价值服务,否则,新闻背景的提供也无意义。

当我们孤立地报道一个新闻事实时,读者难以看出这个事实有什么意义,但是,当记者将其放入一定的历史、地理、社会等时空环境下,这个事实就显示出非常重要的意义。

新闻中的背景材料往往能够深化新闻的主题,揭示出事实的本质,帮助读者体会蕴藏在其中的某种思想和意义,理解事实背后的深层次的规律。

我们来看下面这条新闻的背景材料的运用:

湘西考古重大发现 两万秦简"复活"秦史

2002 年 7 月 15 日　来源:《北京日报》

【据新华社长沙 7 月 14 日电】 （记者 明星）　寄往洞庭的邮书、2,200 年前的乘法口诀表、军粮的月消耗量……湘西龙山县里耶古城最近出土的 2 万枚秦简,以文字的形式将秦王朝的历史生动地"复活"了!

"这是一套极为重要的百科全书般的日志式实录。发现年代这么早、数量这么多、内容这么重要的简牍,在中国尚属首次。它是继兵马俑以后,秦代考古的又一惊世发现,蕴涵着巨大的学术价值。"

始建于公元前 221 年的秦朝,是中国封建社会的开端,其创始者秦始皇在位期间,大兴"焚书坑儒",许多珍贵的典籍和文献被焚毁。在正史中,对秦朝行政制度的记载寥寥数语,社会生活的记载更是不足千字。有关秦人、秦国、秦朝的记载大多数是后人的追忆。

……①

湖南省湘西龙山县里耶古城出土了 2 万枚秦简,这 2 万枚秦简有多大价值? 新闻第三段的新闻背景介绍说,秦朝的典籍和文献已经被秦始皇大量焚毁,而正史对秦朝的记载又非常少,因此,发掘出来的这 2 万枚秦简就弥足珍贵。这个背景的介绍,使这条新闻的报道价值得以彰显。

（二）解释新闻事实

运用新闻背景解释新闻事实,主要有两方面内容:一是对新闻事实产生的原因、条件和环境进行解释和说明,二是对一些专业性、知识性强的事实进行适当解释和说明。解释和说明的主要目的是使读者更容易理解和接受新闻内容。

北京酱油为啥脱销

1979 年 12 月 15 日　来源:《市场报》

【本报讯】 （记者 段心强）　前些天,北京的街头巷尾都在议论:酱油为啥突然脱销? 我们走访了北京第二大酱油厂——宣武区酱油厂。

宣武区酱油厂多年失修。1974 年经有关部门鉴定,应停产修建。厂里立即向商业局报告,商业局又向市级机关打报告,3 年之间,写了 22 次,根本挂不上号。直到 1977 年年底,市里才批准建新酱油厂,并给 50 亩地。指标下到区里,一位书记把地转给了产值高的

---

① 刘明华,张征.新闻作品选读[M].北京:中国人民大学出版社,2003:279 - 280.

> 汽车配件厂等单位。经力争,区委才从煤建管理处要出 9 亩地给了酱油厂。
>
> 　　计划批准后,只给钱,不拨料。酱油厂派人上下跑几百趟,工商局打报告 13 次,结果,画圈的多,办事的少,拖了两年,材料还没凑齐。
>
> 　　今年 9 月,老厂房险情严重,被迫切断电源,停止生产。宣武区酱油厂停产,1 月少上市 100 万斤酱油。因而,全市酱油脱销半个多月,直接影响了居民的生活。
>
> 　　脱销后,市里采取紧急措施,日夜修缮老厂,并从郊区调酱油进城,这才使供应情况稍有好转。①

　　北京市区的酱油为何脱销?市民为何吃不到酱油?导语提出问题之后,新闻主体马上对这一问题进行了回答。第二、三、四自然段虽然都是记者的调查,但事实却是过去的事实,是新闻背景,这些背景对北京市区的酱油为何脱销的原因进行了解释,使读者阅读后对自己为何吃不到酱油了然于胸。

　　对新闻事实进行解释的背景材料,可以帮助受众理解新闻内容、增长知识和见闻。它通常包括对产品或其他物品性能特点的说明、科技成果的通俗介绍、技术性问题的解释、名词术语的注释、风土人情的介绍等。

"天体大十字"预言宣告破产

> 【新华社北京(1999 年)8 月 18 日电】 (记者南振中　姜岩) 世界各地的天文学家证实,8 月 18 日没有发生特殊的天文现象,更没有发生地球毁灭这样的大劫难。世界各地的人们像往常那样度过了平静的一天,"天体大十字"这一"末世论"预言宣告破产。
>
> 　　400 多年前,法国的诺查丹玛斯写了一本名叫《大预言》的书,其中提到 1999 年地球将出现大劫难。到了本世纪 70 年代,日本人五岛勉对这本书进行了解释,说在 1999 年 8 月 18 日太阳、月亮和九大行星将组成一个十字架的形状,并称这种"恐怖大十字"将给地球带来毁灭性灾难。
>
> 　　……

　　上面这条新闻报道的是"天体大十字"预言宣告破产。"天体大十字"预言是个什么预言?谁在预言?是什么时候的预言?这条新闻在导语之后紧接着就对这些背景知识进行了解释。读者阅读了这个背景知识,对下面的报道内容理解起来就非常容易,如果不介绍这个背景,或者把这个背景放到新闻末尾才介绍,读者就难以理解记者的报道内容。

　　美国新闻学者杰克·海敦说,记者绝不要想当然地以为读者了解的情况也和记者本人一样多。记者的"职责是告诉读者情况,而不是使读者感到迷茫","他要解释技术名词等不常见的术语,并事先考虑到读者可能提出的问题"。海敦反复强调说:"解释,解释,解释!不要让读者去猜。"②

---

①　刘明华,张征.新闻作品选读[M].北京:中国人民大学出版社,2003:215.
②　海敦.怎样当好新闻记者[M].伍任,译.北京:新华出版社,1980:95.

（三）巧妙表达记者观点

新闻报道要求记者将事实与意见分开,在新闻报道中不能表达观点和意见。如果记者想在新闻报道中表达观点和意见,如何表达?西方记者很善于通过背景材料巧妙地表达记者的观点,所谓"藏舌头的艺术",一部分是把观点藏在新闻事实中,一部分是把舌头藏在背景材料中。

在一篇关于赫鲁晓夫的报道中有这样一段叙述:

赫鲁晓夫昨日深夜派人把斯大林的遗体从红场水晶棺中抬出,烧成灰烬。

赫鲁晓夫任乌克兰第一书记的时候,在党的会议上高呼:斯大林是他的父亲。

第一段是新闻事实,第二段是背景材料。这位记者虽然没有发表任何意见,但读者通过阅读前后两件事实和背景,会据此认为赫鲁晓夫是一个前倨后恭、过河拆桥、忘恩负义的人。读者如果这样理解,可以说正中记者下怀,这就是记者的意见,只是不便明说。

面对一些重大事件、重要人物,记者不便、不敢直接表达自己的意见,有经验的记者会利用背景材料不动声色地暗示读者,让读者自己去分析、去理解、去揣摩。

| 榜上无名 |

【日本《读卖新闻》(2002 年)2 月 28 日报道】 26 日,美国国防部发表了题为《国际社会对恐怖战争的贡献》的资料,其中列出 26 个支持反恐怖战争的国家,但日本却榜上无名。

日本政府 27 日对此表示了强烈不满。外务省发言人服部则夫在记者招待会上表示,美方虽然承认了错误,向日方道歉,并将对资料进行修正,但这"依然令人感到非常遗憾"。

不过,当晚小泉首相表示:"布什总统访日时在国会进行的演说中曾亲口对日本的支援表示感谢。这是我亲耳所闻,是最值得信赖的。"对此表现出了冷静应对的态度。

在 1991 年的海湾战争中,尽管日本提供了 130 亿美元的资金,但受伊拉克侵略的科威特在美国报纸上刊登告示,对 30 个国家表示感谢,其中也没有包含日本。①

上面这条新闻的主题是:国际社会认为日本对反恐怖战争没有贡献。导语首先表明,日本没有被列入美国国防部发表的《国际社会对恐怖战争的贡献》的 26 个国家中。在新闻主体中,日本政府对此表示不满,美方承认了错误并道歉,小泉首相还证实美国总统曾在日本国会的演说中亲口感谢日本的支援。但是在新闻的结尾,一个新闻背景却令人深思:1991 年的海湾战争,日本提供了 130 亿美元的巨额资金援助,科威特登报感谢了 30 个国家,也没有感谢日本。这个背景呼应导语,其中蕴藏的意义值得品味:是否日本不受国际社会的欢迎?日本的援助是否真诚?日本对反恐怖战争的支持是否非常坚决?这些都给读者留下回味、咀嚼的余地,也是记者想表达的观点,因为是本国报纸对本国的批评,且问题重大,记者不便

---

① 刘明华,张征.新闻作品选读[M].北京:中国人民大学出版社,2003:75.

明言,只能通过对背景的陈述,让读者去领悟、思考。

第三节　结尾

一、什么是新闻结尾

新闻结尾,是指记者认真思考、精心设计的新闻的收结部分,是新闻的最后一段或最后一句话。

有学者认为,有些新闻不需要结尾,有些新闻没有结尾,这种说法失之偏颇。正像所有的文章都有结尾一样,所有的新闻也都有结尾,除非是未完稿。关键的问题是:记者是否刻意思考结尾、着意设计结尾。

硬新闻常常采用倒金字塔结构或泛倒金字塔结构形式报道新闻,当新闻的基本内容和最主要的新闻事实已经陈述清楚、明白,不需要再交代其他事实,新闻行文到此也就完结了,新闻也就结尾了。记者不必刻意为了深化新闻的主题、挖掘新闻的意义或强化新闻价值,狗尾续貂地续上一条“尾巴”。这些新闻不必刻意追求结尾,新闻结束即是结尾。

初学者、受中国作文思想观念影响深的记者,常常会习惯性地在新闻的最后加上“结尾”,结果是“画蛇添足”。当一条新闻不需要刻意思考和设计结尾的时候,只要事实陈述完毕,信息披露清楚,就可以结束新闻报道。

当然,并不是所有的硬新闻都不需要刻意追求结尾,有些硬新闻,记者也可以认真思考、精心设计结尾,是否刻意追求,一切视具体内容和具体情况而定,没有固定的模式。

软新闻、特稿和深度报道等长篇报道则可以认真思考、仔细斟酌结尾。对于这种类型的新闻报道,好的结尾能够加深读者对新闻的感受和理解、深化新闻的主题、增强新闻报道的社会效果。

新闻结尾最忌讳的是假大空。有些新闻报道,“官话”“大话”“套话”“空话”塞满新闻的最后,令人不忍卒读。有很多新闻的结尾往往千篇一律、千人一面,应该力求独特、新颖。还应注意的是,新闻结尾不要重复正文中的内容,要表达新的信息。

二、新闻结尾的写作方法

元代戏曲家乔梦符说:“作乐府亦有法,曰凤头、猪肚、豹尾六字是也。”软新闻和特稿、深度报道等长篇报道的结尾如果能像“豹尾”一样,有一个强有力的结尾,会给读者留下难忘的印象。美国《巴尔的摩太阳报》专栏作家罗格·西蒙说,他有时候会把导语和结尾调换,哪个最有力度就用哪个。在许多情况下导语能够变成结尾。[1] 像经营导语一样经营结尾,结尾就会变得像“豹尾”一样,成为强有力的结尾。

---

① 里奇.新闻写作与报道训练教程:第 3 版[M].钟新,主译.北京:中国人民大学出版社,2004:198.

新闻结尾的方法很多,下面介绍几种常用的方法。

(一)自然结尾

这种方法是顺其自然地把新闻事件的主要内容陈述完毕,全文也就水到渠成、瓜熟蒂落,就此自然收结。如前所述,硬新闻,尤其是运用倒金字塔结构和泛倒金字塔结构的新闻常常采用这种方法。其他结构形式的新闻甚至一些软新闻,也常常采用这种方法。

西藏日喀则吉隆县发生5级地震 暂无人员伤亡和财产损失报告

2014年8月3日 16:31:17 来源:新华网

【新华网拉萨8月3日电】 (记者 王军、张京品) 记者从西藏日喀则市吉隆县了解到,3日13时57分发生在吉隆县境内的5.0级地震,目前没有接到人员伤亡和财产损失报告。具体灾情仍在进一步核查中。

记者通过电话采访了吉隆县委书记帕珠。他说,地震发生时吉隆县县城所在地震感不是很强。截至15时50分,暂无人员伤亡、房屋倒塌情况,县城通讯、交通一切正常,群众情绪稳定,生产生活未受影响。

帕珠告诉记者,地震发生后,当地政府已第一时间致电所辖乡镇,并要求各乡镇派出工作人员进一步核实地震情况。

为做好余震防范工作,当地县政府已紧急启动应急预案,准备好相关救灾物资。同时还通过广播系统通知当地居民和群众做好相关防范工作。

据中国地震台网正式测定:8月3日13时57分在西藏日喀则市吉隆县(北纬29.0度,东经85.5度)发生5.0级地震,震源深度10千米。

吉隆,藏语为"舒适村""欢乐村"之意。该县位于日喀则市的西南部,南与尼泊尔接壤,边境线长162公里,自古就是西藏与尼泊尔交往通商的要道,拥有丰富的森林、野生动植物等自然资源,被誉为"珠穆朗玛后花园"。

这条新闻的结构是倒金字塔结构。导语对新闻的核心信息进行了概括性的介绍。第二、三段解释导语,按照事实的重要性程度,先报道地震后的基本情况,再报道核查灾情。第四段补充导语,报道对地震的应对:启动应急预案、准备救灾物资等。第五段介绍地震的详细内容,最后一段介绍新闻背景。写到这里,所有的信息都披露完毕,新闻自然结束。

一般而言,倒金字塔结构的新闻都采用自然结尾,因为新闻的基本内容已经按照先主后次的顺序披露清楚,到新闻的结尾部分,应该陈述的事实已经陈述完毕,至此就可以自然收结了,一切都已经水到渠成、瓜熟蒂落,没有必要再刻意续上一条尾巴。否则会弄巧成拙,给人以画蛇添足的感觉。

(二)首尾呼应

在新闻的结尾呼应导语中写的内容和信息,这种方法常见于中国各类文章写作中。美国的新闻学者把这种方法称为循环式结尾,它以一种绕圈子的方式返回到导语,以求获取一个想法用来结尾。

"英国最了不起的男人"

曾被美国总统罗纳德·里根誉为"英国最了不起的男人"的撒切尔夫人,再次表现出获得这一美称的冷静。

今晚,在一枚炸弹炸毁了她下榻的饭店一小时后,撒切尔夫人首次见到了记者。其时,她衣着整洁得无懈可击,头发纹丝不乱,在向记者讲话时音调中没有半点惊慌。

凌晨 3 时,在她即将审阅完当天最后一些文件的时候,一枚炸弹爆炸了,炸飞了她房间的窗子,还炸坏了浴室。

爆炸发生时,保守党主席约翰·冈默先生恰好在她的房门外。他说,撒切尔夫人打开门问道:"我能做些什么?"

冈默先生说:"她完全镇定。"

撒切尔夫人立即把她的高级助手召集在一起,随后从饭店后门来到一个警察派出所,在那里,她在出事后首次遇到了记者的照相机。

她身穿一件干净利索的绿色外衣,戴着宝石耳坠和胸针。她说,这次她真是幸运。她向记者们介绍了这次爆炸的情况,对受伤者表示慰问。最后,她表示:"生活仍将继续。"

……

9 时 25 分,在与会者热烈的掌声中,她准时在保守党一天会议的主席台上就座。

……

撒切尔夫人明天满 50 岁,由于她在防务问题上所持的观点,苏联把她叫作"铁女人"。

在争夺福克兰群岛的战争结束一年之后,撒切尔夫人乘飞机到那里视察的时候,里根总统称赞她是"英国最了不起的男人"。

这条新闻报道了英国前首相撒切尔夫人在炸弹炸飞她下榻饭店的房间的窗子、炸坏房间的浴室时,表现出惊人的镇定与冷静。在会见记者时,她衣冠整洁得无可挑剔,语调中没有一丝惊慌,显示出她"泰山崩于前而不变色"的良好心理素质和钢铁意志,表现出处变不惊、遇事不乱的性格与素养,因此她被苏联人称为"铁女人"。新闻结尾呼应新闻导语,介绍"英国最了不起的男人"这个称号的来历,使整个新闻更加完整,也使撒切尔夫人"铁女人""铁娘子"的形象和称号更为可信、更为确切。

(三)揭示意义

一些软新闻、特稿及深度报道,往往在结尾进一步揭示出事实更深层次的意义,或直接表达,或引而不发、蕴含其中。不论是明示还是暗示,读者读后都会掩卷沉思。

我们来看新华社记者撰写的《别了,"不列颠尼亚"》新闻的结尾:

从 1841 年 1 月 26 日英国远征军第一次将米字旗插上海岛,至 1997 年 7 月 1 日五星红旗在香港升起,一共过去了一百五十六年五个月零四天。大英帝国从海上来,又从海上去。

这篇新闻特稿报道 1997 年 6 月 30 日和 7 月 1 日中英两国香港政权交接,香港彻底脱离英国殖民统治,回到祖国怀抱。新闻结尾"大英帝国从海上来,又从海上去"这句话具有深刻的含义。1841 年,大英帝国从海上耀武扬威地来,开始了对香港的殖民统治;1997 年,"不列颠尼亚"号黯然神伤地从海上离去,宣告英国在香港的殖民统治终结,香港回归中国,中华民族洗雪屈辱。"不列颠尼亚"号的离去,是中国国家强盛、民族兴旺的必然结果。

有些新闻中,记者不便明示或不愿直接表达事实的意义,其新闻结尾就会暗藏深意,待读者去反复咀嚼。有些优秀的记者,在新闻即将结尾时,突然灵感大发,出现神来之笔,会找到一条令读者回味不已的结尾。看下面这条新闻:

莫斯科出现手纸荒

1980 年 2 月 4 日　来源:《参考消息》

【合众国际社莫斯科 1 月 31 日电】　莫斯科居民又碰到另一种短缺:没有一处地方可找到厕纸。

一名恼怒的莫斯科人星期二说:"我们就是到处找不到。店主人只说出现短缺。"

存有厕纸的寥寥可数的商店挤满了人。

有人说:"有人暂时裁用纸台布或纸尿片充厕纸,但这些东西现时也用完了。"

一年多来,行之有效的办法是,裁用苏联《真理报》。

这条短新闻的最后一句话余味无穷,有"言有尽而意无穷",甚至是"余音绕梁,三日不绝"的意境和效果。结尾一语双关,既报道了莫斯科的手纸荒,又讽刺、贬低了《真理报》。这条新闻结尾表明,硬新闻也可以精心设计结尾,也可以有精妙的结尾。当然,一般来说,硬新闻的结尾,记者不要刻意追求新闻背后的意义,更不要挖空心思地发掘言近旨远的意境和效果,这样可能会弄巧成拙。最好是让其自然天成、水到渠成、瓜熟蒂落。但是,对于一些软新闻、特稿及深度报道,记者应该认真思考、精心打造,努力寻求一个好的结尾,揭示新闻背后的深层次意义。

(四)直接引语结尾

记者要选择一个能够充分说明问题的引语,或者能够揭示出某种意义、能够充分表现人物性格和精神境界的引语,以这样的引语结尾才有力度。

新华社 1990 年 9 月 11 日的电讯《商业部长买鞋上当记》(作者陈芸),写的是中国商业部部长胡平在武汉的一家商场买了一双鞋,但只穿了一天,鞋后跟就掉了。在上世纪 90 年代,假冒伪劣产品泛滥,连商业部部长也上当了。新闻的结尾写道:

> 如今,胡平已经穿上武汉百货商场为他换的新鞋,可是他的心情并没有轻松。他说:"我是一个部长,买了劣质鞋能及时退换。但要是普通消费者呢?"

商业部部长胡平的这句话发人深省。作为商业部部长,他买的假冒伪劣产品能得到及时更换,但是普通消费者买的假冒伪劣产品是否能得到及时更换? 是不是很难更换? 商业部长胡平没有往下说,记者也没有往下继续写,新闻到此戛然而止,给读者留下沉甸甸的思索。读者会隐隐感到,根治泛滥的假冒伪劣产品将任重而道远。

记者选择的直接引语要能够对报道的内容和主题进行总结、提升,最好是一个观念性的语言,即能够表达新闻人物的观点的语言。《商业部长买鞋上当记》中商业部长胡平的最后一句话,暗含了新闻人物的观点。

美联社记者维多利亚·格拉汉姆 1981 年 6 月 15 日撰写的新闻《清朝贵族:我过上了真正幸福的生活》结尾写道:

> "过去的岁月像一场梦。现在,我才过上了真正幸福的生活。"他(溥杰)说。

这篇新闻报道的是中国末代皇帝(宣统)溥仪的弟弟溥杰——清朝皇族最后一名成员,在新社会的改造和学习以及对旧时代的反省和检讨;他现在成了一名普通人,觉得非常幸福和满足。新闻结尾是对溥杰现在生活的总结,是对全文的升华。

(五)事实结尾

这里所说的事实,不是一般的事实,必须是强有力的事实,能够对读者产生冲击力的事实,能够给读者留下深刻印象的事实。

《中国青年报》1989 年 2 月 3 日发表的《假药积德》(作者:魏春水),报道的是江西临川一位青年农妇和丈夫吵架,一气之下,喝下小半瓶农药"甲胺磷",结果丈夫虚惊一场,经过医生化验,那瓶"甲胺磷"农药几乎全是假的,毒性很小,新闻结尾这样写道:

> 事后,那位青年农民庆幸妻子"死里逃生",还特地花钱买了一块玻璃匾赠给卖假药的门市部,上写"假药救人,永世难忘"。

这条新闻反话正说,新闻结尾的这个事实,寓愤怒于辛辣的讽刺之中,对制造和贩卖假药的人和机构予以无情的嘲讽。

《取下神像挂地图》(《中国青年报》1994 年 4 月 26 日,作者李钧德、王方杰)报道河南省上蔡县东黑河村村民在改革开放的春风吹拂下不再迷信,将家中最神圣的中堂位置的神像取掉,挂上了各色各样的地图。借助地图,他们纷纷走出家门,到外面闯世界,很快就富裕起来。新闻结尾写道:

> 东黑周围的农民,也开始喜欢地图了。上蔡县新华书店说,1993 年,农民从他们那儿买走了 17500 幅地图。①

这条新闻收了一个豹尾。17,500 幅地图,这个强有力的事实,充分显示出东黑村农民对周围农民的影响。走出去,到需要他们的地方通过辛勤劳动获得成功,成为当地农民对幸福生活的追求。

第四节 修改

一、修改是必经的程序

修改是写作一篇完整的新闻报道必经的程序,是整个新闻写作链条中一个必须完成的环节,修改不是可有可无的。

当时代的脚步跨入 21 世纪时,浮躁与无所谓的心态和行为开始在年轻一代人中滋长。越来越多的年轻记者写完新闻稿后,哪怕还有充足的时间,也可能只是粗略地扫一眼新闻稿就交稿,有的记者甚至看也不看一眼,就匆匆交稿。这种不认真、不敬业的态度在高校的新闻学子身上也明显地表现出来,错别字成堆,基本事实不清楚、不合逻辑,没有找到最佳甚至较好的新闻点,令批改作业的新闻写作老师苦不堪言。

下面是重庆某高校新闻专业的学生在《重庆晚报》实习时写作的一条新闻稿:

> **【本报讯】**（记者××） 昨天晚上,沙区小龙坎报刊亭遭一伙不明身份的人偷窃,报亭内几十本杂志,神秘失踪。目前,警方正在调查此事。
>
> 据附近一位老住户讲,事发当晚,她听到楼脚发出一阵巨响,好像感觉玻璃被打烂了。后又听到有人悄悄说话,估计有人在偷东西。
>
> 老板娘张女士悲痛万分,发势要抓住这一群歹徒。"这些人早晚要受处罚。"张说。
>
> 第二天,民警在现场查看、取证、工作有条不紊。张感激地说:"谢谢你们的帮助。我们相信你们一定会查过水落石出。这样我们也就放心了。"民警说,"不用谢,这是我们应该做的事情。"民警说完转身离开,张向他招手说,"谢谢你,欢迎你下次再来。"

上面这条新闻稿可谓漏洞百出,问题成堆。

第一是错别字。"发势"应为"发誓"。

第二是重庆方言太多。"遭""讲""楼脚""打烂""查过"这些都是重庆方言,作为口头语言使用无可厚非,但用作书面语言就不太合适。现在的时代已经是地球村的时代,即使是

---

① 刘明华,张征.新闻作品选读[M].北京:中国人民大学出版社,2003:26－27.

在小小的地方发生的事件,一旦作为新闻报道发表,这个事件有可能地球人都知道,因此,记者应该尽量避免使用地方方言,尤其要避免使用生僻的地方方言。这几个词分别可改为"被""说""楼下""打破""查个"。

第三是标点符号运用不当。"报亭内几十本杂志,神秘失踪",这个句子中间不应断句,应改为"报亭内几十本杂志神秘失踪"。"民警在现场查看、取证、工作有条不紊"中的第二个顿号运用不当,"查看、取证"是并列关系,可以使用顿号,但是"查看、取证"与"工作"三者不是并列关系,"取证"后面的顿号应改为逗号:"民警在现场查看、取证,工作有条不紊。"

第四是用词不当。"报亭内几十本杂志神秘失踪"中的"神秘"二字太夸张了,可以去掉这两个字,不影响文意;"失踪"改为"丢失"更合适一些。"一阵巨响",玻璃被打破,声音并不是太大,只有爆炸或者剧烈的撞击才有"巨响"产生,"巨响"改为"响声"更妥当一些;而且整个响声应该不会太久,"一阵"也有点不妥当,可以改为"几声"。"好像感觉"两个词语意思重复,用其中一个词语就可以了。"悲痛万分"又是夸张用法。丢失几十本杂志,一般不会太悲痛,除非这几十本杂志是老板娘用自己毕生的积蓄买来的,或者这几十本杂志的其他意义已经远远超过了经济意义,价值无限,但记者没有在新闻中交代,读者很难确定这几十本杂志的重要性。

第五是语言啰唆。最后一段基本上都是废话,只有第一句"第二天,民警在现场查看、取证、工作有条不紊"有点价值,后面几句话一点价值也没有,不必写进报道。

第六是不通人性。按照作者描述的语境来理解,老板娘丢失了几十本杂志"悲痛万分",既然如此,老板娘怎么可能还"欢迎"警察"下次再来"呢?难道她希望这样的"悲剧"再重演吗?显然她不"欢迎"警察"下次再来",不希望自己再发生这类被盗事件。这位实习生不通最基本的人性,尤其是不懂中国的人情世故,因为中国人一般都非常忌讳说这些话,不仅自己不说,也反对别人说。

第七是整个新闻没有报道价值。丢失几十本杂志,按照批发价算,最多损失几百元钱,从经济价值来衡量和判断,其新闻报道价值并不大。因此,丢失几十本杂志,老板娘小小的痛苦、民警到现场调查取证,在没有特殊意义的前提下,没有什么新闻价值,不值得记者采访报道。除了实习生本人的语文水平、新闻采写能力不足外,实习生不重视修改、不认真锤炼语言,也是这篇新闻习作出现太多错误的重要原因。

二、好文章是改出来的

《全能记者必备》的作者说,威廉·金塞尔在他的名著《完美写作》的开篇中就写道:"职业写作者反复改写他们写过的句子,然后再改写他们改写过的句子。"他认为"写作的精髓就是改写"。[①]

首届中国新闻奖一等奖作品《老台胞寻女奇遇记》的作者说,此稿从采写到见报四易其稿,第一稿有一定的故事性,但不够生动、具体、形象,主题开掘也不够深刻。在报社领导和

---

① 莱特尔,哈里斯,约翰逊.全能记者必备:第 7 版[M].宋铁军,译.北京:中国人民大学出版社,2005:193.

编辑的要求下,作者做了详细的补充采访,并专门从记者站回编辑部改稿。经过 3 次修改,使报道突出了一个"情"字,深化了主题,结构从"抖包袱式"变为"奇峰突起式",细节描写得到了强化,情节的枝蔓得到了修正,文字上也更加精练。①

海明威的《永别了,武器》的最后一段重写了 39 次。有人问他为什么这样做,他说:"为了让词语流畅。"经过多次修改和重写,《永别了,武器》终于成为文学史上的佳作。

中国古代的文人墨客非常重视对文章的修改,注意锤意炼字,留下不少佳话。比如,贾岛在"鸟宿池边树,僧敲月下门"中对"推""敲"二字的斟酌("推门"或是"敲门")使"推敲"一词就此诞生。贾岛是最注意推敲字词句的古代诗人,他曾自述自己作诗的甘苦:"二句三年得,一吟双泪流。知音如不赏,归卧故山秋。"卢延让的《苦吟》写道:"吟安一个字,拈断数茎须。"李频感叹:"只将五字句,用破一生心。"杜甫更是一个"新诗改罢自长吟,语不惊人死不休"的人。

新闻报道讲究快速、及时,记者一般没有时间像上述作家、诗人那样反复多次地锤炼语言、修改文章,但是这种精神值得记者学习,记者必须用这种精神和方法修改自己的新闻报道,力求在有限的时间内写出最佳的新闻精品。

三、新闻必须自己修改

"好文章是改出来的",这是一条人尽皆知、人皆认可的真理。著名记者艾丰认为,仅仅认识到这一点还不够,还要强调一句:好文章首先和主要是自己改出来的。艾丰从四个方面强调新闻主要靠作者自己修改。

首先是态度问题。记者必须对自己的作品和作品的信誉负责,而且不能把修改这种很麻烦的事情推给别人。

其次,修改不是可有可无的,而是写作必不可少的重要组成部分。

再次,自己修改稿件一般来说比别人修改稿件的效果要好,因为其他任何人都不比记者更熟悉自己的稿件。

最后,修改稿件的过程是记者提高和进步最大的过程或阶段。什么叫提高? 提高就是做到了以前做不到的事情。什么叫进步? 进步就是在能与不能这个弹性的领域不断努力的结果。记者在修改自己稿件的过程中,能力得到了不断的提升,修改出他事先预想不到的好效果。

艾丰甚至认为,在记者的工作中,两个工作环节最能提升记者的能力,一个是选题的环节,一个就是修改环节。②

艾丰总结得非常好,特别是将修改作为新闻写作重要的、必不可少的环节,从程序上确立了新闻修改的必要性和重要性,他认为修改的过程是记者提高最大的过程,更是深得新闻写作的精髓,深谙新闻写作的奥秘。

---

① 刘保全:新闻精品是这样采写成的[M].北京:新华出版社,2009:137.
② 艾丰.新闻写作方法论[M].北京:人民日报出版社,1993:305-306.

四、修改的内容

（一）核实校正事实

修改新闻稿,首先是对新闻事实的核实和校正。新闻的生命就是真实,如果新闻不真实,新闻事实有差错,再好的新闻稿都没有意义,甚至给社会和当事人带来负面影响。对新闻事实中的每一个细节、每一个材料都要认真核实和校正,该补充采访的一定要补充采访,该纠正和重写的必须纠正和重写。必要时,还要重新查阅相关工具书、权威材料,比如法律条文和各种政策规定等,确保事实准确无误。[①]

（二）修改导语

导语是新闻写作中最重要的组成部分,可以说是新闻稿的生命,导语写好了,其他部分就容易一些了。所以,修改导语是新闻修改程序中的重要一环,仅次于对事实的核实和修改。导语是否抓住了最佳新闻点、采用的是否是最佳新闻角度,这是导语首先要修改的内容。除此之外,诸如语言是否凝练、写法是否新颖独特,都可以仔细考量,甚至推倒重来。（参见本书第三章"导语"第一节"什么是导语"、第三节"导语的写作方法"。）

（三）锤炼字、词、句

在时间许可的前提下,记者必须锤炼语言。如果时间比较充裕,记者还可以多花一些时间,学习杜甫"语不惊人死不休"的精神,对新闻稿的字、词、句进行精雕细刻。叙述是否啰唆、解释是否多余、语言是否新鲜、词语是否重复、事实是否累赘、背景材料是否冗长等,都要反复多次地锤炼与删减。好文章不仅是改出来的,也是删出来的。[②]

（四）其他修改

除了上述所列的修改内容,记者还可以考虑是否增加或删减背景材料、是否调整报道结构、是否重新提炼报道的主题等。

五、修改的方法

修改的方法因人而异,每个记者在新闻写作中都摸索出了适合自己的写作经验和修改方法。尽管修改的方法千差万别,但下面几种方法比较常见:

（一）要有修改的意识和态度

首要的,也是最好、最重要的修改方法,是记者要有修改的意识和态度。多数记者在写

---

① 参见本书第十章"新闻报道原则"第一节"准确"、第二节"核实"。
② 参见本书第九章"新闻语言"。

完新闻稿后,都会重新浏览一下自己的稿件,对稿件作一些简单的修改,但是,也有少数记者写完稿件后就直接交给编辑或者新闻部主任。对这些记者来说,具备修改的意识是非常必要的。

态度有时能够决定高度。虽然多数记者都会对完成的新闻稿进行修改,但是,修改态度的虔诚与否,则可能大相径庭。有的记者可能会匆匆看过,甚至一字不改就完成了修改的过程:有的记者可能非常认真、仔细地修改,数易其稿,直至到了新闻的截稿期限,还在修改其中的某个句子和词语。态度好的记者,水平提高要快得多;态度不好的记者,水平提高就会很慢,或者原地踏步甚至退步。

(二)边写边改

新闻写作与其他文体的写作不同,讲究快捷、高效,要求倚马可待。对于一些时效性强、篇幅短小的新闻稿,可以采取这种方法:每写完一段甚至写完一句,就快速、简单地重新再审读一下,看有没有什么不妥当的地方。一边思考写作下一句、下一段,一边对上一句、上一段进行修改,写和改几乎同时进行,不必等到完全成稿之后再来慢悠悠地修改,写完了也就改完了。现代社会,节奏快、效率高,新闻竞争也非常激烈,这种方法是适应现代新闻写作的最好的方法之一。

(三)请人修改

"文章都是自己的好",这是文人一种根深蒂固的自以为是、自我膨胀、孤芳自赏的思想,有些文人敝帚自珍,不容别人提出批评意见。新时代的记者应具备宽广的胸怀,敢于接受别人的修改意见和建议。"当局者迷,旁观者清",当事者往往沉迷于自己的角度而不能自拔,旁观者却更冷静、更清醒,也就更能看出当事者的问题。因此,请人修改,是提高新闻作品质量的一个很好的途径。

知识链接

为了保证自己写的或编的稿努力消灭错误,提高质量,新华社老记者李峰给自己制定了一个《定稿自问五则》的原则:

一、发这篇新闻有什么新闻价值,有什么用处,哪些报纸读者会感兴趣,哪些事实和观点会引起读者的共鸣?

二、事实的真实性和准确性如何? 比如,人名、地名、地点、时间、单位、数字、术语、过程等。

三、事实和观点都说清楚了没有,逻辑、文理是否通顺,有没有别人难认、难懂的字、词、句,广播员念起来是否顺口,有没有需要向编者、读者特别说明的重点、背景、引语出处等。

四、读者对所写事实和观点,是否有怀疑、误解、异议,提出反对意见,这样写有没有副作用?

五、自认为有哪些得意之笔,有哪些是败笔,为什么不改好了再发?①

知识链接

新闻报道应该包括的内容

· 视角。
· 由头。
· 人物。
· 简练的导语。
· 何人? 何事? 何处? 何时? 何故? 如何?
· 简洁易懂的词语、短语和句子。
· 主动语态。
· 引语。
· 事实。
· 姓名。
· 年龄。
· 住址。
· 时事性话题。
· 相关地点。
· 正确的拼写和语法。
· 条理清晰的写作。
· 可公布来源的引语、评论和事实。
· 均衡。
· 现实、最新和有可靠的信息。②

新闻报道应该避免的内容

· 提及"我"(me)或"我"(I)。
· 被动语态。
· 长的词语。
· 假设。
· 推测。
· 谎言。

---

① 艾丰.新闻写作方法论[M].北京:人民日报出版社,1993:307.
② 佩普,等.报纸新闻:从入门到精通[M].周黎明,译.北京:中国人民大学出版社,2010:52-53.

・大肆宣传。

・过分修饰。

・不可公开来源的引语、评论和事实。

・晦涩。①

思考与练习

一、思考题

1. 理解和掌握注释导语和补充导语。

2. 简述报道展开的方法。

3. 什么是新闻背景？新闻背景有什么作用？

4. 记者在新闻写作中如何运用新闻背景？

5. 新闻结尾都应该收一个豹尾吗？为什么？

6. 理解和掌握新闻结尾的几种方法。

7. 谈谈修改的内容和方法。

二、练习题

1. 阅读下面这条新闻，请指出哪些材料是解释导语，哪些材料是补充导语。

| 印度56岁"女武松"半小时揪耳杀死豹 |

2014年8月29日　10:28　来源:《广州日报》

印度北阿肯德邦斯利那加镇一名56岁女子24日在田间干活时突遭一只豹子袭击，她右手揪住豹子耳朵，左手挥动镰刀，搏斗半小时后杀死豹子。

卡姆拉·德维躺在一家医院的病床上，胳膊缠着绷带，右脖子有一道明显伤痕，告诉印度CNN-IBN电视台记者，她24日上午在田间干活时遇袭，"那只豹子数次向我冲过来，我们搏斗了很长时间……后来我操起镰刀，向豹子砍去，最终杀死了它"。

德维几年前丧夫。她告诉当地《印度斯坦时报》记者，当时她"吓坏了"，但是"鼓起勇气反击。我告诉自己，这绝不是我活在世上的最后日子"。

目击者贾格迪什·辛格说，附近村民听到德维的呼救声，赶来救人，却发现豹子已经被杀死。

为德维治疗的医生拉凯什·拉瓦特说，德维手部骨折，身上有几处抓伤，但伤情不至于危及生命，眼下恢复情况良好。

---

① 佩普，等.报纸新闻:从入门到精通[M].周黎明，译.北京:中国人民大学出版社,2010:53.

| 印度豹子　经常袭人 |

印度乡村地带经常发生豹子袭击人的事件，但极少有豹子反被遇袭者杀死。2009 年，一名 9 岁男孩在北阿肯德邦成功赶跑一只袭击他姐妹的豹子。

由于栖息地日益遭受破坏，豹子无处觅食，开始闯入人类活动区域。去年，金融中心孟买的一段监控录像显示，一只猎豹偷偷潜入一幢公寓楼的大厅，叼走一只小型宠物犬。

世界自然基金会呼吁印度加强保护森林和其他栖息地，以挽救当地豹子。根据 2011 年一项调查，印度野生豹子数量为大约 1,150 只。（新华社）

2.阅读下面这条新闻，分析其新闻背景交代得是否清楚。如果不清楚，请指出应该交代什么内容的背景资料。

| 黄皮动车将检测试跑贵广高铁　时速 380 公里 |

2014 年 10 月 4 日　02:22　来源:《新快报》微博

【《新快报》讯】　前日，更高速度级别的动车来到贵阳了，这组动车组的型号是和谐号 CRH380AJ－0203，时速 380 公里，它的极限时速可以达到 400 多公里，这组动车是黄颜色，被比喻为"黄医生"，它是第一次来到贵州，接下来，"黄医生"将在贵广高铁进行更高速度的检测试跑。

9 月 18 日至 9 月 30 日，CRH2－010A 动车已在贵广高铁进行了多次试跑，试验内容有轨道、路基、桥梁、隧道、电力牵引供电、通信系统、信号系统、客运服务系统、自然灾害及异物侵限监测系统、综合接地、电磁兼容、振动噪声、声屏障等 13 个项目，测试下来，各种设备设施良好。据悉，CRH2－010A 动车最高时速为 250 公里，满足不了时速 275 公里的测试，10 月 1 日晚，CRH380AJ－0203 动车组从成都出发，沿着川黔铁路朝贵阳驶来，这组动车一共 8 节车厢，前后均挂着机车，颜色为黄色。10 月 2 日下午 1 点，CRH380AJ－0203 正点到达贵阳火车站，稍停留后，驶入贵阳北站动车所，可随时上路检测线路。预计从 10 月 4 日开始，"黄医生"将上路进行更高速度的检测。

"这 2 组车型都有可能在贵广高铁上营运，目前尚不清楚具体使用哪种车型。"贵广铁路有限责任公司相关负责人说。

据介绍，贵阳北动车所，是目前贵州地区规模最大、功能最先进、建设标准和现代化程度最高的"动车之家"，集动车组一、二级检修、专项检修、外皮清洗等于一体，不仅可以"存车过夜"，还将为高铁所有列车提供检修与保养服务，最多可同时对 8 列动车组进行检修。

3. 分析下面这条新闻的结尾,看其有无必要,为什么?

两家子公社夜无电话声　早无堵门人

1982 年 3 月 15 日　来源:《辽宁日报》

【本报讯】　3 月 3 日、4 日,记者夜宿康平县两家子公社秘书办公室,发现从就寝到次日早晨,没有来过一次电话,也没有一个社员来报案、告状或要钱要粮,公社干部睡得安安稳稳。

据当过六年秘书的公社干部赵富权说,前几年情况大不一样,经常刚刚睡下,电话铃又响了,不是下通播指示,就是追生产进度。冬天只好把电话机搬到枕头旁边。随着领导作风的转变,上面这种靠电话指挥工作和搞形式主义的现象大大减少了。

一年前,两家子还是全县最穷的公社之一,一年到头,生产队干部和社员来公社要农贷和救济粮、救济款的踏破门坎,往往天不亮就有人来堵公社党委书记的被窝。现在已经看不到这种情景了。去年他们实行了包干到户责任制,全社人均收入由历年六七十元增加到 165 元,有的老"三靠"队达到四五百元。社员生活好转了,不但不再向国家伸手,由于"穷泡、穷靠、穷打、穷闹"造成的民事纠纷和家庭纠纷也越来越少。

4 日深夜,记者步出敞开的公社大门,遥望沐浴在银白色月光下的远近村庄,显得分外安谧,不禁遐想联翩,成诗一首:

劫后灾痕何处寻?月光如水照新村,只因仓廪渐丰实,夜半不闻犬吠声。

4. 下面这条新闻是一位学生的习作,试分析是否有不当之处,如果有,请对其进行修改。

绿植领养活动在川外大受好评

4 月 14、15 日,四川外国语大学举办了春季运动会,与此同时,校园绿植领养活动也在火热进行着。

3 月 12 日,由共青团中央学校部、中国绿化基金会、微博校园共同主办的第六届全国大学生绿植领养活动启动,各大高校、学生社团可登录新浪网址 http://t. cn/RG0giRM 预约种子(免费,不含盆)。

4 月 14 日,四川外国语大学新闻中心和微博协会、青澜环保协会响应号召,联合在西区操场景观大道入口处举办了校园绿植领养活动,同学们需要关注四川外国语大学等官方微博,并发表一条自己的环保理念或环保宣言@官方微博即可领养一份绿植,以及名额有限的 TFBOYS 的横幅或是其代言的优酸乳。

绿植领养活动在川外受到了同学们的一致好评,社会关系学的小丽说:"应该多举办这样的活动,又好玩又有意义,还宣传了环保的理念。"

第 6 章　引语和消息源

本 章 要 点

- 引语分为直接引语和间接引语。直接引语又可以分为完全直接引语和部分引语。
- 直接引语使报道具有真实感和权威性,使报道富有生气。
- 新闻人物讲了重要、生动幽默、富有个性、情感丰富的话,可以使用直接引语;有争议的问题,批评、指控或煽动性讲话,必须使用直接引语。
- 引语必须忠实于新闻人物的原意,不要断章取义曲解新闻人物的本意。
- 事实性信息不需要交代消息来源;记者亲眼所见、亲耳所闻的材料,不需要交代消息来源。
- 陈述新闻人物的观点、意见、看法,批评、指控,有争议或分歧的事实等,必须交代消息来源。

第一节　引语

近年来,中国新闻界对引语越来越重视,这是一个可喜的现象。在西方新闻界,"在文章开头的前五段之内写入一段引言是很通常的做法,尤其是当所引用的话凝练地表现了人们对事件的反应时。"[①]"在每一重大的新闻报道中,报社编辑首先看主句是否有直接引语。如果没有,那么记者就需要对来自编辑部不可避免的询问,做出关于为什么破例的令人信服的解答。"[②]也就是说,如果在重大新闻报道的主句中没有直接引语,记者就有必要给个说法,说明为什么不写引语。杰克·卡彭在《美联社新闻写作指南》中说:"即便是初出茅庐的记者也会很快地认识到,引语是不可缺少的。……没有引语的新闻,不论篇幅长短,都像月球的表面一样贫瘠荒芜。"[③]可见,引语之于新闻作品,其重要性非同一般。

---

① 吉布斯,瓦霍沃.新闻采写教程——如何挖掘完整的故事[M].姚清江,刘肇熙,译.北京:新华出版社,2004.
② 福克斯.新闻写作——报刊记者指南[M].李彬,译.北京:新华出版社,1999:86.
③ 卡彭.美联社新闻写作指南[M].刘其中,译.周立方,校.北京:新华出版社,1988.

一、引语的类型

引语可以分为以下两种类型:直接引语和间接引语。直接引语又可以分为完全直接引语和部分引语。

所谓直接引语,是指用双引号标示出来的新闻人物所讲的原话。直接引语必须一字不差,准确无误,绝对忠实于讲话人的语言和思想。

完全直接引语,是指记者引用的新闻人物所讲的原话是一句或几句完整的句子。部分引语则是指记者引用新闻人物所讲的原话不是一句或几句完整的句子,只是某个词语或短句。完全直接引语和部分引语都必须用双引号标示出来。

间接引语是指新闻人物讲话的主要意思,引文不用引号,它可以是新闻人物的原话,也可以是大意,是记者用自己的语言转述新闻人物的语言。虽然引述的内容不加引号,但是间接引语必须与讲话人的原意相同或相近,不能断章取义,也不能移花接木。

一位50多岁的大学老师张牧(化名),一直把教学放在首位,因此当了近20年的副教授,现在刚刚通过湖北省首批"教学为主型"教授评审,当上教授。他批评目前的大学只重视科研,不重视教学。他对记者说了下面这些话:

大学的首要任务便是育人,用科研去敷衍教学,比学术腐败更可怕。不改革,受害的是新一代的大学生,毁掉的是国家的希望。湖北这种教学做得好的教师也可以评为教授的职称改革应该向全国推广,并形成一种气候,真正改变高等教育的一些现状,让更多高校把教学的权重提升到相应的位置上。[1]

如果记者认为张牧老师这段话说得非常好,观点非常重要,对当前中国的高等教育提出的意见很有见地,记者可以使用直接引语,而且可以用完全直接引语来写出张牧老师的原话:

> "大学的首要任务便是育人,用科研去敷衍教学,比学术腐败更可怕",张牧老师说,"湖北这种教学做得好的教师也可以评为教授的职称改革应该向全国推广。"

如果记者认为这几句话不值得全部引用,只有部分内容才有引用的价值,那么,记者可以使用部分引语:

> 张牧老师说,用科研敷衍教学"比学术腐败更可怕"。必须改变这种现状,否则,新一代的大学生会深受其害。张牧说,湖北这种职称改革的做法"应该向全国推广"。

如果记者认为张牧老师的这些话没有直接引用价值,就可以考虑用间接引语,只是转述这位老师的话就行:

---

[1] 雷宇.教授:一批本科生没好好学习 老师没好好教是原因[N].中国青年报,2015-02-09.

张牧老师说,如果不改革目前这种职称评审体制,受害的是新一代的大学生,毁掉的是国家的希望。他说,湖北这种教学做得好的教师也可以评为教授的职称改革举措应该向全国推广。

二、直接引语

(一)直接引语的作用

1.直接引语使报道具有真实感和权威性

新闻的最大特点就是真实,真实是新闻的生命,没有真实,一切都无从谈起,一切都没有意义。如何让读者感到记者所写的报道具有真实性? 一个重要的方法就是使用直接引语。广播可以将新闻人物的语言直接播放出来,让听众能够亲耳聆听,直接感知这是新闻人物在说话,不是记者的虚构;电视不仅能够播放出新闻人物的声音,还能同时显示出新闻人物的动态的形貌和行为,让观众更能够真切地感到这是新闻人物在说话、行动。广播电视通过播放录音录像片段来直接呈现新闻人物的原话,这可以说是"电子引语"。"电子引语"的现场感和真实感是报纸可望而不可即的。报纸由于其天生的缺陷,不能呈现出新闻人物的声音和外形,记者只能依靠手中的笔来描绘。而直接引用新闻人物的语言,可以告诉读者"我当时在场;我听到他说的,这就是他说的话"[1],从而使读者相信记者所写报道的真实性。

新闻的权威性由新闻的真实性延伸而来,没有新闻的真实性,权威性就不能成立。有了新闻的真实性,新闻的权威性会自然而然地产生。读者可能会怀疑记者在报道中概括的事实,但往往都会相信记者在新闻中直接引用的话。

2.直接引语使报道富有生气

在内容方面:渗透着新闻人物情感的直接引语,既可以充分表达新闻人物的感情,也可以向读者传递情感,让读者品味、接受新闻人物的情感。尤其是在特稿中,直接引语往往可以使枯燥无味的新闻报道充满活力,也可以为本来就写得很好的报道锦上添花。

在形式方面:在间接引语和概括性表述中,穿插几句直接引语,新闻报道就会充满生气;对于那些单调乏味、冗长啰唆的新闻语言来说,直接引语使新闻报道更具吸引力。

在读者接受方面:在句子形态和段落形态上,直接引语使新闻作品层次分明、段落明晰,易于吸引读者的眼球。双引号引出的直接引语,使句子形态和段落形态简洁、清晰、流畅、优美,能够增加读者阅读的兴趣。

---

[1]　梅茨.怎样写新闻——从导语到结尾[M].苏金琥,阮宁,洪天国,选译.北京:新华出版社,1983:191.

（二）何时使用直接引语

虽然直接引语有上述众多优点,但并不是任何时候、任何地方都可以随意使用直接引语。在新闻人物的原话中,那些非常简单的语言、没有新闻价值的语言、事实性的材料没有引用的价值,不值得作为直接引语放在双引号内。

比如,记者采访的一位新闻人物给记者讲了下面这一席话:

我学的是外语专业,2008 年从武汉大学毕业,毕业后就到深圳去闯荡,做过推销员、的士司机、记者,2013 年又重新回到大学,在北京外国语大学读研究生。

上面这些材料如果对于新闻人物没有特别重要的意义,排除特殊的语境,这些话就只是事实性材料,没有引用的价值,不必作为直接引语写入新闻报道中。

新闻人物的哪些语言可以写进新闻报道,哪些语言没有必要写进新闻报道?究竟何种情况下、何时需要使用直接引语?以下几种情况适合使用甚至必须使用直接引语:

1.重要人物讲了重要的话

政界、商界、学界、文化艺术界等社会各界的精英以及影视、体育界的著名人物,始终都是新闻报道的对象。对于他们说的话,公众一般都比较感兴趣;如果他们说了非常重要的话,这些话就可以甚至必须在新闻报道中直接引用。

1995 年 5 月,原新华社记者刘其中在天津负责对第四十三届世界乒乓球锦标赛的报道工作。5 月 14 日下午,他去采访国家领导人李瑞环会见国际奥委会主席萨马兰奇的活动。当时,有部分记者对那次锦标赛的组织工作颇有微词,一些外国同行还扬言要把组委会收费太高、成绩公报发布太迟等事问萨马兰奇"告状"。同时,他还听说在这次会见时可能要谈及国际奥委会希望中国申办 2004 年奥运会的问题,所以,他在采访时格外小心,不仅作了详细记录,还录了音。采访结束后,他特意把萨马兰奇高度评价大会的组织工作、明显暗示中国申办 2004 年奥运会的话根据录音用直接引语写了进去:

> 萨马兰奇说,要组织好大型国际体育比赛,必须有两个条件:一是准备工作必须井井有条,二是东道国必须有较高的运动水平。
>
> 他说:"这次世乒赛的成功举办表明,中国已经完全具备了这两个条件。这次大赛的组织工作非常成功。"
>
> 他还说:"这次世乒赛的成功举办还表明,中国完全有能力举办更大规模的国际体育赛事。"

上面这两句直接引语非常重要。它引用国际奥委会主席萨马兰奇这位国际体育权威人士的话,对当时天津世乒赛组织工作的争论作了结论,并给予了高度评价,而且萨马兰奇还暗示中国有能力申办 2004 年奥运会。但是,当记者按照规定将稿件送给天津市外办负责人审稿时,审稿者却将直接引语的引号全删掉了。[①] 国际奥委会主席萨马兰奇讲的这几句话对于中国读者来说太重要了,对世界读者也有非常重要的政治价值、体育价值,这样的话是非常好的直接引语,也是最能说明问题的直接引语,删掉实在可惜。

再看下面的直接引语:

> **【美联社(1938 年)9 月 26 日电急电】** 阿道夫·希特勒今天向全世界宣布,如果捷克斯洛伐克在 10 月 1 日之前不把他企图鲸吞的苏台德区正式割让给德国,他将"采取断然行动"。
>
> 他说:"现在该谈实质性问题了。苏台德区是我在欧洲提出的最后一次领土要求。对于这个要求,我绝不让步。"

美联社的这条新闻相当简短。希特勒作为一个法西斯头目,其反面地位非常高,是一个很重要、很大的反面人物,他讲了如此重要的话,这几句话将会让全世界震惊。导语引用了希特勒的部分引语,第二段则全部引用了希特勒的原话,将希特勒霸气、疯狂、赤裸裸的侵略野心真实地呈现在读者面前,让读者真切地感受到希特勒的性格以及法西斯的猖狂。如果改用间接引语,效果将大打折扣。

2. 新闻人物讲了生动的话

新闻人物的讲话,大多没有直接引用的价值,只有那些生动的语言才有引用价值。

美国著名新闻教育家梅尔文·门彻说:"让消息来源说话,你通常就可以发现一个生动的形象、一个绚丽的短语、一种动情的愤怒、一种深深的忧伤。"[②]

美国新墨西哥州监狱发生了一场暴乱,有 33 名囚犯被同狱犯人打死、烧死和砍死。一位记者采访到了一位同狱犯人中的幸存者。当囚犯挥起喷灯、锤子、钢锯的时候,监狱里是什么样的情形呢?这位同狱犯人说:

伙计,让我怎么跟你说呢?就像魔鬼自己开了一家屠宰店,你想要哪块就能得到哪块。

这位幸存者目睹了当时的血腥大屠杀,他非常生动、形象地描述当时暴乱的场面是恐怖和充满暴力的。记者将这句生动的语言作为直接引语写入新闻报道,使读者阅读后能够迅速产生共鸣。

---

① 刘其中.诤语良言:与青年记者谈新闻写作[M].北京:新华出版社,2003:163-164.
② 门彻.新闻报道与写作[M].展江,译.北京:华夏出版社,2003:196.

再看下面这两条新闻:

李克强总理谈改革:喊破嗓子不如甩开膀子

2013 年 3 月 17 日   11:34   来源:中国共产党新闻网

【中国共产党新闻网北京 3 月 17 日电】 今天上午,国务院总理李克强与中外记者见面,在回答中央电视台记者关于改革的提问时,李克强表示,改革贵在行动,喊破嗓子不如甩开膀子。

李克强说,我之所以说改革是最大的红利,是因为我国社会主义市场经济还在完善过程中,靠改革进一步解放生产力还有巨大的潜力,让改革的红利惠及全体人民还有巨大的空间。改革贵在行动,喊破嗓子不如甩开膀子。我们要坚持市场化的改革方向,如果说到重点的话,那就是围绕我前面讲的三项任务去推进能够牵一发动全身的改革。

……

李克强:去产能不能让一颗老鼠屎坏了一锅汤

2016 年 11 月 26 日   19:50   来源:中国政府网

11 月 23 日,国务院总理李克强主持召开国务院常务会议,听取今年钢煤行业去产能工作基本完成任务情况汇报,决定派出国务院调查组严肃查处个别企业违法违规行为。

……

李克强在会上表示,"对于那些按照党中央国务院部署、去产能工作做得好的企业和地方,该表扬就要表扬;但对于那些顶风违规、想要火中取栗的个别企业,要抓典型、严肃处理,不能让'一颗老鼠屎坏了一锅汤'!"

……

上面两条新闻,新闻人物都讲了非常生动、形象的话,但是前者采用的是间接引语报道,李克强总理"改革贵在行动,喊破嗓子不如甩开膀子"这句话,形象、生动又寓意深刻,充分表现了总理空谈误国、实干兴邦的治国理念,不过如果能作为直接引语引用效果更佳。后者采用直接引语报道,"不能让'一颗老鼠屎坏了一锅汤'!"掷地有声,显示出总理对于那些顶风作案、想要火中取栗的个别企业严肃处理、绝不姑息的决心,也间接地肯定和赞扬了绝大多数企业都是依法依规,严格按照党中央和国务院部署,去产能工作做得好。直接引语使新闻更具真实性和现场感。

3. 新闻人物讲了幽默的话

当新闻人物讲的话比较幽默时,记者可以将其作为直接引语写入新闻报道中。

2001 年 10 月 30 日,路透社在报道海牙国际法庭审讯前南斯拉夫总统米洛舍维奇的新闻时,这样写道:

> 米洛舍维奇说："就请您按照您接到的指示宣读判词吧,您不必让我把一份用 7 岁孩子的智力写成的判决书从头听到尾。"
>
> 这位 60 岁的前南被黜总统还说:"请允许我自我纠正一下:那个 7 岁孩子是个 7 岁弱智孩子。"

米洛舍维奇的这两句话幽默、睿智,极具讽刺意味,尤其是后一句话,意味深长。他用幽默、讽刺的语言辛辣地批评和否定了海牙国际法庭的判决书。

1981 年 3 月 30 日,美国前总统、70 岁的里根在华盛顿的一次集会上演讲后,在返回自己的轿车时遭到枪击,胸部受伤。医生为他做了两个多小时的手术。记者这样报道里根总统:

> 在医院里,70 岁的总统似乎非要向他的妻子和朋友们证明他很好不可。
>
> "亲爱的,我忘了躲避了。"他告诉他的妻子南希。
>
> 总统向他的秘书长詹姆斯·A.贝克眨眼睛又使眼色。当他发现白宫总管埃德文·米斯也在场时,他用嘲弄的口气说道:"谁在看家呀?"
>
> 后来在手术室里,总统看着外科医生们开玩笑地说:"请你们对我说你们都是共和党人。"①

里根总统遇刺,他的部属和妻子非常担忧他的健康。但总统一连串幽默的话语,缓解了紧张的气氛,同时也间接告诉大家,他身体很好,不必太过担心,这在一定程度上可以减轻大家的紧张情绪。

4.新闻人物讲了很有个性的话

有些新闻人物很有个性,其语言也往往独具特色,记者要善于抓住新闻人物个性鲜明的语言,将其作为直接引语写入新闻报道中。

|　赤子心　赤子情——朱镕基总理中外记者招待会侧记　|

2000 年 3 月 15 日　新华社记者　刘刚　唐卫彬　王雷鸣

(1)"我将恪尽职守,奋力拼搏,以不辜负人民对我的信任。"今天下午,朱镕基一番慷慨激昂的话语,赢得了 600 多名中外记者的热烈掌声。人们再次强烈感受到这位共和国总理的赤子情怀。

(2)朱镕基接着又深情地道出心声:"我只希望在我卸任以后,全国人民能说一句,他是一个清官,不是贪官,我就很满意了。如果他们再慷慨一点,说朱镕基还是办了一点实事,我就谢天谢地了。"话音未落,大厅里又一次响起如潮的掌声。

---

① 李大卫,石维,艾顿.合众社百年新闻佳作[M].西安:陕西师范大学出版社,2002:225.

（3）这是今天朱镕基总理记者招待会上，感人至深的一幕。

（4）人民大会堂三楼大厅青竹翠绿，鲜花绽放，座无虚席。两年前的3月，也是在这个大厅，刚刚当选为共和国总理的朱镕基面对中外记者，庄严宣誓："不管前面是地雷阵还是万丈深渊，我都将勇往直前，义无反顾，鞠躬尽瘁，死而后已。"

（5）从那以后的两年间，亚洲金融危机冲击，百年不遇的洪水灾害，特别是去年国际形势剧烈动荡，国内三场政治斗争的严峻考验……面对错综复杂的国内外形势，党中央、国务院审时度势，把握大局，开拓进取，破解难题，取得了政治、经济、外交领域的一个又一个重大胜利。就在刚刚闭幕的九届全国人大三次会议上，2,713位人大代表对朱镕基所作的政府工作报告投下神圣的赞成票，代表全国人民对本届政府的工作表示出高度的赞扬和充分的信任。

（6）下午4时30分，中外记者用热烈的掌声，迎接刚刚从闭幕大会会场走来的朱镕基总理，闪光灯如闪电交织辉映。身着深蓝色西装的朱镕基总理向大家拱手致意。

（7）在1小时40分钟的记者招待会中，朱镕基自信坦诚，激情洋溢，先后回答了16位记者的提问。由于台湾领导人变更在即，两岸关系成为关注焦点，涉及台湾问题的就有6个。朱镕基总理神色凝重，严正地指出："谁要是搞台湾独立，你就没有好下场！"话语掷地有声，震撼人心。

（8）他深情地说："回想当年，中国是何等的贫穷积弱，但是，我们还是喊出了'起来，不愿做奴隶的人们'，并且为此进行了前赴后继的英勇斗争。""救亡的歌曲，现在我还记得清清楚楚，每逢唱这些救亡歌曲的时候，我的眼泪就要流出来，我就充满了要为祖国慷慨赴死的豪情。"

（9）这时，全场的人们都看到他眼里的泪光。全场中国人的心，都在和他的心一起怦然跳动。

（10）"今天中国人民已经站起来了，我们能够允许自古就属中国领土的台湾从祖国分裂出去吗？绝对不能！"话音刚落，总理的拳头重重地砸在桌上。

（11）这是全中国人民的坚定意志，海内外中华儿女的共同心声。爱国主义的热情，维护祖国统一的信念，使人们心潮激荡。

（12）记者招待会高潮迭起，扣人心弦。对一个个问题的答问，关乎国家改革发展大业，关乎21世纪中华民族走向全面振兴，关乎维护世界和平，也向全世界传递着许多重要的信息。

（13）招待会结束后，俄罗斯劳动报记者普里瓦洛夫感慨地说："有这样一位爱国爱民的总理，中国政府一定会在新的世纪开创更加伟大的事业。"

　　这条新闻表现了时任总理朱镕基鲜明的个性。第二自然段引用朱镕基的原话，表现出他直率、清廉、赤诚为民的忠心；第四自然段引用朱镕基总理的原话，表现出他为了人民的利益，勇敢、不畏艰险，不惧任何邪恶势力的英雄气概；第七和第十自然段引用朱镕基总理的原话,表现出他坚强、是非分明的硬汉形象和爱国的赤子情怀;第八自然段引用朱总理的原话,说出了他忧国忧民的肺腑之言。整个新闻中所有的直接引语,都体现出朱镕基总理为国为民的一颗赤子心、一片赤子情。一篇小小的特稿,将朱镕基总理的独特个性形象充分而又多侧面地揭示了出来。

5. 新闻人物讲了富有情感的话

当新闻人物的讲话表现出丰富的情感时,记者可以将其作为直接引语引用在新闻报道中。

美联社记者 1932 年采写的《美国大兵比卡尼克和他的妻子成了住房短缺的牺牲品》中有这样三段文字:

> 他们的邻居查利·福特夫妇听到轰然一声响,赶快从家里跑了出来,只见比卡尼克像发了疯似的用手扒又湿又重的泥土。后来发现,在土堆的重压之下,孩子们的卧室塌陷到地下室里去了。
>
> 比卡尼克在干号:"孩子啊,快出来吧!"福特费了好大力气才把另一个房间的门挖开,进去后,他发现比卡尼克夫人木然地站在那里,瞧着孩子房间塌陷下去的大洞发呆。
>
> 她目瞪口呆,絮絮叨叨地说:"孩子们能支持多久? 多久? 多久? 有人来救他们吗?"

山体滑坡,美国大兵比卡尼克的两个孩子被埋在地下。比卡尼克的干号,表现出一个父亲的痛苦和悲伤;比卡尼克夫人絮絮叨叨的话,更是透露出一种近乎崩溃、绝望的情感。

当新闻人物的讲话富有人情味时,记者将这些原话写入新闻报道,会使新闻报道更有人性,更富于情趣。

湖南省娄底市双峰县农民肖开全和妻子周露以及父亲和弟弟一起在长沙打工,将 1 岁 8 个月大的女儿小梦留在农村老家,交给妈妈王立春带。不幸的是,45 岁的王立春突然倒在家里的卫生间门口死亡。当他们赶回家时,发现妈妈的尸体已经开始腐烂,估计已经死去 7 天了,女儿小梦却一动不动躺在奶奶臂弯里,身上爬满蛆虫。对这个新闻事件,记者是可以写出比较感动读者的新闻报道的,尤其是可以抓到很多感人的直接引语。但是,令人遗憾的是,整条新闻直接引语非常少,表现情感的直接引语更少。笔者在这条新闻报道中选择了几句有限的直接引语,我们一起来看看:

> "我敢肯定,我妈已走了有 7 天了。因为自从 9 月 20 日上午以后,家里电话就没人接了。直到 9 月 27 日晚上,我们破门而入。我的孩子,这 7 天真不知道她是怎么挺过来的。"昨天下午,湘雅二医院儿科病房的走廊里,26 岁的肖开全一边用手扯头发,一边擦拭着泪水。
>
> 可能 7 天都没进食的小梦,瘦得皮包骨了,夫妻两人抱着孩子抱头痛哭。肖开全说,女儿小梦很聪明,并且嘴巴很甜。"孩子在奶奶的尸体旁待了 7 天呀! 整整 7 天没人管没

人间,如此漫漫长夜和白天。"周露痛哭流涕。

肖开全还发现,客厅里有小梦拉的大便,有点干了。他母亲一般将吃的东西放在卧室的柜子里,但柜子的门很紧,小梦打不开,柜子门明显有拉动的痕迹。"孩子在 7 天里到处找食物吃,可没吃到任何的食物。孩子挺了过来,真要感谢上苍。"肖开全说。①

妈妈在 45 岁这么年轻的时候、在儿女没有在身边陪伴的情况下突然去世,而且死得非常凄惨,但是在整个新闻报道中,记者没有挖掘出充分表达儿子对母亲哀悼、内疚的情感化的语言,全文没有一句表达儿子对母亲的爱和哀思的直接引语,这是非常可惜的。

对于生命垂危的女儿,第一段表现的人物的情感性较强,不过,对动作的描述比对语言的引述更令人产生情感共鸣。"用手扯头发""擦拭""泪水",表现出父亲近乎崩溃的内心世界,但直接引语比较平淡,看不出父亲的强烈的情感,长达 75 个字的长句子更加冲淡了直接引语的感情色彩。可见,表现情感性的直接引语句子不能太长,可以将长句子改短,和间接引语以及记者的描述交叉使用,这样效果会更好。

第二段引述的是妻子的语言,同样是对动作的描述强于对语言的引述。读者从周露的"痛哭流涕"中可以感受到作为妈妈的心里的苦痛,而直接引语却相对比较冷淡。"如此""漫漫长夜",这种语言不像处于痛苦中的人的语言,更不像处于痛苦中的农妇的语言,有记者加工的痕迹,这种语言会稀释当事人的情感,也难以调动读者的情绪。

第三段更次之,记者只是在几乎毫无情感地引述父亲的原话,对事实的陈述遮蔽了对情感的表达,这就使情感更加平淡。这几乎是时下新闻报道的通病,记者往往只是将事实准确、清楚、完整地告知受众,却疏忽了诉诸受众的情感,仿佛记者和受众都是一群冷冰冰的、没有情感的动物。

上面这条新闻报道,从另一层面提示记者,应该更加重视新闻人物情感化的语言,多留意、挖掘和引述新闻人物情感化的语言,从而充分表现人情、人性。

6.有争议的问题

记者采访的新闻事件如果是一个有争议的问题,当新闻人物对这个有争议的问题发表讲话或看法后,记者应将其原话作为直接引语写进新闻报道中。"一切有争议的事情都应用直接引语的形式来报道,同时辅之于此前和此后的相关议论以构成所需的语境。同样,报道法庭事务时,各方在审判中对关键问题的陈述也应给出直接引语。"②记者在报道有争议的问题时,一定要保持谨慎,只有使用直接引语来报道争议双方和多方的态度和言行,才能使新闻报道更客观、更中立。

---

① 刘少龙,王建新.奶奶身亡 电话 7 天没人接 1 岁女童身上爬满蛆虫[N].潇湘晨报,2011 - 09 - 30.
② 福克斯.新闻写作——报刊记者指南[M].李彬,译.北京:新华出版社,1999:88.

湖南一青年被殴致死 警方称打人者并非公务员

2015 年 2 月 9 日　04:38　来源:《中国青年报》

【本报长沙 2 月 8 日电】　(记者 洪克非)　今晚,记者从湖南长沙市警方了解到,因狗伤人引发纠纷而将人殴打致死的犯罪嫌疑人郭某,已被警方刑拘并报请检察机关批准逮捕。

7 日晚,一则题为"湖南醴陵 24 岁大学生在长沙被'官二代公务员'活活打死"的网帖广为流传。今天,发帖人吴海语在电话中告诉记者,自己与受害者谢本宗是情侣关系。今年 24 岁的谢本宗是湖南株洲醴陵市人,2013 年从湖南人文科技学院体育专业毕业。去年,谢本宗开了一个小店,事发前,谢本宗正准备返乡和家人过春节。

吴海语说,事发当天,谢本宗与在长沙的高中同学一起到梅西湖公园玩,而犯罪嫌疑人郭某则带着孩子在打高尔夫球。

据该同学介绍,其间,谢本宗的手机掉在地上,返回捡手机时被郭某带的两只狗咬伤双腿。报警后,警方曾介入协调。但警察走后,郭某拒绝支付 600 元赔偿金,双方发生争执。郭某对谢本宗拳脚相向,致其头部受损"特别严重"。

此后,谢本宗被送往长沙市湘雅附三医院抢救。

湘雅附三医院 1 月 30 日 19 时 11 分出具的急诊 CT 报告显示,谢本宗脑部多发硬膜外血肿,右肺和左下肺有伤。2 月 4 日,谢本宗经医治无效死亡。

2 月 8 日下午,长沙市公安局官方微博"长沙警事"发文称,1 月 30 日下午 17 时许,长沙市河西观沙医院门口发生一起故意伤害案,谢某(男,24 岁,浙江某市一个体户)被郭某(男,32 岁,长沙市一单位在编工人)所带犬只咬伤,双方因赔偿问题发生纠纷,郭某将谢某打伤后逃走。后谢某送医救治无效,于 2 月 4 日死亡。

2 月 8 日晚,长沙警方人士告诉记者,郭某并非网帖所说的公务员,而是长沙市安监局工勤人员,职业为司机。对于网上议论郭某家人为当地官员一事,他没有置评。

他说,案发当天,长沙市公安局岳麓分局就展开案件侦破和嫌犯抓捕工作,后通过做郭某家属工作,促使郭某自首。在抓捕郭某的当天,警方已依法将郭某刑事拘留,并于 6 日报请检察机关批捕郭某。

警方还组织了当事双方家属并邀请双方所在地司法机关进行司法调解,于 2 月 5 日中午达成了赔偿协议。根据协议,郭某家属将赔偿受害方家属医药费等各项费用共计 84 万元。

上面这条新闻,报道的是一个有争议的问题。一则网帖说,"湖南醴陵 24 岁大学生在长沙被'官二代公务员'活活打死"。网帖在网上推出后,舆论一片哗然。发帖人称死者谢本宗是湖南株洲醴陵市人,2013 年从湖南人文科技学院体育专业毕业,然后向记者讲述了谢本宗被打死的经过。而长沙市公安局官方微博"长沙警事"发文称,死者是个体户,打人者郭某是长沙市一单位在编工人。记者还采访了长沙警方人士,这位警方人士告诉记者,郭某并非网帖所说的公务员,而是长沙市安监局工勤人员,职业为司机。在这条新闻中,警方的说法与当事人说法有一些不一致,这些不一致的材料,必须使用直接引语,可惜的是,整条新闻除了一句部分引语"特别严重"外,没有一条完整的直接引语,记者全部使用间接引语表述。这种陈述事实的方法,会让读者将信将疑,使新闻的真实性和权威性大大降低。

记者报道有争议的问题时,要反复核实事实,不能有丝毫马虎。因为争议各方都可能会有意或无意地向着对自己有利的方面来告诉记者事实的真相,这个"真相"可能是当事人一方认为的真相。争议各方在为自己进行辩护时,有时候可能是无意识的;在无意识的支配下,如果争议一方的当事人向记者陈述了对自己有利但与事实有出入的信息,记者必须保持高度的警惕,认真核实争议各方陈述的事实。

7. 批评、指控或煽动性讲话

当新闻人物对某人、某事提出批评和指控时,记者应该将这种批评和指控的原话作为直接引语引用出来,而不能用间接引语来报道。如果当事人在新闻现场讲了富于鼓动性、煽动性乃至蛊惑性的话,记者要尽量采用直接引语来报道。运用直接引语报道这些信息,可以使新闻保持客观、公正。

| NGO 全会代表批评西方新闻媒介缺乏公正 |

【新华社北京(1995 年)9 月 5 日电】 (记者 张丹 陈瑶) 在今天上午举行的非政府组织妇女论坛第五次全会上,中国一位资深女记者批评西方主流媒体热衷于针对大会的消极面报道,呼吁西方传媒消除对发展中国家的偏见,做到客观、公正。

中国首都女新闻工作者协会代表熊蕾的发言引起在场千余听众的共鸣,不到一刻钟的发言多次被热烈的掌声打断。

熊蕾说,西方主流社会的媒介对发展中国家抱有"强烈的偏见"。以这次 NGO 妇女论坛为例,西方媒介避重就轻,把关注的焦点放在车祸、游行、流亡西藏妇女问题上,连篇累牍地报道,对大会主题"平等、发展、和平"以及两万多名与会妇女代表毫不关心。

她说:"他们总是在搜罗事端,如果找不到事端就炮制一个。"

她呼吁与会者联合起来改变西方媒介对发展中国家的偏见。她说:"让他们立即改变态度是不容易的,但我们要借这次大会的机会联合起来,施加压力让他们改变态度。"

今天上午的全会以"媒介、文化和通讯"为主题。这是本次大会第二次以该主题举行全会。

大会主持人卡姆拉·巴辛表达了对熊蕾女士的支持。她说,关于 NGO 论坛的报道,有些国家很不充分,有些国家的媒体以消极内容为主。这些现象应该得到纠正。她说:"要正确地报道这里的一切。"

美国"公正和客观报道"组织代表罗拉·弗兰德斯认为西方主流社会媒介根本不关心发展中国家。她以讽刺的口吻说:"我来自号称'世界新闻之都'的纽约,但我对你们的想法和生活完全一无所知,这当然应该'归功'于我们的广播、电视和报纸。"

> 　　她说,西方媒介这种混淆视听的做法不仅针对发展中国家,在西方国家本身的报道中也很普遍。美国传媒充斥着对暴力、灾难的报道,对妇女保健、基层妇女组织等广大妇女关心的内容却很少见。
>
> 　　坐在听众席前排的巴基斯坦妇女法扎拉·马姆塔丝说,西方媒介的片面报道对一些发展中国家的社会动乱负有责任,这种现象应该彻底改变。
>
> 　　在两天前举行的一场相同主题全会上,与会代表也批评了西方媒介对此妇女论坛的不公正报道。加拿大广播公司著名记者朱迪·雷碧克说:"大多数关于本次大会的报道都是关于取得签证的困难、天气不好、帐篷倒了、墙塌了,还有厕所问题。"
>
> 　　她指出西方媒介忽略了妇女发展这个主题,并呼吁代表们一致努力以找到一个"终止这种报道的有效办法。"①

　　这篇新闻报道了在中国北京举行的非政府组织妇女论坛第五次全会上,与会代表批评西方主流媒体热衷于针对大会的消极面报道,对发展中国家抱有偏见,缺乏客观、公正。一些重要的批评语言都采用了直接引语,引用了人物的原话。这些直接引语使新闻报道显得客观、真实,使读者信服。美中不足的是,这种批评性报道应该保持适当的平衡,可以报道被批评方的说法和态度,这会使新闻报道更公正、更客观。

　　同上述记者报道有争议的问题一样,记者报道批评、指控或煽动性讲话,也要反复核实事实。这种类型的讲话有可能是在情绪激动之下的宣泄,不冷静、没有认真思考,说话很随意;或者是蓄意而为,别有用心;或者是其中一部分内容甚至大部分内容是事实,但可能有少数信息不是事实。记者要细加甄别,仔细核实事实。

(三) 部分引语

　　新闻报道中的部分引语,引用的不是一个完整的句子。记者在写作新闻报道时,觉得新闻人物的讲话中不需要引用完整的语言,只有某些词语或短语值得引用,这时,记者可以采用部分引语来报道新闻。

尼克松辞去美国总统职务

> 　　(1)【美联社华盛顿(1974 年)8 月 8 日电】　理查德·尼克松星期四(8 日)晚宣布他辞去美国第三十七届总统职务。
>
> 　　(2)尼克松说,辞职将在九日中午格林威治时间 16 时生效。副总统杰拉尔德·福特将同时继任总统。
>
> 　　(3)尼克松在谈到他"不是一个逃兵"时说,这一决定是"令人生厌"的;但是,为了国家的利益,他不得不辞去总统职务。
>
> 　　(4)尼克松要求全国支持福特,"团结起来医治我们的创伤"——我们"非常需要医治这个创伤。"

---

① 　刘明华,张征.新闻作品选读[M].北京:中国人民大学出版社,2003:9-10.

（5）尼克松承认他犯了错误，"做了错事。"

（6）他的声音有时不能成声，特别是在他说到"我虽然辞了职，但对反对我的人毫无怨恨之心"的时候更是如此。

（7）他说水门丑闻使他无法履行总统的职务，而且也转移了国会对其他重大问题的注意。①

上面这条新闻，除了倒数第二段是一条完整的引语外，其他引语都是部分引语，这些部分引语都是比较关键的内容，能够充分说明问题。比如，"尼克松承认他犯了错误，'做了错事'。"后面半句部分引语，可以充分证明尼克松承认自己犯了错误。如果删除后半句，只有前半句的叙述，会使人怀疑这只是记者单方面的说辞，会影响"尼克松承认他犯了错误"这句话的真实性。

使用部分引语一般都要有一个引导词，一般不要在引导词中使用"说道"一词。下面这种写法就不太好：

关于校长，××大学校长办公室主任张三说道："他非常支持新闻学院的教学改革。"

下面这样写比较好：

××大学校长办公室主任张三说，校长"非常支持新闻学院的教学改革"。

使用部分引语时，要将消息源拿出来放到引导词中，方便读者接受，这是一种比较常见的写法。

使用部分引语要注意以下两点：

1. 部分引语很可能造成新闻报道不准确

比如，一位著名影视明星的婚姻生活亮起了红灯，妻子王莉不堪忍受丈夫的打骂，向法院提出离婚诉讼，但是丈夫希望妻子不要和他离婚，并在法庭上承诺今后再也不打骂妻子。经过法官的调解，妻子对丈夫说了下面这句话：

"如果你能够履行你今天对我的承诺，今后再也不打骂我，我可以考虑和你继续在一起共同生活，我们不离婚。"

记者在进行新闻报道时，如果这样引用部分引语：

在昨日的法庭上，妻子王莉对丈夫表示可以考虑"不离婚"，愿意和他"继续在一起共同生活"。

---

① 颜雄.百年新闻经典：上册［M］.长沙：湖南大学出版社，2000：211.

这样引用部分引语,有断章取义之嫌,记者省略了一个重要的前提条件:丈夫必须履行对妻子的承诺,今后再也不打骂她,在这个前提条件下,她才可以考虑不离婚。但是,记者将这个重要的前提条件省略了,导致报道不真实。

在使用部分引语时,要注意的是,记者可以不完整引用新闻人物的全部语言,但一定要将新闻人物的原意完整引用,否则,就可能导致新闻失实,这是一个重要原则。

2. 使用部分引语要少而精

一般情况下,记者在新闻报道中要尽量少用部分引语,这是使用部分引语的另一个基本原则。要少而精,否则,部分引语太多,会使新闻报道显得支离破碎。一定要注意,部分引语和零碎引语是有巨大区别的,部分引语也不是记者使用零碎引语的借口。

看看下面这段报道,如果我们将上面新闻人物王莉的话这样使用在报道中,效果会如何:

> 在昨日的法庭上,妻子王莉对丈夫表示,如果丈夫能够"履行"对她的"承诺",今后"再也不打骂"她,她"可以考虑""不离婚",愿意和他"继续在一起共同生活"。

记者如果这样引用新闻人物的话,就使新闻报道显得很零碎,像一堆碎砖乱瓦一样。

(四)使用直接引语的注意事项

1. 直接引语的准确性至高无上

直接引语的文字必须准确无误,必须忠实于新闻人物的语言,不可违背原意,不可有半点的虚假和改变。

记者在采访时要对新闻人物的语言有一个基本判断,如果考虑要将某句话写进新闻报道中,就要对新闻人物的语言倍加留意,高度集中注意力,不要记错和遗漏掉任何一个字和词。记者应该对听得不太确切的引语进行确认。如果是电话采访,要请对方重复一遍。

引用直接引语在某种程度上可以看出一个记者的水平高低。有经验的记者,在采访时就会对新闻人物的语言进行甄别,对那些可能会写进报道中的语言记得非常清楚。而一些初学者往往难以分清采访对象语言质量的高低,将一些重要的、有价值的语言轻易放过,或者记得不清楚,只记住了只言片语,或者是压根儿就没有记住什么,等开始写作时,忽然感到新闻人物的某句话非常有力,值得作为直接引语写到新闻中去,但是,翻开笔记本后,却发现笔记不全甚至连几个词都没有记录下来。这时,个别记者可能就会根据记忆进行适当的"复制"和"加工",这种"复制"和"加工"出来的直接引语,根本就不是新闻人物的原话,甚至可能会与新闻人物的原意相去甚远。所以,能否写好直接引语,既与记者采访时的态度有关,又与记者的采访报道经验和水平有关,还与记者的职业道德有关,只有同时具备这三个方面的素质,新闻报道中的直接引语才有可能准确无误。

2.不要断章取义曲解新闻人物的话

对新闻人物的语言不要断章取义,这在理论上很好理解,但是在新闻实践中却常常出现问题。一种情况是,记者在引用新闻人物的语言时,脱离了当时的语境。这种语境,既有上下文之间不可割裂的联系,又有当时各种现实的环境因素。如果记者罔顾这些语境因素,剥离当时具体、特殊的语境,将新闻人物的语言引用出来,那么新闻报道出来之后,被报道者往往会批评记者的新闻报道不真实。

另一种情况,则是记者出于个人利益的需要,或者受人之托,或者对采访对象有偏见甚至怀有敌意,有意识地断章取义,选取新闻人物的片言片语。

以上两种情况,在新闻实践中屡见不鲜,值得引起记者的重视。

3.不可仿冒直接引语

所谓仿冒直接引语,是指记者没有到现场采访,新闻人物的语言是事后新闻当事人和目击者追述的,但记者却将这些追述的语言写成了直接引语,给读者的感觉是,记者当时在新闻现场。

这种情况,西方记者往往采用"事后回忆说"等写法,告诉读者这是记者事后采访的,新闻人物讲这些话时,当时记者没有在现场。但是,有些记者却将这些新闻当事人和目击者事后追述的话写成了直接引语,而并没有告诉读者这是事后采访到的材料。这种仿冒直接引语的案例在中国省市级及以下的媒体中比较常见,这种写法是不严谨的,应该杜绝。

4.要文明使用直接引语

当新闻人物讲了一些粗俗、淫秽的话时,记者可以对这些话进行适当的处理。

涉及性、性器官或者动物与人体的排泄器官、排泄功能、排泄物等粗鄙、下流的表达时,欧美国家常常采用只写这个单词缩写的第一个字母,然后在后面加一个破折号的方式来处理。

中国的处理方式,则是写出第一个字,中间或后面的词汇用×来代替,比如,"他妈的",可以写成"他×的"。有些时候,新闻人物用男女的性器官来骂人,这种情况下,也是用"×"来表示较为适宜。比如"我×你妈""你妈的个×"等。在某些情况下,记者可以考虑出面说,"新闻人物这里讲了一句粗俗的话";或者采用省略号的形式,不过要尽量少用省略号,省略号往往会让读者误解,以为真是省略了什么内容,甚至是省略了重要的内容。

新闻操作的复杂性在于,原则性的做法并不是铁定的,绝大多数时候宜采用上述形式。但是,当一位重量级大人物讲了粗俗、淫秽的话后,如果粗俗、淫秽的程度不是特别重的话,可以原话引用;如果粗俗、淫秽程度特别重的话,还是只能采取模糊的方式,或者以"×"来代替。

总之,新闻语言必须文雅,不要使用粗俗、淫秽的语言。

5. 慎用方言土语

新闻报道中适当引用一些方言土语,可以使新闻报道更富有人情味、富有变化,尤其是可以增加新闻的地方色彩。对于地方新闻媒体,比如省市级新闻媒体,适当引用方言土语,可以拉近媒体与当地读者之间的距离,增加亲近感,吸引读者阅读。但是,地方性的新闻媒体使用方言土语也必须适可而止,不能过多过滥。全国性的新闻媒体应尽量使用普通话来表达。

6. 不要大段大段地引用直接引语

在新闻报道中引用直接引语固然很好,但是,如果在新闻报道中大段大段地引用新闻人物的语言,这就走向了另一个极端。一般而言,记者在新闻报道中不要引述新闻人物的长篇大论,这会让读者倒胃口,也会使新闻报道显得呆板、无趣。在新闻实践中,大段大段地引用新闻人物的语言的新闻报道并不少见。

7. 改动直接引语要谨慎

新闻报道必须使用新闻人物的原话,一般情况下不得改动新闻人物的原话。但是,当新闻人物的原话在语法上出现明显错误时,记者可以视具体情况进行适当处理。

口头语言和书面语言存在比较大的区别。人们在口头讲话时,不可能、也没有必要严格遵守语法规则、注意语言的逻辑性和字斟句酌。但是这些话一旦转换成书面语言,印刷成文字出现在纸质媒体上,其中语法、逻辑和用词上的错误就会非常明显地出现在读者眼前。如果出现这种情况,记者可以对新闻人物的原话进行适当的加工。也就是说,对于大多数新闻人物而言,当他的原话中语法有错误、逻辑有问题、用词不当时,记者可以进行适当的润色,但是,必须以忠实于新闻人物的原意为边界,不能超越这条红线。

有少数新闻人物的原话即使是出现了语法、逻辑和用词的问题,记者一般都必须忠实于新闻人物的原话,不能随意地润色和改变。例如,那些以语法、逻辑和用词问题而闻名的政要、精英人物,这种问题已经成为他的"特色",保留其错误和问题,可以让公众更真切地了解人物的本色;而针对语言学家、逻辑学者以及文化界的重量级人物,保留其错误和问题,可以让公众直面甚至质疑人物的资质和真实水平,这种人有可能是靠哗众取宠、溜须拍马乃至通过其他不正当手段而谋取了不该属于他的高位。通过这种手段,公众又有了一个新的视角来审视这种人物。如此,这种人物的语法、逻辑和用词错误就可以原汁原味地被呈现出来。

三、间接引语

在采访中,记者记录了大量的新闻人物的原话,也记录了大量的新闻人物原话的主要意思。记者记录的这些新闻人物的语言不可能全部都写进新闻报道中。新闻报道讲求简洁,限于篇幅,因此,对于新闻人物很多精彩的原话,记者也只能忍痛割爱,择要将其运用在新闻报道中。

使用直接引语,一般限于引语比较有价值、比较重要、受众非常喜爱等因素。就大多数新闻报道而言,间接引语一般都会比直接引语多。

人物的语速一般都快于记者的笔记速度,即使记者用速记的方法或者用自创的方法进行快速记录,也不能将新闻人物的原话一字不落地记录下来。有些时候,即使记者记录下来了,但由于笔速太快,当记者写作新闻报道时,打开笔记本,有些字可能自己也无法准确辨认,这时,最稳妥的方法就是采用间接引语来表达新闻人物的原话。当然,多数时候是记者在笔记中没有准确地记下新闻人物的原话,因此在报道时也只能写出新闻人物原话的主要意思。

当新闻人物的讲话表述得不清楚或是重点不突出时,使用间接引语可以重组素材或是浓缩素材。使用间接引语,记者"就能用一句话概括意思散漫、要点模糊的原话;就能将本来在原话中分散的、各不相属的观点归并到一起;就能轻松自如地从一个主题过渡到另一主题、从一个谈话对象过渡到另一谈话对象"。①

采用间接引语报道新闻,要注意两点:

一是不能只采用间接引语而不采用直接引语,必须直接引语和间接引语交叉使用。在新闻实践中,很多新闻报道只有间接引语而没有直接引语。

┃牧民捡狗头金追踪:有待鉴定 国土部门暂未介入┃

2015 年 2 月 9 日 15:11 来源:中国新闻网

(1)【中新网乌鲁木齐 2 月 9 日电】 (记者 陶拴科) 9 日,新疆青河县回应了捡拾"天然金块"的真相,记者随后又致电当地政府,得知疑似"天然金块"的狗头金目前有待进一步鉴定,政府愿意给牧民提供鉴定相关服务,但归属问题仍是争议热点。

(2)消息人士称,被称狗头金的"天然金块"有待鉴定,大家都在期待归属问题,因为没有鉴定结果,所以不便对外界透露。政府已经安排了当地乡政府及有关部门加强了对牧民的安全保护,并叮嘱牧民提高防范意识,妥善保管。

(3)另外,该政府工作人员还表示,目前按照相关程序执行,归属争议问题需要时间。

(4)阿勒泰地区国土资源局工作人员称,此事因为发生在青河县,具体由属地管理部门处理,但可以根据《矿产资源法》和地质矿产部颁发的《地质遗迹保护规定》的一些办法借鉴参考。

(5)这位工作人员还称,因为此次牧民发现的"天然黄金"体积大,成外界关注的热点,对于鉴定一事,目前阿勒泰地区国土部门还没有介入。

上面这条新闻是一篇关于新疆牧民捡到狗头金的后续追踪报道,整条新闻没有一句直接引语,消息人士的语言、阿勒泰地区国土资源局工作人员的语言,全部是间接引语。显然,

---

① 福克斯.新闻写作——报刊记者指南[M].李彬,译.北京:新华出版社,1999:91-92.

这些间接引语会降低这条新闻的真实性和权威性。

这种只有间接引语而不采用直接引语的做法必须有所改变,否则,读者会感到味同嚼蜡,而且新闻的真实性、权威性等也会大打折扣。

| 印尼军队支持苏哈托 |

【路透社雅加达(1990 年)6 月 20 日电】　印度尼西亚武装部队就自 1967 年来任职的苏哈托总统的前途问题重新展开了辩论,并第一次表示,它在考虑其他的候选人。据认为,部队的支持对政府是至关重要的。

一名高级军官在今天公布的接受记者采访讲话中说,如果苏哈托决定在 1992 年连任总统,武装部队将支持他。但是,如果他不这样做,部队就会考虑替代他的候选人。

负责社会政治事务的武装部队参谋长哈尔塔斯在接受一次采访时说:"如果苏哈托身体还健康的话,那就继续干下去。我们将支持他。"

哈尔塔斯说:"但是我们准备了其他的候选人。最重要的是,我们有自己的信心。我们需要的人的能力至少同苏哈托一样并且远不止于此。"

他拒绝说出名字,但是,他说,在文职和军队官员中有些人是符合这个条件的。

他说:"我们不需要任何唯命是从的人。"

……

上面这条新闻的导语之后的第二段,是对新闻人物语言的总的概括性陈述。第三段到第六段直接引语和间接引语交叉使用,以直接引语为主。这样的交替变换引语,不仅使新闻在形式上灵活多变,而且使读者能够明确区分新闻人物的讲话重点,也使读者在阅读时可以略作停顿歇息,而不至于影响阅读效果。

二是间接引语一定要忠实于新闻人物的原意。间接引语引述的虽然不是新闻人物的原话,是对原话进行了转述,但是一定要保证原话的原汁原味,不能因为是间接引语,就可以随意乱写,甚至断章取义、移花接木。很多新闻报道引起报道对象的不满,往往与间接引语没有将原话和原意完整、准确地表达出来有关。

第二节　消息来源

一、什么是消息来源

消息来源也可以称新闻来源、信息来源、信源,是指新闻从何处获得,又称新闻出处。新闻都要交代消息来源。消息来源一般有三条途径:记者采访新闻当事人和目击者等;记者在现场亲眼所见、亲耳所闻;记者查阅相关资料,包括文字、图片、视频信息等。

很多新闻工作者不太重视在新闻报道中交代消息来源,新闻报道中要么没有交代任何来源,要么就是一些匿名消息来源、模糊消息来源,这在某种程度上降低了新闻报道的真实性和权威性,削弱了读者对新闻的阅读和接受兴趣。

在西方国家,交代消息来源,一方面是为了使新闻更真实,另一方面也是为了规避责任。西方国家的媒体认为,交代消息来源可以将责任转嫁给消息来源的提供者。

记者交代了消息来源,读者就能根据消息来源来判断记者与新闻事实之间是否存在利益关系,就能根据消息来源的真实性、可靠性、权威性程度来判断新闻报道的真实、权威程度。因此,西方新闻媒体都特别强调记者在新闻报道中必须交代消息来源。美联社等许多新闻机构要求记者严格遵循如下方针:除非属于常识,否则必须交代记者没有亲眼见到的东西的出处。

二、什么材料必须交代消息来源

(一)不必交代消息来源的材料

1. 事实性信息不需要交代消息来源

当新闻报道的事实是真实发生或者新闻报道的信息是确定性的事实时,不需要交代消息来源。

看下面这条新闻:

> 今天(2015年2月24日)下午13:20左右,由中国水电建设集团路桥工程有限公司承建的五洛路1号隧道,发生疑似瓦斯爆炸事故。经现场初步了解,该公司在做复工准备时,突然发生疑似瓦斯爆炸,事故已造成8名施工方人员以及12名周边群众受伤、1人失踪。伤者已及时送往医院救治,除2人重伤送华西医院抢救外,其余人员伤情平稳。
>
> 事故发生后,成都市委、市政府主要领导作出重要指示,值班市领导及时带领安监、交通等部门负责人与龙泉驿区领导赶往现场指挥抢险救援工作,并前往医院慰问伤员。目前,为防止次生灾害,周边群众已全部疏散到安全地带,省市专业救援队伍正在做进入隧道勘察的准备工作,调查事故原因,搜寻失踪人员。从医院了解,现已有4人出院。(《成都商报》)

上面这条新闻,除了最后一句话"从医院了解,现已有4人出院"交代消息来源外,其余都没有交代消息来源。这些都是已经发生的事实性信息,不需要交代消息来源。不过,对于事故原因"发生疑似瓦斯爆炸"的披露,应该交代消息来源。对原因的猜测,在没有确定之前,只是一个意见,还不是一个事实。新闻报道提供意见时,需要交代消息来源。

下面的这个事实信息也不需要交代消息来源:

> 新闻学院学生会主席李华说,昨天晚上的歌手决赛,李薇薇以一首《青藏高原》摘得桂冠,张雅丽和王诗婷分获第二名和第三名。

众所周知,歌手比赛的名次和人名不需要交代消息来源。这里可以省略"新闻学院学生会主席李华"这个消息来源,直接陈述事实,告知公众歌手比赛的名次和人名。

如果消息来源是非常可靠的个人、党政机关或比较知名、权威的机构,其提供的事实和信息也可以不交代消息来源。

在上述隧道爆炸新闻中,成都市委、市政府领导的指示,相关领导赶往现场指挥抢险救援以及慰问伤员,这些信息都是来自党政机关,信息可靠,不需要交代消息来源。周边群众已疏散到安全地带,专业救援人员正在隧道勘察、调查事故原因、搜寻失踪人员,这些信息来自比较权威的机构和个人,值得信赖,也可以不交代消息来源。

2. 记者亲眼所见、亲耳所闻的材料,不需要交代消息来源

在新闻报道中,记者在新闻现场亲眼看见的事实、亲耳听到的事实,可以不交代消息来源。

四川雅西高速发生车祸 救护车被堵死在应急道

2015 年 2 月 23 日　21:41　来源:新浪综合

【雅西高速车祸,救护车被堵死在应急车道!】　雅西高速冕宁段发生车祸,堵车数十公里,返程车流把高速路三条道堵死。救护车艰难前行,应急通道被侵占严重。救护车反复广播请让出应急通道:我们过不去,你们也走不了。可惜,道路塞死,效果不明显。再次呼吁:请勿占用应急车道!

这条新闻非常简短。高速路发生车祸,造成堵车、应急通道被占、救护车行走困难等问题,这些信息是记者在现场亲眼看到的,可以不交代消息来源。广播呼吁大家让出应急通道,这是记者在现场亲耳听到的,也不需要交代消息来源。

值得引起注意的是,现在常常有记者没有出现场,或者记者到现场后,车祸已经处置完毕,原始现场不复存在,道路已经畅通,最原始现场的信息都是当事人事后回忆告诉记者的,如果是这种信息,记者必须交代消息来源。

再来看下面这条新闻:

饭店火灾

(1)**【美联社康涅狄格州布兰福德电】**　本世纪初有名的韦弗利饭店今天毁于一场 2 级警报火灾。

(2)屋顶向建筑物的中心倒塌,一直到白天,被烧坏的旅馆仍然烟雾缭绕。

(3)73 岁的默特尔·布拉克斯顿当时独自住在该楼宽敞的三楼,在火灾发生时因吸入烟雾而受伤。据报道,她正在耶鲁大学纽黑文医院就医,情况尚佳。

(4)官员称,火灾是凌晨 3 点 41 分由布拉克斯顿女士报告的。他们说火灾显然是从厨房开始的。该楼的其余大多数房间已无人居住,布拉克斯顿女士仍住在里面。官员说,她居住的房间没有中央暖气系统和电器。

(5)一位邻居说,第三层的大多数古董都毁于大火。一艘帆船的巨型方向盘、餐厅里的餐桌中间的饰品也不见了。

(6)拥有抵押权的银行称该旅馆和其所属土地值 4 万~5 万美元。

导语报道的信息是事实性信息,不需要交代消息来源。第二自然段报道的饭店被毁的现状是记者现场观察到的,也不需要交代消息来源。第三自然段暗示消息来源是受火灾袭击的布拉克斯顿女士和医院。第四自然段引用的是权威信源——"官员",可能是消防部门的官员,官员分析了火灾发生的原因。第五自然段报道饭店的财产损失——贵重物品毁于大火,由目击这场火灾的邻居提供。最后一个自然段,进一步报道财产损失,由对旅馆拥有抵押权的银行估价火灾造成的损失。除了事实性信息和记者的所见所闻外,其他都交代了消息来源,充分显示了事实的真实性。

(二)必须交代消息来源的材料

除了事实信息和记者亲眼所见、亲耳所闻的信息外,其他信息都要交代消息来源。特别是陈述新闻人物的观点、意见、看法,批评、指控,有争议的事实,有分歧的事实,等等。对于这些材料,新闻报道一般都必须交代消息来源。

| 3 岁男孩枪击 16 个月幼儿 |

【佛罗里达州坦帕市】 一名 3 岁男孩枪击并且重伤了他的 16 个半月大的弟弟。周四的时候,那个男孩在他家公寓里一张椅子的坐垫下发现了一把.32 口径的手枪,希尔斯伯勒市的司法官介绍说。(交代消息来源)

麦尔文·汉密尔顿在周四上午大约 9 点半的时候被击中胸部,然后他被直升机运往坦帕将军医院接受手术。(暗示信息由医院提供)医院官员说,伤势十分严重,但手术后情况已趋稳定。(交代消息来源)

权威人士指出,奥蒂斯·尼尔只是偶然拉动了扳机。(交代消息来源)

市司法官员们说他们并不知道谁拥有那把手枪,现在还在调查中。(交代消息来源)根据法律,把枪放在儿童可以拿到的地方,枪的主人要为此负法律责任……(引用法律规定,介绍知识背景)

事故发生几小时之后,奥蒂斯充满迷惑地坐在公寓外面,面对着电视镜头和记者的包围。(记者亲眼所见,不需要交代消息来源)

"他说话的声音很小,我想他根本不能明白到底发生了什么。"市法院女发言人黛比·卡特说道。(交代消息来源)

奥蒂斯和麦尔文与他们的妈妈迪娜·瓦内斯一起住在第 50 大街的橡树公园公寓 6611 号。(事实信息,不需要交代消息来源)

亲戚们以及司法官员们这样谈道:(交代消息来源)

周四早上两个小家伙在客厅里玩耍,这时他们家的一位 15 岁的朋友坐在沙发上,瓦内斯女士则在楼上。

麦尔文正在客厅里走来走去,这时奥蒂斯发现了坐垫下面的枪,他把枪拿了出来并且射出了一发子弹。

瓦内斯女士的姑妈,同时也是她的邻居阿拉贝拉·瑞克斯说她正在去商店的路上,突然看到她的侄女跑出公寓并且大声喊叫。

　　"她说'麦尔文被枪击中了',她说'老大射中了麦尔文',"瑞克斯女士说,"我走进房间看了看他,然后跑出屋子并且开始祈祷。"

　　她说她挥手拦下了一名正在该地区巡逻的警察。

　　"我说,'上帝,请不要让他死掉。'"瑞克斯女士说。

　　这是一个重要的事件,虽然枪击事件的当事人只是 3 岁的小孩子,而且是误伤,但毕竟是杀人事件,所以,除了几处地方——记者的现场观察和事实信息外,其他地方都交代了消息来源。

　　一般来说,权威机构的记录和资料不如权威机构的当事人直接对记者讲述的信息更令读者信服。比如,记者从公安局记录中得到的信息,其真实性就不如警官、受害者、嫌疑人和目击者的陈述。

　　再来看下面这条新闻:

　　(1)非官方纳税人机构"公民预算委员会"今天说,拟议的 1.85 亿美元市政预算超出了该市的支付能力。

　　(2)这份预算是两星期前递交的。

　　(3)萨姆·帕纳斯市长称它是一份紧缩预算。

　　(4)该委员会说,它是在研究了这份"可以做出大幅削减"的预算后才得出上述结论的。

　　(5)1.85 亿美元的支出计划比本年度增加了 12%。

　　(6)帕纳斯市长在递交预算计划时说,预期的收入将抵消支出的增长。该委员会受到该市工商业界的支持。

　　第一自然段陈述的是新闻当事人(机构)的观点,而且带有批评性质,必须交代消息来源。任何时候,只要是当事人表达了一种观点、看法和意见,就必须交代消息来源。如果当事人表达的是批评、指控等信息,更应该交代消息来源。第二自然段是一个背景材料,背景材料一般不需要交代消息来源,记者和任何人都可以从档案记录中查阅到。第三自然段是市长对"公民预算委员会"说话的回应,是有争议的信息,必须交代消息来源。第四自然段是"公民预算委员会"对市长的话针锋相对的反击,必须交代消息来源。第五自然段是一个事实信息,可以不交代消息来源。第六自然段是市长对预算计划的说明,表示预算计划是可以实施的,应该交代消息来源。

三、消息来源应具体、明确

　　记者在新闻报道中交代的消息来源必须具体、明确,不能太模糊,也不能闪烁其词。

　　据台湾学者研究,国内外通用的消息来源形式有 18 种:(1)据报道;(2)据悉、据了解;

（3）消息人士、一位可靠的消息人士、消息灵通人士、官方消息人士、半官方消息人士、接近总统的消息人士；（4）一位官员、一位政府官员、一位高层政府官员、另一位政府官员；（5）美国官员、一位白宫官员、一位国务院官员、五角大楼官员们；（6）一位外交官员、一位西方大使、一位西方外交官员；（7）批评家、许多位批评家；（8）分析家；（9）观察家、政治观察家；（10）事实评论家；（11）当局、最高当局；（12）权威人士、权威消息来源；（13）专家；（14）明智之士；（15）一位观光客；（16）一位目击者；（17）警方；（18）未经证实的报道。①

这些模糊、不明消息来源在国内外媒体上大量出现，影响了新闻报道的真实性和准确性。很多时候，这些不明消息来源可能就是记者本人，为了表示新闻报道的客观和公正，记者假借了一个消息来源。由于记者不能指出真名实姓的人，没有人对事实的真实性负责，就使新闻成为一种难以置信的传闻。"只有当一名记者指明了消息来源，读者才能根据消息来源的总体可信度和该记者与信息的利益关系来评估信息的准确性和真实性。"在西方国家，"很多主编拒绝接受未注明消息来源的指控性和谴责性文章。他们不接受'一位市政厅官员''一家公司发言人'之类的消息来源。"②

如果记者不能写出具体、确切的消息来源，信息的准确性和真实性就会大打折扣，读者会将信将疑，一些有经验的读者甚至会怀疑是记者在信手编造谎言，怀疑记者是否采访到了真正的当事人。因此，记者必须写出明确、具体的消息来源。

四、谨慎使用第二手消息来源

记者采访得到的材料可以分为第一手材料、第二手材料……第 N 手材料。第一手材料，是指记者亲眼所见、亲耳所闻的材料；第二手材料是经过了一次中转环节的材料，不是记者亲身耳闻目睹的材料；第三手材料则是经过了两个中转环节的材料，依此类推。第一手材料的提供者可以称为第一手消息来源，第二手材料的提供者可以称为第二手消息来源，依此类推。

在当前的新闻报道中，尤其是省市级及其以下的新闻媒体中，经常有类似这样的报道：

> 昨日上午，王林在市中区一家商场闲逛时，突然有人大喊："抓小偷"，王林循声望去，看见一位年轻女孩，穿着高跟鞋，一边跑，一边喊"抓小偷""小偷偷了我的钱包"，王林看到这位年轻女孩的前面，一个精壮小伙子正在拼命地往前跑，王林估计这个精壮小伙子可能就是小偷，他来不及多想，朝着这个可能是小偷奔跑的方向飞奔而去，追了 500 米后，在一个路口拐角处，王林将这个小偷逮住，夺回钱包，还给被偷者。

记者对这个新闻事件写得活灵活现，俨然记者就在现场目睹了王林追抓小偷的一幕。实际上，记者根本就没有出现场，甚至也没有听小偷、被偷者和见义勇为的王林陈述这个事

---

① 王晓寒.新闻写作问题多[M].中正书局，1995:4-5.转引自薛国林.当代新闻写作[M].广州：暨南大学出版社，2005:63-64.

② 门彻.新闻报道与写作[M].展江，主译.北京：华夏出版社，2003:55.

件,而是根据派出所的一份笔录改写而成。在这里,小偷、被偷者和见义勇为的王林可以作为第二手消息来源,而派出所则只是第三手消息来源。一般来说,记者很难在现场捕捉到这样的材料,但应该找到第二手消息来源即新闻当事人——小偷、被偷者和见义勇为的王林调查核实事实。如果由于某种客观原因,记者不能调查到第二手消息来源,那么,记者的新闻报道就应该如此写作:

> 某某派出所的笔录这样写道:……
>
> 当事警察告诉记者,王林在派出所说……

记者要尽量使用第一手消息来源(第一手材料的提供者),谨慎使用第二手消息来源乃至第 N 手消息来源。如果使用的不是第一手消息来源,记者必须明确告诉读者,不能模糊处理第二手乃至第 N 手消息来源,欺骗读者。

五、如何处理匿名消息来源

记者采访时,当事人常常向记者提出匿名的要求。面对这种要求,记者需要根据情况作出是否匿名的决定。在西方国家,新闻媒体多数时候都不接受匿名的要求,美联社的方针是:"通常情况下,我们不接受匿名的要求。我们希望得到可以公开发表的信息。当一个新闻来源坚持说不想提到自己的名字时我们会这样说:假如接受了匿名的条件,我们就得恪守诺言。但是在新闻人物确立的规则范围内,我们尽可能地告诉读者消息来源的联系方式、动机和观点。"①

但是,有些信息的公开报道,可能会对消息来源的人身、财产安全与合法权益造成影响,受到权贵或黑恶势力的打击报复,在这种情况下,记者应该接受消息来源的匿名要求。即使消息来源本人不提出匿名的请求,记者也应该对信息公开后对消息来源带来的负面影响作出正确的评估和判断,主动为消息来源匿名。

有的消息来源可能是官员、公众人物或有一定政治、经济、文化和社会地位的人,在社会上有着大小不等的影响力。当这种人物向记者提出匿名的要求时,记者必须考量:是坚持使用消息来源的姓名还是尊重消息来源的匿名要求。是匿名还是用真实姓名,取决于下面这几个元素:信息的价值和重要程度;消息来源的地位和影响力;本新闻媒体的市场定位和编辑方针。换句话说,记者要考虑是否值得匿名;如果不值得匿名,记者要么拒绝消息来源的匿名要求,要么放弃这个信息,从其他渠道去获得相关信息。

有些时候,是否匿名,记者要学会和报道对象讨价还价,就像一个谈判专家一样,和报道对象反复商量和讨论;有些时候,记者也要学会说服报道对象,让报道对象接受公开真实姓名的报道形式,尽量不要匿名。

记者接受消息来源的匿名要求后,要明确告诉消息来源这种匿名是有限匿名,不是无限

---

① 门彻.新闻报道与写作[M].展江,主译.北京:华夏出版社,2003:56.

匿名。消息来源的名字、单位、称谓乃至职务头衔、职称(主要是名字)等在公开的新闻报道中以匿名或化名的形式出现,但是,消息来源的真实姓名、身份、单位、职务和职称等必须告知记者工作的新闻媒体。如果信息的重要程度不高,消息来源的职务、职称及其地位等不高,记者可以告知新闻媒体的编辑或新闻部主任;如果信息非常重要,消息来源的职务、职称等非常高,在社会各界有非常广泛的影响力,记者可以只报告给新闻媒体的最高领导者。无论如何,记者必须至少告知媒体的其中一位编辑或领导者。

为了保证匿名消息来源的真实性,记者在使用匿名消息来源时,必须另外找到第二消息来源证实匿名消息来源的说法,也就是说,要至少得到两个或两个以上独立的消息来源证实后才能使用匿名消息来源。

在目前的新闻媒体中,有两种不良倾向值得引起注意:

一是匿名消息来源泛滥。新闻报道中充斥着化名、匿名。有些记者不负责任,不愿意承担责任,害怕引起麻烦。当报道对象提出匿名的要求时,记者往往不和报道对象作任何抗争,不给报道对象作任何说明,就轻率地答应匿名的要求,导致新闻媒体中匿名消息来源满天飞。

二是假借消息来源。目前的新闻报道中大量存在着这样的消息来源:"据业内人士说""相关专家表示""一位法学专家说""此间人士认为"等,这样的消息来源,多数时候都是记者自己。由于记者不能随意在新闻报道中表达观点和意见,限于时间、环境等条件,记者很难在短时间内找到合适的人士采访,有些记者就假借或者说是凭空捏造一个消息来源,这实际上是一种造假行为,这种以业内人士、相关专家的笼统、含糊的消息来源来替代具体、确切的消息来源的新闻报道,是没有任何权威性可言的,只能影响新闻的真实性,降低媒体的信誉。

上述两种不良倾向在时下的新闻报道中比较常见,既降低了新闻的真实性,又影响了新闻媒体的信誉和公信力。新闻媒体和新闻记者、编辑都应该反思、检讨,努力改正这种不良倾向。

知识链接

处理匿名消息来源的常规做法:

· 可供发表。允许使用消息来源提供的所有材料,公开消息来源的姓名和身份。

· 不供发表。不允许使用消息来源提供的材料。记者必须决定他们在这种情况下可能获得的信息是否值得。通常记者拒绝接受不得发表的信息,而是选择从其他消息来源处获取所需的信息。

· 幕后消息来源。允许使用消息来源提供的材料,但不能透露消息来源的姓名。例如:"我们期待迅速解决罢工问题。"劳工部一位高级官员说。

· 深层幕后消息来源。允许使用消息来源提供的材料但不能以直接引语的形式出现,也不能透露消息来源。例如:罢工问题期待着被迅速解决。但是记者可以从其他消息来源处核实深层幕后消息来源提供的材料是否真实,或许还可以征得其他消息来源的同意,引用他们的话。如果得不到任何证实,记者必须决定是否值得冒险去使用这些材料,这种情况下也应该向编辑咨询。如果这些材料被证明是错误的或不正确的,那么记者和报社或广播电视媒体要来背这个黑锅,对此事负责。①

六、如何指明消息来源

(一)如何交代说话人

新闻报道越明晰、越清楚越好,不要让读者去分析和猜测这句话是谁说的,那句话又是谁说的,而应该明确、清晰地告诉读者说话人是谁。

> "今天挑战的项目难度比较大,大家一定要听指挥,安全第一。"越野经验丰富的"越野部落"版主"钢盔哥",指定了有丰富经验的越野车友,做好后勤、指挥等工作。②

上面新闻中的这句话就没有交代谁是说话人,虽然根据上下文来看,读者猜测这句话可能是"钢盔哥"说的,但是,记者还是应该明确地告诉读者这句话是谁说的。类似上述这种交代说话人的方式,在新闻报道中屡见不鲜,让读者只能从上下文的联系中猜测这句话可能是谁说的。这既会影响读者阅读的效率,也会影响读者的阅读兴趣。记者不应该让读者去猜测,而应该直接指出是谁说了这句话。我们可以对这种模糊交代说话人的写法进行一个简单修改,做如下表述:

> "今天挑战的项目难度比较大,大家一定要听指挥,安全第一。"越野经验丰富的"越野部落"版主"钢盔哥"说,他指定了有丰富经验的越野车友,要求他们做好后勤、指挥等工作。

这样修改之后,读者就能明确知道这句话是谁说的,对新闻信息的接受就清楚、快捷得多。

一般情况下,西方新闻媒体不在句子的前面指出说话人,而是在引语后面指出来,比如:

> 警官罗德里格斯预料,警方对此案的深入调查就要产生结果。
> "我们已经掌握一些有希望的线索,预计未来几天内就可进行逮捕",他说道。

上面这则引语将说话人放在句尾或是句子的自然停顿处,而不是放在句子的开头。强调引语而不是强调说话人,让读者的兴趣集中在引语上。

中国的新闻报道对将引语放在说话人前面这一点并不是特别强调,中国人的阅读习惯

① 伊图尔,安德森.当代媒体新闻写作与报道:第 6 版[M].贾陆依,华建昌,译.北京:中国人民大学出版社,2009:95.
② 李斌.40 余车友巴南体验高难度越野项目[N].重庆晨报,2014 - 12 - 29(14).

往往是先知道说话人是谁,再阅读引语,所以,中国的叙述类文字(小说、新闻等)往往将说话人放在引语前面,然后再写引语。

> 警官罗德里格斯预料,警方对此案的深入调查就要产生结果。他说:"我们已经掌握一些有希望的线索,预计未来几天内就可进行逮捕。"

东西方这种交代说话人的顺序和方式,不存在正确与错误之分,只是一种叙述习惯的不同而已,只要其受众乐意接受即可。

但如果直接引语超过一个句子,应该在第一句话的后面指明出处。我们可以将上面这句话改成两句:

> "警方对此案的深入调查就要产生结果。"警官罗德里格斯说,"我们已经掌握一些有希望的线索,预计未来几天内就可进行逮捕"。

值得注意的是,直接引语每次引用的只能是一个人的话,不可能是几个人的话。如:

> "当时我们正在附近打牌,突然一声巨响,天桥就轰隆一声垮下来了,天桥上的人大声喊叫起来。"目击者们说。

话只能一个一个地说,不能一起说。目击者说的话不可能是完全一模一样的,总是会大同小异。上面这种写法与新闻事实和生活真实是不相符的。

1996年3月19日,著名数学家陈景润逝世,新华社记者秦春写的《告别陈景润》中有这样一句话:

> 著名数学家王元、杨乐、吴文俊、丁石孙来了。今天为陈景润送行,无不悲痛地说:"这是我国数学界的重大损失。"

四位数学家说的话不可能完全一样,不能这样写。但这种表述方式在20世纪的新闻报道中屡见不鲜。比较经典的语言是:

> 大家异口同声地说:"某某真是我们学习的好榜样!"

这种表述方式显然与事实是不一致的,是不合适的。如果确实有几个人同时说了这句话,记者就要把这句直接引语改成间接引语,删去双引号。如上面的话可以作如下表述:

> 著名数学家王元、杨乐、吴文俊、丁石孙来了。他们今天为陈景润送行,无不悲痛地说,这是我国数学界的重大损失。
>
> 大家异口同声地说,某某真是我们学习的好榜样!

（二）说话人如何说话

新闻来源在新闻中如何说话？或者说，记者如何在新闻报道中用动词来表达说话人说话？有两个方面值得引起注意：

1.尽量用"说"而不用其他同义词

美国新闻学者威廉·梅茨总结说，英语中有三百五十多种表达"他说"的方法，他要求记者至少应该掌握十五至二十种，但在使用时应谨慎从事。中国表达"说"的动词没有人统计过，也可能与英语表达"说"的动词的数量不相上下。

经常出现在新闻报道中表示"说"的动词有：认为、表示、陈述、要求、希望、强调、宣布、声明、泄露、透露、宣告、称、声称、宣称、辩称、暗示、坦言、断言、怒吼……

一般来说，认为、表示、陈述等动词相对中性一些，但最中性的还是"说"这个词，既没有倾向性，也没有什么感情色彩，比较适合在硬新闻中使用，其他的词汇出现在新闻报道中，根据上下文的语境，会或多或少打上一些倾向性和情感色彩的烙印。

新闻记者为了让表达"说"的动词不会单调、重复，使新闻报道显得新鲜、生动，常常用其他词汇来代替表达"说"这个词。但是，用其他动词代替"说"这个词常常很危险，很多动词可能暗含作者的立场和倾向。美国密苏里大学新闻学教师约翰·梅里尔（John Merrill）说，《时代》杂志在提到美国的三位总统的讲话时，有一套选择好的"固定"的动词。艾森豪威尔是"高兴地咧着嘴笑着说""谨慎地指出""亲热地与人聊天"；杜鲁门是"唾沫飞溅地嚷道""气急败坏地咆哮""粗暴无礼地说""冷淡地说"；肯尼迪是"宣告""声明""坚持认为"。梅里尔从上述选词用字中得出结论说，《时代》杂志明显地亲艾森豪威尔，反杜鲁门，对肯尼迪保持中立或温和。[①]

抱怨、嘟哝、嘲讽、怒吼、咆哮等动词，明显带有记者的爱憎情感和主观倾向，这种词语用在文学作品中是合适的，用在新闻报道中就会影响新闻的客观性和公正性。即使是在新闻特稿中，也应该谨慎使用这种爱憎分明的词语。最稳妥、最客观、最公正的做法是用"说"这个词来表示说话人说话。

在记者报道的事实类型中，涉及批评、指控、有争议的信息内容，严肃、重大、正式事件的报道，司法机关的庭审、判决，公众集会和演讲，等等，都要尽量采用"说"这个动词，尽可能不用其他动词来代替。

---

① 梅茨.怎样写新闻——从导语到结尾[M].苏金琥,阮宁,洪天国,选译.北京:新华出版社,1983:189-190.

加利说可能于下周向波黑发动空袭

【合众国际社联合国（1993 年）7 月 28 日电】 联合国秘书长加利今天说，旨在保护在波黑的联合国部队的空袭最快可能于下周开始。

加利说："是的，我希望，我们能在下星期一（8 月 2 日）或星期二（8 月 3 日）找到一个明确的解决办法。"他接着说，空袭的细节仍在拟订之中。

这位联合国领导人说，一旦他有了进入战斗的原则并同安理会协商之后，空袭将"自动"进行。

加利说，他仍在等待联合国在前南斯拉夫的 2.2 万部队司令、法国将军让·科特开"绿灯"，以便就开始空袭的一整套原则作出最后决定。

他说，联合国观察员正在 6 个所谓的"安全区"中各就各位。由安理会授权的空袭将只限于那些安全区，以便在联合国部队受到袭击时加以保护。

加利说，他本人在同安理会磋商后将发出开始空袭的授权。

这些"安全区"是穆斯林居住的 5 个城镇和首都萨拉热窝，这些地方一直被波斯尼亚和塞尔维亚人包围。①

上面这条新闻，报道的是一个非常严肃且重大的问题。联合国秘书长加利说联合国部队下周可能开始对波黑进行空袭，通篇全部用"说"这个动词，没有采用任何与"说"同义或近义的词。认为、表示、要求、希望、强调、宣布、称、声称，这些词都可以代替"说"用在这篇报道中，但是，只有用"说"这个词，才能更准确、更客观地陈述事实。

在硬新闻中，记者要尽量用"说"这个词来表达说话人的陈述。在新闻特稿中，记者不必死守不用其他词代替"说"的规则，可以适当使用其他词来代替"说"这个词，但要注意不能表现出过分的情感倾向和立场倾向，要准确、贴切、适度。

2. 不能用表达动作和情绪的词代替"说"

有些新闻报道在引用新闻人物的话语时，常常用描述动作和情绪的词代替"说"，这种写法是不恰当的。比如，记者这样描述两个人的对话：

> 张三哈哈大笑："我昨天中了一个大奖，奖金 10 万元。"
> "有什么不得了的，我去年还中了个彩票特等奖，奖金 20 万元呢"，李四咧咧嘴。

这种写法不妥当。说话人"哈哈大笑"时，说话是比较困难的，同样，说话人咧出一些话、眉头皱出一句话，也是不容易的。上面这个描述可以这样修改一下：

> 张三说："我昨天中了一个大奖，奖金 10 万元"，然后哈哈大笑。
> "有什么不得了的，我去年还中了个彩票特等奖，奖金 20 万元呢"，李四咧了咧嘴，说道。

---

① 李大卫,石维,艾顿.合众社百年新闻佳作[M].西安:陕西师范大学出版社,2002:330.

同样道理,大笑说话困难,大哭或者抽泣时说话也很困难,但是,常常有新闻报道这样写道:

> 说到这次落选,他话语哽咽:"我本来是很有实力当选的,没有想到我在场上犯了一个低级错误,真是太遗憾了。"

说话人话语哽咽,说的时候应该是断断续续的,甚至是语无伦次的,但是这个说话人说话如此连贯、顺畅,显然与"哽咽"二字不相符。而且,"哽咽"不能代替"说"。上面这句话可以作如下改动:

> 说到这次落选,他话语哽咽,显得有些结巴地说:"我本来是……很有实力……当选的,没有想到……我在场上……犯了……一个低级……错误,真是……太……遗憾了。"

思考与练习

一、思考题

1. 什么是直接引语?直接引语有什么作用?
2. 哪些情况下必须使用直接引语?
3. 简述使用引语的注意事项。
4. 采用间接引语报道新闻,要注意什么?
5. 什么是消息来源?交代消息来源有何意义?
6. 什么材料必须交代消息来源?什么材料可以不交代消息来源?
7. 如何处理匿名消息来源?
8. 如何指明消息来源?

二、练习题

1. 阅读下面这条新闻,请指出哪些材料必须使用直接引语。

│国航回应空姐在韩国购物:未耽误正常登机│

2015 年 2 月 24 日　01:19　来源:《京华时报》

【《京华时报》讯】（记者　郑羽佳）　昨天,一则国航空姐被指在韩国机场购物,导致登机延误一事引发广泛关注。报道称,21 日,由韩国首尔仁川机场飞往重庆江北机场的 CA440 航班,一乘客发微博称空姐因机场购物致飞机延误。昨天晚上,国航重庆公司对此否认并表示,经调查,该空姐是在登机时间前回来,并未造成飞机起飞以及落地延误。

昨天上午,媒体报道称,21 日下午 2 点 29 分,乘坐 CA440 航班的一位网友发微博称,"到了登机时间让所有旅客都排队不能登机,工作人员解释说机组人员没到齐。登机时间过了 5 分钟,这时看见这位空姐大包小包面带微笑地跑过来!"

据微博图片显示,一位国航空姐手拎一堆购物袋跑向登机口,而其身后是一长队等候登机的乘客。截至 22 日晚 8 点,该微博转发评论已经上千,不少网友对空姐行为表示不满,不过也有大量网友认为乘客投诉是小题大做,因为会导致当事空姐丢掉工作。

据了解,国航 CA440 次是由韩国首尔仁川机场飞往重庆江北机场的航班,正点起飞时间是韩国时间下午 3 点 55 分,北京与韩国时差为 1 小时。昨天下午,发布微博投诉的重庆网友@亚历克斯李李已将相关微博全部删除。

针对此事,国航重庆公司工作人员对本报记者表示,正点登机时间为北京时间下午 2 点 25 分(韩国时间下午 3 点 25 分),并且在所有机组人员到齐后登机。根据调取视频显示,第一位登机乘客是在 2 点 24 分(韩国时间下午 3 点 24 分),因此,该空姐是在 2 点 24 分(韩国时间 3 点 24 分)之前回来,并未耽误正常登机时间,也未造成飞机起飞以及落地延误。

【事件最新进展】

昨晚 20 点 54 分,涉事网友发微博出示照片,称手机正好有拍摄的时间显示是在 14 点 24 分,也就是这个时间这位乘务员才登机。国航重庆方面的回应则是,该空姐在 14 点 24 分之前已回来(可能双方时间有误差)。

2. 阅读下面这条新闻,分析其直接引语的使用,指出其正确之处和不当之处。

河南救护车被曝现身海南景区　官方回应:去接患者

2015 年 2 月 24 日　17:08:05　来源:人民网

2 月 23 日,网友发布"河南商丘一辆车牌'豫 NPY120'的急救车在海南三亚景区停放"的微博,此消息一出,引起众多媒体和网友关注评论。

2 月 24 日中午 12 时,记者就此事采访了商丘市梁园区平原医院院长张继臣。"2 月 20 日,我院护士安海英接到朋友王芳电话,其母亲在海南三亚不小心跌倒,海南那边没有人照顾,想让医院派车接其母亲回家治疗,车辆出行所有的费用由家属承担。我们出于友情和人道主义,让刘自明主任派司机魏震驾驶救护车,于 2 月 20 日下午,前往三亚南山寺的附近接患者,经过近三天的时间于 2 月 23 日(初五)赶到患者暂时的预约地点(三亚南山寺附近)。去外地接病人,这种事情经常常有的,我们前几天刚派车去常州接了一名病人。"张继臣说。

随后,记者联系到患者家属王芳。王芳说:"因为 70 岁的母亲刘秀真患有关节炎,不能受凉,节前就带着母亲去三亚,也想尽一份孝心。不幸的是,2 月 20 日(大年初二),母亲不小心摔倒,经三亚中医院诊断为右髋骨骨折。由于我是家里的独女,还有两个孩子要照看,孩子马上又要开学了,而腿骨折要长期住院治疗,在海南又人生地不熟,之前联系飞机,飞机不乘载骨折病人。想到自己的嫂子安海英在平原医院工作,而平原医院外科治疗外伤很有名气,于是联系嫂子安海英,让医院派车来海南把母亲接回商丘治疗,所有的费用我们自己承担。因为当时母亲是在风景区内游览时摔伤,司机去接了我们之后,又载着我们去景区拿了行李衣物。"

70 岁的老人刘秀真哭着告诉记者:"我是农民,患有气管炎、关节炎,女儿孝顺,带着我来海南三亚度假,我不小心摔到腿,就想回家治疗。没想到因为我们自己的私事,影响到医院的名声,心里真是难过。"

王芳说:"我现在想告诉广大的网友,这件事情是我们的私事,没想到给医院造成了这么大的影响,我现在心里很不好受,这件事也给我们家带来了很大的困扰。我们现在在返回的路上,回去了只想给母亲治病,希望大家不要再炒作此事了。"

记者电话采访了商丘市卫生局纪委书记崔洪轩:"事情发生后,我们立即组织市、区卫生部门、市 120 指挥中心及市交警支队成立联合调查组。经调查,平原医院派急救车前往海南三亚接病人一事基本属实,为了友情和人道主义去海南接病人,这个我们是值得肯定的。虽然平原医院属于民营医院,该车辆不在商丘市 120 急救网络范围内,但如果该车辆没有在卫生部门备案,又系擅自加挂院前急救标识的车辆,我们下一步详细调查后会坚决予以取缔!"

3. 阅读下面这条新闻,分析其新闻来源的使用是否得当,为什么?

外媒:中国已做好支持楼市的政策储备

2015 年 2 月 25 日　13:40:50　来源:《参考消息》

据彭博援引不愿具名的知情人士表示,中国政府已做好相关政策储备,以应对经济持续下滑及房地产市场低迷。

储备政策包括降低购买二套房的首付比例。中国并考虑调整二手房交易营业税的免征期限,由 5 年后免征恢复至 2 年后免征。

知情人士称,中国政府将视中国经济增长以及房地产市场的实际情况考虑是否出台上述储备政策。

其中一位知情人士指出,目前中国政府对房地产市场的指导原则是"防风险"而非"促增长"。

中国央行去年 9 月 30 日发布通知明确放宽"首套房"认定标准,对拥有 1 套住房并已结清相应购房贷款的家庭,为改善居住条件再次申请贷款购买普通商品住房,银行业金融机构执行首套房贷款政策。

第 7 章　特稿及深度报道

本 章 要 点

- 特稿可以分为三大类:新闻特稿、人物特稿、趣闻特稿。
- 写新闻就是写故事,尤其是特稿写作。
- "要展现,而不是告诉",让新闻中的人物、事件自身呈现在读者面前,使读者感到仿佛没有记者在讲述一样。通过人物的对话、行动,通过场景的描写,展现新闻事件、新闻人物。
- 细节能准确、真实地再现新闻事件和新闻人物,细节蕴藏着深刻的意义,能够表现人物、事件最本质、最深层次的内容。
- 调查性报道要大胆质疑,小心调查;要学会抓关键细节,注意搜集证据;具备对公众、对社会的责任感,对公平正义的执着追求。
- 写作调查性报道,要注意客观、真实地呈现事实;语言文风要平白朴实、自然严谨。
- 解释性报道要善于揭示新闻背后的新闻;善于用事实解释事实;要注意区分解释与议论;具备诚实和正直的品格。

第一节　什么是特稿

一、理解特稿

什么是特稿?简而言之,特稿是一种更加生动、更加详细、更加深入地报道新闻的新闻报道体裁。特稿与消息相对应,消息是对事实的概要式的报道,特稿则是详细、生动、深入的报道。

特稿(Feature)又称特写、专稿,是一个西方新闻概念,类似于我国的通讯。西方新闻界将特稿与一般新闻报道(消息)区别开来,是从一种更广泛的意义上来把握和定义这个概念的。

布鲁斯·D.伊图尔(Bruce D. Itule)等人认为,特稿是"一系列不同的软新闻报道的总称"。①

美国的丹尼尔·威廉森(Daniel Williamson)教授把特稿理解为特写。他认为,特写是一种带有创作性的、有时也带有主观性的文章,旨在给读者以精神享受,并使他们对某件事、某种情况或对生活中的某个侧面有所了解。

美国新闻学教授詹姆斯·阿伦森(James Aronson)在《新闻采访和写作》一书中说:"特写,通常指报纸上篇幅较长的某类稿件,这类稿件没有正规的新闻导语,写的是有关某个人、某个机构的一桩新闻事件,或某一政治事件或社会事件。"

西方国家的媒体人和新闻学者理解的特写就是特稿。我国的特写虽然也可以划入通讯体裁中,但是我国对特写的理解,主要是强调对某个局部和片段的如实放大,主张聚焦于一点,通过焦点反映整体。

二、特稿与消息的区别

特稿与消息的区别在哪里?美联社特稿撰稿人朱尔斯·劳告诉我们如何理解特稿与消息的区别:"新闻撰稿人告诉你一座桥坍塌了,告诉你有多少辆车掉入水中。特稿撰稿人则告诉你当时那里的情况是什么样的——当乔·史密斯刚开始过桥的时候,桥开始摇晃,他紧抓住栏杆——诸如此类的细节。"②

新闻撰稿人即消息撰稿人。朱尔斯·劳认为,消息告诉受众发生了什么事件,告诉受众事件的大致情况;而特稿则会深入、细致地报道事件。

中国人民大学新闻学院高钢教授从五个方面比较了特稿与消息的不同:

1.特稿注重细节,消息注重核心要素

当一个新闻事件发生后,消息必须将构成新闻事件的核心要素简明扼要地报道出来,让读者尽快地获悉新闻事件的基本内容;特稿则是挖掘新闻事件中的细节,通过细节让读者对整个新闻事件有更直观、更形象的了解。

2.特稿注重意义,消息注重最新动态

消息必须随时关注新闻事件的最新进展,必须告诉读者每一个新的动态;特稿则更关注新闻事件幕后的深层次原因,这个新闻事件对公众、社会生活、政治、经济、文化以及其他方面所产生的影响,它的深层次意义,等等。

3.特稿注重人物,消息注重整体事件

当一个新闻事件发生后,消息非常关注这个事件的发生、发展、结束等过程,只要是读者

① 伊图尔,安德森.当代媒体新闻写作与报道:第 6 版[M].贾陆依,华建昌,译.北京:中国人民大学出版社,2009:43.
② 门彻.新闻报道与写作[M].展江,主译.北京:华夏出版社,2003:217.

感兴趣的信息,都要进行报道;特稿更关注整个新闻事件中人物的作用与影响、人物在其中的悲欢离合,通过对人物的报道,来反思这个新闻事件所产生的影响和意义。

4.特稿结构自由,消息结构更加规范

消息的结构相对而言比较规范、规则,特别是倒金字塔结构。尽管有很多人觉得这种结构太死板、太僵化,但是,目前的大多数新闻报道都是采用这种比较固定的结构形式。而特稿的结构形式则非常灵活自由,记者可以采用自己喜欢的任何一种结构形式,不必拘泥于一些条条框框。

5.消息风格朴实,特稿常用文学技法

一般情况下,消息不能采用议论等表达方式来写作,也尽量不采用修辞手法来进行描写,主张少用或不用形容词、修饰语。而特稿则可以适量地进行描写、议论,也可以适当采用一些文学手法、修辞手法来表现人物和事件。[①]

三、特稿的基本类型

特稿是一个意义非常广泛的概念,我们难以对其进行清楚、明确的分类。根据特稿内容的不同,可以大致将其分为三大类:新闻特稿、人物特稿、趣闻特稿。

新闻特稿是以报道新闻事件为主要内容的特稿,是对新闻事件的深入报道。新闻特稿就是我们平常所说的事件通讯,这是目前使用最多的一种特稿类型。每当一个重大新闻事件发生后,都会有新闻记者对这个事件进行深入的剖析,详细报道新闻事件的完整过程、披露事件鲜为人知的细节、阐释事件的前因后果、分析事件对社会和公众的影响等。

新闻特稿有两大类型:一是对突发性事件的深入报道,比如报道地震、灾害、车祸、恐怖事件、疫情等;二是对非突发性事件的深入报道,非突发性事件头绪繁杂、时空跨度大、涉及面广、牵涉的人物和事件众多。

新闻特稿一般都是对事件的报道。每一个事件都有其发生、发展、高潮和结束的过程。新闻特稿的写作,就要抓住事件发展的脉络,注意叙事线索的清晰度,力求清楚地反映新闻事件的全貌或某个侧面,揭示出新闻事件的本质意义。

虽然新闻特稿以报道事件为主,但也不能忽略对人物的描述。有人物的活动才有事件的发生发展。人类社会的任何事件都涉及人物的活动,所以,新闻特稿离不开对人物活动的描写。对事件中人物的报道,可以从不同侧面展现事件的意义和深度。

人物特稿是以人物报道为主的特稿,它是以展示人物的鲜明个性和精神境界为主要内容的特稿,人物自始至终都是特稿写作的中心。人物特稿中情节、细节的刻画,环境气氛的渲染,多种表现手法的运用,都必须为表现和突出人物服务。一切与人物无关的事件及其情节、细节、环境气氛,无论多么生动、有趣,都应该摒弃。

---

① 高钢.新闻写作精要[M].北京:首都经济贸易大学出版社,2005:162 - 163.

　　人物特稿的报道对象,既可以是成功人士、有影响力的人士,也可以是在某个新闻事件中出现的人物。现代社会,平凡人物的报道越来越多,深受读者的喜爱。反面人物同样也可以作为人物报道的对象。反面人物和平凡人物一样,也越来越多地成为记者报道的对象,特别是对于那些揭露性、批评性报道,读者具有较高的阅读兴趣。

　　必须注意的是,人物特稿的写作应以新近发生的事实为引子或由头,由此展开对人物的报道。那种报道的主要内容和事实都是发生在很久以前而现在发生的事件比较少的人物报道,其新闻性和时效性是不够的。

　　人物特稿的写作要善于抓住人物的特点,着力表现人物的鲜明个性。写人物不要贪大求全,在一篇人物报道中最好只写一人、一事、一个侧面,"攻其一点,不及其余",由"一面""一点"写出人物的独特个性,透视出人物的内心世界和精神境界。

　　趣闻特稿是以报道各种逸闻轶事、奇闻奇事、趣闻趣事为主要内容的特稿。在今天这个时代,人们越来越喜欢轻松、有趣的新闻内容;快节奏的工作、生活的沉重压力,使读者对那些轻松有趣的信息更感兴趣,这就是趣闻特稿之所以能够流行的土壤。在阅读完严肃的新闻后,人们为了缓解压力,就会把目光聚集在趣闻特稿上。趣闻特稿不仅能够满足读者的好奇心,还能够拨动读者心中那根敏感的神经,唤起读者某种情感的共鸣,在惊奇、欣喜之外,会感叹生活、感悟生活,也会思考生活,从而获得启发、受到感动、得到教育。

　　写作趣闻特稿,首先,必须找到一个令人普遍感到惊奇、感到有趣的事件。记者要善于辨别事件是否有趣、是否奇特,不能将一些没有意义的事件拿来报道。找到这种有趣、值得报道的事件后,记者要抓住重点,突出有趣的信息,不必面面俱到,不必罗列大量无意义、无趣味的信息。其次,必须充分揭示出趣闻蕴藏的意义。一个有趣的新闻事件,其中常常包含着深层次的意义;记者要揭示其中隐藏的深刻意义,让读者在娱乐的同时也获得启发、受到教育、得到美的享受;切忌为写趣闻而写趣闻,除了幽默搞笑,没有一点深度,没有什么意义,这种趣闻报道没有什么价值。

知识链接

　　大多数媒体都同时提供新闻报道和特稿:新闻报道按时间顺序报道重大、即时的新闻事件,而特稿则:

- 简介新闻人物。
- 阐释造成轰动效应的新闻。
- 分析国际、国内、社区正在发生的一切。
- 教读者、观众、听众怎么做某事。
- 为读者提供在这个复杂的社会生存的更好的方式。
- 探究在这个不断变化的社会中出现的各种潮流趋势。
- 将人们带到不曾去过的地方或带他们去看不曾看过的东西。
- 给读者、观众、听众带来娱乐和幽默。
- ……

（读者不仅需要阅读硬新闻——引者加），他们也希望获得娱乐、欢笑或哭泣,希望能获得知识,悠然自得地真正地欣赏一个故事。①

知识链接

下面是可以发现特写的各种最常见的场景和事件:

（1）不寻常的:奇异、反常、巧合、奇人。

（2）平常的:公众熟悉的人物、场所、事情、突出事件,如市政厅外卖报纸的残疾青年、站在街角的部长。特写的作者要唤起读者的反应,让他们读后说:"我一直想了解这件事情!"

（3）戏剧性的场景:暴富、获奖、被遗弃的婴儿、英勇的救援或惊心动魄的险情、霉运、动物英雄、输家。

（4）指南:麻烦的应对办法,关于食谱、健康、礼节、集邮、花卉、木艺,以及如何投票、如何待客等的建议。

（5）信息:统计、研究报告、记录、年代表、分类、过去与现在的比较与对照、传记等。②

第二节　特稿的写作方法

一、故事

写新闻就是写故事,这句话在某种程度上是非常正确的。前些年,曾经掀起过"新闻故事化"的浪潮,近年来,这种浪潮稍稍平静了一些,但是,新闻必须有故事（主要是特稿）,这一理念仍然是新闻写作应该坚守的法宝。

"精心采集的报道、生动的特写和富有人情味的故事会给读者提供这些情感。优秀的特写简单地说就是讲述一个生动的故事。而生动的故事,正如美联社的资深编辑和写作指导杰克·卡彭所说的,'借助色彩、神韵、机智、想象、表现情感的词汇、对话和人物特征来丰富报道内容'"。③

曾获普利策新闻奖的美国记者富兰克林认为,"新闻故事化"就是用故事化的手法写新闻,运用人物对话、细节描写、场景设置等,细致入微地展现事件中的情节和细节,凸显事件中隐含的能够让人产生兴奋感、富有戏剧性的故事。

新闻写作讲故事的核心方法,就是要像写小说一样写新闻。但必须切记的是:新闻报道所讲的故事与文学作品中所写的故事完全不同。在文学艺术作品中,"故事"允许虚构而且

---

① 伊图尔,安德森.当代媒体新闻写作与报道:第6版[M].贾陆依,华建昌,译.北京:中国人民大学出版社,2009:105 - 106.

② 莱特尔,哈里斯,约翰逊.全能记者必备:第7版[M].宋铁军,译.北京:中国人民大学出版社,2005:179 - 180.

③ 莱特尔,哈里斯,约翰逊.全能记者必备:第7版[M].宋铁军,译.北京:中国人民大学出版社,2005:175.

必须虚构,作者可以肆意夸张,大胆、神奇地想象。但新闻报道不能对事实进行夸张的描写,既不能夸大事实,也不能缩小事实;新闻报道不能有一丝一毫的想象;新闻报道更不能虚构事实,无论是整体事实还是细节事实,所有的事实都必须是真实的,不能有半点虚构。所以,"像写小说一样写新闻",是指采用写小说的方法来写新闻。写小说的方法中最值得新闻学习的方法之一就是"展现"。

(一)展现

"要展现,不要讲述",又称为"要展现,而不是告诉",这是特稿写作的一个最重要的方法。

"要展现,不要讲述",指记者在报道新闻、讲述故事时,要让新闻中的人物、事件自身呈现在读者面前,使读者感到仿佛没有记者在讲述一样。

1.不要说老妇人尖叫,让她自己尖叫

美国作家兼写作教师唐纳德·默里(Donald Murray)的一段话可以帮助我们理解什么叫"要展现,而不是告诉"。他说:"不要告诉读者如何思考、如何感觉,而要把老马克·吐温的货色给读者——'不要说老妇人尖叫。把她拖上舞台,让她尖叫。'"①

曾经做过《纽约时报》编辑主任的吉恩·罗伯茨(Gene Roberts)初当记者时,他的主编亨利·贝尔克是一位盲人。贝尔克经常把罗伯茨叫到办公室,让罗伯茨把报道念给他听。贝尔克说,罗伯茨的作品"描写得不够细致入微"。这位"双目失明"的主编经常对他大叫:"让我看见,你没有让我看见。"罗伯茨说:"对一名撰稿人来说,没有比'让我看见'更好的警告了。成功作品的最佳境界就是让你的读者如临其境。它是伟大作品的本质所在。"②

如何成为优秀的记者?美国新闻写作指导教师卡罗尔·里奇总结说:"让读者看见,令读者在乎,遵循这两条原则,你将造就出获奖记者。"③卡罗尔·里奇将展现——让读者看见作为成为优秀记者的首要法宝。

俄罗斯著名作家托尔斯泰是展现大师。他告诉我们自己是如何写作的:"我不讲述、我不解释,我只是展现,让我的角色替我说话。"④

我们来看下面这条新闻是如何展现的:

---

① 门彻.新闻报道与写作[M].展江,主译.北京:华夏出版社,2003:211.
② 门彻.新闻报道与写作[M].展江,主译.北京:华夏出版社,2003:300.
③ 里奇.新闻写作与报道训练教程:第 7 版[M].钟新,主译.北京:中国人民大学出版社,2004:5.
④ 门彻.新闻报道与写作[M].展江,主译.北京:华夏出版社,2003:174.

| 丘吉尔辞职 |

【合众社伦敦(1955 年)4 月 5 日电】 丘吉尔今天含着眼泪辞去了英国首相的职位，"血和泪"已成为光荣历史。艾登是他的继承者。

这位 80 岁的战士曾向他的女王作了一次历时 42 分钟的辞职觐见，然后回到唐宁街官邸，老相毕露，默不作声地站着。他举起手指作成一个 V 字，来表示胜利，眼泪在他的眼中闪闪发光。这时，白金汉宫正式公布，他已经辞职了。

伦敦的全国性报纸还在罢工，表明他那半世纪的伟大人生将在静默中结束，这是对这个伟人的讽刺。

他在唐宁街下车，不自然地向成千欢呼的群众挥动他的雪茄。他们不断地欢呼着。

"你好！老温尼。"他们拼命这样叫，希望他讲话。

这位老人脱掉了他的大礼帽，光着头站着。他的左手拿着雪茄，嘴唇上勉强挂着笑。这时，他们大叫："说话呀，说话呀。"

他似乎在迟疑着，接着摇摇他的老脑袋。虽然如此，他的右手渐渐举起，用手指以 V 字作为胜利的标志，脸上仍然是战争年代的满怀信心的表情。

他的眼睛水汪汪地，泪水越聚越多。他转过身来，慢慢地爬上两级宽广的石级，走进有铜环的唐宁街 10 号的大门。

当丘吉尔今天决定不出席下院时，他使议员和公众大失所望。但是，由于他是一个情感丰富的人，他知道自己面对议员们的眷恋之情时，会激动得失态。他决定最好让他的辞职一事在不引起下院作公开表示的情况下悄悄地过去。

在下午 6 点零 3 分时，大约有 500 人站在唐宁街 10 号的街对面，希望丘吉尔可能出现一下。

丘吉尔做了 8 年零 7 个月又 25 天的首相，他做了两次首相——从 1940 年 5 月 10 日到 1945 年 7 月 26 日和从 1951 年 10 月 26 日到 1955 年 4 月 5 日。丘吉尔第一次离开唐宁街 10 号在 1945 年，那是选民把他选走的。今天，他自己决定离开。这是对一位年高望重的人的奖励。

傍晚以后，唐宁街 10 号外面大约有 500 人来来往往，而且人们不断高喊"我们要温斯顿——我们要温斯顿"达半小时之久，有时人们还唱道："因为他是一位愉快的好人。"[1]

合众社记者运用展现的手法，让丘吉尔的形象活灵活现地呈现在读者面前。"这位 80 岁的战士""含着眼泪"辞去了英国首相职务。在"成千欢呼的群众"面前，他举起手指"以 V 字作为胜利的标志"，脸上显示出"战争年代的满怀信心的表情"，这是他自信和自豪的一面，但仍然抑制不住内心的苦痛，"眼泪在他的眼中闪闪发光"。新闻中三次描写丘吉尔的眼泪，只有一次是含着眼泪，另外两次都是眼泪流淌，其中，第三次更是"眼睛水汪汪地，泪水越

---

① 李大卫,石维,艾顿.合众社百年新闻佳作[M].西安:陕西师范大学出版社,2002:103－104.

聚越多"。政治家一般不会轻易在人前流泪,但丘吉尔实在是情难控制,只能让眼泪止不住地往下流。三次流泪的描写,表明丘吉尔是一个感情丰富的人。流泪既是情感丰富的表现,也隐含着大权旁落,未免感到失落和失意,因此面对欢呼的群众,"嘴唇上勉强挂着笑"。而回到唐宁街官邸时,更是"默不作声""老相毕露",内心的酸楚不言而喻。在这里,一个失去权力后,失意、苦涩乃至伤心落泪、感情丰富的首相形象呈现在读者面前。

2. 现场感

"展现,而不讲述",就是通过绘声绘色的现场描写,再现新闻事件和新闻人物,将读者带入新闻现场之中,使读者如临其境、如见其人、如闻其声。

"无论什么背景什么个性的优秀记者都共享一种至上的动力,那就是进入故事的中心,然后把读者带到现场。"①

| 阿根廷欣喜若狂 |

【埃菲社布宜诺斯艾利斯(1990 年)7 月 3 日电】　今天黄昏时刻,数以千计的人群涌上布宜诺斯艾利斯的街头,欢呼阿根廷队的关键性胜利。

电视转播一结束,人们就欣喜若狂,纷纷走出家门和工作单位,走向独立纪念碑广场欢庆。许多人从大楼上往下抛撒了数百万张彩色纸片,天空犹如下了一场彩雪。

年轻人脸上涂着阿根廷蓝白两色的国旗图案,手里挥舞着国旗,热情地呼喊着阿根廷队守门员戈伊凯切亚的名字,因为他在最后决定胜负的踢点球赛中起了关键的作用。还有不少人穿上阿根廷队员穿的球衣欢呼雀跃,有的还敲着锅盖又唱又跳。

阿根廷总统在政府大厦观看了这场比赛。在看到阿根廷队获胜时激动得热泪盈眶,他说,这是一场非常精彩的表演。

梅内姆在观赛中看到阿根廷队的中卫朱斯蒂被罚下场时,气得直骂法国裁判沃特罗特,说他是"祸水"。他说,要不是这样,比赛也不会拖这么长时间,阿根廷队也没有必要去受这份罪。梅内姆对阿根廷队在这场比赛中的表现大加赞赏。当他看到卡尼吉亚头球破门时,兴奋得跳了起来,同坐在他旁边的人紧紧拥抱。②

这条新闻对阿根廷队获胜后,阿根廷国人狂欢的现场进行了出色的描写。导语是一个远景镜头,描述的是一个宏大的场面。第二段是两个中景镜头,人们"纷纷走出家门和工作单位,走向独立纪念碑广场欢庆"。大楼上抛撒下"数百万张彩色纸片",犹如下了一场彩雪。这里的几个动词,如"涌""抛撒",把阿根廷民众欣喜若狂的激动心情充分展现了出来。第三段是一组近景镜头,年轻人脸上涂着国旗图案(外貌),身上穿着球员穿的球衣(外貌),手里挥舞着国旗(行动),口中呼喊着球员的名字(语言),更有人"敲着锅盖又唱又跳"(细节、行动),从民众的外貌、行动、语言、细节等多个角度来写民众的"欢呼雀跃"。这前面三

---

①　里奇.新闻写作与报道训练教程:第 3 版[M].钟新,主译.北京:中国人民大学出版社,2004:5.
②　程道才.中外新闻作品赏析[M].北京:中国广播电视出版社,1996:110.

段是对"面"的描写,下面两段则是对"点"的描写,通过几个特写镜头,写阿根廷总统的现场情绪。阿根廷球员被罚下场时,他"气得直骂";阿根廷球员头球破门时,他兴奋得"跳了起来",同坐在他旁边的人"紧紧拥抱";阿根廷队获胜时,他"激动得热泪盈眶"。动词"骂""跳""拥抱",将总统嬉笑怒骂的神态和情感栩栩如生地表现出来。整条新闻有点有面,通过多个镜头,从民众和总统的外貌、行动、语言、细节等多个方面将读者带到新闻现场,使读者在感受阿根廷人民欢庆胜利的现场时忘记了记者的存在,仿佛自己已经置身于新闻现场之中,和现场的阿根廷人民一同狂欢。

3. 使用类比

类比是把两种具有相同特征的事物放在一起进行比较,使枯燥、难懂的事物、概念等让读者觉得非常熟悉、非常容易理解和接受。

科学家在南极冰原发现大隧道　高度接近埃菲尔铁塔

2014 年 8 月 27 日　07:18　来源:环球网

【环球网综合报道】据台湾"中央社"8 月 26 日报道,英国科学家团队在南极洲冰原下方,发现几乎和巴黎埃菲尔铁塔一样高的巨大隧道。

英国《每日邮报》(*Daily Mail*)报道,来自英国多所大学以及英国南极勘测(British Antarctic Survey, BAS)的研究人员,搭乘飞机飞越西南极洲的菲尔希纳龙尼冰棚(Filchner - Ronne Ice Shelf)时,发现了此隧道。此隧道高 820 英尺(约合 246 米),高度是 213 英尺(约合 61 米)的伦敦塔桥的 4 倍,几乎赶上 987 英尺(约合 296 米)的埃菲尔铁塔。

机上雷达和卫星照片揭示,冰原表面的冰脊和洞穴显示底部存在隧道。科学家先前认为,在冰原下流动的融水,会浅浅地大范围流动。不过数据显示,融水在冰原下流动,就像河流般。科学家根据隧道位置推测,很可能是冰棚下的冰块融化后,融水在冰原下流动,经过陆地再流往海洋,最后形成隧道。

英国科学家团队在南极洲冰原下方发现了一个巨大隧道,如何让读者感觉到这个隧道的巨大呢?如果只是用一个空洞的形容词,读者会感到一片茫然,无法具体地感知其真实高度。于是,记者用了两个类比:隧道高度是伦敦塔桥的 4 倍,接近埃菲尔铁塔。英国读者知道伦敦塔桥的高度,也知道埃菲尔铁塔的高度,埃菲尔铁塔世界知名,中国读者也比较熟悉,这样一类比,读者就非常明白了。其实,隧道的实际高度是 246 米,而埃菲尔铁塔高度是 296 米,相差 50 米,但是,用"接近"来类比,能够产生很好的传播和接受效果。

4.使用比喻

如上所述,类比是把两种具有相同特征的事物放在一起进行比较,而比喻则是把一样东西比作另一样东西。

比喻常常能够形象地展现出事物的状貌,让读者可视可感、可触可闻,将读者理解、接受困难的事物形象地呈现在读者面前。

宇宙是一个读者难以理解、难以想象的事物。英国天文学家詹姆斯·金斯(James Jeans)在谈到宇宙时,做了这样一个比喻:"把 3 颗沙粒放进一个巨大的教堂,教堂里沙粒的密度远远大于太空中恒星的密度。"①宇宙中的天体如星星、月亮,就像沙粒在巨大的教堂中一样渺小。这样一个比喻,就使读者感觉到宇宙的巨大无比。

在一位记者的报道中提到"二战"中的军人相貌苍老,"他们没人看起来年轻,20 岁甚至 18 岁的小伙子看起来都像 40 岁出头的人"。这位记者用了一个比喻:这些士兵的皮肤看起来"好像那种编织粗糙、发皱的粗布一样"。② 对士兵皮肤的比喻,非常新鲜、贴切,使读者能够感觉到军人的苍老和所受的磨难与煎熬。一位记者写一个妇女很胖、身材硕大,用了一个比喻,"身体像座谷仓"。③ 这个形象的比喻,可以让读者想象出这个妇女身材的壮硕、体态的丰满。

5.将枯燥的信息形象化

"讲述不仅使阅读枯燥,而且使读者被动地接受信息。展现则让读者自己想象、自己得出结论、经历顿悟。"④

运用展现的方法,会使读者乐于接受一些抽象、枯燥的内容,将没有生命力的事物生命化;将静止的事物动态化、动感化;将抽象的事物形象化;将不容易理解的内容形象化,使读者容易理解。总之,运用展现的方法,会让读者好像亲眼目睹、亲耳所闻、亲身所感一般。

在市长宣布新财政预算后第二天早晨,美国纽约两家报纸是这样报道的:

> 昨天,林赛市长把公共安全设施列为明年优先支出的第一个项目,这有别于他去年提出的首要支出目标,去年的首要支出目标是创建干净街道。(《纽约时报》)
>
> 昨天,林赛市长放下了扫帚,捡起了警棍,他将添置执法设施放在了下一个财政年度市政建设计划的首位。(《每日新闻》)⑤

---

① 门彻.新闻报道与写作[M].展江,主译.北京:华夏出版社,2003:178.
② 斯隆,麦克拉里,克利里.普利策新闻奖最佳作品集[M].丁利国,等,译.北京:中国新闻出版社,1987:47.沃尔福特.美国兵索罗门群岛勇挫日寇记[N].北美联合报,1942(11).
③ 斯隆,麦克拉里,克利里.普利策新闻奖最佳作品集[M].丁利国,等,译.北京:中国新闻出版社,1987:60.福利德."哥伦比亚人":效仿希特勒 迎奉"小人物"[N].华盛顿邮报,1946(12-3).
④ 门彻.新闻报道与写作[M].展江,主译.北京:华夏出版社,2003:176.
⑤ 门彻.新闻报道与写作[M].展江,主译.北京:华夏出版社,2003:126-128.

两条政府新闻写的都是同一件事,但第一条新闻比较抽象、干巴巴的。第二条新闻将枯燥的内容形象化,用"警棍"指代"公共安全设施",用"扫帚"指代"创建干净街道",两个实实在在的工具性物体让读者看得见、摸得着,显得更有趣,也更能令读者接受。

中国民间流传的一些歇后语、谚语,很多都是通过运用展现的方法来说明道理的。如:说一个人直爽,是"巷子里赶猪——直来直去";说左右为难,是"矮子骑大马——上下两难";说越来越好、步步高升,是"芝麻开花——节节高";说清楚、明白、鲜明,是"小葱拌豆腐——一清二白"……中国民间的歇后语和谚语表现出来的"展现"智慧,值得让新闻记者借鉴。

6. 展现第二手材料

一般来说,记者展现而不是讲述新闻人物和事件的故事,必须是记者自己亲眼所见、亲耳所闻、亲身所感,即必须是记者采访得到的第一手材料。但是,有很多新闻事件,记者是根本不可能到达现场、不可能得到第一手材料的。在这种情况下,如果记者实在采访不到第一手材料,也可以通过第二手材料来展现。

通过第二手材料来展现,就是让消息来源说话。有些采访对象很善于表达、描述和展现,当记者在采访时遇到了这类善于活灵活现地描绘事件现场、描绘人物和事物的采访对象时,记者一定要认真听、用心观察、完整记录。

| 美中建交最感意外的是卡特总统派驻台湾大使 |

【合众国际社台北十二月十九日电】 对于美国总统吉米·卡特突然决定承认北京一事,最感意外的莫过于他派驻台湾的大使。

上星期五,正当昂格尔大使兴致勃勃地参加美国商会举办的圣诞舞会时,一个助手要他去接电话。

这位个子矮小、皮肤黝黑的外交官离开舞厅时的时间是夜间十一时(华盛顿时间上午九时),他紧皱眉头。

他在四十五分钟后回来时,原先情绪轻松的昂格尔像是变成了另外一个人。

那天晚上举办舞会的商会会长罗伯特·帕克(Robert Parker)回忆说:"他显得十分严肃,心事重重。"

这位大使对帕克说:"今天安排得这么好,谢谢你了;不过,我得走了。"

陪同昂格尔到美国军官俱乐部(注:举行舞会的地方)门口的另一位企业家回忆说,大使"神经紧张,而且有些颤抖"。

当昂格尔和他的妻子钻进他们的黑色官方轿车时,他说:"但愿我听到的消息是错的。"

五百名客人中留下的一些人就大使的这番话进行了猜测,但是谁也没有料想到这是华盛顿与北京建交。

昂格尔访问了总统府,并安排了在星期六凌晨二时同蒋经国进行一次意义重大的会晤。

　　六十八岁的蒋经国从床上被叫起来,穿着绿色灯芯绒上衣和便裤会见了他的仍穿着晚礼服的客人。

　　蒋经国和他召来的一位部长默默地读着卡特的来信。

　　外交部次长钱复后来说,蒋立即提出抗议。

　　昂格尔说,他"记下了"总统的话,鞠了一躬,离开总统的住处。

　　那时的时间是凌晨三时五十分。

　　这篇新闻使用的材料都是第二手材料,而非记者在现场亲眼所见、亲耳所闻、亲身所感的第一手材料。显然,记者既没有参加舞会,也没有参加总统与大使的会见,整个材料主要采用的是目击者的事后回忆。

　　昂格尔大使的面部表情、情绪、心态和语言,是通过那天晚上举办舞会的商会会长罗伯特·帕克(Robert Parker)的回忆和另一位参加舞会的企业家的回忆而获得的。蒋经国惊慌失措、匆忙会见大使,不顾外交礼节的着装,加之其神态和态度,以及整个会见的情形,主要是通过外交部次长钱复的回忆而来。记者通过第二手材料展现了当知悉美中建交的信息后美国驻台湾大使的惊讶、紧张和一时难以理解,台湾"总统"蒋经国的惊慌、失礼和无法接受的愤怒,等等,将其描绘得栩栩如生、跃然纸上。

　　一般情况下,记者要慎用第二手材料展现新闻人物和事件,只有在记者无法得到第一手材料而新闻人物和事件又非常重要,记者报道的信息是读者欲知、应知的信息时,记者才能采用这种展现的方法,再现新闻人物和事件。

(二) 对话

　　描写人物的对话与行动,也是展现。

　　《艾丽斯漫游奇遇记》中的艾丽斯说:"如果没有图片和对话,那么书又有什么用呢?"[1]图片能给人更直观的印象,而对话则可以让读者有如闻其声的感觉。梅尔文·门彻要求记者要让新闻中的人物说话、行动。"好作者会让被采访者的语言和动作来做这个工作。""如果做到了这一点,那么读者就能真正走进报道中去。本来横亘于事件和读者之间的记者消失了。"[2]

　　人物的语言包括两个方面:一是直接引语(详见本书第六章"引语和消息源"),二是对话,两相比较,对话能够更直观地呈现出新闻事件的环境、状态,能够更准确、直接地表达人物的性格和内心世界。

1. 对话展现新闻事件

　　对话能够展现新闻事件,让读者进入报道,忘记记者的存在。人物的对话,可以展现新

---

[1]　门彻. 新闻报道与写作[M]. 展江,主译. 北京:华夏出版社,2003:180.

[2]　门彻. 新闻报道与写作[M]. 展江,主译. 北京:华夏出版社,2003:177.

闻事件的进展、意义。

1987 年 5 月 6 日至 6 月 2 日,黑龙江省大兴安岭地区发生特大火灾,这是新中国成立以来最严重的一次森林火灾。火灾造成 210 人死亡,266 人烧伤,烧了 100 万公顷土地、焚毁了 85 万立方米木材。该大火不但使得中国境内的 1,800 万英亩(相当于苏格兰大小)的面积受到不同程度的火灾损害,还波及了俄罗斯境内的 1,200 万英亩森林,是新中国成立以来毁林面积最大、伤亡人员最多、损失最为惨重的一次火灾。

下面是这场火灾到来时一对夫妇的对话:

> 烈火近在咫尺,她,一位被阿尔木林业局连年命名的"三八红旗手",已哭成一个泪人。
>
> 10 余年前,丈夫因公负伤,瘫痪在床。她守护着他,照料着他,如同侍弄襁褓里的孩子。青梅竹马的恩爱夫妻,两颗心早已熔铸到一起。她给他带来了生的勇气,活的乐趣。
>
> "不能背走你,我就守着你。要死,咱俩也死在一块。"一个孱弱的女人,在烈火面前做出了自己的抉择。
>
> "你要是真的爱我,可怜我,快带孩子逃命去吧!"不能让她为自己殉葬——一个瘫痪男子汉的抉择。
>
> "不。我不能丢下你不管。"
>
> "我求求你了,不为别的只为了咱们的孩子,快,快走吧!"
>
> "不。"一双泪眼注视着丈夫。
>
> "快走,你给我快走,你这是在坑害我呀……"他挣扎着,发怒了,就像一头狮子一样地吼叫着。
>
> 生离死别。她走了,泪人似的带着孩子走了。
>
> 大火,吞噬了她的家。大自然撕毁了一个和谐的家庭。①

火灾来临时,一个普通家庭面临灭顶之灾。记者通过对话,将读者带到了火灾现场:瘫痪在床的丈夫和柔弱的妻子生离死别,经过一番激烈的争执,在丈夫的强烈要求和催促下,为了孩子,妻子不得不忍痛将丈夫留在火海里。在灾难面前,人性的刚强与高尚,人的渺小、苦难与无能为力,通过对话充分表现了出来。

美国记者史蒂夫·斯滕伯格(Steve Sternberg)采用对话的形式报道美国亚特兰大一位身患艾滋病的青年的最后死亡过程,新闻开篇是这样写的:

> 汤姆·福克斯用尽全身的力量挣扎着坐起,伸出手臂让他母亲亲吻。他们亲吻着,拥抱着,直到他精疲力尽,瘫倒在医院的病床上。
>
> "你害怕吗?"福克斯太太问。

---

① 雷收麦,李伟中,叶研,贾永.黑色的咏叹[N].中国青年报,1987－06－27.

汤姆摇了摇头:"不"。

"太可怕了",福克斯太太站在儿子病房的外面,"真是太可怕了,我不敢相信这是真的"。病房内,牧师正在祷告,祈求汤姆"奔向天国"。

在这个七月的早晨,一家人聚集在俄勒冈州尤金市一家医院的特护病房前,帮助汤姆告别人世。他已经决定拔掉那个帮助被艾滋病侵蚀的肺部输入纯氧的软管。他知道自己再也不能回到家乡亚特兰大,即使那个输氧管也不能让他的生命维持太久。

"他准备见见我们每个人",老罗伯特·福克斯对他另外两个儿子小鲍勃和约翰说。

现在是早上 8:30,汤姆躺在病床上,戴着眼镜,胸前放着一块木板。由于输氧管从他的声带穿进,写字就成了他唯一的交流手段。他的皮肤已变成灰色的。

护士准备给他注射吗啡,以减轻痛苦,减少挣扎。

"当他们把管子拔下来,就什么事也没有了",多丽丝·福克斯对他的儿子说,"我会紧紧地抱着你,从来没有过的那么紧。我们都会拥抱你"。

"我爱你们,爱你们每一个人,你们都是我的好儿子",她对小鲍勃说。"我爱你",她对丈夫说,"我们都已尽力了,是吧?"

"三个好儿子",老鲍勃对他的妻子说。当护士关掉汤姆的心电图显示器时,他毫无顾忌地放声痛哭起来。

面对护士的行动和亲人无法掩饰的悲痛,汤姆显得很平静,他要了一杯冰水,费力地用勺把它送进输氧管下的嘴里。

小鲍勃站在床边,抚摸着他兄弟的头发,不忍心看他。他眼睛红红的,看着窗外的远山和城外的冷杉。

"怎么了,鲍勃?"老鲍勃问他的儿子。

8:45,医生进来了。他衣冠楚楚,灰蓝色的夹克、深蓝色的领带、黑色的裤子。他解开了通向汤姆鼻孔的输氧管的结扣。

"咱们走了,汤姆",医生说。

他很利索地拔掉了皱褶状的输氧管。

过了一会儿,氧气似乎排出了。"他可能有一小会儿感觉非常好,甚至可以与你们说话"。马修·普尔维斯大夫说。

"手帕",汤姆说。他用力擤了擤鼻子。

多丽丝看着儿子,泪流满面。她强作欢颜笑了一声。过去一周,汤姆曾几次要求擤一擤鼻子。

"擤擤鼻子一定很舒服",他母亲说。

"那个该死的长导管",呼吸科医生说。

"这个家伙",汤姆说,过了一会儿,他说,"我不能呼吸"。

他的胸部一次次起伏,但是很弱。他没有力气了。"我不能呼吸",他又说了一遍。这时他已预感到接下来的一切:鱼离开了水,无济于事了。

"他睡着了",多丽丝说着,俯身抚摸着他的前额,"他现在睡着了,我爱你,我是多么爱你,儿子"。

"放松点,呼出气来,慢一点,汤姆,慢一点,我们都和你在一起。"

"他正在呼吸",他的父亲老泪纵横。

汤姆喘着气,费力地呼吸。他的眼睛睁开了,但是不能说话。

"晚安,汤姆",小鲍勃说,他的头转向后面,张着嘴,呜咽着。

"基本上完了",普尔维斯大夫说。

"他还活着,汤姆",多丽丝说。

床上的汤姆一动不动了。

"完了",她说。

每个人依次走到床头,亲吻汤姆的前额。

"我永远不会如此坚强",约翰说。

"真舍不得他",多丽丝说,"我想看看他受的磨难,他不愿让我们看到他临死的场面"。

她扳开他的腿,"就像皮革一样"。

"太硬了",他的父亲说,"总有一天能治好这种病"。

"现在还不行",多丽丝说。①

上面这段新闻报道,通过对话来表现人物最后的生离死别,家人在病床前陪同亲人走完最后一段人生里程,让人不忍卒读。汤姆父亲无所顾忌的伤心、汤姆母亲的强忍痛苦、汤姆兄弟鲍勃的不忍直视和力图转移视线又无法克制的呜咽、汤姆兄弟约翰对汤姆坚强的尊崇、汤姆本人对死亡的平静与从容以及医生面对死亡职业化的冷漠与司空见惯,都通过对话的方式和现场描写表现了出来。新闻的结尾,通过兄弟约翰的直接表达和母亲与父亲的对话,充分表现出汤姆在与病魔抗争时所显示出来的坚韧与顽强。

2. 对话展现新闻人物

语言是人物思想的直接体现。中国古语云,"言为心声",人物语言表达的是人物的心理和性格,表现的是人物的精神状态,记者要善于通过人物的对话来表现人物,"使读者看了对话,便好像目睹了说话的那些人"(鲁迅,《花边文学·看书琐记》)。也就是说,记者要通过对人物的对话描写,让读者看出人物丰富、微妙的内心和人物独特的性格特征。

退伍军人昂鲁与街坊邻居有矛盾,他感觉受到了欺负,突然发飙,拿起枪在其所在街区冷静而又疯狂地射杀街邻,一口气杀死了 12 个人。昂鲁打了大约 30 枪,子弹用完,回到自己的卧室。警察包围了昂鲁的住所,"扔出了一颗催泪弹,催泪弹砸碎玻璃后落入屋内。其

---

① 莱特尔,哈里斯,约翰逊.全能记者必备:第 7 版[M].宋铁军,译.北京:中国人民大学出版社,2005:188 - 190.

他警察嘶哑着嗓子嚷着让昂鲁投降。他们架好机枪和滑膛枪,对准了昂鲁的窗口"。

在这个时候,记者展现了一场非常奇妙的对话:

这同时,发生了一件令人好奇的插曲。《卡姆登信使晚报》的本市新闻编辑副主任菲利普·W.巴克斯顿在电话本上找到了昂鲁的名字,他照着卡姆登 4 - 2490W 这一号码拨了个电话。这时刚过上午 10 点,恰好昂鲁回到房间里。使巴克斯顿先生惊讶的是,昂鲁接了他的电话。昂鲁用平静、清晰的声音答应后,巴克斯顿先生问道:

"是霍华德吗?"

"是的,你要的霍华德姓什么?"

"昂鲁。"

退伍军人(昂鲁——引者注)问巴克斯顿先生想干吗。

这位新闻编辑问道:"是否能告诉我,他们在那里对你做了些什么?"

昂鲁沉吟片刻,说:"他们没对我做什么——不过,我倒对他们干了不少事。"他的声音仍很平稳,没有一丝歇斯底里的痕迹。

巴克斯顿先生问他杀了多少人。

退伍军人答道:"我不知道。我没数,好像有 12 个吧。"

"你干吗要杀人?"

"不知道",回答很干脆,"我还不能回答。我以后才能跟你说,眼下我很忙"。

电话"砰"的一声挂断了。

昂鲁确实很忙。催泪弹起了作用,警察的子弹噼噼啪啪地打在他周围的墙壁上。射击停止的间歇,警察见白色的窗帘在晃动,瘦削的杀人者走了出来。

"好了",他喊道,"我投降,我下来了"。

"枪在哪儿?"一位中士喊道。

"在我书桌上,在屋里",昂鲁平静地朝下喊道,"我下来了"。

30 支枪把枪口对准了这破烂小屋的后门。几秒钟后,门开了,昂鲁走到了光亮的地方,举着双手。赖特中士在明媚的晨光中,跨过院子中的菊花花床,把手铐套在了昂鲁的腕子上。

"你怎么回事儿",一个警察火气十足地教训道:"你神经不正常?"

昂鲁眼睛直勾勾地、冷冷地盯着这警察说:"我没神经病,我脑袋很好使。"①

对话把读者带入新闻现场的情景中,展现出事件的戏剧性。在这样重要而又紧张的时刻,杀人者却表现得非常冷静、若无其事,既没有歇斯底里地大喊大叫,也没有感到害怕、慌张,而是从容不迫。即使是被警察抓住后,他也同样表现得没有一丝紧张、恐惧,而是冷冷

---

① 斯隆,麦克拉里,克利里.普利策新闻奖最佳作品集[M].丁利国,等,译.北京:中国新闻出版社,1987:77 - 78.伯杰.一暴徒持枪行凶 十二人死于非命[N].纽约时报,1949 - 09 - 07.

地、直勾勾地盯着警察,语气自然地说话。人物从冷静到冷酷、军人生死不惧的性格,都通过对话鲜明地体现了出来。

在运用人物的语言再现人物形象时,人物的语言必须是实有其言,不能虚构或随意夸张渲染;要尽量写出人物的个性化语言,不要让读者感觉千篇一律。

中国文学尤其是中国古典文学不太注重对话,新闻记者也常常受到中国文学的影响,体现在新闻作品中,表现为不太注重描写人物的对话,不注重通过对话来展现新闻事件和新闻人物。今天的记者应该加强对新闻人物对话的描写,展现新闻事件和新闻人物。

(三)行动

人物的行动受人物的思想支配,有什么样的思想,就会有什么样的行动。记者要善于抓住新闻人物个性化的动作来展现新闻人物,选择最能体现新闻人物的性格特征,符合新闻人物的身份、地位和特点的动作来再现新闻人物。

1.通过动作来展现新闻人物

黑格尔说:"能把个人的性格、思想和目的最清楚地表现出来的是动作,人的最深刻方面只有通过动作才能见诸现实。"从这个意义上说,特稿中展现新闻人物性格和心理最有力的手段之一就是通过动作来展现新闻人物,展示其独特的性格和丰富复杂的内心世界。

| 日本签字投降 |

〔美〕霍默·比加特

【本报(1945年)9月2日电】 (发电地点:东京湾 美国"密苏里"号战舰上) 今天上午9时05分,日本外相重光葵在无条件投降书上签字。日本终于为它在珍珠港投下的赌注付出了代价,失去了其世界强国的地位。

重光葵步履蹒跚,拖着木质假腿走到铺着粗呢台布的桌子旁,桌子上放着投降文件,等着他签字。如果人们不是对日军战俘营中的暴行记忆犹新的话,也许会不由自主地同情重光葵。

他把全身重量都压在手杖上,好不容易才坐下来。他把手杖靠在桌子旁,然而,在他签字的时候,这手杖倒在甲板上。

道格拉斯·麦克阿瑟将军致词后,做了一个手势要重光葵签字。他们两人没有说一句话。

麦克阿瑟代表对日作战的国家签字受降,乔纳森·温赖特中将和珀西瓦尔中将在他两旁肃立。温赖特中将在科雷吉多尔岛失守后被俘,长时期的战俘生活,把他折磨得憔悴不堪。珀西瓦尔中将在大战中另一个不幸的日子里放弃了新加坡,向日军投降。

两位中将在场,使人们不由得想起,1942年上半年,我国处于几乎无可挽回的失败的边缘。

> 日本代表团由 11 人组成,他们衣着整洁,表情悲哀。重光葵身穿早礼服大衣和带条纹的裤子,头戴丝质高帽,双手戴着黄色手套。在"密苏里"号军舰上,参加整个仪式的任何一方都没有同日本人打招呼,唯一的例外是日本外相的助手,有人同他打招呼,是因为要告诉他在哪里放日本请求无条件投降的文件。
>
> 当重光葵爬到右舷梯顶端,登上"密苏里"号甲板时,脱掉了他的高帽子。①

这条新闻对日本外相重光葵的动作描写比较出色。重光葵出场时,"拖"着木质假腿;签字的时候,全身的重量"压"在手杖上,这两个动词,表现的是战败者受伤、孱弱、不堪一击的病态;在结尾处,重光葵"爬"到右舷梯顶端,登上"密苏里"号甲板时,"脱"掉了他的高帽子。不可一世的侵略者终于还是低下了他那傲慢、自负的头。在他签字的时候,他的手杖"倒"在甲板上。这个"倒"字一语双关,不仅是手杖的自然倒地,更重要的是暗示侵略者的失败和覆灭。新闻通过抓住重光葵几个富有特征性的动作,配合表情和外貌的描写以及强烈的现场感,生动地刻画出日本外相重光葵的狼狈和失魂落魄的神态,暗含对战败者的嘲弄、讽刺、谴责。

2013 年 7 月 23 日晚上 8:50,北京大兴区庑殿路发生一起恶性事件。刑满释放人员韩磊因停车与推着童车的女士徐梦(化名)发生争吵,继而动手打人。记者写道:

> 距事发地 20 米,烧烤摊老板罗先生透过吆喝声、啤酒瓶的撞击声,连续听到"啪啪"的声响。
>
> 罗先生抬头望去,"啪啪"声来自一对男女之间,身穿灰色上衣、黑色短裤的男人(韩磊——引者注),左手死死拽着一白衣女子的头发,右手使劲地甩女子耳光,"左右开弓"。罗先生记得,时间是晚 8 点 50 分。

新闻先是描述了声响,然后用了两个动词"拽""甩",写出了这个邪恶男子飞扬跋扈、嚣张与凶狠的一面。之后,韩磊更是做出了骇人之举:

> 熟睡的依依②,被韩磊抱出童车,举过头顶,砸向地面。
> 地面上的她,仰面朝天,没睁开眼,也没来得及吭一声。③

这里用了三个动词"抱""举""砸",三个动作瞬间完成,没有一丝犹豫,没有一丝悔意。一个动作比一个动作凶残、狠毒,最后的"砸"字,把这个充满戾气的人渣令人惊恐的动作淋漓尽致地表现出来。新闻报道发出后,全国民众悲愤地声讨、强烈地谴责这个人渣。女童没有救活,韩磊也得到了应有的惩罚:执行死刑。

如果动词运用得当,有时只需要一个动词,就能充分表现人物的个性与内心世界。

---

① 纪元.小记者新闻启蒙读本[M].乌鲁木齐:新疆人民出版社,2002:277 - 278.

② 化名,两岁半女童,白衣女子的女儿——引者注。

③ 杨锋.北京重摔女童嫌犯曾殴打狱警 后接连四次减刑[N].新京报,2013 - 07 - 27.

美国记者埃德加·斯诺(Edgar Snow)在《西行漫记》中这样写彭德怀：

> 有一天,红二师进行演习,我正好同他在一起,要爬一座很陡峭的小山。"冲到山顶去!"彭德怀突然向他气喘吁吁的部下和我叫道。他像兔子一般窜了出去,在我们之前到达山顶。[1]

这里,记者只用了一个动词"窜",配合一个比喻"像兔子一般",就把彭德怀动作敏捷、精力过人以及吃苦耐劳、直截了当、不转弯抹角的性格和作风呈现在读者面前。

2. 使用动词展示新闻事件

"新闻就是动作",美国《俄勒冈人报》写作教练杰克·哈特(Jack Hart)说。他批评记者们经常"把生活从一个充满动感的世界中挤了出来"。他说:"我们描写旅馆墙上留下了成千上万的子弹孔,而不知道去说子弹把旅馆打成了麻子。我们报道一个跳伞者周一死于伞未打开,而不会使用动作动词比如陡直跌下或者猛冲而下。"[2]

动作需要通过动词来表达。展现新闻事件一个比较好的方法,就是使用动词。

1945 年,美国人将原子弹投到日本长崎,当它刚刚爆炸时,记者是这样写的:

> 正当这东西似乎已凝固起来时,从它顶端突然冒出一朵庞大的蘑菇云,使它的高度长到了 4.5 万英尺。这团蘑菇云比这柱形东西更加活跃,它的躯体里翻滚着浓白色的烟火,在愤怒地扭动着,咆哮着,带着嘶声向上冲去,接着又朝下扑来,活似无数个叽叽喳喳的老妇人骤然融为一体。
>
> 这头东西像头怪兽,怀着巨大的愤怒在挣扎着,仿佛要极力挣脱将它捆绑于大地的羁绊。仅仅几秒钟,它就摆脱了柱体,迅猛地向上飞去,直达 6 万英尺高空的同温层。[3]

这里,一系列动词表现了原子弹刚刚爆炸时的情形。"冒""长""翻滚""扭动""咆哮""冲""扑""挣扎""挣脱""摆脱""飞""直达",这些动词充分展现了原子弹爆炸瞬间的巨大力量、瞬息万变的状态、大起大落剧烈运动的恐怖,表现了原子弹毁灭性的威力,使读者感到惊恐万分。

▎荣高棠大叫:郎平不要哭,要笑! ▎

【《羊城晚报》(1984 年)8 月 8 日急电】 (特派记者 苏少泉) 当中国女排的张蓉芳最后一击,中国队以3:0将美国队打败后,在现场观战的中国代表团顾问荣高棠、路金栋、黄中以及香港知名人士霍英东先生都跳了起来,冲出贵宾席,向中国女排祝贺。中国姑娘

---

① 斯诺.西行漫记·彭德怀印象[M].上海:生活·读书·新知三联书店,1979.

② 里奇.新闻写作与报道训练教程:第3版[M].钟新,主译.北京:中国人民大学出版社,2004:243.

③ 斯隆,麦克拉里,克利里.普利策新闻奖最佳作品集[M].丁利国,等,译.北京:中国新闻出版社,1987:57.劳伦斯.记者目睹原子弹坠落长崎[N].北美联合报,1945-09-09.

们兴奋地互相拥抱。

荣高棠大叫：郎平不要哭，要笑！荣高棠对记者说，相信全国 10 亿人都注视着这场比赛。女排姑娘们没有辜负祖国人民的期望，出色地完成了任务。霍英东先生说，中国女排太出色了。3:0 直落取胜，是最大的光荣。这面金牌分量特别重。

……①

中国女排战胜了最强的对手美国队，就意味着冠军的获得成功在望。因此，当中国女排打败美国队后，在现场观战的体育界权威人士和香港著名企业家的兴奋之情无以言表。他们都"跳"了起来，"冲"出贵宾席，向中国女排祝贺。而女排姑娘们则兴奋地互相"拥抱"。导语中的这三个动词，尤其是"跳"和"冲"两个动词的使用，把现场气氛和新闻人物的激动之情淋漓尽致地展现出来。荣高棠的"大叫"，至少有三层意思：一是非常高兴；二是因为看到郎平喜极而泣，既是安慰她，胜利了，不应该哭，应该笑，又是阻止她哭；三是现场比较喧闹、嘈杂，大家都非常高兴，荣高棠的声音太小了，郎平会听不见，所以要"大叫"。"大叫"二字把现场热烈、欢腾的气氛和新闻人物的激动之情生动地表现了出来。美中不足的是这条新闻对郎平的"哭"和荣高棠的"叫"写得比较粗略，如果能够进行比较细致的描绘，就更完美了。而且，这样重要的语言，记者没有写成直接引语，有点遗憾。直接引语的真实性、现场感，非间接引语所能比。

（四）场景

场景，也称情景、环境，是新闻人物和新闻事件赖以生存的处境。小说三要素是"人物、情节、环境"，特稿不是小说，但是具备小说的一些特征。前文指出，记者写特稿要像写小说一样，所以，特稿对场景的描述与设置必不可少。

场景主要分为社会场景和自然场景。

1. 社会场景

社会场景，从大的方面看，是指一定历史时期的社会生活、社会关系的本质特点及其发展趋势；在具体的新闻报道中，则是指新闻事件和新闻人物活动的具体背景、处所、氛围和人与人之间的关系，它是新闻事件发生和发展、新闻人物性格形成的客观条件和依据。

特稿更多的是要设置和表现社会场景。

美国记者隆·萨斯肯德的新闻作品《被排斥的优等生》，对优等生塞德里克·詹宁斯生活的社会场景进行了出色的描写。新闻开头就为新闻人物的出场设置了人物所处的环境：

---

① 刘明华，张征.新闻作品选读［M］.北京：中国人民大学出版社，2004：176 - 177.

【本报华盛顿讯】 近日,一名学生于午餐时间在富兰克林·拜楼中学外被同班同学枪杀。此类事件已发生多起:一名男孩惨遭斧劈丧命;一位女孩在与另一女生械斗中身负重伤;五起纵火案接二连三;一具不明身份的尸体被遗弃在停车场附近……①

塞德里克就是拜楼中学的学生,他就生活在这样的环境里。在他所在的中学,优等生不能表现得太优秀,否则就会招致那些不爱学习、调皮捣蛋的学生的嘲讽、捉弄,甚至殴打。一位优等生菲利普说:

如果像塞德里克一样聪明并为众人所知,在拜楼这个是非之地,你必然成为一个靶子。避免麻烦的最好办法就是,永远不在试卷上写上正确答案。

艾丽丝和欧克塔威(另两位优等生——引者注)点点头,欧克塔威平静地几乎是自言自语地说:"至少要出一个错。"②

这就是塞德里克的学习环境。

在校园环境之外,塞德里克的父亲吉连姆是一名毒品贩。在监狱服刑,父子关系紧张,他的父亲拒绝公开承认塞德里克是其儿子。母亲含辛茹苦地抚养着儿子,日子过得非常艰难。这是塞德里克的家庭环境。

塞德里克费尽千辛万苦,成了麻省理工大学的预科生。但是,由于黑人在方方面面处于弱势,他所受到的教育与白人孩子乃至其他有色人种孩子存在差距。尽管他非常用功,但是,最终还是被麻省理工大学拒之门外。白人社会对黑人若有若无、若隐若现的排斥和歧视,也是他没有能够进入梦想中的麻省理工大学的原因之一。这些优等生"获取好成绩是为了改变因为贫穷、暴力、家庭破裂而受损害的不完美的生活"。虽然少数黑人能够摆脱这种恶劣的环境,但是,作为一个阶层,黑人孩子只能屈从命运、向命运妥协,难以超越。

《被排斥的优等生》全篇对塞德里克所在学校、家庭和社会环境的描述,占据了新闻作品相当大的篇幅。这篇新闻报道凭借对贫困阶层民众深层命运的真实呈现、对深层事实的深入挖掘,荣获 1995 年度"普利策特稿奖"。

2. 自然场景

自然场景,主要是指山川河流、日月星辰、草木虫鱼、城镇村落等自然景物。自然景物的描写,可以衬托出新闻人物的感情和心境,为新闻事件的发生、发展和新闻人物的活动提供相应的场所和环境背景,也可以渲染环境气氛,从而烘托新闻人物的性格,推动新闻事件的发展。

1945 年 9 月初,美国对日本长崎投下原子弹,记者随机前往采访报道。下面是对投弹前的一段环境的描写:

---

① 颜雄.百年新闻经典:下册[M].长沙:湖南大学出版社,2000:957.
② 颜雄.百年新闻经典:下册[M].长沙:湖南大学出版社,2000:960.

> 起飞大约一小时后,暴风雨降临了。飞机在漆黑的夜空中时而下沉,时而抬起。但飞机的跃动幅度比起大型客机来要小多了。你感觉它是在"滑翔"而不是"颠簸",恰似一艘远洋巨轮在海上破浪前进。只是在我们的航行中,气浪要高得多,滑翔速度也要快多了。
>
> 我注意到一道奇特的、令人恐惧的光亮从驾驶舱上方的小窗射了进来。透过黑暗,我看见一个奇怪的情景:旋转着的巨大推进器不知怎的变成了巨大的跳跃着的蓝色光焰。这种蓝色光焰既映照在飞机鼻顶的有机玻璃上,又在机翼顶端闪闪发光。我们宛若驾驶着燃烧的列车在无垠的太空中奔驰。
>
> 我猜测,这种蓝色光焰是由于聚集在推进器顶端和用双电材料制作的塑料窗上的静电超负荷而导致的。我不禁焦虑地联想到前方那架无影无踪的长机上的宝贝(指原子弹——引者注),它会不会有危险? 大气中巨大的电压会不会引起它的爆炸? ①

暴风雨降临,飞机在剧烈颠簸,特别是蓝色光焰,非常神秘莫测,也非常危险。记者感觉是在无垠的太空中,在燃烧的列车中奔驰,尤其是担心那颗原子弹会不会随时爆炸。这段描写,给读者造成一种恐怖、紧张的气氛,使读者也感觉到危险在降临,读者的心一次比一次揪得更紧。这段描写也为原子弹的最后爆炸埋下了伏笔。

1991 年 12 月 25 日晚 7 时,苏联解体易帜,换上并升起俄罗斯联邦国旗。《人民日报》记者周象光写的《红场易旗纪实》,对自然环境有这样的描写:

> 易旗是在"隆冬中"的莫斯科红场进行,苏联国旗"在暮色中"飘动,莫斯科市民和许多外地人"冒着凛冽的寒风"赶来观看这一历史性场面。

新闻的结尾这样写道:

> 莫斯科的夜空开始飘起雪花,气温明显下降。但仍有不少人陆续来到红场。人们还在红旗落地的地方发表自己的看法,还在那里争论……

苏联国旗"在暮色中"飘动,苏联民众在严寒中冒着刺骨的寒风来看苏联解体易旗;易旗完成后,雪花飘下来,气温降下来。这些自然环境的描写,显然不是闲笔,是为了表现和烘托前苏联民众在一个大国解体后,随着气温一起下降的沉郁、伤痛、苦闷、迷茫等复杂的心绪。

3. 场面描写

场面,是指具体、特定的现场情形。和场景相比,场面具体、微观、特定;场景则总体、宏观、泛指。场面描写,要多写动态、多写动作、多用动词,要注意视点的变化和转换。

仍以《红场易旗纪实》为例,我们来看看这篇特稿的全文:

---

① 斯隆,麦克拉里,克利里. 普利策新闻奖最佳作品集[M]. 丁利国,等,译. 北京:中国新闻出版社,1987:51. 劳伦斯. 记者目睹原子弹坠落长崎[N]. 北美联合报,1945 - 09 - 09.

┤红场易旗纪实├

【本报莫斯科12月25日电】（记者 周象光） 公元1991年12月25日晚7时许。莫斯科。隆冬中的红场。

由于莫斯科电视台头天就预报了戈尔巴乔夫将在今晚7时发表辞职演说,许多人便预料克里姆林宫顶上将要更换旗帜。莫斯科市民,还有许多外地人冒着凛冽的寒风赶来观看这一历史性场面。一些人带着半导体收音机来到红场,一面等,一面收听戈氏的辞职讲话;电视和摄影记者在选择拍摄角度;人们在谈论着自己的看法,并不时抬起头来,眺望着在暮色中飘动着的苏维埃社会主义共和国联盟国旗。人群中,有的举着苏联国旗,有的举着过去加盟共和国的国旗。

看得出来,此时此刻,人们的感情是十分复杂的,对联盟的解体态度也很不一致。有人在高声呼喊口号:"苏联万岁!"一对来自乌克兰的老年夫妇说:"怎么能没有联盟呢?苏联分裂成15个国家,就不再是一个大国了。"一位来自雅罗斯拉夫尔的工人说:"这标志着俄罗斯又复兴了,现在就看叶利钦有没有办法防止饥民造反啦!"几名女青年说:"换旗是自然的,因为苏联已经不存在了。"来自格鲁吉亚的一个俄罗斯人反对易旗,这时,人群中开始争论起来。他们的观点各异,有的甚至截然对立,对戈尔巴乔夫和叶利钦的评价也不尽一致。有一位中年妇女插进来无可奈何地说:"挂什么旗都可以,只要让人们有吃的就行,因为我有六个孩子。"一位来自萨拉托夫的青年工人说:"这么大的事件应当举行一个仪式,现在的做法未免太简单了。要知道我们几代人生活在这面旗帜下,我从小就知道我是苏联人,没想到这么突然就改变了祖国。"另一个人说:"举行不举行仪式无所谓,重要的是不能再像过去那样只说空话不干实事。"

7时25分,戈尔巴乔夫电视讲话结束了,苏联总统府的屋顶上出现了一个身影。人们屏住了呼吸。7时32分,那面为几代苏联人熟睹的镰刀锤子旗开始徐徐下落、下落……7时45分,一面3色的俄罗斯联邦国旗取而代之,升上了克里姆林宫上空。此时此刻,广场上的人们意识到,克里姆林宫已成为俄罗斯的总统府,苏联从地图上消失了。

莫斯科的夜空开始飘起雪花,气温明显下降。但仍有不少人陆续来到红场。人们还在红旗落地的地方发表自己的看法,还在那里争论……①

在这篇特稿中,记者先是对整个场面进行了全景扫描,易旗是在莫斯科的红场举行。紧接着,记者将镜头拉向民众观看红场易旗的近景,通过运用各种不同的动词写出民众不同的动作:"冒着"凛冽的寒风"赶来""观看";"带着"收音机"来到"红场,"收听"戈氏辞职讲话;记者在"选择"拍摄角度;人们"举着"不同的国旗,"谈论"着不同的看法,并不时抬头"眺望"在暮色中飘动着的苏联国旗。苏联民众的复杂心情通过这些动作表现得淋漓尽致。接着,记者又将视点从近景聚焦到一个个特写镜头上,将镜头对准抱有不同感情和态度、来自不同的加盟共和国的民众,通过他们对苏联易旗的不同语言和对话,来表现他们不同的情

---

① 周象光.红杨易旗纪实[N].人民日报,1991－12－27(6).

感。然后,记者再将镜头聚焦到另一个特写镜头:苏联总统府屋顶易旗,这是新闻的高潮部分。最后,记者将镜头转向全景,首尾呼应。这篇特稿视点转换的过程是这样的:全景→近景→特写→特写→全景。

二、细节

什么是细节? 所谓细节,即细枝末节。细节是情节的最小单位。有时候,人物的一个表情、一个动作、一个笑容、一句话,都是人物内心世界的反映,也常常体现出人物的性格特点,这些都是细节。

任何一个处于运动状态或静止状态的事物都是细节。比如,一部手机放在桌上、一支笔别在衣服上(罗中立的油画《父亲》,一支圆珠笔别在耳旁)、地上躺着一片树叶、水中浮着一块木片等,都是细节。所有的人物、事物、景物都是细节,细节多如牛毛。记者不可能也没必要把自己看到、听到、感知到的细节全部写入新闻报道中。写入新闻报道中的细节,必须是能够充分表现人物和事件的细节,否则,一个对新闻报道来说毫无意义的细节,就没有必要写在新闻报道中。

细节描写是对生活中具有典型意义的细枝末节的描写,它是记叙性文章的最小描写单位。这个最小描写单位,可以是一种表情,也可以是一个形态;可以是一句台词,也可以是一个道具。任何一篇文章或作品,无论是人物性格的刻画,还是故事情节的展开,或是典型环境的描绘,都需要通过真实、生动的细节描写,把它们最细微、最本质的状态及特点鲜明而又逼真地呈现在读者面前。可以说,没有精湛的细节描写,就没有真切的艺术形象,更谈不上作品的真实感和艺术感染力。细节描写必须入情入理,符合生活的真实情况。

好的细节是写好一篇特稿最重要的方法之一,也是写好任何长篇叙事类文章、著作(如小说)最好的方法之一。凡是长篇叙事类的文章或著作,如果没有几个令读者记忆深刻、没齿难忘的细节,可以肯定地说,这篇长篇叙事类的文章或著作是失败之作。所以,写好细节,是任何长篇叙事类文章、著作的首要功夫。反过来说,细节是任何长篇叙事类文章、著作吸引读者的重要元素。因此,写作特稿,记者必须在细节描写上下苦功。

被称为讲故事大师的埃德娜·布坎南,她做警事记者时多次获得普利策奖。美国新闻写作指导教师卡罗尔·里奇引述了这位优秀记者在自己撰写的《尸体的面孔都相似》一书中的建议:

记者需要的是细节,细节,细节。

如果投币式自动唱机反复放一首歌,我就能说出曲调。对警察来说不太重要的问题往往是使报道更加人性化的细节,往往能为报道增色。他们看了什么电影? 他们的车是什么颜色? 他们的衣服兜里装有什么? 在爆炸发生前那个时刻,在龙卷风袭来那一瞬间,他们在做什么?[1]

---

① 里奇.新闻写作与报道训练教程:第3版[M].钟新,主译.北京:中国人民大学出版社,2004:6.

埃德娜·布坎南不愧为讲故事的大师,她深谙特稿写作的奥秘。她的这些经验和方法具体而实在,值得其他记者学习和借鉴。

(一)细节能准确、真实地再现新闻事件和人物

细节是最能说明问题的,在细节面前,所有深刻的思想,所有的叙述、描写、议论、抒情,所有的修辞手法和修饰方法都是苍白无力的,细节说明了一切:此时无声胜有声(这个声,是指表达方式中的议论、抒情,是指一切表达技巧,诸如各种修辞手法)。细节能够将新闻事件和新闻人物准确、真实地再现出来,呈现在读者面前。

著名记者穆青在《五峰山上的俘虏图》中这样写俘虏们的狼狈相:"如今有的披着被子光着脚,有的满身捆着稻草,有的穿着女仆的短衣,……"记者观察可谓细致,不同的俘虏有不同的穿着,但都透出一股狼狈不堪的样子。

这篇新闻写俘虏们抢饭吃的镜头尤其令人叫绝:

> 俘虏们被捉回来之后,第一个要求就是吃饭。据说他们自战斗开始,三四天都没有吃过一顿饭。当我军把饭送到他们面前时,俘虏们立刻又开始了另一幕精彩的表演。大家一拥而上,都拼命地争抢,任凭解放军战士们怎么吆喝,都无法阻止。匪徒们急得用钢盔,用毛巾,用衣服甚至干脆用两手乱抓一把往嘴里塞。后面的人挤不上去就拼命一直向前拥,许多年轻的小个子甚至被挤倒在地上,挤倒在饭筐里,粘得满脸满身都是饭粒,烫得哇哇地直叫,但仍然不肯退后一步。一些俘虏军官们这时也没有一点架子了,和俘虏兵挤在一起抢饭,俘虏兵们都讽刺地说:"你们当官长的为什么也这样抢呢?"可是匪官们对于这些话,已没有任何反应了。

国民党官兵抢饭吃的丑态和狼狈相,没有纪律、没有规矩的乱象在这个细节中得到了充分的表现。

我们再来看艾丰的《温州奇人》中的"断指割疮及其他":

> 1974年滕增寿带着一批待业青年创建玻璃钢建材厂。当时一批造反派说他"用生产压革命",手持利斧、棍棒,要砸烂工厂设备。他闻讯,呼地冲出门,拦住来人大声喝道:"谁要敢砸我的锅,我就砸烂他的头。"行凶者吓退了。而他冲出门的当儿,关门过猛,一个手指骨折断,竟全然不知!
>
> 为研制产品,滕增寿和青年们在屋子里关了一百个日日夜夜,大腿上长了一个肉瘤,疼得钻心,他拿了一把消了毒的剪刀,一咬牙,划开了自己的裤腿,连脓带血带肉瘤,一次清除。

在这里,艾丰选择了两个非常典型的细节:一个是"断指";一个是"割疮(此处指肉瘤——引者注)"。这位温州企业家听说造反派要砸烂工厂设备,他立即赶过去阻拦,不仅声色俱厉,而且由于行动太快、动作过猛,一根手指骨折断,却全然不知。这些细节描写都表现出滕增寿雷厉风行、敢作敢为、敢说敢当、不惧豺狼虎豹的个性。割肉瘤的细节,则表现出滕

增寿铁血男儿的坚强意志,以及不怕疼痛、不畏生死的硬汉形象,可与关公刮骨疗伤相媲美。

(二)细节蕴藏着深刻的意义

"于细微处见精神",精彩的细节总是散发着动人的魅力。特稿的细节蕴藏着深刻的意义,能够表现人物、事件最本质、最深层次的内容,揭示某种规律。

1945 年 8 月,国共两党重庆谈判,中共主席毛泽东来到重庆,《大公报》记者彭子冈这样写毛泽东:

> "很感谢",他几乎是用陕北口音说这三个字,当记者与他握手时,他仍在重复这三个字,他的手指被香烟熏得焦黄。当他大踏步走下扶梯的时候,我看到他的鞋底还是新的。无疑这是他的新装。
>
> ……
>
> ……记者像追着看新嫁娘似的追进了张公馆,郭沫若夫妇也到了。毛先生敞了外衣,又露出里面的簇新白绸衬衫。他打碎了一只盖碗茶杯,广漆地板的客厅里的一切,显然对他很生疏。他完全像一位来自乡野的书生。

上面两个细节表现出中共领袖毛泽东"土气"的一面。一口陕北话,是黄土高原山旮旯的土话;毛泽东爱抽烟,几乎是烟不离手,手指被香烟烧得焦黄;穿一双新鞋子、一身新衣服,这是乡下人进城时的典型着装;在喝茶时,竟然还"打碎了一只盖碗茶杯",可见对上层社会的生活很"生疏",略显慌张。两个细节,表现的是一个"乡野的书生"的形象。而抗战结束后的国民党的官员们,当时把汉奸的房子、金子、车子、票子、女子据为己有,过着纸醉金迷的生活。两相对比,表现出国民党当时的奢侈腐化和共产党当时的清廉正派。

著名科普作家高士其虽然瘫痪卧床,年事已高,但晚年仍然坚持向秘书口授而著书立说。《人民日报》记者柏生在高士其家里观察到一个细节:高士其每天都要在床上与一个小女孩做来回抛送彩球的活动,每抛送一次,他都要费很大的气力,显得非常痛苦。老人告诉记者说,一旦自己动弹不了,也许就永远不能活动了,创作活动也就停止了。所以,他以顽强的毅力,每天坚持这种手臂、腿脚的锻炼。

记者将这个精彩的细节写进了特稿《韧性的战斗——访著名科学家高士其》:

> 高士其原来是推实心球的。现在年纪大了,体力差了,实心球推不动。……他让人找来几个小孩子玩的直径尺把大的彩色塑料球,用它来练吧!这真是极其动人的场面。别人给他抛这种大而轻的球,他顽强地用手臂、腿、脚,弹来弹去,每牵动一次瘫痪的肢体,都要付出很大的力气。然而,就是这个锻炼,保持了他的肢体的反应能力。他知道,如果一躺下,那就永远起不来了。①

---

① 桑义燐,樊葵.新闻报道学:第 2 版[M].杭州:浙江大学出版社,2004:115.

特稿通过这个细节以及其他细节和情节的描写,充分表现出高士其惊人的韧性、坚韧不拔的意志。高士其顽强地同疾病作斗争,瘫痪了五十年,也拼搏了五十年,笔耕不辍,仅新中国成立后就出版了一百多万字的作品,使生命焕发出绚丽的光彩。

(三)写活细节,全文生辉

下棋人有一句棋语:"一子走错,满盘皆输。"这句话也可以反过来理解,一子走活、走好,输赢乃定,所谓一子定乾坤。写文章也是如此,写好一个细节,文章就有阅读价值。如果文章没有一个好的、吸引人的细节,这篇文章难以受到读者的欢迎。

人们常说,细节决定成败,写文章也是如此。

20 世纪 50 年代初期,中国人民志愿军开赴朝鲜抗美援朝。1951 年 8 月,巍巍写下了《谁是最可爱的人》,报道志愿军抗美援朝的事迹,其中有这样一个细节:

> ……战后,这个连的阵地上,枪支完全摔碎了,机枪零件扔得满山都是。烈士们的尸体,做着各种各样的姿势,有抱住敌人腰的,有抱住敌人头的,有掐住敌人脖子把敌人摁倒在地上的,和敌人倒在一起,烧在一起。还有一个战士,他手里还紧握着一个手榴弹,弹体上沾满脑浆,和他死在一起的美国鬼子,脑浆进裂,涂了一地。另有一个战士,他的嘴里还衔着敌人的半块耳朵。在掩埋烈士们遗体的时候,由于他们两手扣着,把敌人抱得那样紧,分都分不开,以致把有些人的手指都掰断了。

记者在这里描述了一场战斗结束后战场上惨烈的情景,志愿军战士英勇顽强,用生命和敌人搏斗,死后都依然保持着进攻的姿势,其英雄气概和不屈的斗志令人油然而生敬意!一个细节,使整篇特稿熠熠生辉。读者读完这个细节,会情不自禁地喊出"人民志愿军是最可爱的人"。

我们再来看新华社记者阎吾写的《战后谅山》中的两个细节:

> 记者在谅山敌军的一些阵地上,看到所有的日历都没有翻到 2 月 28 日,有的翻到了 2 月 27 日。可以想到,他们刚把日历翻过 26 日那一页,就被我军打得丧魂落魄,再没有能往下翻了。正像一个越南士兵在一封未发出的家信中写的那样:"我们这里形势很紧张,每天都有许多人死伤,不知哪一天轮到我的头上。"

越军阵地上的日历没有翻到 28 日、一个越南士兵一封未发出的家信,这样的细节,很多人可能会视而不见,但是具有敏锐观察力的记者阎吾注意到了,他抓住了这两个最能说明问题的细节,透过小小的细节挖掘出事物的本质。仅仅这两个细节就足以证明越军已经被我军打得落花流水,根本就来不及将日历往下翻,士兵的家信也来不及寄出,因为谅山已经被我军攻占。这两个细节也有力地揭穿了当年越南当局欺骗世界舆论、否认我军曾攻克谅山的谎言。

(四)记者要善于捕捉和表现细节

好的细节需要好的采访、好的观察,优秀的记者都善于捕捉细节,进而表现细节。

美国新闻写作指导教师卡罗尔·里奇说:"在你进行叙事写作之前,你必须进行全面彻底的采访。……你应该这样问问题:你当时在想什么? 你是什么感觉? 你说什么了? 你穿的什么衣服? 你在做什么? 你需要得到关于颜色、声音、视觉、嗅觉、大小、形状、时间、地点等所有细节。""如果你在现场目击了事件,你就应当去看、去听、去嗅、去摸,甚至去品尝与你的主题有关的一切。"①

如前所述,记者柏生特别善于抓细节,通过细节表现人物的个性。柏生采访科学家竺可桢,在查看竺可桢过去使用的物品的时候,发现了一块温度表。这是一块铜壳的温度表,它在竺可桢身边"工作"了 40 年。在竺可桢数十年从不间断的日记上,每天日记开篇前都记着天气情况、温度,总是记得很仔细。他把温度表装在上衣兜里,每天掏出、装进好几次,以至于衣兜盖磨损得比衣服别的地方快得多。他夫人总是为每件衣服准备两个上衣兜的兜盖儿。柏生抓住了这个温度计和有两个上衣兜的兜盖儿,②通过这两个重要的有象征性的物品,充分表现了人物的职业及其专业、敬业和奉献的精神。

在描写著名作家、记者黄钢写地质学家李四光时,记者抓住李四光走路时每步的跨度总是 0.85 米这个细节,刻画了李四光的职业特点、敬业精神和严谨、认真的性格。

美联社记者朱尔斯·劳有一次与几位同行到白宫采访总统胡佛。采访过后,在记者们写出的报道中,几乎所有的记者都使用了胡佛办公桌上的铅笔都削得尖而又尖的细节。但劳的特稿中却有另外独特的细节:这些铅笔后头的橡皮大都磨损得十分厉害。这样的细节并不是微不足道的,它能够从一个侧面揭示出这位美国总统的性格与作风:生活简朴、勤俭节约。

托尔斯泰说:"我在生活中到处寻找细节,如果把我的作品比作编织好的生活网,那么细节就是网中的结点。"托尔斯泰曾经这样说过,他如果看到一个俄罗斯农民的后脑勺在颤抖,就知道他是在哭泣。托尔斯泰这种捕捉细节、洞察人性的能力值得新闻记者学习。

在战争中失去了一只眼睛的女记者玛丽·科尔文(Marie Colvin)驾车在波黑战场上行驶时,曾经看见一名男子黯然坐在路边。出于记者的一种职业本能,她跳下汽车去和他攀谈,男子告诉科尔文,她身旁就是他妻子和孩子的坟墓。科尔文由此写出了一篇动人的故事,让那些整天忙于追逐将军的男记者们折服。③

三、人情味

人情味的内涵非常丰富,外延也比较宽广。在这里,新闻特稿中的人情味,是指记者在

① 里奇.新闻写作与报道训练教程:第 3 版[M].钟新,主译.北京:中国人民大学出版社,2004:245.
② 白庆祥,刘乃仲,郑保章.新闻采访写作编辑案例教程[M].北京:新华出版社,2003:280.
③ 张晓健,闫勤勤.驻外记者手记[M].北京:中国广播电视出版社,2007.

新闻报道中融入人性、情感的内容,让读者获得感受、体验,受到感染,产生共鸣。

在一些西方记者的辞典中,"特稿"就是指各种具有人情味的报道,这种报道可以不拘泥于硬新闻的严格标准。硬新闻强调事实、讲求时效,写作手法要求直接、简明、不带情感因素。而特稿则要求记者"创造性地使用语言,激发读者的好奇心、令他们目瞪口呆、勾起他们的疑问,甚至让他们大笑或哭泣"。[①]

《华盛顿邮报》记者戴维·马拉内斯获得过美国报纸编辑协会颁发的写作奖项,他将特稿的主题理解为具有人情味的某些内容。他说:"主题就是读者想要读这篇报道的原因,而不是编辑们要求的那个核心段。描写那些能够引起广泛共鸣的东西,比如死亡、生命、恐惧、喜悦……让每个人都能够以某种方式与其联系起来,这才是我要为每篇报道所寻找的。"[②]戴维·马拉内斯认为,记者找到了具备引起读者广泛共鸣的东西,比如死亡、生命、恐惧、喜悦等,也就找到了新闻报道的主题。

美国《俄勒冈人报》记者托马斯·霍尔曼在获得美国报纸编辑协会的"非时效性杰作奖"后说:"新闻记者忘记了人们为什么要读新闻,我想人们读新闻是想感受某些东西。""我是一位情感丰富的作者,而且想让我的读者感受到我自己感受过的情感。"

几十项读者调查表明,读者说他们想知道一个人被持枪者劫持 6 个小时会有怎样的感受,他们想了解一个被艾滋病夺去儿子生命的母亲的内心痛楚,他们也愿意分享一个家庭主妇中了 5,000 万乐透奖后的狂喜。

"细节、数字、统计固然是重要的,但这些还不够,读者真正需要的是——去感受、去分享人类丰富多彩的情感。读者需要的是冲突、刺激、愉悦和绝望。传达这些情感的报道是真正适合读者的新闻报道。"[③]

(一)整篇报道中弥漫的人情味

整篇新闻报道中弥漫的人情味,是指特稿营造出一个基调,制造出一种氛围,表现出痛苦、感伤、沉郁、兴奋、快乐等情感,且这些情感贯穿全篇,成为全篇文章的核心。

美国总统肯尼迪遇刺后,美联社记者索尔·佩特通过一种阴沉、哀悼的基调来表现总统遇刺后全美人民痛苦的心情。他甚至通过模仿《圣经》的写作风格,为报道创造出一种虔诚、恭敬的基调。我们来看一下其中的片段:

> 从那个时间那个地点传来的消息刺痛了这个国家的心。在街道上、在办公室里、在家里、在商店里、在餐厅、在展厅、在教室、在董事会、在高速公路、大草原、海洋和山顶上,在没有尽头的人口拥挤或稀疏的地方,无论近处和远处、白人和黑人、共和党和民主党、管理人员和劳动工人,那个消息传来了,刺痛了这个国家的心。

---

① 莱特尔,哈里斯,约翰逊.全能记者必备:第 7 版[M].宋铁军,译.北京:中国人民大学出版社,2005:176.
② 里奇.新闻写作与报道训练教程:第 3 版[M].钟新,主译.北京:中国人民大学出版社,2004:240.
③ 莱特尔,哈里斯,约翰逊.全能记者必备:第 7 版[M].宋铁军,译.北京:中国人民大学出版社,2005:175.

丈夫告诉妻子,妻子告诉朋友,老师告诉学生,司机停车收听车载广播,陌生人告诉陌生人。噢,不!我们从因震惊而停止跳动的心底哭泣,我们因为不愿接受那个消息而哭泣,但那个消息咆哮而来,那是真的,真的,真的,不相信的念头融化在眼泪里。

难以置信,在一个有着庞大人口数字的时代,在一个人们不断被提醒亿万人会死于核战争的时代,在一个专家们害怕我们因数字而麻木并对悲剧无动于衷的时代,一个人的死亡竟然占据了我们的心灵,充溢了我们的心脏,填满了我们生活中的大街小巷。

巨大的阴影投在这片土地上,心向白官的农民不愿回到田间,秘书不愿回到打字机旁,机械工人也不愿回到机床前。

一切都放慢了速度,一切都停止了,大铜钟敲响了,就像一个男人在哭喊,市场关闭了,纽约股票交易停盘了,全都停止了。波士顿交响乐团停止演奏亨德尔的协奏曲,开始奏响贝多芬葬礼进行曲,加拿大众议院休会了,柏林的电视喜剧停播了,美利坚合众国的运转在纽约停止了,国会、法庭、学校和运动会停止了,全都停止了,橄榄球赛事全部取消了,剧院都停业了,达拉斯一家名叫卡鲁塞尔的夜总会也被一个叫杰克·鲁比的哀悼者关闭了。

在华盛顿,沿着宾夕法尼亚大街,他们整个周五晚上都守候在铁栅栏外面,双眼很少离开那幢可爱的老房子。一大早警卫们让人们走开,于是人们慢慢地沿着街走,眼睛看着右边,到了拐弯处,他们拐了过去,沿着街对面的人行道上走了回来,眼睛看着左边。他们看上去像一群奇怪的沉默的哀悼者,他们想表达的是爱,而不是抗议。

当黎明前寒冷的黑暗到来的时候,他们还站在那里。他们现在一动不动,目光穿过宽阔的草坪和光秃秃的榆树盯着那所房子,盯着那居室后透着微弱灯光的窗门,盯着最近才挂在轮廓下大门上方的黑色幔纱。

他们看到了闪着红色灯光的警车开上了宾夕法尼亚大街,他们知道那个时刻到了,总统要回家了。没有汽笛声,没有警察的哨声,没有警察维持秩序的吼声,而这些声音曾经多少次伴随着他回家。1963 年 11 月 23 日,星期六,凌晨 4 点 22 分,在这条街上,这是一个无声的时刻。

一辆灰色的海军救护车后面跟着 6 辆黑色小汽车,在西北门口停了一下然后驶了进去,沿着栅栏,男人们摘下帽子,孩子们把手从牛仔裤里拿了出来,女人们紧紧地攥着栏杆,眼泪侵蚀了他们的脸,他们的年轻的或苍老的脸,他们的白色或黑色的脸。

在大门口,一队海军陆战队士兵迎接了游行队伍,引导着人们走上了那条榆树间的庄严的弯曲的行车道。在以后的日子里,这里可能会有更大更辉煌的游行,可是不会像这样缓慢,不会踏着眼泪的节拍,不会像这个星期六早晨这样按照海军陆战队士兵的节奏。士兵们排成笔直的两排,上着闪光的刺刀的步枪被弯臂横握在胸前,他们在那条行车道上迈着极缓慢的正步,所有能听到的只是他们的鞋子在地上滑动的声音。

在柱廊下,在华丽的吊灯下面,他们分成两队,与台阶两侧的陆海空士兵们排成一列,士兵们以他们一生中最坚定、最严肃的立正姿势站在那里,杰奎琳·肯尼迪第一个从那辆救护车里走了出来,仍然穿着那件经历了那个永恒的下午的粉红色的有血污的外套。

在她丈夫的弟弟,美国司法部长的陪伴下,在他的另一个弟弟,美国最年轻的参议员的陪伴下,在他的姐妹们和他的朋友们以及他带到这个遥远但又并不很远的房子里来的助手们的陪伴下,杰奎琳·肯尼迪一动不动地静静地等待着,等待那覆盖着国旗的灵柩从救护车中搬出来。然后她和他们转过身去跟在它后面走上了台阶,穿过玻璃大门,走进大厅,走下长长的排列着笔挺的、安静的士兵的长廊,最终在东厅停了下来。

灵柩被轻轻地抬到了那张黑色的灵台上面,在大约100年以前的另一个让人难以置信的黑暗中,那里曾经躺着林肯先生。在那里,跪着的牧师们开始祈祷了,他们愿意尽自己所能在那摇曳的烛光中祈祷整个昼夜,烛光映出了纹丝不动的光荣的卫兵的影子。

现在是星期六上午10点钟了,杰奎琳·肯尼迪仍然没有睡,她回到了安静的东厅。她最后一次亲吻了她的丈夫,然后灵柩被封起来了。过了一会儿,她带着她的几个孩子回到那里,对他们轻声讲话,试图告诉他们一些事实以及死亡的意义,一个令亿万人民思索探求的事实和意义。[①]

文中多个地方运用的排比句增加了新闻报道的情感色彩。全文弥漫着一股哀而不伤的情调,令人回味不已。前半部分在写实中近乎写意,用的是概述,是从整体上来叙述和报道美国人民的悲痛心情,报道的是整体事实。后半部分叙述的是具体的事实,对灵柩回家的过程进行了报道,有些是特写镜头。前半部分的人情味和抒情性更强一些。

荣获"1969年普利策地方普通报道奖"的《二等兵吉布森回家了》,写的是一个简单的故事,报道的是一位在越南战争中牺牲的士兵吉布森(绰号小鸭子),其尸体被运回家安葬的故事,但是这个故事表现出来的悲痛、哀悼情感却能够激起读者情感上的强烈共鸣。我们来看其中一些片段:

在安布尔奇(柩车回家途经的小镇——引者注),当柩车穿过人群时,当地人站在烈日下,女人们哭了,男人们纷纷脱帽。邮局局长诺拉·安布尔奇夫人在当地四级邮局下半旗志哀。她说:"我们都认为小鸭子是个好小伙子。"

在费拉克斯·帕奇河与艾丽丝曼河的汇流处,柩车拐弯。驶过一座小木桥,沿艾丽丝曼河溯流而上,热里离吉布森家还有最后一英里的路程。死者父母和其他亲戚默不作声地在昏暗的家中等待着。

当棺柩抬进门廊,穿过大门来到前面起居室时,悲怆的哭喊声划破寂静。凄惨的声音一声高过一声,传向山谷。小鸭子回家了。

整个下午直至深夜,人们络绎不绝。有步行来的,有乘各种车辆驶过满是尘土的山路前来的。人们带来了鲜花和食品。到后来,起居室里摆满了花圈,厨房里堆满了食品。满屋满院都是人。死者家属悲痛地和前来吊唁的人们一一握手。人们一次又一次地走过去

① 里奇.新闻写作与报道训练教程:第3版[M].钟新,主译.北京:中国人民大学出版社,2004:248-249.

凝望棺里面的死者,流着泪。

死者母亲是一位面目慈祥的山区妇女。灰白色头发梳在脑后结成一个发髻。她拖着病躯,神情恍惚地走进人群说:

"无论怎样,他的遗愿一定会实现。"

死者父亲是个高而黝黑的汉子,两眼哭得通红。他说:

"他并不想当兵,但他知道当兵没错,因此他努力干。他献出了一切。我真为他感到自豪。现在,他们就这样把他送回家了。"

午夜时分,又下起暴雨。吊唁的人们聚到屋子里,走廊上。还有些人站在屋檐下的墙边。

父亲轻声讲述着他的儿子。①

记者约翰·费特曼的笔法看起来比较冷静、自然,并没有刻意煽情,似乎置身局外。记者只是让邻居和家属说话,但是,新闻报道表现出来的强烈的人情味和感染力,会让读者情不自禁地流下眼泪。

(二) 新闻报道中的人情味片段

相当多的新闻报道,没有在整篇文章中显示出人情味,而是在新闻报道中的部分地方轻描淡写。新闻报道中的人情味元素,可以给新闻报道增色,更使读者受到情绪和氛围的感染。

1945 年 4 月 15 日,德国法西斯在匈牙利建立的贝尔森集中营获得解放。记者前往集中营采访,亲眼看到许多人就在自己的眼前死去,活着的人也不过是活骷髅而已,有的走着走着,一头栽倒在地上就再也起不来了。记者写道:

一个女人来到一个士兵跟前,这个士兵正在守护牛奶桶,向儿童们分发少量的牛奶。她求他给她怀中的婴儿一点牛奶。士兵接过孩子一看,发现孩子面目青黑,皮肤皱缩,已经死去好几天了。但那女人仍然一个劲儿地求他,于是,他只好往死婴的唇上滴了几滴牛奶。做母亲的高兴地哼起歌来,抱着孩子兴高采烈地走开了。可是没走几步,只见她一个踉跄,倒在地上咽了气。②

女人应该知道自己的孩子已经死去,但还是央求这个盟军士兵给孩子牛奶。孩子被给予牛奶后,母亲兴高采烈地哼起歌来,这是给孩子生前没有得到的奢侈品做一点补偿,是一种心理上的安慰。母亲其实也已经不行了,但伟大的母爱支撑着她,在得到胜利的喜悦之后,她才释然而去。新闻报道中圣洁的母爱、人性的光辉让读者难以释怀。母亲对生的热爱、对死的无所畏惧,以及带着胜利的微笑和愉快而死去的形象,自然地展现在读者面前,熠熠生辉。

---

① 斯隆,麦克拉里,克利里.普利策新闻奖最佳作品集[M].丁利国,等,译.北京:中国新闻出版社,1987:103 - 104.
② 沃克尔.贝尔森集中营目击记.转引自颜雄.百年新闻经典:上册[M].长沙:湖南大学出版社,2000:725 - 731.

斯克里普斯－霍华德报团的厄尼·派尔(Ernie Pyle)被称为"记者中的记者"。在第二次世界大战中,他主动要求为合众社采访报道新闻。他对1944年意大利战役中一位上尉之死的报道,被认为是经典之作。我们来看其中一个细节:

> 接着,走过来一名士兵,站在军官身旁,也对死去的上尉说话。他不是低声耳语而是充满温情地说:
>
> "实在对不起,长官。"
>
> 这时,刚才第一个走来的士兵蹲下身,伸手握住上尉的手,在那儿足足坐了5分钟。他一直握着上尉的手,目不转睛地看着上尉的脸,坐在那儿始终一言不发。
>
> 他终于放下了那只手。他又伸手轻轻为上尉拉直衣领,又把伤口周围军装上的破碎布片整理了一番,然后站起来,在月光下沿着公路独自走远了。

这个细节非常具有震撼力。记者没有表现出大悲大痛,没有抒情、议论,但是两个士兵对死去的上尉最后的告别却令人控制不住落泪。特别是第二个士兵,一言不发,却"此时无声胜有声",他是在心里对上尉默默致哀。他把全部的感情都灌注在和上尉的握手中,通过身体传递对上尉的情感;他把全部的感情都倾注在眼睛里,通过"目不转睛地看着上尉的脸",传达内心的哀痛;他把全部的感情都嵌入一系列的动作中,"蹲下身""握住上尉的手""坐了5分钟""看着上尉的脸""为上尉拉直衣领"、为上尉"整理"军装,然后"独自走远"。通过这些动作的描写,士兵对上尉的爱、哀悼和难以言说的苦痛表现得入木三分。当时,一位陆军通信兵报务员用短波电台将派尔的电讯稿发回了合众社纽约总部。他后来对写派尔的传记作家说:"我不得不竭力用我的声音抑制我的眼泪,这样才把那篇文章发出去。"

这个细节表现出来的情感,不仅让播音员深受感染,也会让读者感同身受。

再来看下面这条新闻《告别贝鲁特》中的片段:

> **【美联社贝鲁特**(1982年)**8月25日电】** (记者 查尔斯·汉勒) 不管用什么标准衡量,阿里·塔哈都是一个贝鲁特人。
>
> 十九年前,他在这个城市出生,在一个巴勒斯坦贫民窟中伴随着哀伤长大。同其他贝鲁特人一样,每天他看着太阳从黎巴嫩山升起,又在地中海中沉没。
>
> 但是,现在他必须离开了。
>
> 他的颈项上悬挂着一个巴勒斯坦地图银坠。他的嘴,呼喊着巴勒斯坦解放阵线的口号。黎巴嫩是他唯一的故乡。故土难离,他心如刀割。
>
> 他对记者说:"我将怀念我的父母和亲朋故旧,还有这个国家。我在这里出生,在这里长大成人,在这里战斗,从南方直到贝鲁特。"
>
> ……①

---

① 王蕾.外国优秀新闻作品评析[M].北京:中国广播电视出版社,2000:90 - 92.

1982 年 6 月,以色列入侵黎巴嫩,巴勒斯坦解放阵线经过两个多月的艰苦抵抗,终因敌我力量悬殊,江山难保,被迫撤离贝鲁特。美联社记者查尔斯·汉勒通过对一个年轻的巴勒斯坦解放战士告别家园的报道,表现了巴勒斯坦人对家园的深沉之爱和痛失故土的悲伤之情。这里节选的是新闻开头的片段。阿里·塔哈是一个标准的贝鲁特人,从小在哀伤中长大,看惯了黎巴嫩山的日出日落,但是,侵略者将要把他们从这里赶走,为此他"心如刀割"。他是一个虔诚的爱国者,"颈项上悬挂着一个巴勒斯坦地图银坠";也是一个坚定的爱国者,他的口中"呼喊着巴勒斯坦解放阵线的口号";他还是一个珍视亲情和友情的人,虽然即将远离故土,但他"将怀念我的父母和亲朋故旧"。一个年轻的贝鲁特人,却有点少年老成,家园丢失、故国难留,给人一种苍凉与悲壮之感,其中显示出来的浓郁的人情味,让读者情难自禁、无语泪流。

特稿中大量的细节在传播新闻事件中的画面、声音、对话和情节的同时,也传播着记者的深切体验,传递着人类共同的情感。人们阅读这些信息,不仅是要了解信息,而且是要享受一种人生体验。感动这种情绪反应,就是在受众主观化的情绪下出现的。当受众完全进入特稿所营造的情境时,阅读主体就和他自身相分离,"不仅使主体自身能够出现在文章(指作品)之中,而且它还造成一种张力,这种张力表明了主体受文本感动的程度。这种情形能够唤起读者心灵中的潜在意识,引导他们走进崇高"。[①]

第三节　调查性报道

一、什么是调查性报道

"调查性报道是一种专门的揭露性报道,有时也称揭丑性报道。"[②]

调查性报道,"指的是一种更为详尽、更带有分析性、更要花费时间的报道"。"调查性报道目的在于揭露被隐藏起来的情况;其题材广泛,广泛到涉及人类活动的各个方面。"[③]

调查性报道最早产生于美国,美国的调查性报道以揭丑报道为主。

19 世纪下半叶,美国报业大王普利策主张通过报纸来揭露社会黑暗。他说:"什么是报纸的特色? 就是斗争和揭露罪恶,为社会谋福利,发表独家新闻。"[④]在《世界报》创刊号发表的《告读者书》上,普利策指出,报纸"不仅容量巨大,而且真正有民主精神——忠于人民的事业,而不当有钱有势者的奴仆;……揭露丑恶的欺诈现象,鞭挞一切社会罪恶和弊端;真挚

---

① 伊泽尔.审美响应理论:第 1 版[M].北京:中国人民大学出版社,1986.转引自刘明华,徐泓,张征.新闻写作教程[M].北京:中国人民大学出版社,2002:365.
② 刘明华.西方新闻采访与写作[M].北京:中国人民大学出版社,1993:101.
③ 密苏里新闻学院写作组.新闻写作教程[M].褚高德,译.北京:新华出版社,1986:384.
④ 贝茨.美国普利策奖金内幕[M].北京:新华出版社,1993:69.转引自周海燕.调查性报道与写作[M].北京:新华出版社,2003:2.

地、诚心诚意地为人民服务和战斗"。①

19世纪末20世纪初,美国处于由农业社会向工业社会转型期,各种社会矛盾尖锐,官员贪污腐化严重,贫富两极分化加剧。1903年,林肯·斯蒂芬(Licoln Steffens)撰写的《城市的耻辱》、艾达·塔贝尔(Ida Tarbeu)撰写的《美孚石油公司的历史》、雷·斯坦纳德·贝克(Ray Stannard Barker)撰写的《工作的权利》,分别揭露了市政腐败、石油大王洛克菲勒在竞争中的不正当行为和煤矿业残酷镇压工人罢工的情况。这些揭露丑恶的报道在公众中产生了强烈的反响。当时的美国总统西奥多·罗斯福将这些专门揭露丑闻的记者称为"扒粪者"。这个称号来自于英国小说《天路历程》中的一个人物。这个人从不抬头看天,而只是热衷于用铲子捡拾地上的污物。新闻界发起的这场揭丑运动也因之被称为"扒粪运动"。

20世纪70年代,美国新闻记者关于越南战争、五角大楼等重大问题的揭露性报道,将调查性报道推进到一个新阶段。

1972年6月17日凌晨,在华盛顿水门办公大楼里,5位白宫"管子工"偷偷潜入民主党全国委员会总部和民主党主席办公室,奉命偷拍文件、安装窃听器。"管子工"完成预定任务后,正欲撤退,被值勤警察抓获。《华盛顿邮报》记者伯恩斯坦(Bernstein)和伍德沃德(Woodward)由此展开了长达半年之久的刨根问底的调查,写出了一系列调查性报道。在总统竞选期间,共和党人在民主党总部安装窃听器企图赢得选举的政治丑闻被记者揭穿。"水门事件"最终导致总统尼克松辞职。《华盛顿邮报》对"水门事件"的成功报道,"确立了调查性报道的地位,使这种报道方式进一步得到发展"。②

中国的调查性报道在改革开放后得到了较大的发展。无论是在揭露的广度,还是在揭露的深度方面,都达到了一定的高度,在揭露丑闻上有很多可圈可点的佳作,如王克勤的很多调查性报道和《财经》杂志的一些调查性报道等。

本世纪以来,中国的调查性报道经过不断摸索,更多地表现出中国特色:一是中国的调查性报道多表现为批评,与批评性报道存在相似之处,而不是一味地揭丑。二是中国的调查性报道多注重建设性,不仅进行批评,而且致力于解决问题。三是中国的调查性报道多是在新闻事件被有关部门处理和肯定之后才开展的,这在对一些贪官的报道上表现得尤其突出。中国社会科学院新闻与传播研究所传播研究室主任明安香教授在《新闻调查》2001年季度评奖会上说,我们和美国的区别在于,美国对这方面的报道是事前报道——在这些事件暴露之前,记者先去介入;而我们现在更多是事后介入和报道更多一些。四是中国的部分调查性报道表现的是非揭露性题材,即中性、正面的题材,揭示的是不为人知的新闻事实,没有对丑恶、社会阴暗面进行揭露。

调查性报道在揭露丑恶、鞭挞邪恶、维护公平正义和公众利益进而推动社会的民主化进程方面有着重要的作用。新闻媒体对社会黑暗、对权力和利益遮蔽的内幕和黑幕展开调查、

① 斯旺伯格.普利策传[M].北京:新华出版社,1989:380.转引自周海燕.调查性报道与写作[M].北京:新华出版社,2003:3.
② 刘明华.西方新闻采访与写作[M].北京:中国人民大学出版社,1993:105.

揭露,使贪官污吏、不法奸商暴露在阳光之下,接受公众的监督和批评,有利于权力正常运行、企业合法经营,有利于保障公众尤其是弱势群体的利益。

美国《费城问讯报》报道的《凶杀档案》,对费城警察局对黑人和其他少数民族嫌疑犯严刑逼供的种种非法行为的揭露,终于使 6 名侦探受到审判,无法无天的警察受到应有的惩罚,正义战胜了邪恶,公众和弱势群体的利益得到了保护。《南方都市报》2003 年对被收容者孙志刚之死的报道,最后催生了一部法规。2003 年 6 月 18 日,时任国务院总理温家宝主持国务院常务会议,审议并原则通过《城市生活无着的流浪乞讨人员求助管理办法(草案)》,旧的《收容遣送办法》同时废止。调查性报道在推动民主化进程、维护公平正义、推进社会向前发展方面的作用越来越大。

二、调查性报道的采写

调查性报道的写作方法与特稿的写作方法基本一样,所不同的是,调查性报道对采访的要求非常高,调查的方法、调查的态度、敬业精神等,都对调查性报道的质量起着至关重要的作用。在调查性报道的采写中,总体来说,采访比写作重要。

(一)大胆质疑,小心调查

从事调查性报道的记者首先必须有一个线索。大多数调查"都有一个预感或线索,说明某件事或某个人值得认真调查一下。如果没有任何怀疑的根源,好的记者是绝不会着手调查的"。[①]

有了这个线索,记者就要对遇到的问题进行大胆质疑,并提出假设。大学者胡适曾提出做学问的方法:"大胆假设,小心求证",这种做学问的方法,也可以运用在新闻调查中。首先是提出质疑和"假设",用怀疑的眼光来看待记者发现的线索:这里面可能有问题!顺着这种质疑和假设,记者去追寻事实的真相,去发现被遮蔽的事实。质疑和假设之后,记者就着手展开调查。记者的调查一定要认真、严谨,并有条理地进行。

《南方都市报》记者采写的《被收容者孙志刚之死》,当时调查的假设起点是:孙志刚可能是非正常死亡。有了这个质疑和假设之后,记者经过充分的调查和取证,验证了记者的质疑和判断,新闻报道后,产生了很大的影响。

菲律宾调查报道中心 PCIJ 主任沙伊拉·克罗内尔说,这个调查报道中心对菲律宾前总统埃斯特拉达的调查,"是从道听途说开始的,说总统为他的情妇盖了非常漂亮的别墅,很多商人为了得到政府的合同交了很多钱,他的情妇和许多商人有关系,等等,这些都是街谈巷议"。于是记者也产生了质疑:前总统埃斯特拉达可能有问题。但是,质疑之后,记者必须认真调查,找到证据。于是,"记者开始去找文件证明,比如他从出卖政府的合同获得贿赂等"。然后,记者"决定把调查的焦点集中在腐败的结果,即尝到的甜头是什么,而不是腐败的行为"。沙伊拉·克罗内尔说:"我们做的工作是找到书面的证据,找到豪宅以及合同,找到他

---

① 密苏里新闻学院写作组.新闻写作教程[M].褚高德,译.北京:新华出版社,1986:388.

的妻子、子女担任股东、董事的公司,看看他的土地证明、契约,看看他最近购买土地的情况和盖房的情况。"经过 3 个月充分的调查,记者发现,"他与那么多公司有关联,买了那么多汽车,盖了那么多房子,养了那么多情妇"。他的家庭成员在 66 个公司是股东,他的家庭成员和他自己购买的地产达 17 处之多,价值 4,400 万美元。他的生活非常糜烂,每天晚上换一个情妇,他将他的情妇编号,03 号、05 号等。到不同的豪宅去,这些豪宅的布局都要一样,否则他会迷路。他酗酒成性,每天晚上醉醺醺地回来,经常撞到自家的家具上,很多家具都被他撞坏了,豪宅家具上都留有他跌撞的痕迹。"我们的调查提高了公众的知情权,唤醒了公民的意识去了解总统的腐败,为弹劾总统提供了证据,并且点燃了公众对于腐败行为的愤慨。"①

新闻调查和科学研究存在某种共同之处:假设或质疑一经确定,就要展开调查或研究,对其进行证实或证伪。经过调查,记者的假设或质疑被证明是正确的,记者在进行认真的核实、再核实后,可以将其写成新闻报道发表;但如果记者的假设或质疑被证明是错误的,记者就不能将自己当初错误的假设强加于被调查者,必须承认事实。调查记者不能有任何的偏见,特别是不能固执地坚持调查前的假设和质疑,这应该是调查记者必须具备的重要品质。在某种情况下,即使质疑和假设不能成立,记者仍然可以写出一条好的报道。这也和科学研究一样,被证实的假设和观点有发表的价值,被证伪的假设和观点也有发表的价值。

(二)关注细节,发现问题

记者在调查的过程中,要注意关注一些有意义的线索和细节,通过这些细节,发现问题。对细节的关注和发现,根本上还是记者报道水平高低的体现。水平低的记者,遇到可能揭开惊天秘密的细节,由于认识水平、判断能力、新闻鉴别能力不够,会视而不见、充耳不闻;而水平高的记者,遇到比较特殊的细节,会紧抓不放,直至最后揭开盖子,让丑恶事件露出庐山真面目。在记者调查的过程中,存在数以千万计的细节和线索,判断哪些细节是关键性的细节,不能依靠碰运气,不能依靠抓阄抓到什么就是什么,必须靠平时的历练和判断,靠鉴别能力的培养。

2002 年 12 月初,山西省临汾市尧都区阳泉沟煤矿发生一起多人伤亡的瓦斯爆炸事故。事故发生后,到底有多少矿工遇难,人们说法不一。中央电视台《焦点访谈》记者曲长缨等人决定深入矿区调查,寻找事实真相。从哪里寻找突破口?记者们在苦苦追寻。曲长缨这样告诉我们当时的调查情况:

---

① 赵华.国外媒体记者谈新闻调查性报道[M].北京:中国广播电视出版社,2009:20 - 22.

怎么进行下去？从什么地方找到蛛丝马迹呢？我们当时就从一些群众的反映中得到启示：矿工死了以后，他们的一些遗物被矿主们都给当垃圾扔了。我当时就想看看这个垃圾扔在什么地方？能不能到现场再去一下，看一看有没有带字的纸片？

我到了现场，一个一个房间地看。结果走到大概是第三个还是第四个房间，我记不很清楚，那个房间的窗户上玻璃都没有了，透过窗户，看见一块破布放在床上。因为够不着，我就拿那个棍把破布扒拉开了，里面露出一个小本。我把小本弄到手随便翻了一下，有电话号码，有吕世文的名字，这个人名恰恰是在安监局给我们提供的几位遇难矿工的名字当中没有的。

在里面除了他的名字以外，我们还发现了这里头写了这样两个字：陶庙。"吕世文？""陶庙？"我们想，这个陶庙就是与吕世文有关的地方。我们试着拨打上面的一些电话号码，看看这些电话号码能不能给我们提供一些线索。

打到第八个还是第九个的时候，终于接通了其中的一个电话。当时我就说："是吕世文的朋友，想了解一下他的近况。"

对方立刻说："吕世文？他的近况？他不是被闷在井下了吗？"

对方感到很奇怪。

听了对方的话音及语态，我们当时可以断定：吕世文就是在这个矿难中遇难的矿工！

为了进一步核实准确，我们就在电话中继续问："你说的那个吕世文我们还要认定一下，是不是我们认识的吕世文。"

对方说："你认识的那个吕世文是哪儿的？"

我说反正不是北方的。对方便问："是不是安徽界首的？"

这正是我们急于要找的信息！我们一直苦于不知道陶庙是什么地方而无从进展，这下终于得知安徽界首有个陶庙。

这个电话给我们的调查找到了通道。所以说这个电话本对后来的调查起了非常关键的作用。①

记者曲长缨善于抓细节，善于挖掘有价值的细节，其寻找事实真相的锐利眼光和非凡的搜索能力异于常人。通过一个小通讯本，他找到了采访突破口，这个细节对采访报道起到了重要作用。记者们顺藤摸瓜，找到很多不在死亡名单上的人。矿主瞒报死亡人数、恐吓死者家属等黑幕，被记者层层揭开。

（三）善于搜集证据

记者在调查时，要善于搜集证据。虽然一般新闻报道也要注意搜集证据，但调查性报道

---

① 徐惟诚.讲述［M］.北京：中国大百科全书出版社，2004：174－175.转引自张征.新闻采访教程［M］.北京：中国人民大学出版社，2008：30－31.

对证据的要求显然比一般新闻报道更高。

最好的证据材料是物证和书证,相对来说,物证的搜集难度比书证的搜集难度要大一些。物证的搜集总是有限的,但书证的搜集要相对容易一些,只要愿意付出、肯吃苦,书证材料相对物证材料来说,比较容易获得。

以报道孙志刚之死而闻名的原《南方都市报》记者陈峰说:"我们在做很多报道时,对书证没有充分利用,不去做充分梳理,甚至有很多记者会说:手头这么厚的材料咋看?会有反感和厌恶的情绪。"陈峰认为,"书证很重要"。他说:"你给我提供越多的书证,我就越放心,哪怕这些书证无关紧要,哪怕别人梳理过的东西,也许也能从中找出一些别人看不到的东西。不少案件中,记者碰到过很多书证,但这些书证要不没人看,要不就没认真梳理,或者没有充分利用,很可惜。"①

陈峰后来从南都加盟《新京报》,在做北京新兴医院的调查报道时,对这家医院医师资格的突破口的选择,就来自书面材料。记者在这家医院以前的广告宣传中发现,很多现在治不孕不育的专家,以前全部是医治肿瘤的。以前宣传单说医生某某出生于五代中医世家,从小就进行肿瘤研究,现在又变成治疗不孕不育,虽然中医博大精深,但"总不能说今天当肿瘤专家明天就变成不孕不育专家了吧?""这个总说不过去啊!"记者反复向医院方面索要书证资料,"复印的东西装了一抽屉"。陈峰说:"对做调查性报道来说,书证是非常可靠而准确的,可以给报道提供很大的便利,没有理由不利用。"②

美国公众诚信中心(CPI)总监/国际调查记者联盟(ICIJ)主任查尔斯·刘易斯(Charles Lewis)说:"最好的调查记者,他们往往是花很多时间来成箱成箱地查很多相关的资料,并且访谈很多相关的人,特别是目击者。"③西方记者更加重视书证材料,他们是"成箱成箱地"查阅这些书证材料。

密苏里新闻学院的新闻采写教师们非常看重文字资料。他们认为:"记录和文件既不能撒谎,也不会改口。它们不会为保全自己而牺牲你。""它们的原件可以复印,以供人辨认。许多有价值的文件是公开的文件,只要你或任何其他公民申请,都可以看到。"④

(四)借鉴侦探的调查方法

新闻采访与司法人员调查案情存在很多相似之处,新闻调查更是如此。对于一些揭黑、揭丑性报道,为了不惊动邪恶势力、不打草惊蛇,记者往往会采取秘密调查的方式进行调查,就像侦探侦查案情一样。

2002 年 7 月 9 日,中央电视台《焦点访谈》栏目播出了《追查山东高考助考公司》的调查报道,节目播出后,引起了强烈反响。助考公司老板叫程鹏,大约只有 20 多岁,他在山东潍坊、寿光、东营等地的中学校园发放名片和资料,吹嘘公司行动迅速,只要一个电话,工作人

①② 张志安.我不写孙志刚,迟早会有人写——深度报道精英访谈之六[J].青年记者,2008(2).

③ 赵华.国外媒体记者谈新闻调查性报道[M].北京:中国广播电视出版社,2009:46.

④ 密苏里新闻学院写作组.新闻写作教程[M].褚高德,译.北京:新华出版社,1986:403.

员保证在半天之内与您接头,上门讲授作弊手段,还可提供作案工具,而且质量一流,保证考题答案准确率在 95% 以上。当年 7 月 6 日上午,记者曲长缨冒充学生家长和程鹏见面,谈话不到 30 分钟,记者的偷拍机便引起了程鹏的注意,警惕性高的程鹏于是起身离开。曲长缨也不便硬留,只得让他走人。随后,央视记者们展开了一场跟踪接力赛,记者萧津和朱邦录赶紧加入追踪行动。程鹏马上关了手机,坐出租车直奔长途汽车站,买了一张去东营的汽车票,萧津也买了一张票。中午 12 点多,车到寿光,程鹏下了车。萧津不敢跟得太紧,怕他起疑,就赶紧给朱邦录打电话,让朱邦录跟着追。于是朱邦录和曲长缨接力第二棒。曲长缨先在车里等着,看见程鹏上车,他怕被程鹏认出,以中弹一般的速度快速倒在后座上。朱邦录看见程鹏上车后,也像猴子一样嗖地蹿上了车的前座,跟踪又开始。12 点 40 分,程鹏来到大街上,和一个客户交流了 20 分钟。朱邦录转身躲进一间厕所,没想到程鹏也跟着进了厕所。两人在厕所中面面相觑,审视良久。程鹏又起了疑心,朱邦录也不能再跟踪了。跟踪接力棒只能传到萧津那里。朱邦录打电话给萧津说:"你打车到电信商城来,接替老曲一下,他已经跟了很久了。"其间,曲长缨当天穿了一件鲜艳的红格子衬衣,在跟踪考生母女时,程鹏又追了上来。朱邦录赶紧给曲长缨打电话说,程鹏就在你身后,还没发现你,快快快!曲长缨怕被程鹏认出,为了隐藏目标,当街将外衣脱了(里面还有件背心),卷成一卷抱在胸前,光着膀子跟了好几条街。[①] 这整个过程,完全就是十足的侦探行为和做法。

调查性报道由于涉及大量的揭黑、揭丑,秘密拍摄、暗访取证是不可避免的。英国调查报道中心主任加文·麦克法蒂安(Gavin Macfadyen)谈他们报道一个雇佣童工的案子,"我假扮成一个牧师来到工厂里,穿着牧师的服饰,往机器上洒圣水。我的司机把偷拍机放在衣服里拍摄。通过这种方式我调查雇佣童工,甚至虐待女工的工厂,他们在我们拍到的证据面前无法否认"。[②]

(五)勇气、毅力和激情

从事调查性报道的记者所需要的勇气、毅力往往比普通记者高。一是采访报道可能会非常棘手,甚至有可能费尽千辛万苦,花上几个月、几年甚至更多的时间采访报道,而最后报道还可能被毙,所有的辛劳全付诸东流水,因此,记者需要有足够的勇气面对这样的状况。二是记者更要具备面对被采访对象的勇气。在调查性报道中,揭黑性报道占非常大的比重,记者常常要面对采访对象的威胁和恫吓。揭发兰州证券黑幕的记者王克勤,就曾被报道对象开价 500 万元人民币买他的人头。

王克勤回忆当年报道兰州证券黑市的新闻时说:"2001 年的元旦,我永远也忘不掉,那天我是豁出去了,找了好多受害者来座谈,有几个人非常惨烈。之前,我已经接到很多恐吓电话,那天会开一半后我接到一个恐吓电话,他说你要停住,再不停住我要你的命。我说你们把这些人害得太惨了,你们太猖狂了,我不想活了,要跟你们拼。会一开完紧接着又有一

---

① 中央电视台新闻评论部编.新闻背后[M].北京:人民文学出版社,2005:97 - 102.
② 赵华.国外媒体记者谈新闻调查性报道[M].北京:中国广播电视出版社,2009:143.

个电话,我说我不活了行不行,人头在手里拎着,随时来拿。"①在邪恶势力的威胁面前,王克勤没有退缩,而是勇敢面对,简直就是提着人头在采访报道新闻。

很多调查性报道很难寻找到事实的真相,没有毅力的记者往往会半途而废。有些报道需要花几个月、几年来调查,没有定力、爱速战速决的记者是难以坚持到最后的。

澳大利亚广播公司《四个角落》栏目制片人布鲁斯·贝尔沙姆说:"优秀的调查报道的记者,必须有这么一个特点——追求事实的毅力和激情,把事实披露出来,这本身是很有意思的事情。优秀的记者,他们在发现一个有价值的信息时,他们的心跳会加速。"②

布鲁斯·贝尔沙姆所说的"激情",显然是对职业和工作的敬业精神,是对社会、对公众认真负责的态度。曾先后任职于《南方周末》《羊城晚报》、CCVT 新闻评论部《社会记录》栏目,被称为流浪记者的赵世龙认为,调查记者的动力来自记者对这个时代的责任感。有了这种责任感,"你一定会很有激情,我做了十几年还很有激情"。③

(六)调查性报道的写作

在调查性报道的采写中,虽然总体来说采访大于写作,采访比写作重要,但这并不等于写作不重要,也不等于写作可有可无。调查性报道的写作在整个调查性报道中也是非常重要的一个环节。

调查性报道的写作,最重要的是要客观、真实地呈现事实。客观呈现应该从采访时就开始。采访时严谨、细致、认真的操作方法,会为写作时的客观、真实呈现奠定坚实的基础。今日之新闻,就是明日之历史,记者应该像史家一样,忠实、客观地记录事实真相;在写作时,保持冷静、平和的心态,客观陈述事实。著名调查性报道记者王克勤认为,"即使记者对老百姓的疾苦,对人文的关怀,充满了很大的激情,但是在写作的时候必须非常客观,非常理性,不能把自己的激情写进文章。以激情的心去关注,用冷静的笔去记录,这样报道出来的新闻才更加客观理性,才不至于造成对任何个人的伤害"。④ 调查性报道和所有其他类型的报道一样,不能带有记者的主观色彩,不能在字里行间渗透记者的感情。

有些调查性报道往往表现一些激烈的、惊心动魄的场面或非常细致的镜头,采用渲染、夸张的方式,甚至个别细节带有虚构的成分,这种写法既不客观,也不真实。

陈峰说,他采访不到的场景、镜头、细节,他不能写。他说:"我对孙志刚感到恐怖的描述只有他和朋友通电话的那一句,这是我可以采访到的。换个记者可能先写孙志刚在绝望无奈中给人打电话,但我觉得这种叙事方法会降低报道的可信度,读者也许会质疑你在精心描述一个不可能看到的细节,像写小说一样。我更倾向于将这种有主观色彩的东西清除

---

① 张志安.以调查性报道推动社会进步——深度报道精英访谈之十[J].青年记者,2008(6).
② 赵华.国外媒体记者谈新闻调查性报道[M].北京:中国广播电视出版社,2009:46.
③ 张志安.记者的职业精神就是流浪——深度报道精英访谈之三[J].青年记者,2007(11).
④ 王芳.王克勤:新闻专业主义的实践者[J].新闻传播,2010(10).

出去。"①

真实、真相是调查性报道的生命。新加坡《联合早报》北京首席特派员叶鹏飞说:"记者的天职、第一要义就是先把真相呈现出来——很多人甚至都达不到这个要求。你不能捕风捉影,你必须先把事实确定下来。"②

原《南方周末》记者杨海鹏说:"我认为自己的本事够不着有效的所谓'事实真相'时,写一个字都会怕。"③这种对真实的严谨态度是值得后来者学习的。

与客观、真实相适应的语言文风,就必须是平白朴实、自然严谨的语言风格。宁可不追求美文,也不能牺牲客观性和真实性。

写作调查性报道,记者要善于讲故事,一个优秀的调查性报道记者,也应该是一个会讲故事的高手。这是写作叙事性文章所必须具备的功力。记者要善于安排新闻结构,善于设置悬念。此外,诸如视角的变化与转换、节奏的张弛有度等,要运用得当,这些都会为调查性报道增色添彩。

调查性报道不能忽视对人物的报道,通过对人物的语言、行动的描述,来表现人物的性格和内心世界,丰富和完善新闻事件。调查性报道涉及的人物较多,记者要分清主次、突出重点,对重要人物、关键人物可以泼墨如注,而对次要人物和不重要的人物则要惜墨如金,略加陈述即可。

调查性报道往往头绪较多,记者在叙述事实时线索要清晰、脉络要分明,否则,读者会感觉报道像一团乱麻,理不出一个头绪,阅读兴趣就会降低,新闻报道的力度就会锐减。

知识链接

撰写调查性报道,比撰写其他报道更需要注意以下事项:

1. 报道中要写人。

2. 要写得简练。……如果材料很多,就要考虑写成几篇,加以连载,或者写一篇作为主体,辅之若干篇花絮。

3. 要告诉读者,你调查的结果意味着什么。

4. 把文章结构安排好。④

知识链接

调查性报道的调查对象

敌人　当你试图查出一个人做的坏事时,这个人的敌人就是你最好的消息来源。大人物的敌人总不免搜肠刮肚地搜集他的错误和缺点。

---

① 张志安.我不写孙志刚,迟早会有人写——深度报道精英访谈之六[J].青年记者,2008(2).
② 张志安.以理解的心态看中国——深度报道精英访谈之十五[J].青年记者,2008(11).
③ 张志安.当悲悯和焦虑成为职业的一部分——深度报道精英访谈之七[J].青年记者,2008(3).
④ 密苏里新闻学院写作组.新闻写作教程[M].褚高德,译.北京:新华出版社,1986:399.

朋友 令人惊异的是,朋友和敌人几乎同样地能透露材料。……有时,你会发现你的调查对象认为是朋友的人并不是那样够朋友。

败在他手下的人 ……找他上次竞选中的手下败将、同他竞争承包某一工程但没有搞到手的人、在权力斗争中遭他排挤的人——这些人,你应当采访。越是败得惨的人,越是理想的消息来源。

受害者

专家

警察

遭到麻烦的人①

第四节 解释性报道

一、什么是解释性报道

(一)定义

什么是解释性报道?学界对解释性报道的定义颇多,以下几种说法比较有代表性:

杰克·海敦认为:"解释性报道是一种作解释或者作分析的报道,也就是那个被过多地滥用的词语'有深度的报道'。它是一种加有背景,给新闻揭示更深一层意义的报道。""解释性报道是要告诉读者某则新闻的意义及其前因后果。它是对复杂的事件进行整理和解释。"②

甘惜分主编的《新闻学大辞典》的定义是:解释性报道是"提供新闻背景并对有关新闻事实进行解释或分析的报道"。"解释性报道着重回答五个'W'中的'WHY'(为什么),告诉受众新闻事实的意义及前因后果,对复杂的事件进行整理和解释。采写这类报道时要求记者运用大量的事实,完整、清晰地交代必要的背景材料,揭示新闻事实的原因、实质、影响及发展动向。分析要有事实根据。"③

美国新闻学教授卡尔·林兹特诺姆认为:"所谓解释性报道,就是在报道新闻事件中补充新的事实,即'历史性的、环境性的、简历性的、数据性的、反应性的'事实,这样就能使正在发生的新闻事件更加明白易懂。"④

上述三种关于解释性报道的定义,虽然说法各有不同,但始终都离不开两个关键词:背景和意义。解释性报道必须提供大量的背景材料,对新闻事件的前因后果及相关新闻人物

---

① 密苏里新闻学院写作组.新闻写作教程[M].褚高德,译.北京:新华出版社,1986:400 - 401.
② 海敦.怎样当好新闻记者[M].伍任,译.北京:新华出版社,1980:211.
③ 甘惜分.新闻学大辞典[M].郑州:河南人民出版社,1993:153.
④ 刘明华.西方新闻采访与写作[M].北京:中国人民大学出版社,1993:81.

进行说明和解释。同时,解释性报道必须揭示新闻事件的意义。

解释性报道的适用范围,主要是报道国际、国内重大而复杂的政治、经济、社会问题,各种有影响力的突发事件,重大科技成果的发布、推广与应用,新的经济政策的出台,新的法律法规的颁布、实施,关系到公众切身利益的各种社会事件、自然现象,等等。总之,只要是公众关心、感兴趣的事件,如果不解释便难以理解,就可以使用解释性报道这一体裁进行报道。

(二)历史沿革

解释性报道起源于第一次世界大战,20 世纪 30 年代开始风靡西方发达国家。沃伦·艾吉(Agee,W. K.)等人认为,"解释性报道的趋势始于第一次世界大战以后""从本世纪(20世纪——引者注)30 年代起日益盛行"。[①]

第一次世界大战爆发后,人们对战争感到震惊,对这场战争产生的根源感到茫然,人们迫切需要了解关于战争的一切信息,但是,媒体一贯奉行客观报道,美联社等通讯社只是要求记者对新闻事件进行纯客观的报道,告知读者什么时间、什么地点、什么人、发生了什么事情,并不鼓励记者对事件发生的原因和背景进行深度的解释,因此,记者也没有对战争的发展进行及时的分析,新闻界浅层次的报道受到了人们的批评和指责。此后,新闻界在对每日发生的事件进行报道时,开始注重挖掘事件背后的原因,分析事件的意义。

1929 年,一场经济危机席卷全球。美国首当其冲、深受重创,银行倒闭、公司破产、股市崩盘,经济一片萧条,昔日的繁荣化为乌有。人们对此迷惑不解,非常想知道这其中的原因和背景。美国著名政论家李普曼说:"各种事件接踵发生,而这些事件本身似乎是毫无意义的。于是,一个'为什么'变得与'是什么'同样重要的时代开始了。当时,如果驻白宫的记者仅仅报道发生了什么而没有提供事件发生的原因和含义,那他只完成了一半工作。"[②]

20 世纪 40 年代,由美国一批学者组成的报刊自由委员会倡导社会责任,在《一个自由而负责任的新闻界》中,要求报刊"对每日的事件给予真实的、全面的和理智的报道,并将它们置于能显示其意义的特定的前后联系之中"。这句话有着丰富的含义,除了要求报刊必须真实、全面地报道新闻,不能片面、失实地报道新闻外,还要求新闻报道必须理智,减少报道煽情新闻,而且要求新闻要作出合乎真实的解释,即把每一项重大事件放在特定的社会背景、各种事物的联系中去分析其产生的原因、社会影响、后果。[③]

20 世纪 50 年代,麦卡锡主义横行于美国。参议员麦卡锡为了自身的政治利益疯狂反共,不惜无中生有编造谎言,使一些正直、无辜的人受到迫害。而美国媒体为了保持客观,对麦卡锡的演说、指控,像传声筒似的加以报道。麦卡锡垮台后,新闻界反思发现,当时不加分辨、不加分析的纯客观报道,不仅没有报道出这些事实的本质,而且起到了助纣为虐、为虎作

① 艾吉,等.实用新闻学基础[M].北京:中国新闻出版社,1988:224.转引自刘明华.西方新闻采访与写作[M].北京:中国人民大学出版社,1993:85.

② 门彻.新闻报道与写作[M].展江,主译.北京:华夏出版社,2003:转引自程道才.西方新闻写作概论[M].北京:新华出版社,2004:122.

③ 报刊自由委员会.一个自由而负责任的新闻界[M].展江,译.北京:中国人民大学出版社,2004:21.

怅的作用。新闻界对麦卡锡报道的教训,促使新闻界强调记者应承担的社会责任,不再一味不究真伪地进行客观报道,而是进行分析和解释,从此以后,解释性报道成为美国媒体的主要报道形式之一。

美国学者沃尔特·福克斯说,广播刚兴起的时候,"记者只是简单地叙述发生了'什么'事实",但是,这种"只是简单地交代传统报道中的5个W已不合时宜,而'为什么'的问题突然成为新闻报道中最重要的事项。在电子时代,新闻报道中需要意义与背景,而提供这些内容的工作便获得一个特别的称谓:解释(interpretation)"。① 于是,广播不久就开始播出新闻分析。广播在深度报道上有先天性的局限,印刷媒介本来应是承担解释性工作的理想角色,但报纸执着于"客观性"的理念而不愿投身于这一新兴的解释潮流。直到(20世纪)60年代,面对汹涌的电视浪潮,日报才开始对新闻事件提供前因后果的背景分析,而全方位地将解释性新闻作为报道政策接受时,则是(20世纪)70年代以后的事了。②

日本著名新闻学者新井直之教授曾说:"今后的报纸,解说的重要性将日益增加。如果说,报业史的第一阶段是'政论报纸'的时代,第二阶段是'报道报纸'的时代,那么,今后即将到来的第三阶段就可能是'解说报纸'的时代。"③

改革开放以后,解释性报道在中国开始得到较大的发展,出现了一批有价值、有深度、有水平的报道。《中国青年报》针对大兴安岭火灾的反思与报道,推出了《红色的警告》《黑色的咏叹》《绿色的悲哀》"三色"报道,《人民日报》推出了《中国改革的历史方位》等,对中国社会转型、思想解放带来的巨大变革进行解释、分析,受到了读者的欢迎。有学者将1987年称为"深度报道年"。

二、解释性报道的写作方法

(一)大量使用背景材料

解释性报道中背景材料的写作与运用,与一般新闻报道中背景材料的写作与运用有本质的区别。在一般新闻报道中,背景材料的运用是有限的,不能大量使用,否则就会喧宾夺主,影响对动态事实的报道。而在解释性报道中,背景材料可以而且必须大量使用。

中国人民大学刘明华等人认为,一般新闻报道中的背景材料,"其地位大多是从属性的,是为说明、补充、烘托新闻事实服务的",以"新闻事实为主,背景材料为辅"。而在解释性报道中,"背景性事实反客为主,新闻的焦点集中在背景分析上面,背景的任务不是解释新闻事件的某一部分,而是用来诠释新闻事件的整体"。写作解释性报道,记者必须具备大背景意识,即全局性背景意识。④

解释性报道中使用的背景材料,主要是指前文引述的美国新闻学教授卡尔·林兹特诺

---

① 福克斯.新闻写作——报刊记者指南[M].李彬,译.北京:新华出版社,1999:14.

② 福克斯.新闻写作——报刊记者指南[M].李彬,译.北京:新华出版社,1999:14-15.

③ 和田洋一.新闻学概论[M].吴文莉,译.北京:中国新闻出版社,1985:70.

④ 刘明华,徐泓,张征.新闻写作教程[M].北京:中国人民大学出版社,2002:299.

姆所说的五个方面的背景材料,即"历史性的、环境性的、简历性的、数据性的、反应性的"事实。

历史性事实,是指与新闻事实发生、发展相关的来龙去脉,是新闻事件发生、新闻人物做某些动作的原因,表现的是与新闻事实之间的纵向联系,可以使新闻事实有历史感,使读者对新闻事实的因果关系和新闻事实的纵深有更深刻的认识。

环境性事实,是指与新闻事件、新闻人物相关的自然环境和社会环境,表现的是与新闻事实之间的横向联系,可以使读者以联系的、全面的眼光来认识和理解新闻事实。

简历性事实,是指新闻人物的学习、工作和生活经历、性格、兴趣爱好、逸闻轶事,以及机构或组织的基本概况,可以使新闻人物更加丰满、更具有立体感。

数据性事实,是指与新闻事实相关的各种统计与分析数据、一些量化的数据与指标,使新闻报道具有更强的说服力。

反应性事实,是指新闻事件发生后,公众和社会各界对新闻事实的反响、议论、评价。记者选择性地报道这类事实,解释新闻事件发生后对公众和社会产生的影响。

┃150 年来泰晤士河第一次出现海豹┃

(1)【路透社伦敦(1984 年)5 月 1 日电】　最近,一只海豹沿着泰晤士河逆流而上,游过了议会上下两院所在地。此事引起极大的轰动,电视台向全国播放了海豹吞食河鱼的镜头,报纸也作了报道。

(2)这是 150 年来人们第一次看到海豹出现在这个一度有毒的历史名河的河水中。(背景穿插)

(3)人们对此兴高采烈,认为这是对这条污染了几百年的河流治理了 20 年之后,终于完成的世界上同类工作中最为成功的一项工作。(背景穿插)

(4)泰晤士河管理局把死去的泰晤士河变成了一条令人喜爱的河,吸引来成千上万钓鱼爱好者和游泳爱好者,许多人原先都说,这项任务是无法完成的。(背景穿插)

(5)在 20 世纪 50 年代中期,这条河从生物学的角度上说是"死亡"了。它的含氧量为零。今天,这条河流处于最宜生物生存状态,氧气含量达 98%,适宜于 100 多种鱼生存。(背景穿插)

(6)泰晤士河大规模污染是从 18 世纪末开始的。(背景)

(7)在 19 世纪,人口愈来愈多,工业污染更为严重,加上伦敦沼泽地排放积水以建造码头,结果使这条河成了一条肮脏、毫无生气的臭河。(背景)

(8)从 1849 年至 1854 年之间,几次发生霍乱,约有 4 万人死亡。1856 年是特别糟糕的一年,当时以"臭气熏天年"而著称,泰晤士河的气味腐臭难闻,以至于面临泰晤士河的议会大厦的窗子都不得不悬挂由消毒水浸泡的窗帘。(背景)

(9)伦敦人开玩笑说,掉进泰晤士河的人还没有淹死就被毒死了。(背景)

(10)1964 年开始了首次大规模的整治河流工作,当时通过了立法,委托伦敦港当局控制排放工业污水,这些工业污水占污染的 30%。(背景)

> （11）一项调查表明：1,200 万人口和数千家工厂每天向河中排污水 418 万立方。专家制订了计划，重建和延长伦敦的下水道。（背景）
>
> （12）整个泰晤士河流域现在同 453 个污水处理厂连接在一起，每天处理 9.4 亿加仑污水，变污水为清洁水。（背景穿插）
>
> （13）垂钓爱好者争相捕捞到泰晤士河来产卵的大鲑鱼，当局已难以控制甲壳动物的繁殖，甚至连海马也回到泰晤士河。
>
> （14）泰晤士河管理局现在承担了泰晤士河的控制污染、保持水中氧含量和废水循环，使之成为饮用水等全部任务。管理局已在为技术援助和培训提供国际性咨询服务。它已向 24 个国家提出建议，同时还参加了另外 20 个国家的研究项目。[①]

《150 年来泰晤士河第一次出现海豹》，是一篇公认的新闻佳作，其最重要的写作特色就是它运用历史背景材料使读者感到不枯燥。

这条新闻一共 14 个自然段，导语和最后两个自然段是在报道新闻事实，其余 11 个自然段都是在陈述背景，其中，5 个自然段是背景穿插，6 个自然段是背景介绍。大量的背景材料告诉读者，这条历史名河从 18 世纪以来就开始被污染，且污染得非常严重，以至于"伦敦人开玩笑说，掉进泰晤士河的人还没有淹死就被毒死了"。英国政府及泰晤士河管理局为治理这条污染的河流付出了艰辛的努力，这种努力取得了卓越的成效，把一条有毒的河变成了最宜水下生物生存的河，氧气含量达 98%，适宜 100 多种鱼生存，也吸引来成千上万钓鱼爱好者和游泳爱好者。大量背景材料的使用，使读者对"150 年来泰晤士河第一次出现海豹"这件事的前因后果、意义等了解得更清楚，也更加珍惜眼前难得的美好生活。

（二）揭示新闻背后的新闻

解释性报道要对新闻事件发生的原因、新闻事件的本质及其意义、新闻事件的发展趋势、新闻事件对公众和政治、经济、文化、社会等方面产生的影响进行充分的揭示与解释。

任何新闻事件的发生、发展都不是孤立的，其发生、发展的背后自有原因，而且从历史的纵深，从与其他事件、事物的联系中可以更进一步地深挖其本质特征，挖掘"过去"、探寻"未来"，多角度透视、全方位切入新闻事件，可以使读者对事件有更立体、更深入的理解。

> ──┤ **马科斯执政 20 年** ├──
>
> 贪污浪费盛行 贫富差距扩大
>
> 【美联社纽约(1986 年)2 月 26 日电】 （记者 查尔斯·汉利） 30 个月以前，有人射出了一颗子弹杀死了一个菲律宾人，今天这颗子弹又打倒了另一个人。
>
> 对马科斯来说，他当政的不平静的 20 年的最后几幕是从 1983 年 8 月 21 日开始的，那天在马尼拉国际机场，马科斯的政治对手阿基诺被一颗子弹射中头部，倒在地上。

---

① 李大卫,石维,艾顿.路透社百年新闻佳作[M].西安:陕西师范大学出版社,2002:248 - 249.

人们普遍认为马科斯总统是罪魁祸首,而正是这次谋杀行动使人民对马科斯总统的义愤爆发了。

对菲律宾来说,马科斯时代是菲律宾逐步现代化的时期。马科斯政府开办了学校、修建了公路和电力系统。但与此同时,政府在许多项目上浪费了千百万美元,而且因为政府官员的贪污,又有千百万美元被盗走了。

马科斯搞建设"新社会"运动以后,菲律宾的贫富差距进一步扩大,资金严重短缺的经济远远落在其他邻国后面,同共产党叛乱分子的斗争也长期不断。

马科斯是以一个反贪污腐化的政纲进行竞选的,而且他在他的就职演说中发誓说:"要在民众的帮助下,使这个国家重新成为一个伟大的国家。"

但马科斯既没能改变原来的贪污腐化状况,也没能提供足够的就业机会。到20世纪60年代末,失业、通货膨胀和人民的不满情绪加剧了。

1968年,十几个以前的大学生,重新组织起先前已被取缔的菲律宾共产党,成立了新人民军,并坚持进行一场长期的农村游击战争。第二年,马科斯在被指责有舞弊行为的选举中获胜,赢得了他的第二个总统任期,随之一系列大规模骚乱震动了菲律宾。

1972年9月23日,在马尼拉全城进行的一次大搜捕中,军队逮捕了大批反对派政治家、记者、学生和对马科斯的统治持批评态度的人。报社和广播电台被关闭。马科斯实行了军管法,据他说,这是为了防止国家被共产党接管。他废除了国会,修改了宪法,以延长他的总统任期。

1973年,国民生产总值增长了百分之十。整个70年代,人均收入每年增长百分之三以上。但是,一些菲律宾人也在大肆搜刮民财,中饱私囊,经济的增长畸形化了,马科斯和他的顾问们一直鼓励发展以出口为目标的生产,他们依靠的是马科斯的亲朋好友私人控制的或政府控制的少数大企业。与此同时,第一夫人伊梅尔达却把注意力集中在一些华而不实的项目上,花费千百万美元修建艺术中心和医疗中心。

然而,那些大企业效率低、经营管理不善、贪污盛行,头重脚轻的菲律宾经济受到了1979年石油涨价"冲击"的严重打击。在马科斯统治的时期,美国在菲律宾下的本钱比以往任何时候都大,美国的工商界现在在那里的投资约为20亿美元。

美国前总统卡特执政时期,菲美关系曾一度冷淡下来,因为卡特政府批评马科斯侵犯人权的做法。但是,里根当政以后,这位菲律宾总统的地位又有所改善。在里根举行就职仪式的前三天,马科斯解除了在菲律宾实行的军事管制,尽管他仍然总揽大权。

但是,阿基诺的被害突然改变了许多人的态度。

近200万人涌上马尼拉街头参加阿基诺的葬礼。

罗马天主教会和工商界中的很多人转而强烈地反对马科斯,许多外国银行对他们的菲律宾债权人的态度强硬起来。

这次危机是菲律宾独立以来最严重的危机。

> 由于工商界失去了信心,每天有500万美元的资金流出菲律宾,菲律宾比索一再贬值。
>
> 马科斯政府宣布暂停偿付它的债款。
>
> 1984年5月的议会选举打破了马科斯在政治上"战无不胜"的任何残存的幻想。在国内外持续不断的压力下,马科斯接下来的行动是把总统选举提前到今年2月7日举行,最后导致马科斯下台出走。

这条新闻从枪击事件开始写起,引出对马科斯总统任期内贪污腐化、社会贫富差距悬殊的报道。新闻以时间为顺序展开对马科斯总统劣迹斑斑的恶行的报道,并非面面俱到,更不是记流水账,而是重点从政治、经济、管理等方面对马科斯的独断专行、损公肥私、治国无能进行了层层揭露。丰富的背景材料使读者明确地认识到,马科斯政府垮台、马科斯下台出走是必然的。整篇新闻只有开头、结尾是新鲜的事实,其他都是背景材料——新闻背后的新闻,但记者将这些背景材料安排得井井有条,新闻脉络清晰,材料繁而不乱。

(三)用事实解释事实

解释性报道的"解释",主要是指用事实解释,解释的内容也是事实。解释性报道中的大量事实不是动态事实,而是相对静态的事实,是过去的事实。这些事实多数都是属于解释性报道中的背景材料。

不要把"解释"理解为发议论,在解释性报道中要尽量不发议论。杰克·海敦警告说:"解释性报道有一个经常存在的危险:发议论,即超越客观性的界限而陷入主观主义。"[1]

美国威斯康星大学新闻学教授海德认为:"解释仅在提供背景的说明,并将个为世人所知的事实资料写出来。但如果在解释中夹叙夹议,构成了新闻中的议论,则此种论调将得不到报人的支持。"[2]

如何区分解释和议论?《纽约时报》星期日版前主编莱斯特·马克尔(Lester Markel)举例说,"史密斯辞去市政府职务,这是对事实的客观报道,是一般新闻报道、动态新闻报道的内容;他为什么辞职,这是对事实进行解释,是解释性报道的报道内容;他是否早就该辞职,这就是记者在发议论了。记者不能对史密斯是否该辞职发表意见"。[3]

但是,在解释性报道中,要完全杜绝议论和发表意见几乎是不可能的。最好的方法是引述权威人士和新闻中人物的语言,通过引用这些人物的意见、观点来表达记者的意见,但记者不能虚构、捏造权威人士和新闻人物的意见、观点。

---

① 海敦.怎样当好新闻记者[M].伍任,译.北京:新华出版社,1980:212.

② 刘明华.西方新闻采访与写作[M].北京:中国人民大学出版社,1993:98.

③ 海敦.怎样当好新闻记者[M].伍任,译.北京:新华出版社,1980:213.

美国经济为何急剧下滑

【〔美〕《基督教科学箴言报》(2001 年) 1 月 25 日报道】 （记者 戴维·弗朗西斯）

圣路易斯一家供应汽车零件的公司的总经理纳尔逊·温赖特受到库存风暴的冲击。他的重要客户通用汽车公司最近发现销售点许多小货车没有卖出去,于是停止从温赖特的公司进保险杠和挡泥板。结果温赖特不得不让他的一家工厂停工两周。

从温赖特工业公司的工厂可以看到美国经济为什么几乎一夜之间就从繁荣接近衰退。

几十年来,美国企业仓库里往往有大量库存。生意兴旺时它们卖掉库存的产品,生意清淡时库存增加。

但是现在,在先进的电脑跟踪时代,产业界努力只生产需要的数量,从而不再需要大量库存。

结果是,一个行业增长放慢,如汽车业,可能迅速影响到像温赖特这样的公司以及经济的其他部门。

实际上,供货商与制造商的关系紧密是美国有史以来持续时间最长的扩张为什么差不多戛然而止的几个原因之一。

还有另一些因素的作用,它们为决策者们以后努力抵消商业周期的作用提供了教训。

一个因素是股市泡沫的破裂。投资者感到自己变穷了,债务负担加重了,企业和消费者花钱比较谨慎了。

其他少见的因素有:

工厂太多。在多数繁荣期接近尾声时,企业努力生产足够的产品满足需求。但这次不一样。企业投资很多,一直超前需求。衡量工厂繁忙程度的"生产能力利用率"在 20 世纪 90 年代繁荣期下降了。

华尔街影响一般家庭。近年来,股票价格急剧上升,特别是高技术和因特网股票。投资者对资本收益抱着很高的期望,花起钱来没有顾虑——这种现象称为"财富效应"。

个人储蓄总数降到零以下。消费者花掉全部收入,外加一些过去积存的财富。

去年春天技术股泡沫破裂,2000 年是从 1990 年以来第一个股市下跌的年头。圣诞节销售不旺表明消费者已经减少开支。如果他们开始存钱,那么经济可能进一步减速。

联邦储备委员会正在努力确保消费者继续购买昂贵商品,保持对股票的兴趣,从而避免衰退。

现代通信。因特网和无所不包的电视新闻使经济不景气的消息传播特别快,这就导致了自我加剧的过程。

债务过多。在无忧无虑的繁荣年月,企业和消费者都背上了大量债务。

在繁荣期,公司以"膨胀的价格"买回自己的股票,同时通过高价购买其他公司的股票,买下这些公司。结果,用一种尺度衡量,过去几年公司债务激增到 2.3 万亿美元。

同期,一般说来,公司未能从发行新股票中得到一分钱。纽约佩斯大学研究金融的经济学家罗伯特·帕克斯预言:"将有许多公司付不起利息。我估计会出现一股破产浪潮。"

尽管如此,经济情况并非都是消极的。通货膨胀率仍然很低,这样联邦储备委员会可以继续下调利率以刺激生产和恢复信心。计算机和新经济大大提高了生产率。经济从生产商品向服务转变使它可以少受衰退的影响。商业扩张期变长了,收缩期变短了。[①]

这条新闻对上世纪末本世纪初美国经济的急剧下滑进行了报道和解释,通篇都是对事实的陈述。美国经济急剧下滑是事实,其下滑的原因,记者没有进行抽象的议论,而是通过大量的背景事实来证实,即用事实解释事实。一个又一个事实充分证明,美国经济急剧下滑不是偶然的现象,而是经济发展和演变的必然结果。

三、解释性报道的注意事项

(一)诚实正直

尽管我们在理论上能够厘清解释和议论的区别,但是,在具体的新闻报道中,区分解释和议论并不是一件非常容易的事情。从绝对意义上来说,解释性报道完全杜绝议论是非常困难的事情,因此,记者的道德和良心就显得非常重要,同一般新闻报道相比,解释性报道更需要记者保持诚实和正直。

(二)事实至上

前文已经对解释性报道的事实要求进行了比较充分的阐述,这里还要进一步明确,解释性报道必须秉持事实至上的原则,记者不能因为解释而忽略事实,也不能在解释事实的时候掺杂议论,表现出明显的倾向性和鲜明的态度。从另一角度来说,只要事实是真实的,就可以尽量保持客观和公正。

(三)专业水平

解释性报道涉及的内容较一般新闻报道的内容既深且广,需要记者具备较高的专业水平。记者对所采访的专业和对象具备的知识越丰富、钻研得越深,其采写出来的解释性报道就越有深度和广度,也就越会受到读者的欢迎。记者如果缺乏必要的专业知识,不可能写出好的解释性报道。

---

① 刘勇.深度报道采访与写作[M].合肥:合肥工业大学出版社,2006:329 - 330.

思考与练习

一、思考题

1.什么是特稿？谈谈特稿与消息的区别。

2.如何理解"要展现，不要讲述"？记者在特稿中如何展现？

3.简述细节在特稿中的作用。

4.什么是调查性报道？如何采写调查性报道？

5.什么是解释性报道？解释性报道有哪些写作方法？

二、练习题

1.阅读下面这条新闻，请对其中的人物描写、性格刻画、对话运用、细节描写进行分析。

|"老报童"罗伊去世了|

〔美〕尼尔·夏思

罗伊·迈尔斯的追悼会将于星期一举行。四分之一世纪以来，他是《自由新闻》大楼附近的一个近乎传奇式的人物，也是不管年岁多大都被人叫作报童的那号人当中的仅存者之一。

《自由新闻》的一整代记者、编辑和其他职员都只知道他的名字叫"罗伊"的迈尔斯先生，本星期早些时候在他度过一生最后几年的疗养所中死去，终年六十七岁。

直到几个月以前，由于健康状况恶化而终于无法撑持下去为止，他一直把《纽约时报》和其他外埠报纸送到订户桌上，并且在《自由新闻》大楼外的人行道上叫卖上述报纸和《底特律新闻》。

去年有一个月他尝试了一下退休的滋味，但不久又重操卖报的旧业。

他双目几乎失明，戴着一副像定量酒杯的底那样厚的眼镜，要把头往后仰起才能看得见东西。

他形容枯槁，白发苍苍，体弱多病，吃力地背着笨重的帆布报兜，背带深深勒进瘦削的肩头。然而，在他衰弱的外貌下，却隐藏着强烈的自立精神。他对工作极为认真，也能滔滔不绝地神聊一气。"罗伊，你今天干得怎么样啊？"一位打算买报的顾客会这样招呼他。

"要买份时报？"他会这样回答，声音粗得像是从沙石上蹦出来的一样刮耳。

有一次，罗伊从《自由新闻》的电梯上走下来，正好赶上采编人员在那里开会。也许是由于他视力不佳，也许是由于他脾气偏强，反正他把报纸分发给了在场的记者。会议只好中断，直到罗伊把报纸分完。

"两毛五？"一个记者有一次在罗伊对他说了《芝加哥论坛报》的价钱以后提出了抗议。"见鬼，罗伊，我花一毛五就能买到一份。"

"是喽,不过你得上芝加哥去。"

有些记者在收报费的日子没有钱付款就躲着罗伊,这是大伙都知道的。要做到这一点并不难,因为罗伊瞎得很厉害。只要订户的位子上有人坐着,他就去催讨,不管那人是谁。有一次罗伊误把一个女记者当作一个长着胡子的男记者,因为他往常就是坐在那张桌子后边的。

还有一个记者在刚参加《自由新闻》工作的时候,发现他桌上每天都有一份《纽约时报》,感到很诧异,但他以为这是由于工作需要而发给他的。然而到了月底,他终于发现这是怎么回事。"一共六块二毛五。"罗伊粗声粗气地对他说。

罗伊死后留下一个女儿,德乐勒斯·塔尔曼夫人,还有一个姊妹和一个孙儿。追悼会将于星期一午后2时在红河区西杰弗逊街10783号格尔巴赫殡仪馆举行。他将安葬在河景区费思代尔公墓。

2. 下面这条新闻是一条消息。如果你所在的媒体让你把这条新闻重新采访,改写成一条特稿,你将重点采访什么内容、挖掘哪些细节,为什么?

被通缉男子带母亲到北京旅游落网 老人不敢相信

2014年10月5日 05:34:44 来源:中国江苏网

【晨报讯】(记者 何欣 通讯员 王海蛟) 昨天中午,北京北站派出所的民警在地下候车区进行例行检查时,将网上通缉人员韩某抓获。此前韩某因持刀抢劫被黑龙江警方通缉。

昨天中午11时许,北京北站派出所民警在北站地下候车区进行例行检查时,查获一名网上通缉人员韩某。案情显示,今年6月25日23时许,韩某伙同他人骑着一辆黑色的摩托车在一宾馆门前持刀抢劫了一女子的粉色提包,包内装有一部手机、一张银行卡、一个钥匙包和400余元现金。案发后,韩某等人随即被黑龙江警方列为网上通缉人员。

韩某被抓获时正和母亲在一起,当从民警口中得知儿子竟然是网上通缉的犯罪嫌疑人时,老人起初不敢相信;而当看到通缉信息后,老人泣不成声。老人告诉民警,这次是儿子趁着国庆节带其来北京玩两天,没想到原本的欢乐假日竟然如此收场,而孩子此前竟然没有向家人透露出一点消息。

被民警带走前,韩某的母亲紧紧拉着儿子的手,不停嘱咐儿子要好好听话,坦白交代,争取早日回家。

目前,北京北站派出所已同黑龙江警方取得联系,当地警方近日将派人来京将韩某带回原籍做进一步调查。

3. 在你们学校,有一位同学取得了很大的成就。请你采访这位同学,写作一篇人物特稿。

4. 你听到传闻说,你所住的学生公寓在建造过程中存在行贿受贿、投标不规范的问题,请列出你将要采访的人士、机构,写出你将从何处查阅相关资料。如果调查属实,请根据采访所得的材料写出一篇调查性报道。

5. 你发现现在学生厌学情绪比较浓,逃课现象普遍,学风存在很大的问题。请你针对这个问题展开采访,写出一条解释性报道。

第 8 章　新闻写作方法

本 章 要 点

- 新闻写作前的准备和思考非常重要。记者在采访时就要对报道主题、角度、体裁展开思考。

- 采访结束后、开始写作前,在时间允许的前提下,记者要对新闻报道进行构思和"彩排"。

- 新闻角度不同,报道效果不同。

- 要善于从受众、人性、本媒体的受众定位和事物的突破点选择角度;善于运用逆向思维选择角度;善于"以小见大"。

- 要学会简要和概括地表述事实。

- 在写作新闻时,可以打破时空顺序和逻辑顺序,用跳跃的方式组织事实材料;用蒙太奇的行文方式连接场景和画面;采用大跨度、大跨越的方法,加大句子与句子之间、段落与段落之间的跨度。

- 分段是个好东西。新闻作品应该一句话一个意思,一个意思一个段落。

- 段落短的新闻作品不仅便于读者阅读,而且也便于记者快速写作,便于编辑修改、删减。

第一节　写作前的准备和思考

新闻采访学的所有教材中都有"采访准备"这一章,采访准备对于采访的重要性毋庸置疑。但到目前为止,还没有人辟出专门的章节阐述新闻写作准备。记者在毫无准备的情况下就投入采访,采访的糟糕和被动可想而知;同理,如果记者在毫无准备的情况下就开始新闻写作,那么,记者写出的新闻报道会非常粗糙,更不可能成为名篇佳作。因此,记者在动手写作新闻之前就应该开始思考如何写作,而不是在真正动手写作时才开始思考如何写作新闻。有经验的记者往往都是在写作之前——主要是在采访时就已经开始思考如何写作新闻了。

写作前的思考与准备就是构思。关于写作前的构思,本书在第三章"导语"的第三节"导语的写作方法"中进行了阐述,但第三章的阐述只是针对导语部分的阐述,没有对新闻的各个组成部分以及所有新闻的写作前构思展开论述,而写作前的准备和思考又是整个新闻写作过程中一个必不可少的环节和程序,所以,这里继续对此展开讨论。

一、采访时对写作的思考

采访的目的是为了报道新闻、传播信息。为了更好地报道新闻,记者在采访时就应该思考如何报道新闻。

思考既有助于记者深入调查,提出更有意义、更尖锐的问题,捕捉对报道有价值的信息,寻找微小而不同寻常的细节,又有助于记者有针对性地进行采访和调查。记者在采访时不思考写作,其采访、调查往往是盲目的、随意的,这样得到的材料常常没有什么报道价值。当记者回到报社、电视台,坐在电脑前开始写作时就会发现,由于采访时没有思考写作,或者思考了写作,但是思考得不够,只是很随意地想了一下,结果往往就会是记者写的新闻报道可能不得要领,没有抓住更好的报道焦点,更有甚者,可能连基本的新闻报道都写不出来。

采访时要对主题进行思考

采访时首先要思考的是新闻报道的主题。采访的过程,是对新闻报道主题逐步明确、逐步深入的过程;主题并不仅仅是在写作过程中提炼形成的,记者在采访过程中也在不断地选择、提炼报道主题。

对于消息类新闻报道来说,记者在采访时尤其要对正在采访的事实进行认真思考,寻找和捕捉将要报道的核心和焦点,即新闻点和新闻眼。

采访时要对角度进行思考

记者在采访的过程中,要对采用什么样的报道角度进行思考,反复问自己:哪个事实可能是最能吸引读者的? 我该采用哪一个报道角度? 通过不断的思考,找到最佳报道角度,突出新闻的报道价值。

采访时要对体裁进行思考

记者在采访时,要对自己已经得到和将要得到的信息进行迅速的判断,看这些信息适合采用什么样的新闻体裁来报道,然后就可以根据自己的判断,有意识地进一步围绕记者确定的报道体裁去抓取信息、选择材料。

一般来说,若记者抓取的信息是概括性的材料,则比较适宜采用消息报道体裁;如果掌握的材料比较丰富,有非常吸引人的细节,有故事情节,而且生动细致,则适合采用特稿的形式报道;如果记者了解到更多的人物的酸甜苦辣,发现采访的人物有鲜明的性格特征和丰富的内心世界,则适宜采用人物特稿这种体裁形式。

二、写作前要构思

晋人刘勰在理论专著《文心雕龙·神思》中说:"文之思也,其神远矣。故寂然凝虑,思接千载;悄焉动容,视通万里;吟咏之间,吐纳珠玉之声;眉睫之前,卷舒风云之色:其思理之致乎! 故思理为妙,神与物游。"刘勰的这段话主要是就文学写作而言。其实,非文学写作,比如新闻写作也必须在写作前进行构思,思考记者所要写作的这篇新闻作品将要采用什么体裁、新闻报道的焦点是什么、核心和主题是什么、采用哪些材料、采用什么结构形式以及语言的运用等。虽然记者在采访中就已经对这些问题有一定的思考,但记者在正式开始写作前还要继续进一步思考。

写作前要"彩排"

一位美国《波士顿环球报》的记者采访归来后问他的编辑:

"我有多少时间?"

"我们想在一小时内得到这篇报道。"

"太好了,"他看着他的表说,"我有时间吃晚饭了"。

美国资深写作教练唐纳德·默里跟随这个记者到了《波士顿环球报》的餐厅,看着他狼吞虎咽地吃完晚饭,然后就坐在那里盯着空气发呆。默里看到这位记者在发呆时嘴唇一直在不停地嚅动,持续了 10 分钟。然后这个记者返回编辑部写稿,行云流水般一挥而就,而且写得非常好。

默里后来问这位记者,他在餐厅里发呆时是在做什么。

"排练,"他回答说。[①]

几乎所有的优秀作家、优秀记者,在写作前都要进行"彩排",但不同的作家、不同的记者,在写作前"彩排"的方式方法各不相同。从业多年的美国写作教练罗伊·克拉克(Roy Clark)和唐·弗莱在其著作《训练作家:对编辑和记者的关键指导》中说,优秀的记者往往在写作前都会形成这样一些习惯,"去上厕所、一根接一根地抽烟、踱步、做白日梦、大吃特吃便宜零食,或者自我鞭策一顿"。

烟酒几乎是中国文人写作构思的专用物。中国文人在写作前和写作过程中习惯做的是,一根接一根地抽烟,在袅袅升起的烟雾中,文人们在紧张地思考、精力高度集中地"彩排"。有些中国文人往往在写作前喝酒,借助酒精的刺激,帮助作者进行写作构思,"李白斗酒诗百篇"已经成为文人写作前"彩排"的美谈。

文学写作前要进行"彩排",新闻写作前也同样要进行"彩排"。新闻写作前的"彩排"对写作新闻具有重要的作用。

---

① 吉布斯,瓦霍沃.新闻采写教程——如何挖掘完整的故事[M].姚清江,刘肇熙,译.北京:新华出版社,2004:129.

三、信息发布与新闻发布

记者在进行新闻写作前还应该认真思考的一个重大问题是：我是要发布一个信息，还是要发布一条新闻？对于初学者来说，这个问题非常重要。本书作者多年来的教学经历显示，新闻院系的初学者往往都是发布信息，而不是发布新闻。

信息发布和新闻发布的最大区别是：信息发布讲求信息的完整性、全面性、系统性，当一个事件完结后，写作者会将这个事件完整地、全面地呈现给信息的接受者。而新闻发布一般是讲求信息的独特性、接近性等，一般不追求信息的完整与全面，不拘泥于事件的全过程，不苛求材料的系统化，往往抓取最有新闻价值的某个片段、某个横截面，甚至某个点，并对此展开报道。

看下面这个材料：

扩大消费需求是我国转变经济发展方式的重要内容，改善民生是促进社会和谐的本质要求。在"十二五"开局之年，适逢建党九十周年，围绕"建党90周年与党对民生的关怀及消费经济学的建立与发展"为主题，昨日（2011年11月29日），由中国消费经济学会（筹）、郑州航空工业管理学院主办，郑州航空工业管理学院经贸学院、郑州航空工业管理学院学报编辑部共同承办的第十五届全国消费经济理论与实践研讨会在郑州鹰城鑫地酒店四楼会议厅召开。开幕式由郑州航空工业管理学院张锐副校长主持。郑州航空工业管理学院院长施进发教授、西南财经大学王裕国教授、河南科协副主席梁留科分别致词。本次会议时间为两天，29日开始，30日结束。本次消费经济理论与实践研讨会共收到论文40多篇，参会人员接近90人。参会的有消费经济领域著名的专家、学者、企业单位，及河南电视台、河南人民广播电台、大河报等多家媒体单位。本次会议的召开对于进一步加强和推动消费经济的研究，发展与创新我国消费经济学，增进全国高校和研究机构、消费者委员会和业界人士的交流与合作具有重要意义。会议结束时，郑州航空工业管理学院副院长贺金社教授致闭幕词。贺院长就本次会议取得的突破进行了总结，并向各位代表下次相聚郑州发出了诚恳邀请。研讨会分主题报告、会议交流和分组讨论三个阶段。主题发言阶段，在湖南商学院校长唐未兵教授的主持下，围绕大会主题，湖南省社科院财贸所尹向东教授受尹世杰教授的委托，作了题为《党中央对民生的关怀与居民消费的改善》的主题报告。西北大学何炼成教授作了题为《文化消费的若干问题》的主题报告。西南财经大学王裕国教授作了题为《关于消费发展的思考》的主题报告。他表示，抑制富人的增长难度太大了，政府更需要关注消费水平在平均水平以下的居民，建立低收入人群保障机制，缩小居民收入分配差距，提高中低收入家庭的收入。西安交通大学文启湘教授作了题为《推动文化发展与扩大文化消费的思考》的主题报告。北京航空航天大学卢嘉瑞教授作了题为《消费：中国面临六大挑战》的主题报告。在谈到居民消费与居民收入时，北京航空航天大学卢嘉瑞教授说，如果城市家庭月收入7,000元以下，就属于贫困户。与会专家提出，对于低收入群体应该通过最低生活保障、拓宽就业渠道，通过税收和收入分配政策提高弱势群体的收入水平，增加居民可支配收入，只有居民收入高了,腰包鼓起来了,才能刺激消费,提高消费率。会议交流阶段,分别在山东职业技术学院校长钱乃余教授和郑州航空工业管理学院学报主编朱杰堂教授的主持下,来自全国十多所高等院校、研究所、企业单位的20位著名专家、学者和教授,围绕加快转变消费发展方式、扩大消费的长效机制研究、家庭背景与贫困大学生消费、子女对家庭消费决策的影响、城市化进程的阶层化消费引导、新流通产业政策对消费引领方面的问题等主题进行了热情洋溢的发言。分组讨论阶段,在北京航空航天大学卢嘉瑞教授和湖南师范大学马伯钧教授的主持下,与会学者分两组进行了激烈的讨论。"我们一直在说扩大内需,经过几年的努力,为何不见成效?"多位学者认为,重要原因是居民收入增长速度过慢,收入分配不公,高收入群体和中低收入群体的收入差距越拉越大,2000年,全国10%的高收入群体和10%的最低收入群体收入相差3.6倍,2009年相差7.9倍,两极分化日益严重。

本书作者要求学生根据这个材料写作一条新闻报道。本书作者在批改学生作业中发现,绝大多数学生基本上持这样一种写作思路和模式:

第十五届全国消费经济理论与实践研讨会郑州召开

【本报讯】 (记者 某某) 昨日(2011年11月29日),由中国消费经济学会(筹)、郑州航空工业管理学院主办,郑州航空工业管理学院经贸学院、郑州航空工业管理学院学报编辑部共同承办的第十五届全国消费经济理论与实践研讨会在郑州召开。

本次会议的主题是"建党90周年与党对民生的关怀及消费经济学的建立与发展"。

来自全国十多所高校、研究所、企业单位消费经济领域的20位著名专家、学者,围绕加快转变消费发展方式、扩大消费的长效机制研究、家庭背景与贫困大学生消费、子女对家庭消费决策的影响、城市化进程的阶层化消费引导、新流通产业政策对消费引领方面的问题等主题进行了热情洋溢的发言和激烈的讨论。

本次消费经济理论与实践研讨会共收到论文40多篇,参会人员接近90人。

本次会议的召开,对于进一步加强和推动消费经济的研究,发展与创新我国消费经济学,增进全国高校和研究机构、消费者委员会和业界人士的交流与合作具有重要意义。

绝大多数学生的习作的字数都远远超过上面这篇新闻稿件,他们将很多无意义的材料都堆砌在新闻中。比如,学生会写出会议的确切地址"郑州鹰城鑫地酒店四楼会议厅",写出如下的内容:"开幕式由郑州航空工业管理学院张锐副校长主持,郑州航空工业管理学院院长施进发教授、西南财经大学王裕国教授、河南科协副主席梁留科分别致词。"而且这些内容会出现在导语中,或者出现在新闻主体的第一段。这是初学者的通病,他们认为会议报道往往都要写出谁主持、谁致辞、谁出席、谁列席、谁作总结等,然后学生会对主题报告、会议交流和分组讨论三个阶段进行事无巨细的介绍和报道。总之,注重事件内容的完整性和全面性,且按照会议的流程顺序或时间顺序展开报道,一般不会漏掉任何会议程序。

如果我们从公众的角度来思考上面这个材料,我们可以抓住这次学术研讨中最有价值的内容"如何缩小居民收入分配差距,提高中低收入家庭的收入",并以一位教授的精彩演讲为切入点展开报道：

▏北航教授：城市家庭月收入 7000 元以下就属于贫困户▕

【本报讯】 （记者 某某） 昨天(2011 年 11 月 29 日)，全国第十五届消费经济理论与实践研讨会在郑州召开，来自全国十多所高等院校、研究所、企业单位的专家、学者参与研讨。会上，在谈到居民消费与居民收入时，北京航空航天大学卢嘉瑞教授说，如果城市家庭月收入 7,000 元以下，就属于贫困户。

"我们一直在说扩大内需，经过几年的努力，为何不见成效？"多位学者认为，重要原因是居民收入增长速度过慢，收入分配不公，高收入群体和中低收入群体的收入差距越拉越大，2000 年，全国 10% 的高收入群体和 10% 的最低收入群体收入相差 3.6 倍，2009 年相差 7.9 倍，两极分化日益严重。

西南财经大学王裕国教授表示，抑制富人的增长难度太大了，政府更需要关注消费水平在平均水平以下的居民，建立低收入人群保障机制，缩小居民收入分配差距，提高中低收入家庭的收入。

与会专家提出，对于低收入群体应该通过最低生活保障、拓宽就业渠道，通过税收和收入分配政策提高弱势群体的收入水平，增加居民可支配收入，只有居民收入高了，腰包鼓起来了，才能刺激消费，提高消费率。

上面这条新闻没有面面俱到，而只是抓取其中一点进行报道。虽然不能说这个报道就是最佳报道，但是这种报道方法值得初学者学习和借鉴。

信息发布者往往从本单位出发，从本单位的角度而不是从公众的角度选取新闻报道角度。选择新闻报道角度，信息发布者的传播对象是定向的受众——本单位的信息接受者，而新闻发布者的传播对象是无定向受众——社会大众。本书作者反复告诫学生，构思和写作新闻时一定要考虑你的接受对象，你现在是面向社会发布新闻，而不是面向本单位发布信息，一定要注意你的新闻的传播内容、传播模式、传播方法，但是学生业已形成的思维定式和行为定式，使得他们写出来的新闻报道就是一条十足的本单位的信息发布，而不是面向社会发布的一条新闻。

下面这个材料是发布在四川外国语大学官方网站上的一条信息。本书作者要求学生将这条信息改写成一条新闻稿：

(2016 年)4 月 24 日，英国圣玛丽大学校长 Francis Campbell 先生一行来访我校(四川外国语大学)。(四川外国语大学)乐勇副校长代表李克勇校长在西区行政楼 A501 会议室与来宾会晤，并对其到访表示欢迎。市教委国际处副处长李斌一同参与会晤。

乐勇副校长首先致辞。他简述了我校的发展历史、教育理念和国际合作交流情况，并对我校在英语教师培训、外语培训上所取得的成就进行了简要回顾。随后，Francis Campbell 校长发言。他简要介绍了圣玛丽大学的发展历史、发展理念及培养思路，对我校(四川外国语大学)的热情接待表示感谢，并邀请我校(四川外国语大学)领导出访圣玛丽大学，参加学校(圣玛丽大学)7月举办的毕业典礼。

李斌代表重庆市教委表达了与该校(圣玛丽大学)合作、共同推进我市"重庆中英教师发展中心"的意向,并表明该教师发展中心将落户川外。随后,双方深入讨论了合作模式与细节,并签署了框架协议。

圣玛丽大学副校长 Anne Moran 女士、教育学院院长 Lorna Goodwin 教授、高级讲师 Helen Thornalley 女士,英国带路世通教育集团高级教育顾问刘敏女士、高级顾问 Lara Martin 女士、中国区域经理谢世波、我校国际教育学院院长曾传芳、国际合作与交流处副处长陈功、项目主管邱晓凤参与会见。

据悉,英国圣玛丽大学(St. Mary's University, Twickenham, 简称 SMUC)成立于1850年,建校初期为培养教师的天主教大学,注重科研与实践教学。该校致力于向学生提供高质量的学术和专业高等教育,开设有语言课程以及预科、本科、硕士学位课程,专业领域涉及广泛;同时可为学生提供良好的就业辅导,享有较高的学生满意度。

令人遗憾的是,几乎有半数学生基本上沿袭学校官方网站上的这种信息发布模式,将这个信息只是进行了一些简单处理,略微删减了一些文字而已。本书作者有意识地没有将原信息的标题告诉学生,原信息的标题是:英国圣玛丽大学校长 Francis Campbell 先生一行来访我校。学生写出来的标题和原信息的标题大同小异。学生选择的新闻报道角度、新闻报道重点都是与标题相关的内容。

如果学生从新闻发布的角度思考问题,就会看出这个信息中颇具新闻价值的事实:重庆市将建设一个"重庆中英教师发展中心",这个中心有可能将放在四川外国语大学校内。由此,我们可以尝试作如下报道:

重庆中英教师发展中心有望落户川外

【本报讯】 (记者 某某) 我市将建立一个"重庆中英教师发展中心",该中心有可能设在川外。

重庆市教委国际处副处长李斌昨日(24日)在川外表示,市教委将与英国圣玛丽大学合作,共同推进我市"重庆中英教师发展中心"的建设,并称该教师发展中心将落户川外。

在川外西区行政楼 A501 会议室,李斌代表重庆市教委与英国圣玛丽大学校长 Francis Campbell 先生一行深入讨论了合作模式与细节,双方签署了框架协议。

英国圣玛丽大学(St. Mary's University, Twickenham)成立于1850年,建校初期为培养教师的天主教大学,注重科研与实践教学。该校致力于向学生提供高质量的学术和专业高等教育,开设有语言课程以及预科、本科、硕士学位课程,专业领域涉及广泛,享有较高的学生满意度。

四川外国语大学副校长乐勇、国际教育学院院长曾传芳、国际合作与交流处副处长陈功、圣玛丽大学副校长 Anne Moran 女士、教育学院院长 Lorna Goodwin 教授等参加了此次会谈。

🔆知识链接

无论是什么样的挑战,基本过程是一样的:

·通过重温或组织你的采访笔记并思考你所收集到的资料的相对重要性来为写作作准备。

·确保信息支持你最初的选题——否则就改变选题。

·通过确定你的报道中什么是最近的、最重要的或最有趣的信息,集中写好开头——叫作导语。

·通盘考虑你如何组织剩下的信息来使你的报道有血有肉。①

第二节　新闻角度

新闻报道尤其是消息类新闻报道,往往是在某一事件的若干个事实中截取一个片段、选取一个点展开报道,这个"片段"和"点",就是新闻角度。新闻角度在新闻写作实践中至关重要,一条好的新闻往往都有一个好的角度。

一、理解新闻角度

(一)什么是新闻角度

什么叫新闻角度? 要理解新闻角度,就先要理解什么叫角度。那么,什么是角度呢? 角度是人们观察事物的切入点、认识事物的出发点。

这里的"角度",有两个方面的意思:一是人们用肉眼观察、用五官接触客观事物的切入点。比如摄影,就有平视、仰视、俯视等不同的角度,而平视又有正面、侧面之分,侧面又有八分面、七分面、六分面、五分面等区别。但不管从哪个面去拍摄,总得有个面,这个"面"就是拍摄者拍摄的切入点。二是人们用大脑,通过思维分析、判断、推理客观事物的出发点。人们分析、思考、研究客观事物时,总得有个出发点,总要确定从哪里出发去分析、思考这个事物,或者说,从哪个维度、哪个层面去探究客观事物。世界上任何事物都是多侧面、多动态、多属性的,人们不可能从全部的侧面、全部的属性来看客观事物,总会从某个点开始探究,这个"点",就是人们探究客观事物的出发点。

切入点、出发点不同,人们注意到的侧重点就不同,思维的指向也就不同。宋朝大文学家苏轼有一首吟诵庐山的诗:"横看成岭侧成峰,远近高低各不同。不识庐山真面目,只缘身

---

① 吉布斯,瓦霍沃.新闻采写教程——如何挖掘完整的故事[M].姚清江,刘肇熙,译.北京:新华出版社,2004:127 - 128.

在此山中。"说的就是由于观察者所处的位置不一样,同一事物呈现出的景象就截然不同。自然现象如此,社会现象更是如此。

理解了"角度",我们就不难理解"新闻角度"了。

什么是新闻角度?中国人民大学教授甘惜分主编的《新闻学大辞典》的解释是:新闻角度是"记者在采访和新闻写作中认识和表现新闻事实的着眼点和侧重点,即记者从什么立足点、什么视角、什么突破口,去寻找、挖掘、认识、选择和表现新闻事实,以更充分、更鲜明地体现新闻事实的新闻价值"。[①]

本书作者认为,所谓新闻角度,是指记者采访报道新闻时,发现、挖掘、提炼和表现新闻事实的立足点和切入点。

(二)任何事实都可以从多个角度切入

在记者的新闻报道活动中,大量的事实都常常有无数个角度可以切入。也就是说,一个事件可以供选择作为新闻事实的片段非常多,记者从哪个角度切入,需要仔细斟酌、反复琢磨。记者对新闻角度的选取与表现,往往能够看出记者的新闻报道水平。

有几类事实往往有很多个角度:

对话类事实:一个人与多个人对话,或者多个人与多个人对话;

演说类事实:演说者在演讲中会谈到比较多的问题,谈到非常多的观点;

会议类事实:各种各样的会议,尤其是讨论类的会议,有很多人发言,发言者会谈到很多问题。

上述这些事实,要寻找到一个比较好的角度,需要记者积极思考、用心掂量。

2012 年,莫言获得诺贝尔文学奖。2012 年 12 月 8 日凌晨 30 分,莫言身着中山装,在瑞典学院发表长达 8,400 多字的演说。当天各大新闻媒体争相报道,但报道的角度各有不同。下面三个新闻标题是分别从莫言演说词中找到的报道角度:《莫言:当哭成为一种表演时,更应允许有的人不哭》《莫言演讲忆往事:因长得丑被打,从小喜欢说故事》《莫言回忆童年之"最":最痛苦的事是目睹母亲被打》。其实,除了这些报道角度外,我们还可以找到其他报道角度:《莫言:我喜欢讲故事,名字"莫言"像讽刺》《莫言:我是有神论者,相信万物都有灵性》《莫言:文学创作必须颐指气使,独断专行》《莫言:写作者必须站在人的立场,把所有的人都当作人来写》……

---

① 甘惜分.新闻学大辞典[M].郑州:河南人民出版社,1993:167.

北京时间 2012 年 12 月 8 日凌晨 30 分许,2012 年诺贝尔文学奖得主莫言,身着一身中山装,
在瑞典学院进行时长约为 40 分钟的文学演讲,此次演讲的主题为"讲故事的人"。

(三) 角度不同,报道效果不同

一个事实具有不同的侧面、不同的层次,记者对它的报道就可能会有不同的角度。角度不同,报道效果就会不同。

|哈佛名教授广州开讲"公开课"|

2013 年 12 月 8 日 09:02 来源:《南方日报》(广州)

【《南方日报》讯】 (记者 雷雨 通讯员 郑梦婕) 昨日,美国哈佛大学文理学院政府管理学讲座教授、哲学家迈克尔·桑德尔携新书《反对完美》来到中山大学管理学院"黄埔大讲堂"公益讲座,以"公正、金钱和市场"为题给中大师生带来了一场"公开课",这也是他此次中国巡讲的第一站。

谈"富二代"教育应加强人性、价值观培养

桑德尔前两年推出《金钱不能买什么》一书,引发了全世界对于金钱的反思。在现实中,财富的"代际传承",带来了所谓的"富二代"现象,究竟是否正义公正? 昨天,有学生把这个问题抛给桑德尔教授。

哈佛教授桑德尔(王辉摄)

"成功人士认为靠自己就能成功是错误的。"桑德尔教授认为,先富起来的人,应该帮助弱者,他们的成功并不仅仅靠自己,一部分是能力,还有部分原因是运气。他进一步阐释了"成功观":每个人的成功,除了自己的努力,还有先辈、运气的恩泽。

桑德尔教授说,在西方含着"金钥匙"长大的人,有一个习惯,他们通常认为自己的成功获得只是运气,应该更好地反馈社会。他建议,好的父母应该在儿女身上培养正确的价值观,在人性、价值观上加强培养,除此别无他法。

谈完美科技"不能用技术过度满足人的欲望"

《反对完美》一书,是桑德尔的第三部作品。关于"公正、金钱和市场"的话题由此产生。据他介绍,《反对完美》将直面在科技迅速改造世界面目的当代我们不可能回避的道德危机。

"在我们这个世界,任何事物都可以出售,这个世界难道没有问题? 如果是这样,我们又该如何防止市场价值观侵蚀本不该由它们主导的领域? 市场的道德界限又何在?"桑德尔提出的一连串问题,将在座师生引入了思考。

桑德尔认为,人类利用高科技手段追求完美正在成为一种愈演愈烈的趋势:父母将可以在基因超市中自由定制子女的先天特质;运动员将可以通过基因改造提升赛场表现;学生将可以通过服用记忆药片代替寒窗苦读……

桑德尔进一步指出,人类利用科技追求完美,貌似是大众的狂欢,实则蕴藏着深深的危机——维系人类社会的道德基础很可能坍塌,人类在宇宙间的地位也会错乱,"科技只是工具,不能用技术过度满足人的欲望"。

谈公开课受捧 互动帮同学更好地理解

桑德尔给哈佛大学本科生开设的"公正"公开课,受到全世界的热捧。但是在中国的大学,一些公共必修课却被指课堂沉闷、"逃课率"颇高,哈佛教授对此有何良方?

桑德尔猜测说,这可能是课堂上互动不够。他说,他的课堂上会让学生去自主讨论,这种互动方式,尽管控制起来有一定风险,学生有可能说出反面的观点。但正是课堂上的不确定性,会让课堂活灵活现,经常蹦出闪光的点子。因为大家都在思考课上的哲学观点如何应用,学生成为学习的主导者。"互动可以帮助同学、老师更好地去理解",他说道。

人物介绍

迈克尔·桑德尔是美国著名政治哲学家,美国人文艺术与科学学院院士。自1980年起,他就在哈佛大学教授政治哲学。他的本科通识课程"公正——该如何做是好?"备受赞誉,30多年来超过一万名学生听了他的课,这是哈佛有史以来听众最多的课程,选修人数曾创下哈佛大学的历史纪录。

近几年,这门课也被搬上网络,是网络和电视上首个免费的哈佛公开课。这让桑德尔立即成为备受各国网友喜爱的学术明星,这门哲学公开课风靡全球,迄今为止已有1,000万人次点击观看。

这条新闻可以从不同的角度来报道。本条新闻的标题是一个全景式的综合性的标题,"哈佛名教授广州开讲'公开课'"这样的标题四平八稳,没有从整个讲座中提取一个角度来作标题,不过这种作标题的方法比较适合党报,只是提供一个信息,有人来讲课,讲的是什么,读者自己去看。而市场化的媒体这样作标题显然是不行的,必须从中抓取一点。

《南方日报》的原标题要好一些:"'公正'课程风靡世界,1,000 万人次点击观看",这是从整个讲座中提取了一个记者觉得最值得报道的新闻点,即读者对这个信息的反应,是觉得哈佛名教授开设的"公正"课程在全世界影响很大,会感到这个哈佛名教授开设的"公正"课程很值得一听。

南方日报网选取的是"哈佛名教授到广州中山大学开讲以'公正、金钱和市场'为题的'公开课'"这个角度,传递的信息是哈佛名教授到中国广州开讲座,其"公正、金钱和市场"的讲座内容会引起读者对市场经济条件下的公正、正义进行思考。

当天凤凰网的标题是"哈佛教授谈中国富二代:他们忘记自己是运气好",联合早报网和星岛环球网的标题是"哈佛教授:中国富二代就是运气好"。这三家新闻网站选取的角度比较一致,向读者传递的信息是"哈佛名教授对中国富二代的告诫和警示",特别是富二代读者对这个角度的理解和思索,将有助于他们正确认识自己、审视自己和评估自己,收敛自己的霸蛮习气、土豪习气等。

根据这条新闻,我们还可以选取其他的角度来报道,比如"哈佛名教授警示人类,利用科技追求完美蕴藏着深深的道德危机"。从这个角度出发,读者会更加重视对社会和自身的道德建设,思考用技术过度满足人的欲望与道德的关系。也可以选取"哈佛名教授主张让学生在课堂上自主讨论,成为学习的主导者,认为互动可以帮助学生、老师更好地理解课堂内容"这个角度报道,这个角度会对中国的教育有所启示,让读者借鉴和吸收其中有意义的教育理念。

对于哈佛名教授到中国广州一所大学的一场演讲,我们至少可以从上述六个不同的角度进行报道;报道的角度不同,产生的传播效果就不同。

有些新闻作品因为角度不同,报道会有实质性的差别。1983 年 6 月 28 日,由于上游地区连续降雨,浙江新安江水库水位超过汛期水位控制线,不得不开闸泄洪。一家报纸对这次泄洪作了这样的报道:

新安江电厂大坝昨起泄洪 万余群众观赏奇景

【本报新安江 6 月 28 日专电】 "黄河之水天上来",诗人李白诗句中那瑰丽雄奇的景观,在新安江电厂大坝的泄洪中,真实地再现了。17 年一遇的新安江电厂大坝泄洪,于今天下午 5 时 38 分开始。

当坝顶两台各 160 吨级的吊机,吊起 10 米高、18 米宽的泄洪闸门时,处在 107.25 米高度的库区江水,以每秒 5,000 立方米的流量冲出,好似千万条狂怒的巨龙,挣脱群山和大坝年长月久的封锁,奔腾呼啸地冲向滚滚东去的大江。二三尺长的大鱼,成群地被冲出闸门,随着飞溅的浪花,被抛向半空,再摔进下游江面。当地万余名群众怀着寻奇探胜的心情,分聚在两岸山腰上尽情观赏。据了解,这足以令人惊心的人间奇景将持续 66 个小时……

水库开闸泄洪,将淹没下游民众的农田、厂房,对下游民众的人、财、物等都将带来巨大的损失。记者却从观赏的角度切入展开报道,将之描述为人间奇景,显然,选取这个角度不合适。

类似上面的例子还有很多。报道角度不同,产生的传播效果就会不同,这启示记者要慎重选取报道角度,否则,会对读者传递不当的信息,甚至是错误的信息,对读者和社会产生负面的影响。

记者在报道新闻时,选择的报道角度应该是抓住整个新闻事件的核心,反映新闻事件和客观事物的本质和规律,尤其是要注意宏观真实与微观真实的关系。有些新闻的报道角度在微观上是真实的,但在宏观上不一定真实,要避免"一叶障目,不见泰山""两豆塞耳,不闻雷霆"的现象发生。

二、选择最佳报道角度的方法

(一)从受众出发选择角度

记者选取报道角度,主要是根据事实的新闻价值来判断。本书在第一章"什么是新闻"第二节"理解新闻价值"中,对新闻事实的新闻价值要素进行了阐述,在这些新闻价值要素中,"接近性"应是新闻价值要素中最重要、最核心的价值理念。改革开放以来,大凡成功的新闻媒体,无一不是在"接近性"上取得了重要的突破。上世纪末,都市报的兴起与兴盛正是将新闻价值要素中的"接近性"要素给予了广泛而合理的运用。

接近性,是指记者报道的新闻在心理、地理、时间、年龄、兴趣、利益关系等方面与受众非常接近,在这众多的接近元素中,心理、地理及利益关系这三个元素是受众最为关心的元素,也是最核心的接近元素。

2013 年 2 月,国务院出台调控房地产市场的规定,规定的内容非常多,但第二天各大媒体纷纷以"二套房转让收益征收 20% 税收"为角度进行报道,而且在各大媒体的头版头条报道。为什么各大媒体均以"二套房转让收益征收 20% 税收"作为最佳报道角度?因为这个角度比规定中的其他内容更关乎读者的切身利益。

我们再来看下面这篇报道:

看个"咳嗽"要掏1065 元
2002 年 8 月 10 日　来源:《武汉晚报》

【本报讯】 (记者 李红鹰　实习生 吴芳) 7 日,武昌杨先生带着 2 岁的女儿到市儿童医院看病,没想到看个"咳嗽"就要花 1,000 多元。因此,他于昨日投诉到本报新闻 110。

据称,杨先生被导医引到专治哮喘的陈教授诊室,陈问了几句,让他先带女儿去验血,发现孩子对常见的 31 种物质的过敏反应均呈阴性。

陈教授根据孩子患过湿疹,判定孩子是过敏体质,便在病历和处方单上分别开了处方。杨先生见药开得很多,病历上字又看不懂,便问孩子得的什么病,陈教授说:"按我开的药吃就行了。"

一划价,药费加治疗费 765 元,加上验血费 300 元,共 1,065 元!有医疗人员小声提醒杨先生:"你的药是开多了。"杨先生返回诊室问陈教授,陈教授称这是一个疗程的药。

杨先生回家后发现,一种叫"贝亚宁"的药上写着:过敏性体质慎用。杨不解:既然孩子是过敏性体质,为什么还要给孩子开这种药呢?细看病历他又意外发现:陈教授开给药房的处方里写的是"贝亚宁 6 盒、臣功华芬愈美颗 3 盒、力欣奇 4 盒……";而病历上没有"贝亚宁"和"臣功华芬愈美颗"这两味药,"力欣奇"也只写有 2 盒。再深入解读药品说明书:6 盒"贝亚宁"可用 5 个半月!

面对杨先生的质疑,陈教授昨日解释:"贝亚宁"是一种免疫调节剂,虽然是"过敏性体质慎用",但她是给孩子开了脱敏药的前提下才开出这种药的。

至于为何病历上处方药品数量比购药处方单上少,陈的原话是:为患者家长的经济承受能力作考虑。

该院负责人就此表示:陈教授的行为肯定是有差错的,院方会根据院内质量管理条例对其进行处理。

最后,应杨先生的要求,院方将杨手上的价值 210 元的"贝亚宁"退掉。

这条新闻选取了与老百姓息息相关的事实来进行报道,选材角度抓得好。一位家长到报社投诉,他的女儿在武汉市儿童医院看了个咳嗽竟花去 1,065 元。记者敏锐地感到这个信息事关万千民众,遂对此展开调查,发现给孩子看病的资深教授开的药方存在"虚高"的问题。第一篇消息发表后,记者继续就教授缘何开出"大处方"展开追踪,最终将"大处方"背后的"医药回扣"黑幕公之于众。

由这篇报道引出的这组"大处方"报道在社会上引起强烈反响,成为武汉市一时热议的焦点话题,民众纷纷举报遇到的类似问题。武汉市卫生局于报道见报第二天即派出调查组进驻市儿童医院,第三天召开了全市各大医院院长会议,要求各单位引以为戒,自查自纠。武汉市儿童医院对当事医生作出了解聘的处理。武汉市卫生局纪委还组成专人对全市各大医院的处方进行抽查。在各方努力下,"大处方"现象在武汉得到有效遏制;广大市民纷纷来电、来信称赞《武汉晚报》这组报道抓得好。此报道获 2002 年度湖北新闻奖一等奖、武汉新闻奖一等奖、第 13 届"中国新闻奖"消息类一等奖。

除了选材角度要从公众角度出发外,新闻在立意、表现上也应从公众的角度着眼,选取受公众青睐的角度。

记者参加一家大型汽车企业举办的关于扩大轿车产能的新闻发布会,记者的报道焦点应该锁定的是汽车的价格和性能,这是公众最关心的内容,而不是项目投资数额、产能等指标;市政府召开一场关于保障房的新闻发布会,记者关心的焦点应该是有多少套保障房、什么人才有资格申请,以及保障房的地段、价格等,而不是市政府将投入多少资金、从哪个渠道筹集资金等。

新闻接近受众的最常见的方法是新闻本地化。将发生在外地的新闻,尽可能地找出与本地相联系的事实元素,并将这一元素进行重点报道,这在新闻界称为新闻"落地"。

以重庆市的新闻媒体为例。对于国家召开科技大会,奖励科技工作者,如果是重庆本地的媒体来报道这条新闻,除了报道国家召开的科技大会外,记者应该重点报道的是其中有几个重庆市的科技工作者获奖,获奖的内容、奖项以及获奖者和获奖内容的介绍,等等。

对于一场发生在马来西亚的空难,重庆记者要注意在空难的乘客中是否有重庆的乘客,如果有,记者应对这个人及其家属进行重点报道;对于一场发生在山西的矿难,重庆记者要注意在矿难的死难者中是否有来自重庆的矿工,如果有,记者应对这个人及其家属进行重点报道……

总之,在外省市区、全国乃至世界上其他国家,只要发生了比较重大的新闻,本地记者都要尽量从这个新闻中发现、挖掘出与本地相关的事实元素,然后选取这个事实元素,对其进行重点报道。

(二)根据本媒体受众定位选择角度

面对同一新闻事实,不同的新闻媒体会按照本媒体的价值取向和受众定位,选择能够满足本媒体受众期待的事实和信息进行报道,按照自己的新闻理念和模式去选取新闻角度。记者在进行新闻报道时,必须考虑自己所在新闻媒体的编辑方针、报道思路和受众定位,只有根据本媒体的受众定位来选择角度,才能使记者采写的报道更能获得受众的接受和喜爱。

下面这个例子是前些年在网络上颇为流行的一个案例,基本事实是:一位女士在城市的某个胡同被狗咬伤,随后,不同受众定位的媒体对这个事实展开报道。这可能是写作者虚构的一个材料,其写法也是比较搞笑的写法,但这种写法充分体现出不同媒体的记者根据本媒体的受众定位选择报道角度:

《交通报》消息 今日一市民在狗尾巴胡同里被一只狼狗咬伤,并因此造成交通堵塞1小时35分钟,这反映了该地区在交通硬件上的投入严重不足。记者随后就此事件采访了本市交通局陈副局长,他表示,今后将加大在狗尾巴胡同的交通基础设施的投入,避免此类事件的再次发生。

《医药报》消息 前天,一30岁左右女士在上班路上被狗咬伤,随后被送到××医院治疗。截至本报记者发稿时,该女士的病情已经有所好转。据该女士的主治医生刘教授介绍,被狗咬伤后应该及时送到正规的医院治疗,否则可能患上"狂犬病",该病潜伏期比较长,所以一定要及时就诊,不能耽误。

《法制报》消息 上月6日一女士在狗尾巴胡同被狗咬伤,花去医药费、住院费、车费等各种费用共计8,679元。该女士在追寻狗的主人无果的情况下,将该小区管委会告上法庭。据著名的民法学专家齐教授解释:"动物侵权可以让动物的主人无条件承担责任。现在找不到狗的主人,只好认为其管理者就是该小区的管委会。"据悉,市中级人民法院已经受理此案,并拟于本月29日开庭审理。

《证券报》消息　上周一女士在路上被狗咬伤,引起市民关注,一时间使治疗狂犬病的药物"狂犬灵"供不应求。生产"狂犬灵"的山山公司是我市唯一上市的医药公司,它具有良好的财务状况,享受税收优惠政策,未来发展空间巨大,具有超强的股本扩张能力。如今出现大幅炒作,投资者可给予极大关注。

《科技报》消息　宿向大学著名的外籍教授 John 带着他的几位博士研究生成功研制了一种可在 5 分钟内检测出是否患有狂犬病的仪器。这项成果填补了狂犬病研究的空白。John 教授表示,狂犬病对人们威胁极大,潜伏期长,一旦发作几乎无药可救,现在能够快速测出,无疑减少了患者的风险。同时据了解,上月在狗尾巴胡同被狗咬伤的女士经过该仪器测试,没有患上狂犬病。

《劳动报》消息　本月上旬一位女士在上班路上被狗咬伤,随即被送往医院救治,但是却因此耽误了一笔对公司至关重要的合同洽谈。公司董事会已经研究决定解聘该女士。该女士不服,表示将申请劳动仲裁。公司董事长兼总经理刘一手对记者说,这位女士因为自己一点微不足道的轻伤就断送了公司的一个重大项目,他对此深表遗憾。

《交通报》《医药报》《法制报》《证券报》《科技报》《劳动报》六家报纸都对一位女士被狗咬伤的事实进行了报道,但都是围绕自家报纸的受众定位去挖掘新闻报道价值,在对同一事实的报道中,找到了与自家媒体受众定位相同的事实元素,然后对此展开报道。

(三)选择最能表现人性的角度

人性是文学艺术一个永恒的主题,也应是新闻报道永恒的主题,是记者选择角度时的最佳报道点之一;从人性的角度选取新闻点永远也不会过时,总是能够吸引受众的注意力。

《人民日报》与美联社同样报道朝鲜离散家属访问团访问韩国首都汉城(首尔),但是两家媒体选取的角度不同:

【《人民日报》(2000 年)8 月 15 日汉城电】　朝鲜离散家属访问团乘朝鲜高丽航空公司的专机于今天上午 11 时抵达汉城,踏上了实现与亲人相逢梦想的南方土地。

这次朝鲜离散家属访问团是在 1985 年 9 月南北首次交换访团后首次实现的互访。他们也是在朝鲜半岛分裂 55 年之后,搭乘朝鲜民航客机从平壤直飞汉城的首批客人。

以天道教青友党中央委员会柳美英为团长的访问团包括 100 名离散人员,另有 30 名随行人员和 20 名记者。

访问团在抵达汉城金浦机场和住宿的化克山庄旅馆时,受到了机场和旅馆服务人员的热情欢迎。今天是韩国光复 55 周年纪念日,汉城市区内的街道两旁太极旗迎风飘扬,朝鲜离散家属访问团的到来,给这一节日增加了喜庆的气氛。与此同时,以韩国红十字会总裁张忠植为团长的韩国离散家属访问团也于今天下午 1 时搭同一架飞机从汉城金浦江机场直飞平壤。

【**美联社汉城(2000年)8月15日电**】 在今天韩国电视台直播的画面中,100名朝鲜人悲喜交加,紧紧拥抱着他们半个世纪以来一直未能见面的南方亲属,他们都流下了激动的眼泪。

今天从平壤同时抵达这里的这些上了年纪的朝鲜人被人们簇拥着走进汉城的一个大会议厅,他们的亲属早已等候在那里。哭声和呜咽声立即充满了整个大厅。

一个68岁的老汉对他已经95岁的母亲说,"妈妈,别伤心,你的儿子来看您了。"这位母亲情绪太激动了,一名护士马上跑过来为她量血压。

另一个情绪异常激动的男子跪在地上向他的父亲磕头。坐在轮椅上的父亲身体虚弱,已经无法作出反应。

人们相拥而泣。他们拍着对方的背相互安慰,递上手帕擦去泪水。待到激动的心情平静下来,亲人们相互讲述各家的往事,并一同翻看老照片。

此次团聚的一幕使人们看到,在封锁的、军事化的边界两边,数以百万计的朝鲜人在经历着离别的痛苦。

这两条新闻,题材相同,但报道角度的选择不同。同样是报道55年离别后的重逢,两者的新闻角度有较大的差异。《人民日报》的新闻侧重于报道朝韩官方怎样组织这一团聚活动,而美联社的报道则侧重于离散家属的团聚事实;《人民日报》的新闻侧重于团聚的欢快与喜庆,美联社的报道侧重于离散后重逢的激动与痛苦;《人民日报》侧重于团聚这一事件本身,没有描写具体的人的团聚,更多地从"物"(事件)的角度来报道新闻,而美联社侧重于描写具体的人的团聚现场表现,更多地从"人性化"的角度来报道新闻,体现出浓厚的人情味。

再看下面这条新闻的片段.

| **奥巴马:家里怎么样　胡锦涛:挺好** |

2012年3月26日　16:36:57　来源:中国新闻网(北京)

【**中新社首尔3月26日电**】 正在首尔出席核安全峰会的中国国家主席胡锦涛当地时间26日下午在下榻饭店会见了美国总统奥巴马。

"家里最近怎么样?"奥巴马一落座即首先向胡锦涛发出问候。胡锦涛笑着说"挺好",并向奥巴马问道:"夫人和孩子们好吧?"奥巴马随即向胡锦涛转达了家人的问候。

……

政治家在一起见面,并不完全就是政治利益、经贸关系、大国博弈,政治家也是人,也有人的情感。中新社记者敏锐地捕捉到中美两国领导人胡锦涛和奥巴马之间充满温情的问候,并将其作为最佳新闻报道角度进行报道,是一次了不起的突破,这在以往关于国家领导人之间会晤的报道中是不多见的。这条新闻成为当天各大新闻媒体的头版头条新闻,在公众中产生了很大的影响。

在人类遇到巨大灾难时,记者从人性的角度来选择新闻点,常常能够温暖读者的心,不论是对身处灾难中的人,还是对处在灾难局外的人,人性的角度更能让大家爱心凝聚,共同抵御灾难。

2001 年 9 月 11 日,恐怖分子对美国发动袭击,血腥的场面、惊恐的人们、滚滚的浓烟等成为记者必然要表现的事实内容。但也有一些记者在这个举世震惊的“9·11”事件中,发现了很多人性化的细节和温情的场面。当世贸大楼被撞击之后,大楼里的人慌忙逃生。在这个逃生的过程中,人性的真善美之光并没有熄灭。纵然求生的本能驱使人们希望尽快逃离险境,但是,人们纷纷给妇女儿童让路,年轻人给老年人让路,在人们逃生的瞬间,人性的光辉依然闪耀着。记者抓住这些令人感动的事实,表现大难之中人类难能可贵的真善美,表现这种保护弱者、牺牲自我、成全他人的高尚品质,受到广大读者的欢迎。

在 2008 年 5 月 12 日发生的中国汶川大地震中,这种人间真情也一再被记者捕捉到,并加以大篇幅的报道。比如,母亲为保护幼小的孩子,自己顶住沉重的水泥板,背部弯成弓形,将所有的重压全部扛起,希冀用自己的生命换取孩子的生存。这样的故事经过媒体报道后,会让读者阅读时泪眼模糊、深受感动。

从人性的角度选取新闻报道点,既是一种责任,也是一种智慧。美国哥伦比亚航天飞机失事事件发生后,几乎所有的记者都把目光和焦点集中在失事的航天飞机上时,有一位记者却把相机的焦点聚焦在看台上的人们,将人们的惊惧、恐慌、痛苦拍摄下来,由此获得新闻大奖。

从人性的角度选取新闻点,并不完全只是从人性的真善美中选取新闻点,人性的假恶丑也同样是记者可以选取的最佳报道角度。

小偷行窃后在熟睡失主旁拉屎炫耀 惹怒警方被抓

2013 年 3 月 29 日 11:48 来源:中国江苏网

【中新网河池 3 月 28 日电】 (记者 覃新强 王刚) 广西河池市金城江一名小偷盗窃成功后,在沉睡的失主旁边拉屎炫耀,并用失主的衣服擦拭后才离去。小偷的嚣张举动也引起警方的愤怒,最终小偷被警方迅速擒获。

3 月 28 日,河池金城江警方介绍,20 日上午,一名女子来到河池市公安局河池派出所报案称,27 日晚有人爬进其家三楼窗户入室盗窃,盗走手机一部,跑鞋一双以及 170 多元现金。小偷还趁其熟睡时,在床边的地板上拉了一大泡屎,并用衣服盖在屎上面。

接报后,民警立即赶往现场勘查,发现床边留有犯罪嫌疑人的一泡屎和一只塑料拖鞋。“偷完东西还拉屎,一定要抓住这个嚣张的小偷!”河池派出所所长韦志甜下定决心。

民警经过深入调查和大量走访群众,很快锁定了犯罪嫌疑人韦某。3 月 26 日上午,韦某在河池市城区建材市场内闲逛时,被追踪而来的民警当场抓获。

经审讯,韦某供认,3 月 20 日凌晨,其爬进受害人三楼窗口入室盗窃。看见受害人与小孩熟睡在床上,韦某放心地将放在床头的 170 多元现金和一部手机偷走,并在床头拉屎以示炫耀。完事后他还用失主的衣服擦屁股后盖在屎上,随后穿上受害人的跑鞋逃离现场。

目前,犯罪嫌疑人韦某已被警方刑事拘留,案件还在调查中。

小偷入室盗窃,既违法,又违反公共道德。但是,这个小偷比其他小偷更加邪恶和丑陋,居然在被盗者卧室的床头拉屎炫耀。记者将这个事实作为最佳报道角度报道,对于打击违法犯罪分子的嚣张气焰,教育公众守法行善、不挑战基本的道德底线具有警示作用。

(四)从事物的突破点选择角度

有价值的新闻事实,在某种程度上往往意味着是对事物的改变和突破。如果事物仍然还是原来的样子,一点都没有变化,那么它就没有什么新闻价值。而如果事物产生了变化,在某一点、某个方面产生了突破,新闻价值就会凸显出来,突破和变化越大,事物的新闻价值就越大。

最能表现事物变化的突破点有:第一、首次、最佳、最大、最小、最好、最差。一个身高3米破世界吉尼斯纪录的人有报道价值,一个身高仅有0.3米的人也具有报道价值。旅游景区门票价飙涨,有报道价值;在物价飞涨、通货膨胀的这些年,旅游景区的门票价不升反降,更有报道价值。

中国智库首次发布美在亚太地区军力报告

2016年11月25日　15:25　来源:中国新闻网

【中新社北京11月25日电】 (记者 梁晓辉) 由中国南海研究院编写的《美国在亚太地区的军力报告(2016)》(简称《报告》)25日在北京发布。这是中国智库首次全面、系统地介绍和分析美国在亚太地区军事存在的专业研究报告。

《报告》共5章达3万多字,主要从美国在亚太地区军事存在、美国南海政策、中美军事合作三个方面进行梳理和论述。《报告》指出,在"亚太再平衡"战略的驱动下,美国逐步强化在亚太地区的兵力部署、前沿存在和军事活动。

……

南海研究院院长吴士存在发布会上表示,美国已经连续16年发布有关中国的军力报告,日本也连续多年发布类似报告。"发布美国在亚太地区的军力报告,旨在通过对事实和数据的分析,客观呈现美国在亚太地区军费投入、军事基地网络建设和兵力部署,尤其是在南海地区的军事活动情况。"

美国在亚太地区的军力如何? 此前,中国智库从来没有发布过这方面的研究报告。此次中国南海研究院在北京发布《美国在亚太地区的军力报告(2016)》,首次全面、系统地介绍和分析美国在亚太地区的军事存在,这个报告因此具有较高的新闻价值。

事物的突破点常常体现在事物的新旧变化中,从事物的新旧变化中选择报道角度,也是寻找最佳报道角度的好方法。

根据马克思主义唯物论原理,事物总是处在运动变化之中,新陈代谢是宇宙间不可抗拒的规律。在社会历史的发展中,不管是自然界还是人类社会,永远都处在变化之中。

哲学家赫拉克利特说:"太阳每天都是新的。"变化的思想在他的哲学中占有重要的地位,以至于后来人称他的哲学为变的哲学。他还说"人不能两次踏进同一条河流",因为当人第二次进入这条河时,是新的水流而不是原来的水流在流淌。在他看来,宇宙万物没有什么是绝对静止的和不变化的,一切都在运动和变化中。

变化就是突破,没有变化就没有突破,事物也就没有报道价值。事物有了变化就有了突破,哪怕只是一点小小的突破,就使事物具备报道的价值。记者在发现新闻、捕捉新闻的过程中,应该特别注意观察和关注这种变化,尤其是观察和关注旧事物对新生事物的阻碍。

2003 年 8 月,陕西省延安市宝塔分局万花派出所民警以群众举报为由,进入新婚不久的张林家中搜查"黄碟",双方发生冲突,张林随即被带到派出所接受处理。陕西《华商报》记者江雪对这个事实进行了报道。这个报道及随后记者的跟踪报道涉及的是夫妻能不能在家中看"黄碟"这个问题。这是一个公民权利能否得到正当保护的问题,是警察公权力能否随意介入公民私权利的空间的问题。这若发生在上个世纪可能不存在什么问题,警察的行为可能是正当的,但在 21 世纪,这个问题就成为问题了。当前,公民对公权力和私权利有了更明确的认识,对个人私生活有了更正当、更高的要求。江雪的报道在全国产生了广泛的影响,她被推选为"2003 年中国风云记者"。专家对她的推荐评语是:"'夫妻看黄碟事件'的报道,意义不仅限于对当事人权利的保障,更重要的是,记者江雪对此事件的持续报道和追踪评论,显示了这位记者对于转型期最具有社会意义的事件的敏感。"

(五)逆向思维选择角度

逆向思维也叫求异思维,是指突破常规思维只从单方向、正面思考的习惯,而从相反的方面和侧面去思考的一种思维方式。人们习惯于沿着事物发展的单方向和正方向去思考问题并寻求解决办法,这往往容易产生思维定式,将思维方法和思维模式固化。在这种情况下,如果从事物的相反方向和其他方向思考,有时会得到意想不到的效果。

北宋政治家、历史学家、文学家司马光小时候与小伙伴玩耍时,一个小伙伴不小心掉进了水缸里。有人落水,常规的思维模式是"救人离水",而司马光面对紧急险情,运用了逆向思维,果断地从地上捡起一块大石头把水缸砸破,"让水离人",救了小伙伴的性命。司马光砸缸的故事,是运用逆向思维的典范。

运用逆向思维模式选择新闻报道角度,往往能够找到更好的报道角度,使新闻更受读者欢迎。

两家子公社夜无电话声 早无堵门人

1982 年 3 月 15 日　　记者:范敬宜　来源:《辽宁日报》

【本报讯】　3 月 3 日、4 日,记者夜宿康平县两家子公社①秘书办公室,发现从就寝到次日早晨,没有来过一次电话,也没有一个社员来报案、告状或要钱要粮,公社干部睡得安安稳稳。

---

① 公社,现为农村乡镇——引者注。

据当过六年秘书的公社干部赵富权说，前几年情况大不一样，经常刚刚睡下，电话铃又响了，不是下通播指示，就是追生产进度。冬天只好把电话机搬到枕头旁边。随着领导作风的转变，上面这种靠电话指挥工作和搞形式主义的现象大大减少了。

一年前，两家子还是全县最穷的公社之一，一年到头，生产队干部和社员来公社要农贷和救济粮、救济款的踏破门坎，往往天不亮就有人来堵公社党委书记的被窝。现在已经看不到这种情景了。去年他们实行了包干到户责任制，全社人均收入由历年六七十元增加到165元，有的老"三靠"队达到四五百元。社员①生活好转了，不但不再向国家伸手，由于"穷泡、穷靠、穷打、穷闹"造成的民事纠纷和家庭纠纷也越来越少。

4日深夜，记者步出敞开的公社大门，遥望沐浴在银白色月光下的远近村庄，显得分外安谧，不禁遐想联翩，成诗一首：

劫后灾痕何处寻？月光如水照新村，只因仓廪渐丰实，夜半不闻犬吠声。

在这里，记者采用了逆向思维，从"无"中发现了"有"，在人们司空见惯、习以为常中发现了不平常。按照常理，在"无"中很难找到新闻点，而在"有"中更容易发现新闻点，所以，记者一般都是在"有"中去发现、挖掘、捕捉有报道价值的信息。当多数人都从"有"中去发现、挖掘、捕捉有报道价值的信息时，势必造成这方面信息的竞争激烈、信源枯竭，而从"无"中去发现、挖掘、捕捉有报道价值的信息，反而有可能既省时省力、四两拨千斤，又能发现意外的收获。

记者范敬宜在这里就发现了"无"：记者夜宿康平县两家子公社秘书办公室，发现从就寝到次日早晨，没有来过一次电话，也没有一个社员来报案、告状或要钱要粮，公社干部睡得安安稳稳。这个"无"本来没有什么报道价值，但是，当这个"无"和以前的"有"相联系时，其新闻价值就凸显出来："文革"时期，上级领导靠电话指挥工作、大搞形式主义，常常让乡镇秘书晚上睡不好觉；一年到头，生产队（村组）干部和社员来公社要农贷和救济粮、救济款的踏破门坎，往往天不亮就有人来堵公社党委书记的被窝。农村实行包干到户责任制后，农民人均收入猛增，上级领导也改变了形式主义工作作风，更加务实，使以前令人烦心、痛苦的"有"变成了今天令人愉快、舒坦、安稳的"无"。从这个角度去挖掘信息，使事实具有了很高的新闻报道价值。这个案例堪称逆向思维选择报道角度的经典。

范敬宜当时和另一位记者一起到农村采访，他们同在一个公社值班室里睡了一个晚上。第二天，范问另一位记者："你发现什么新闻没有？"另一位记者丈二和尚摸不着头脑，他说："昨晚我们两个人睡在一起，不是没有任何人来打扰吗？哪来的新闻？"范敬宜笑着回答说："这就是新闻！"他当即抓住这件事进行采访，写出了这篇不朽之作。

下面这条报道南京市绿化经验的新闻也采用了逆向思维的方式来选取报道角度：

---

① 社员，现为农民——引者注。

｜学习南京市绿化经验　要注意三点不足之处｜

【新华社南京(1982 年)2 月 18 日电】　（记者 周俊增）　南京市的绿化工作搞得比较好,近来到这里学习绿化经验的人越来越多。怎样对待南京的绿化工作? 南京市园林设计研究所助理工程师杨万金最近对记者说:"学习南京市绿化经验,要注意避免三点不足之处。"

南京市目前有大小 400 多条街道,有树木 20 多万株,为解放前的 100 倍,城市绿地面积达 9 万多亩,全市已基本绿化,并以"绿色城市"而闻名中外。但是,杨万金指出,从城市建设发展的要求看,南京市在绿化建设上暴露出一些缺点。了解这些问题,对于前来参观取经的人富有教益。

第一,五六十年代绿化的街道,树干定高一般为 2.5 米,太低了,影响交通安全。1978 年一年,光是为行道树碰坏的车辆涂漆就花了 4 万多元。公共汽车为了避免与行道树相撞,不得不在离路边 3 米远就停车,这不仅有碍交通安全,也降低了道路利用率。杨万金说,今后大中城市行道树定干应在 4 米高左右为宜,最低也不能少于 3.5 米。

第二,行道树在栽植时打洞普遍偏小,由于打洞小,树根扎得浅,在大风袭击下南京市发生过 4 次大面积倒树。行道树的倒伏又造成了停电、停水,交通中断,给生产和人民生活都造成很大损失和不便。实践证明,今后打洞以长宽各两米,深一米为好。

第三,树的品种单一,悬铃木(法国梧桐)太多。全市几百条街道绝大部分种的是法国梧桐。这种树有树冠大、遮阴好的优点。但由于新叶长出后,每半个月就脱一次绒毛,在空气中飘散,造成空气污染,形成了公害。这也是应该注意的。

这条新闻报道的背景是,当年 2 月全国环保系统在南京举行现场会议,学习南京城市绿化的经验。记者们都是按照习以为常的传统思维模式,从单方向、正方向进行思考并报道南京绿化的经验。但《学习南京市绿化经验 要注意三点不足之处》这条新闻却运用逆向思维,看到了南京市在绿化经验的背后也有三点不足,值得引起其他城市的注意,避免错误效仿。由于报道采用了逆向思维,令人耳目一新,这篇新闻被评为全国好新闻。

(六) 以小见大选择角度

大处着眼,小处入手,一滴水见太阳,是中国人写文章常用的方法。通过一件小事来表现重大的主题,这种方法被称为"以小见大"。

新闻报道也可以采用这种方法选择报道角度,表现重大的报道主题,以一斑窥全豹,通过一个小的点、小的细节、小的变化折射出大的变动,反映事物的本质。

｜莫斯科老妇的辛酸泪｜

【《今日美国报》莫斯科(1991 年)12 月 17 日报道】　（记者 杰克·凯利）　苏联经济危机的严重程度,从 64 岁的马洛费耶娃老泪纵横的脸上看得再清楚不过了。

这位瘦小的孀妇一连 4 小时站在地铁通道里哭哭啼啼,想把她最好的朋友——一只瘦弱的牧羊犬"恰帕"卖掉。

像她这样的人并不罕见。数十名饥饿的妇女,不顾大雪和严寒,站在过道两旁出卖从子女的小三轮车到自己的结婚戒指之类的物品。

这些人都在设法凑够维持下星期生活的钱。

沃洛塔娃说:"我们每星期都不得不从家里拿些东西出来卖。"她手上拿着一本照相簿寻找买主,以前那是放她的结婚照片用的。

她说:"我们拿走孩子们的玩具时,他们大哭,我们告诉他们,这是迫不得已。"

不远处,有些乞丐,其中包括抱小孩的母亲在地铁通道寻求施舍。

苏联民航机由于汽油短缺无法飞行,乘汽车旅行也受到了限制,地铁和火车成了最好的旅行工具。近几周,儿童也加入了乞讨或在街角演奏乐器以讨取食物和赏钱者的行列。演奏小提琴和吉他的孩子随处可见,有时父母陪着他们,负责收钱。

13 岁的娜塔莎说,是母亲要她出来的。她一边拉琴,一边兜售母亲手工制的小布垫。她说:"我宁愿去上学,这里太冷,手都冻疼了。"

马洛费耶娃仍然抱着她的狗。傍晚,她央求过路人给她点吃的和钱,把那只狗带回家去。

她说,每月的养老金 240 卢布,只够买几个面包、一些胡萝卜和一块熬汤用的骨头。

那只狗是在她丈夫 4 年前患癌症病逝后朋友们送给她的。

"它一直是我最好的朋友,我知道它将成为你们的朋友。"

马洛费耶娃对一对年轻的衣着考究的夫妇说:"求求你们啦,我自己今晚都没吃的,更没东西给它吃了。"

经过 20 分钟的讨价还价,这对夫妇终于同意了,并给马洛费耶娃 50 卢布——够买几个面包的钱。①

苏联经济危机的严重程度,通过记者在街头的所见所闻,比较真实、清楚地表现出来。64 岁的马洛费耶娃每月的养老金只够买几个面包、几根胡萝卜和一块熬汤用的骨头。出于迫不得已,这位瘦小的孀妇不得不将她最好的朋友、与她相依为命的宠物——一只瘦弱的牧羊犬"恰帕"卖掉。像她这样的饥饿妇女还有数十名,都挤在地铁通道里,不顾大雪和严寒,出卖孩子的玩具和自己的结婚纪念品。孩子们则在乞讨或在街角演奏乐器以讨取食物和赏钱。这些小细节、普通百姓的艰难生活,充分显示出苏联非常严重的经济危机。记者没有运用宏大叙事,没有罗列一系列的经济数据、消费指数等,但从这些小的故事中,苏联近乎崩溃的经济问题已经跃然纸上。

① 刘明华,张征.新闻作品选读[M].北京:中国人民大学出版社,2003:182 – 183.

贵州告别最后一条马班邮路

> **【本报讯】**　唱了几十年"马儿啊,你慢些走"的晴隆县城至中营邮路,去年末已响起了汽车喇叭声。至此,全省告别了最后一条农村马班邮路。
>
> 　　晴隆县位于乌蒙山脉南坡,山岭连绵,沟谷纵横。从县城到花贡、中营,要翻越海拔一千七百多米的两道大山,涉过三条大河。这里两个邮电支局服务范围内九个乡镇、五十六个行政村以及省属重点茶场,铅矿的邮件报刊,从来都靠人力背挑,五十年代末才添置四匹马驮运,在山间小道上跑起"邮政马帮"。八十年代中期曾一度利用委办汽车运邮,但由于公路要绕道普安县和六枝特区,多走百多公里,往返一班要三四天,仍然还得靠马班辅助。中营区的群众说:从晴隆寄到中营的信,比寄到联合国的时间还长!
>
> 　　去年十月,地方交通部门修筑的县城至花贡的县内公路竣工。年末客车正式营运直发花贡。晴隆县局及时利用客车委办邮运,早晨从县局交发的邮件,三个半小时可到花贡,再经自行车衔接,当天到达中营支局。中营区读者原来要一周之后才能读到的《贵州日报》,现在第三天就可以见到了。[①]

　　记者通过选取贵州省晴隆县城至中营的最后一条农村马班邮路的停运和汽车邮路的兴起,表达了一个重大的主题:国家交通、邮政的巨大变化。

　　撰写该新闻的作者事后总结说:这条消息的原稿只写了晴隆县开办汽车邮路这一事实,只是从一个基层的角度观察新闻事实,没有把握这一事实在全局中的典型意义。经过记者的进一步调查核实,了解到这是全省最后一条由马班运邮改为汽车运邮的邮路,因此,在对这条新闻进行修改时,改变了报道角度,决定从贵州全省的角度,突出"告别最后一条马班邮路"这个新闻要素,使本来在一个局部很不起眼的事实折射改革开放之光,反映贵州省邮件运输事业的发展变化这一侧面,并使这一事实具有典型意义。这条新闻的不足之处一是时效性不强,新闻报道的是几个月前的事实;二是缺乏新闻由头,应通过一个由头引出旧的事实——告别最后一条马班邮路。

　　选择最佳报道角度的方法还有很多,限于篇幅,这里就不一一列举。

　　记者采访报道新闻,必须寻找最佳报道角度,但是,记者不能为了寻找最佳角度而强扭角度。找角度固然重要,但必须揭示事实的本质,准确把握事实的新闻价值与事实本质的关系。表现事实的新闻价值不能背离事实的本质。在记者报道的新闻中,有的事实反映了事物的本质,有的事实没有反映事物的本质。记者必须摒弃那些不能反映事物本质的事实,选择既有新闻价值又能反映事物本质的事实。

　　新闻媒体的新闻报道有一种倾向性的问题值得引起注意:每当一个时期出现一种潮流、一种趋势时,或者当国家一段时期内力推某项重大政策时,记者往往都选择这个角度报道新闻。比如,上世纪末本世纪初,国家实行西部大开发,西部的新闻媒体在报道新闻时,即使报道的新闻与西部大开发关系不大,甚至根本就没有什么关系,但是,记者常常从西部大开发

---

① 杨煜光,张启飞,蔡绍绪.贵州告别最后一条马班邮路[N].贵州邮电报,1992－01－24(324).

的角度进行报道,以至于在当时西部的媒体中流传着一句话:"西部大开发是一个筐,什么都往里面装。"国家现在推出"一带一路"政策,很多新闻报道也往往都围绕着这个政策导向选择新闻报道角度,而不考虑事实是否与"一带一路"有关。我们也可以这样说:"'一带一路'是一个筐,什么都往里面装。"这种强扭角度的报道方法,是不可取的。

第三节　新闻笔法

什么叫笔法? 所谓笔法,在这里是指运笔的技巧,行文叙述的方法。写作任何文章都有一个笔法运用的问题,新闻写作也是如此。著名记者艾丰提出了八种新闻笔法,我们在这里主要介绍新闻简笔、新闻跳笔和新闻短笔这三种笔法。

一、新闻简笔

(一)什么是新闻简笔

著名记者艾丰说:"在新闻作品中,叙述和描写事物的时候,不必要用很细腻的笔法,而是用最简单的线条,最简练的语言来勾勒事物。这样的写作方法和技巧,我们称之为简笔。"[①]艾丰认为,新闻写作中的粗笔,是指记者用概括力强的笔触,粗犷的笔触,"取其大而略其小"的笔触来写作新闻作品。粗笔是简笔的必然引申。[②] 简笔和粗笔虽然有细微的差别,但其实质是一致的。我们可以将这两种笔法合成为一种笔法:新闻简笔。

东西方文化存在较大的不同:西方重细描,谓之"工笔";东方重白描,可以谓之"简笔"。不论是绘画,还是文学作品或是影视作品等,西方擅长用工整、细腻的线条、色彩和语言来描绘人物和景物,这就是"工笔"或细描;东方则擅长用简要的线条、色彩和语言来勾勒人物和景物,这就是"简笔"或白描。

较之文学写作尤其是长篇文学写作,简笔在新闻写作中运用得更广泛。

什么是新闻简笔? 新闻简笔,是指简要的、概括性的新闻写作笔法。

简笔在这里有两层意义:一是简要地表述,二是概括地表述。下面我们就来讨论简笔中这两种主要的笔法。

(二)新闻简笔的写作方法

1.简要地表述

写作新闻作品主要是为了传递信息、报道新闻,过于细腻的叙述和描写不仅浪费版面、篇幅和时间,而且也浪费受众的时间。因此,新闻写作强调用简要的笔法来写作。

---

① 艾丰.新闻写作方法论[M].北京:人民日报出版社,1993:190.
② 艾丰.新闻写作方法论[M].北京:人民日报出版社,1993:194.

简要地表述,是指记者写作新闻要善于抓住新闻事实的要点,善于抓典型材料,勇于舍弃次要的材料,敢于舍弃可用可不用的材料,不要捡了芝麻丢了西瓜,要学会抓西瓜,善于丢掉芝麻,敢于丢掉废话和垃圾。

| 东京宣布无条件投降 |

(1)【美联社(1945 年)8 月 14 日电】　日本投降了!

(2)杜鲁门总统今晚七时宣布,日本已无条件投降,造成历史上空前巨大破坏的战争随之结束。盟国陆、海军已停止攻势。

(3)总统说,日本是遵照 7 月 26 日三强致日本的最后通牒所规定的条款无条件投降的。这项最后通牒,是三强柏林会议期间发出的。

(4)八天以前,日本遭到有史以来第一枚原子弹——一种威力最大的炸弹——的轰炸,两天以前,俄国宣布对日作战。在这种情况下,日本被迫于本星期五宣布接受最后通牒中包括的全部条款,但要求继续保留天皇制。

(5)次日,美、英、苏、中四国对此作出答复,声称如天皇接受盟军最高司令部的命令,则可继续在位。

(6)杜鲁门总统今天还宣布,道格拉斯·麦克阿瑟将军已被任命为占领日本的盟军武装部队总司令。

(7)杜鲁门总统说:"现在正在作出安排,以便尽早举行接受日本投降的正式签字仪式。"

(8)他说,英国、俄国和中华民国也将派出高级将领,代表各自的国家在受降书上签字。①

日本宣布无条件投降,这是举世瞩目的重大事件,要报道的事实非常多,但是记者只是对重要的事实进行了报道。新闻沿着这样的严密逻辑层层展开:日本投降——日本是无条件投降——什么是无条件投降——为什么会无条件投降——盟国对无条件投降的反应和安排。

导语将第一重要的事实告诉读者:日本投降了,这是到目前为止最简洁的新闻导语之一,堪称经典。第二自然段解释导语,告诉读者新闻来源,是美国总统宣布日本投降,而不是记者看到了日本投降的正式文件。这里告诉读者:日本不是一般意义上的投降,是无条件投降。盟军停止进攻,战争结束,这是日本无条件投降之后盟军所作的回应。第三自然段进一步解释导语,告诉公众什么是无条件投降——日本接受了三强柏林会议期间发出的致日本最后通牒中提出的全部条款。第四自然段提供新闻背景,解释日本为什么会无条件投降。是因为日本受到了人类历史上从未有过的、威力巨大的原子弹的袭击,再加上苏联对日宣战,日本既无招架之功,更无还手之力,被迫无条件投降。第五自然段到第八自然段补充导语,报道盟国对日本无条件投降的反应。日本宣布无条件投降有一个条件,希望保留天皇

---

① 颜雄.百年新闻经典:上册[M].长沙:湖南大学出版社,2000:187.

制,对于这个重大的事实,记者必须报道——盟国有条件地答应了日本的请求。盟国派谁去统帅占领日本的军队?日本投降的正式签字仪式何时举行?哪几个国家将参加这个投降仪式,并在受降书上签字?对于这些公众关心的重大问题,记者都一一进行了报道。

关于日本投降,值得报道的事实非常多,诸如盟国领导人的反应、盟国民众的反应及游行庆祝活动、日本领导人的无奈、日本民众的反应和心态等,但是记者只是抓住主要的事实、重要的事实进行了报道,对次要的事实一概舍弃。

2. 概括地表述

概括地表述,是指记者写作新闻要善于抓住轮廓,用概括力强的笔触进行写作。这种表述方法,艾丰称之为"粗笔"。记者要善于对事实进行概括,对整体事实、重要的事实、大的事实进行提炼和浓缩。与简要地表述笔法相比,概括表述的关键词是浓缩不是舍弃,像压缩饼干一样。比如一张照片,从10寸压缩到2寸或1寸,可以形象地称之为"概括地表述"。

《纽约时报》记者埃·姆·罗森塔尔(A. M. Rosenthal)采写的《奥斯威辛没有什么新闻》,在报道"二战"中德国法西斯在波兰布热津卡建立的集中营时这样写道:

> 许多参观者目瞪口呆地注视着毒气室和焚尸炉,开头的表情茫然,因为他们不晓得这是干什么的。然而当他们一看到玻璃窗后堆积得像小山似的头发,看到一堆堆婴儿的小鞋,看到一排排堆放着被窒息而死的人的尸体的砖房时,他们不由自主地停下脚步,毛骨悚然,浑身发抖。

在这段文字中,记者没有具体写纳粹集中营怎样迫害成年人和孩子,而是概括性地描写了纳粹集中营中玻璃窗后受迫害而死去的人的头发堆积成了小山;婴儿的小鞋不是一只两只,而是一堆堆;被窒息而死的人不是一个两个,而是尸体堆满了无数的砖房。这种集中、概括性的描写,使德国法西斯的残酷、毒辣、灭绝人性得到充分的展现,具有强烈的感染力。

看下面这条新闻:

┃大批妇女冲击国会┃

【路透社伦敦(1907年)2月13日电】 今天一群要求参政的妇女冲击国会,但是她们组织得良好的进攻被警察击退了。大约60名妇女被捕。很多人在与骑警激烈搏斗时受了伤。这次示威游行正午一过就开始了,一直到晚上10点。

今天晚上,在一次集会之后,妇女们又试图冲入议会大厦,但是骑在马上和徒步的警察抵挡了妇女们的每一次冲击。这些妇女中的几位控诉伦敦警察的野蛮行为。

为了引起更多的人注意妇女参政的问题,这些从事女权运动的妇女中有100多人发誓要使自己被捕。女权运动领导人之一的安妮·肯尼曾经保证:如果这次会议结束时,英国妇女仍得不到选举权,她将带领1,000名妇女进入众议院。①

---

① 李大卫,石维,艾顿.路透社百年新闻佳作[M].西安:陕西师范大学出版社,2002:15.

记者没有对妇女冲击国会和与警察搏斗的场面进行具体的叙述和描写,导语和第二自然段都是概括性地进行了报道。第三自然段也是概述女权主义者的态度,到新闻的结束,对女权运动领导人之一的安妮·肯尼的间接引语比较具体,但是,她说的话也是概括性的话。

再看下面这条新闻:

美国人正在抛弃妻子

【路透社伦敦(1909 年)8 月 15 日电】　今年曼哈顿州抛弃妻子案件数目增加 33%。据说 3000 多个遗弃妻子的丈夫都是由于生活费用太高造成的。这些人中很多都较贫穷,年龄在 20 至 24 岁之间,扔下两个或更多孩子。纽约地区认为这是轻罪,因此判处犯人在监狱中服役 6 个月。衣阿华、俄勒冈、内华达、田纳西州和德克萨斯州则根本不予处罚。另有 4 个州则把弃妻行为判为重罪。

据纽约慈善机构发表的统计数字表明,饮酒和爱搬弄是非的邻居及亲属是导致婚姻破裂和弃妻的主要原因。妻子在家庭生活中作用的改变也是原因之一。生活必需品如此昂贵,很多年轻姑娘为了家庭生计被迫到工厂和商店去工作。因此,结婚的时候,她们操持家务时显得没有经验。失望的丈夫经常抛弃妻子而不正式离婚。这样可不必花许多钱,因为现在离婚的费用也在增加。①

这条新闻只有两段,第一自然段概括地叙述美国人抛弃妻子的基本事实:抛弃妻子的案件数目、有多少妻子被抛弃、抛弃妻子的丈夫的大致年龄、美国各州法院对这种行为的看法和惩罚程度。第二自然段概括地叙述婚姻破裂和丈夫抛弃妻子的原因。整条新闻没有对具体的个案进行报道。

概括性地表述,要突出事物的特点,像画速写一样,寥寥数笔就勾勒出事件的轮廓,显示出事件的新闻价值和意义。

概括叙述事实要有具体实在的内容,不能过于抽象化、概念化。任何新闻事实都有具体的内容。新闻写作中的概括性表述笔法,是对具体事实的凝练和综合,而不是抽象的归纳,更不是概念的堆积和拼凑。

3.简述和概述交叉

前文引述的两条新闻报道,采用概述笔法报道新闻,这种概括地叙述事实的写法,在上个世纪初期和中期比较盛行,但是这种写法相对比较笼统,不够具体,难以引起读者的阅读兴趣。采用简述笔法报道新闻,虽然事实写得比较简略,但是事实比较具体,能够激起读者的阅读欲望,这种写法只能用来报道重要事实、主要事实,对次要事实不适用。公众并不是对所有次要事实都不感兴趣,有些次要事实还是能够引起公众的兴趣。对这种次要事实的报道,仍然必须采用概述笔法。

为了对重要事实和次要事实都进行报道,有很多新闻对简述笔法和概述笔法综合、交叉

---

① 李大卫,石维,艾顿.路透社百年新闻佳作[M].西安:陕西师范大学出版社,2002:15.

使用,既使新闻报道笔法灵活多变,不呆板、不僵化,又使新闻对事实的报道完整、全面,使公众能够清楚明白地知悉整体事实。

───────────── │ "9·11"——美国人心中永远的痛 │ ─────────────

【美联社纽约(2001年)12月11日电】 在白宫,在外层空间,在工厂,在遍布世界的美国大使馆里,美国人和他们的盟友今天都停下来纪念"9·11"事件发生3个月。

美国东部时间上午8点46分,白宫开始了纪念活动,一阵咚咚鼓声之后奏响了美国国歌。

布什总统说:"在9月11日遇难的每一个无辜的人对于某个人来说都是世界上最重要的人。每一个生命的消逝都熄灭了一个世界。"

在国会大厦、司法部、运输部和五角大楼等华盛顿其他地方,也举行了纪念活动。

在纽约市,消防员、警察和建筑工人在世贸中心所在地进行模拟搜寻和清理,作为一次跨宗教祈祷仪式。一个孤独的喇叭手吹出一曲悠缓、悲伤的《星条旗永不落》。①

新闻导语概括地报道全美乃至全球在"9·11"事件发生后的3个月都在纪念这一事件;第二自然段解释导语,简要表述,在具体的时间上午8点46分、具体的地点白宫开始悼念活动,奏响国歌;第三自然段也是简要表述,报道总统布什的讲话,表达了对逝者的哀悼、尊重和高度评价。第四、第五自然段是概括表述,第五自然段的最后一句话是简要表述,报道在事件发生地华盛顿、纽约的纪念活动。新闻通过这种简要表述和概括表述的交叉使用,在不到300字的篇幅里,有点有面,既浓缩了丰富的内容,对全美及全球对"9·11"事件的纪念活动进行了扫描式报道,又有所选择地重点报道了重要的人、重要的机构、重要的区域举行的纪念活动,将美国人对"9·11"的纪念活动精练而又全面地呈现出来。

再看下面这条新闻:

───────────── │ 梁锦松与伏明霞低调完婚 │ ─────────────

(1)【新华社香港(2002年)7月30日电】 (记者 曲北林) 伏明霞已经同香港财政司司长梁锦松结婚。梁锦松在今晚给香港媒体的声明中首次证实,他们两人于7月15日在美国夏威夷檀香山举行了婚礼。梁锦松说,他们的婚事完全是个人私事,希望低调处理。

(2)梁锦松今年50岁,是香港政府中的第三号官员。有人称他是香港的"财神爷",也有人称他是香港的"钻石王老五"(富有的单身汉)。

(3)伏明霞与梁锦松去年3月在香港首次相遇。当时梁锦松以香港财政司司长的身份出席"香港杰出领袖"颁奖典礼。伏明霞受邀请,担任颁奖嘉宾。两个人恰好被安排坐在一起。

─────────────────────

① 刘明华,张征. 新闻作品选读[M]. 北京:中国人民大学出版社,2003:92.

（4）伏明霞后来回忆说,当时觉得梁锦松很有趣,总能逗她笑,尽管当时聊得非常开心,却并不知道梁锦松是何方神圣。

（5）梁锦松毕业于香港大学,主修的专业是经济及统计学,去年出任财政司司长。在此之前,他是摩根大通亚太区主席,收入比现在高得多。

（6）身高 1.75 米的梁锦松最喜欢的运动是高尔夫球。

（7）1998 年,梁锦松与前任妻子谭淑芬离婚,没有子女。他们二人是大学同学,毕业后结婚。①

上面这条新闻,导语概括地叙述梁锦松与伏明霞结婚的时间、地点以及不事张扬的心态。第二自然段概括介绍梁锦松的基本情况。第三、第四自然段简要表述,介绍两人初次相遇的事实,这是两人能够走到一起的"因"。新闻写得比较含蓄,双方当时已互有好感,梁锦松已经表现出对异性的爱,而伏明霞只是觉得这个男人很有趣,没有产生异性之爱。第五自然段又概括表述梁锦松的经历。第六自然段简要表述梁锦松的外表及爱好;第七自然段概括表述梁锦松的第一次婚姻情况。简要表述和概况表述交叉进行,在较短的篇幅内,将梁锦松的基本情况和梁锦松与伏明霞两人相识、相爱、结婚的情况比较清晰地告诉了读者。

二、新闻跳笔

（一）什么是新闻跳笔

写文章最基本的要求就是连贯、通顺,中国古代文人写文章讲究起承转合。但是,这里的新闻跳笔却恰好与我们平时的写作要求不一致甚至相反。

什么叫新闻跳笔? 著名记者艾丰认为,所谓"新闻跳笔",作为新闻写作的一种笔法,"是指记者在写稿时不必过分注意文字上的连贯和上下文的衔接,在句子和句子之间,在段落和段落之间可以有甚至必须有较大的跳跃"。②

新闻写作必须在简短的文字中表达丰富的信息,如果按照传统文章的写法要求,文字必须连贯,一条短消息,可能也要好几百字才能表达清楚,既浪费版面空间和节目时间,又增加读者阅读的时间成本,使传受双方双输。而简洁、短小的文章,既节省版面空间和节目时间,又能快速传递信息,使传受双方双赢。采用跳跃式的写法,是使新闻简洁、短小的有效途径。因此,记者在进行新闻写作时,段落、句子之间的跳跃不仅可以有,而且"必须有"。

新闻写作的跳跃主要表现为两个方面:句子和句子之间的跳跃、段落和段落之间的跳跃。

记者运用新闻跳笔这种笔法进行新闻写作,可能会使句子和段落不够连贯,但这种不连贯只能表现在外在形式上,其内在的含义和逻辑必须是连贯的。否则,新闻就会成为一堆杂

---

① 刘明华,张征.新闻作品选读[M].北京:中国人民大学出版社,2003:102.

② 艾丰.新闻写作方法论[M].北京:人民日报出版社,1993:209.

乱无章的语言乱码,让受众无法阅读、难以理解。因此,句子与句子之间、段落与段落之间表现出来的跳跃性,必须以不违背事实的内在逻辑为前提。

新闻跳笔既是一种笔法,也是一种结构方法。在句子与句子之间,表现为一种笔法;在段落与段落之间,则表现为一种结构方法。倒金字塔结构就是采用了新闻跳笔的方法。

新闻写作中运用新闻跳笔,看似是一种思维和行文的跳跃,而实质是为了更直接、更流畅地陈述事实,更简练、更明快地报道新闻事实。新闻跳笔对读者来说并不构成阅读障碍,而对新闻写作却有多种好处。

新闻跳笔的最大作用是可以加大新闻的信息量。新闻最大的特点之一是简洁,要使新闻简洁表达,就必须将冗言赘句删去。删除多余的文字,只突出有价值的事实,新闻的信息量才会大增。

读者阅读新闻,是为了找到有用的信息,或是作为茶余饭后的一种消遣,往往不太注意、也不想过分注意新闻作品中文字的连贯性,常常是跳着阅读的。既然如此,记者也可以"跳"着写,满足和适应读者阅读的习惯和要求。

运用新闻跳笔的笔法写作,记者可以不必过分在意句子与句子之间的衔接,可以不特别考虑上下文之间的连贯;跳跃性地写作,可以使记者写得短、写得快。

(二)新闻跳笔的写作方法

1.断裂行文

所谓断裂行文,是指打破时空顺序和逻辑顺序,用跳跃的方式组织事实材料的一种新闻写作方法。

也就是说,文字之间、段落之间可以彼此没有联系。无需过分地注意文字的连贯性和上下文的过渡与衔接。从表面形态看,新闻作品是"散"的,文字和段落之间呈断裂状态,但新闻事实之间有着内在的逻辑关联,零散的材料服从连贯的思想。这有点像散文写作一样,"形散神不散"。

| 曼德拉向往故乡潺潺流水 |

(1)【路透社开普敦(1999年)5月4日电】 南非总统纳尔逊·曼德拉期待着在6月2日的选举之后享受他当之无愧的退休生活,但他说,如果职责召唤,他仍将会为他热爱的祖国服务。

(2)曼德拉在南非国家电视台5月4日播出的电视访谈节目中说:"我有26个孙辈,3个曾孙辈。现在,我将有机会坐下来帮他们设计未来。"

(3)他谈到他的新任妻子、前莫桑比克第一夫人格拉萨·马谢尔说:"我妻子是一位非常迷人的女士,如今我能在不大受政府职责干扰的情况下享受她的陪伴。"他是在去年80岁生日那一天与马谢尔结婚的。

(4)曼德拉说:"我将仍是非国大的一名忠实而守纪的成员,是一名爱国的南非人。

无论需要我承担什么重任,我都会把其他事情放在一边,尽力去做。"

（5）曼德拉总统想念在他因反对种族隔离而身陷囹圄的 27 年间长大的孩子们,他将在 6 月的选举之后卸任。曼德拉将把职位转交给继承者塔博·姆贝基。

（6）曼德拉总统说,在他的孙辈上学期间,他将在他约翰内斯堡富裕的家中度过退休后的大部分时光,但他也会到他妻子在马普托的家以及他的故乡古努村看看。

（7）他说:"我还要去我的故乡、我出生的地方古努村,去看伴我成长的那些山岭、岩石和溪谷,我来到城市时只有 23 岁。那里的寸寸绿草、潺潺水声都深深地牵动着我的心。"

（8）曼德拉说,他所属的非国大党在上台执政时没有受过任何训练,也犯过许多错误,但与自欧洲定居者 300 年前首次抵达这片大陆以来强加在南非黑人身上的任何一届政府相比,这个党有更好的业绩。

（9）这位昔日的政治犯、今日世界知名的政治家说,他生平的所有业绩都不应归功于他个人的品质,而应归功于他是非国大的一员。

（10）他说:"我让公众去决定他们应该怎样看待我,是否应该把我看成一位老人,仅仅因为年长而应该受到尊敬。但是,我希望自己被看作一名普通的南非人,和其他人一起为祖国做出了自己卑微的贡献。"①

上面这条新闻,导语表达新闻主题:曼德拉期待享受退休生活,但如果党和国家需要,他仍将会为党和国家服务。第二自然段承接首段,谈他期待中的退休生活,没有跳跃。第三自然段虽然还是在说要享受退休生活,但是从孙子跳到妻子,有小小的跳跃。第四自然段跳跃较大,一下子从要享受退休生活跳到要为国家服务、为党服务。第五自然段又从为国家、为党服务拉回到孩子们,跳跃较大。第五自然段段内文字之间的跳跃也比较大,从孩子们跳到他的卸任,又从卸任跳到他的继任者。第六、第七自然段又从他的继任者跳到要享受的退休生活——他自己的家、他妻子的家、他自己的故乡。第八自然段又非常突兀,在没有任何文字衔接、过渡的情况下,跳回到写他的非国大党。第九自然段,有比较小的跳跃,曼德拉谈对自己的评价。第十自然段承接前段,谈公众如何评价他。整篇新闻没有专门的过渡和衔接的文字,在两个主题中跳来跳去,跳跃性较大。尽管如此,这些跳跃性的文字始终没有游离导语设定的主题:他期待享受退休生活,但热爱他的党,热爱他的国家,如果党和国家需要,他随时准备为党和国家服务。

2. 蒙太奇式行文

蒙太奇是法语"montage"的译音,是"剪接"的意思,后来发展成电影中镜头组合的理论。蒙太奇式行文,是指借用电影艺术中的蒙太奇理论,将中国传统行文方式中的句子与句子、

---

① 刘明华,张征.新闻作品选读[M].北京:中国人民大学出版社,2003:275-276.

段落与段落之间表示过渡、衔接的文字省略。能用过渡句就不用过渡段，能用过渡词就不用过渡句，过渡词可用可不用时，就坚决不用，实现自然过渡，打破时空界限，跳跃式行文，如同电影镜头般地陈述和展现新闻事实。

别了，"不列颠尼亚"

（1）【新华社香港(1997 年)7 月 1 日电】（记者 周婷 杨兴） 在香港飘扬了一百五十多年的英国米字旗最后一次在这里降落后，接载查尔斯王子和离任港督彭定康回国的英国皇家游轮"不列颠尼亚"号驶离维多利亚港湾——这是英国撤离香港的最后时刻。

（2）英国的告别仪式是 30 日下午在港岛半山上的港督府拉开序幕的。在蒙蒙细雨中，末任港督告别了这个曾居住了 25 任港督的庭院。

（3）下午 4 时 30 分，面色凝重的彭定康注视着港督旗帜在"日落余音"的号角声中降下旗杆。根据传统，每一位港督离任时，都举行降旗仪式。但这一次不同：永远都不会有另一面港督旗帜从这里升起。4 时 40 分，代表英国女王统治了香港 5 年的彭定康登上带有皇家标记的黑色"劳斯莱斯"，最后一次离开了港督府。

（4）掩映在绿树丛中的港督府于 1885 年建成，在以后的一个多世纪中，包括彭定康在内的许多港督曾对其进行过大规模改建、扩建和装修。随着末代港督的离去，这座古典风格的白色建筑成为历史的陈迹。

（5）晚 6 时 15 分，象征英国管治结束的告别仪式在距离驻港英军总部不远的添马舰东面举行。停泊在港湾中的皇家游轮"不列颠尼亚"号和临近大厦上悬挂的巨幅紫荆花图案，恰好构成这个"日落仪式"的背景。

（6）此时，雨越下越大。查尔斯王子在雨中宣读英国女王赠言："英国国旗就要降下，中国国旗将飘扬于香港上空。150 多年的英国管治即将告终。"

（7）7 时 45 分，广场上灯光渐暗，开始了当天港岛上的第二次降旗仪式。156 年前，一个叫爱德华·贝尔彻的英国舰长带领士兵占领了港岛，在这里升起了英国国旗；今天，另一名英国海军士兵在"威尔士亲王"军营旁的这个地方降下了米字旗。

（8）当然，最为世人瞩目的是子夜时分中英香港交接仪式上的易帜。在 1997 年 6 月 30 日的最后一分钟，米字旗在香港最后一次降下，长达一个半世纪的统治宣告终结。

（9）在新的一天来临的第一分钟，五星红旗伴着《义勇军进行曲》冉冉升起，中国从此恢复对香港行使主权。与此同时，五星红旗在英军添马舰营区升起，两分钟前，"威尔士亲王"军营移交给中国人民解放军，解放军开始接管香港防务。

（10）零时 40 分，刚刚参加了交接仪式的查尔斯王子和第 28 任港督彭定康登上"不列颠尼亚"号的甲板。在英国军舰"漆咸"号及悬挂中国国旗和香港特别行政区区旗的香港水警汽艇护卫下，将于 1997 年年底退役的"不列颠尼亚"号很快消失在南海的夜幕中。

（11）从 1841 年 1 月 26 日英国远征军第一次将米字旗插上港岛，至 1997 年 7 月 1 日五星红旗在香港升起，一共过去了 156 年 5 个月零 4 天。大英帝国从海上来，又从海上去。①

---

① 刘明华,张征.新闻作品选读[M].北京:中国人民大学出版社,2003:171 – 172.

《别了，"不列颠尼亚"》是新华社 1997 年 7 月 1 日刊发的，这篇新闻荣获第八届中国新闻奖消息类一等奖。全文共 11 个自然段，除导语和结尾外，全文采用蒙太奇式行文方式。记者抓取了 10 个"镜头"，构成 4 个大的场景。

第一个场景(第二至四自然段)：末任港督彭定康离开港督府。先是远景，在蒙蒙细雨中，在港岛半山上的港督府，英国的告别仪式拉开序幕；接着是一个特写，最后一任港督彭定康面色凝重，注视着在"日落余音"的号角声中港督旗帜降下；然后是一个近景，港督彭定康登上带有皇家标记的黑色"劳斯莱斯"离开港督府；接着，镜头又摇回到远景，描述掩映在绿树丛中的港督府，由于末代港督永远离去，永不再来，这座古典风格的白色建筑将成为历史的陈迹。这一组镜头构成一个大的场景：降下港督旗帜，末任港督彭定康告别港督府。

第二个场景(第五至六自然段)：英国告别仪式，降英国国旗。象征英国管治结束的告别仪式在添马舰东面举行，这是一个远景；然后突然拉回一个特写，皇家游轮"不列颠尼亚"号和巨幅的紫荆花图案，构成"日落仪式"的背景；接着又是一个特写，查尔斯王子在雨中宣读英国女王的赠言。

第三个场景(第七至九自然段)：中英香港交接仪式易帜。这个场景有两个近景：第二次降旗仪式，降下英国米字旗；五星红旗伴着《义勇军进行曲》冉冉升起，解放军开始接管香港防务。

第四个场景(第十自然段)：查尔斯王子和末任港督彭定康离开香港。镜头由近到远，描述查尔斯王子和末任港督彭定康登上"不列颠尼亚"号的甲板，在英国军舰和香港水警的护卫下，乘坐"不列颠尼亚"号离去，直到消失在南海的夜幕中。

这 10 个"镜头"构成的 4 个场景相对独立，自成画面，彼此之间没有衔接和过渡词，每个场景都采用蒙太奇式的"镜头推拉法"跳跃展开对香港回归祖国情景的报道，让读者感觉像看电影一样，观看着香港回归的一组组镜头。虽然"镜头"在不断地推来拉去，但是，新闻并不显得凌乱，因为所有的镜头都是紧紧围绕着表现"香港回归"这一主题而展开的。这篇新闻作品打破了时空界限，省略了不必要的连接词和过渡句，使新闻简洁明快，又内涵丰富。

蒙太奇式行文与断裂行文在实质上基本一致，都讲求跳跃式写法，尽量省略不必要的表示过渡、衔接的文字和段落。所不同的是，蒙太奇式行文更讲求画面感、镜头感，如果新闻事实没有画面和镜头的元素，就难以采用蒙太奇式行文来写作。而断裂行文既可以表现有画面和镜头元素的事实，也可以表现无画面和镜头元素的事实。

3.加大跨度

加大跨度，是指记者在新闻写作中要加大句子与句子之间、段落与段落之间的跨度，采取大跨度、大跨越的方法。著名记者艾丰将这种笔法称为"跨笔"。同时，这种加大跨度的方法，也是一种讲究变化的方法。记者在新闻写作中，其笔法要善于变化。

爵士乐大师汉普顿谢幕人生

（1）【美联社纽约（2002年）8月31日电】 1936年的那一天,莱昂内尔·汉普顿在曼哈顿参加演出时,人们不仅在舞台上看到一个音乐奇迹,而且还亲眼目睹了美国种族关系的突破。

（2）电颤琴演奏大师汉普顿于今天去世。在60多年的演艺生涯中,汉普顿逐渐成为爵士乐历史上最伟大的演奏家之一。他打破了白人和黑人不能公开同台演出的禁忌。

（3）汉普顿的乐队经理菲尔·莱欣说,这位爵士乐大师在西奈山医疗中心因心脏病逝世,享年94岁。汉普顿在1995年两度中风,近年来健康状况日渐衰退。

（4）在60多年的演艺生涯中,汉普顿曾在白宫为杜鲁门、艾森豪威尔、约翰逊、尼克松、卡特、里根和布什等多位总统演奏爵士乐。汉普顿曾经说,他为杜鲁门总统演奏时,他的乐队是第一个在白宫演出的黑人乐队。

（5）1997年,汉普顿被授予总统荣誉勋章——他在领奖仪式上穿着借来的西装和鞋袜,因为他所有的衣服以及乐队的大部分装备都在两天前的一场大火中被烧毁了。

（6）汉普顿的爵士音乐旋律优美、节奏强劲,但观众也为他的个人魅力所倾倒——灿烂的笑容、用不完的精力和极富感染力的演奏风格。汉普顿有时也在乐队中担任击鼓、演唱和钢琴伴奏的角色。

（7）汉普顿还是一位作曲家,他最著名的曲子是在1937年创作的《飞回家去》。在此后的半个世纪中,这首曲子被演奏了300多次。①

上面这条新闻,导语开头打破常规,不写今天,而是从今天跨越到了1936年,从66年前汉普顿的卓越成就开始写起,引出第二自然段其今天的逝世。第二自然段开头第一句写的是今天的情况,第二句马上从今天跨越到了汉普顿60多年的演艺生涯。第三自然段开头第一句又从60多年前回到今天,但第二句从今天写到汉普顿1995年的两度中风。第四自然段又从今天跨越到汉普顿60多年的演艺生涯。第五自然段从汉普顿60多年的演艺生涯跨越到其1997年获得最高荣誉及其窘境。第七自然段从1997年跨越到1937年,然后从1937年写到其半个世纪的艺术生涯。这条新闻的时间跨度很大,而且过去和今天时间不断地切换。这种写法只有新闻写作才比较适合,在文学写作及其他的文章体裁中,这种写法会让读者找不着北,如坠五里雾中。

在新闻报道中,类似这种加大时间跨度的新闻作品比较多,除此之外,还有加大空间跨度、意义跨度等,在此就不一一赘述。

艾丰说:"新闻写作的艺术在某种意义上说是'舞蹈的艺术'。它是讲求跳的,跳得好,就成了高超的写作技巧。"②如果"跳"得不好,记者写出来的新闻作品就会成为一堆乱码,让读者看不懂、读不通。因此,记者在运用新闻跳笔这种笔法写作时,不能乱"跳",在"跳"着

---

① 刘明华,张征.新闻作品选读[M].北京:中国人民大学出版社,2003:274－275.
② 艾丰.新闻写作方法论[M].北京:人民日报出版社,1993:213.

写作事实时,一定要注意把握事实之间的内在联系,否则,会弄巧成拙。

三、新闻短笔

(一)什么是新闻短笔

所谓新闻短笔,就是指新闻作品应该短篇、短段、短句,是"三短"的结合体(本书在第十章"新闻报道原则"第五节"简洁"中还将进一步讨论短句、短篇,这里重点讨论短段落)。

中国人对短篇、短句非常重视,但都不太重视段落的简短,这似乎是中国的一个传统习惯。中国古代的文章不断句、不分行,即使是现代的文章,也往往很长一段文字才分段,这种文化传统,显然对今天中国新闻界新闻作品段落普遍偏长有比较大的影响。

| 延安庆祝日本无条件投降 |

1945 年 8 月 16 日　来源:延安《解放日报》

【本报特讯】　中国人民艰苦奋斗,忍受牺牲,坚持了八年抗战,最后胜利的日子终于到来了!昨日上午日皇宣布无条件投降的消息传出后,全市轰动,万人欢腾,街上张灯结彩,国旗飘扬,各处黑板报上都用大字报道消息。晚间东南北各区到处举行火炬游行,全市灯火辉煌,欢呼声从各处发出;霎时,鼓乐喧天,无数火炬照亮山岭河畔。机关与群众的乐队、秧歌队,纷纷出发游行。新市场的商人来回奔跑欢呼报信,寻找着柴棍,扎起火炬,参加游行。当实验工厂、联政宣传队、大众剧院、延大、完小等十余秧歌队在新市场十字街口汇合时,市民高呼:"中华民族解放万岁!""苏联红军胜利万岁!""动员起来支援前线,保卫边区!""制止蒋介石发动内战!"声震山谷。斯大林元帅、毛主席、朱总司令的巨幅画像在熊熊火炬中高高举起,象征着中苏两国人民的大团结。在蜂拥来去的人群中,有一位拄着拐杖的荣誉军人被群众拥戴着。他十分感动而吃力地说:"八年啦,我的血没有白流……"他是参加有名的平型关大战而光荣负伤的。今天他是亲眼看见胜利了!一个卖瓜果的小贩欢喜得跳起来,把筐子里的桃梨,一枚一枚地向空中抛掷,高呼:"不要钱的胜利果,请大家自由吃呀!"群众报以热烈的掌声。庆祝的人潮水一样地继续涌来,秧歌队越跳越大,完全卷成一片人海了。人们唱着:"前进!人民的解放军!解除敌人的武装,去恢复交通和城镇!坚决大胆,迅速向前进,谁敢阻挡,就把他消灭得干干净净!"欢欣鼓舞,达于极点。美军观察组闻讯后亦乘汽车随秧歌队致庆。街道行人,纷纷议论,人们都一致称赞说:"苏联才宣战两天,日本就要求投降,可见红军力量是在全世界伟大无比了!"昨晚,全市灯火彻夜未灭。中国人民在极度狂欢中,没有忘记摆在前面的紧急任务:把在华敌伪军全部解除武装,把八年来人民艰苦抗战果实紧紧掌握在自己手中。

上面这条新闻是当年的新闻名篇,将当年延安人民庆祝日本投降的热烈场面表现得淋漓尽致,对抗战老兵和瓜果小贩两个细节的描写也非常传神,点和面、概括叙述和典型细节都非常到位。但是,长达700多字的新闻,却只有一个自然段,按照现在的标准来看,这就有点美中不足。不过当年的新闻作品基本都是这样写作的。我们无意对当年的新闻作品横加

指责,但我们应该明确地告诉今天的新闻院系的学生,不能再像当年这样不分段落地写作新闻。我们可以尝试对这条新闻进行段落切割,切割后的段落如下:

延安庆祝日本无条件投降
1945 年 8 月 16 日　来源:延安《解放日报》

(1)【本报特讯】　中国人民艰苦奋斗,忍受牺牲,坚持了八年抗战,最后胜利的日子终于到来了!

(2)昨日上午日皇宣布无条件投降的消息传出后,全市轰动,万人欢腾,街上张灯结彩,国旗飘扬,各处黑板报上都用大字报道消息。

(3)晚间东南北各区到处举行火炬游行,全市灯火辉煌,欢呼声从各处发出;霎时,鼓乐喧天,无数火炬照亮山岭河畔。

(4)机关与群众的乐队、秧歌队,纷纷出发游行。

(5)新市场的商人来回奔跑欢呼报信,寻找着柴棍,扎起火炬,参加游行。

(6)当实验工厂、联政宣传队、大众剧院、延大、完小等十余秧歌队在新市场十字街口汇合时,市民高呼:"中华民族解放万岁!""苏联红军胜利万岁!""动员起来支援前线,保卫边区!""制止蒋介石发动内战!"声震山谷。

(7)斯大林元帅、毛主席、朱总司令的巨幅画像在熊熊火炬中高高举起,象征着中苏两国人民的大团结。

(8)在蜂拥来去的人群中,有一位拄着拐杖的荣誉军人被群众拥戴着。他十分感动而吃力地说:"八年啦,我的血没有白流……"他是参加有名的平型关大战而光荣负伤的。今天他是亲眼看见胜利了!

(9)一个卖瓜果的小贩欢喜得跳起来,把筐了里的桃梨,一枚一枚地向空中抛掷,高呼:"不要钱的胜利果,请大家自由吃呀!"群众报以热烈的掌声。

(10)庆祝的人潮水一样地继续涌来,秧歌队越跳越大,完全卷成一片人海了。

(11)人们唱着:"前进!人民的解放军!解除敌人的武装,去恢复交通和城镇!坚决大胆,迅速向前进,谁敢阻挡,就把他消灭得干干净净!"欢欣鼓舞,达于极点。

(12)美军观察组闻讯后亦乘汽车随秧歌队致庆。

(13)街道行人,纷纷议论,人们都一致称赞说:"苏联才宣战两天,日本就要求投降,可见红军力量是在全世界伟大无比了!"

(14)昨晚,全市灯火彻夜未灭。

(15)中国人民在极度狂欢中,没有忘记摆在前面的紧急任务:把在华敌伪军全部解除武装,把八年来人民艰苦抗战果实紧紧掌握在自己手中。

我们尝试将这条新闻初步分为 15 个段落,经过这种切割后,新闻不仅从视觉表象上看起来更加轻松,更重要的是,读者阅读起来也要轻松愉快得多。

改革开放初期,我们的新闻作品仍然段落偏长,即使是荣获中国新闻奖的新闻作品,对短段落也不够重视。有些获奖作品的段落非常长,读者阅读起来会感觉非常累。

农民要看文件何罪之有

1996 年 9 月 1 日　来源:《湖南日报》

(1)【本报讯】　(记者　覃红　欧金玉)　新邵县坪上镇上湾村农民钟建文,在镇、村干部催收公路集资款时,仅仅因为要干部出示集资文件,遭到镇干部围追堵截、无情殴打,并被镇派出所非法扣押 10 多个小时,直到交完罚款才获得自由。

(2)7 月 1 日下午,以镇党委委员张锦坤为首的 6 个镇干部进驻上湾村,协助村干部向每个村民收取 10 元公路集资款。部分村民对这一收费是否合法有无必要心存疑虑。轮到向钟建文收费时,钟建文对村支书钟祖送说:"你拿文件给我看,我现在就交钱,不然就没得交。"钟建文万没想到就这一句话,为自己招来了一场大祸。傍晚,当镇政府干部以及赶来援助的派出所干警、联防队员将该村因集资骂了他们的两个村民(其中一人为二组组长)押上车准备返回镇里,问还有没有人要抓走时,村支书手指站在路边高坎上观望的钟建文补了一句:"还有一个要看文件的。"话音刚落,十多个镇干部一拥而上,捉拿钟建文。钟建文吓得拔腿就跑。镇干部四面包抄,穷追不舍,追了约 500 米,终将跳进溪沟无路可逃的钟建文抓获。紧接着,四个镇干部你一拳我一脚,猛揍钟建文,一时间,溪沟里呻吟声拳脚声不绝于耳,直到有村民高喊"再打要出人命案了",这几个镇干部才住手。在押回车的路上,村民们看到,这几个镇干部揪着钟建文的头发厉声问钟:"还看文件不?"此后,钟建文被关进了镇派出所一间石灰水齐脚深的小屋,并被铐了一个多小时。7 月 2 日中午,派出所在钟建文的家人交来检讨书和 100 元所谓"检讨印刷费"(未开收据),才对钟解除扣押。据该所记载:钟建文以要看文件,"公然侮辱他人""给予警告处罚"。

(3)记者现场查实此事后,于 8 月 13 日采访了新邵县委书记粟平钧,粟书记表示:"可以肯定,这一事件是由于乡镇干部工作方法过于简单粗暴造成的,所幸没出人命案,没造成更大后果。对于干部的违法乱纪行为,该怎么处理就怎么处理,县委绝不姑息迁就。"

这条新闻荣获第七届中国新闻奖三等奖。评委评价该文"触及时弊,具有较强的针对性",并认为这条新闻具有如下特点:"一是记者有崇高的社会责任感;二是采访扎实深入,事实准确;三是文风朴实、客观公正,取得了良好的社会效果。"[1]两位记者为采写这篇报道,深入村、乡、县,行程 200 余公里,采访近 40 人,这种扎实、认真的采访作风是值得称道的。不过,这条新闻在段落的处理上尚存不足。全文 753 字,但只有 3 个自然段,第二段最长,有550 字,占了全文三分之二以上的篇幅。段落太长,读者阅读起来会感到沉闷、枯燥、压抑,效率低下。这种长段落的新闻稿在今天的新闻媒体上仍然屡见不鲜,值得引起新闻媒体记者的重视。

我们同样可以尝试对这条新闻的段落进行切割,切割后的新闻段落如下:

---

① 刘永祥.报纸、通讯社言论、消息评选扫描[J].中国记者,1997(11).

农民要看文件何罪之有

1996年9月1日　来源:《湖南日报》

(1)【本报讯】　(记者　覃红　欧金玉)　新邵县坪上镇上湾村农民钟建文,在镇、村干部催收公路集资款时,仅仅因为要干部出示集资文件,遭到镇干部围追堵截、无情殴打,并被镇派出所非法扣押10多个小时,直到交完罚款才获得自由。

(2)7月1日下午,以镇党委委员张锦坤为首的6个镇干部进驻上湾村,协助村干部向每个村民收取10元公路集资款。

(3)部分村民对这一收费是否合法有无必要心存疑虑。

(4)轮到向钟建文收费时,钟建文对村支书钟祖送说:"你拿文件给我看,我现在就交钱,不然就没得交。"

(5)钟建文万没想到就这一句话,为自己招来了一场大祸。

(6)傍晚,当镇政府干部以及赶来援助的派出所干警、联防队员将该村因集资骂了他们的两个村民(其中一人为二组组长)押上车准备返回镇里,问还有没有人要抓走时,村支书手指站在路边高坎上观望的钟建文补了一句:"还有一个要看文件的。"

(7)话音刚落,十多个镇干部一拥而上,捉拿钟建文。

(8)钟建文吓得拔腿就跑。

(9)镇干部四面包抄,穷追不舍,追了约500米,终将跳进溪沟无路可逃的钟建文抓获。

(9)紧接着,四个镇干部你一拳我一脚,猛揍钟建文,一时间,溪沟里呻吟声拳脚声不绝于耳,直到有村民高喊"再打要出人命案了",这几个镇干部才住手。

(10)在押回车的路上,村民们看到,这几个镇干部揪着钟建文的头发厉声问钟:"还看文件不?"

(11)此后,钟建文被关进了镇派出所一间石灰水齐脚深的小屋,并被铐了一个多小时。

(12)7月2日中午,派出所在钟建文的家人交来检讨书和100元所谓"检讨印刷费"(未开收据),才对钟解除扣押。

(13)据该所记载:钟建文以要看文件,"公然侮辱他人""给予警告处罚"。

(14)记者现场查实此事后,于8月13日采访了新邵县委书记粟平钧,粟书记表示:"可以肯定,这一事件是由于乡镇干部工作方法过于简单粗暴造成的,所幸没出人命案,没造成更大后果。对于干部的违法乱纪行为,该怎么处理就怎么处理,县委绝不姑息迁就。"

原新闻只有3个段落,首尾两段比较简洁,不需要切割。第二自然段太臃肿,需要消肿。经过切割,我们将这条新闻分为14个段落,较之前增加了11个段落。经过切割后的段落简洁、明快,读者阅读也更方便、更轻松,效率也更高。

杰克·海敦在《怎样当好新闻记者》一书中说:"好的新闻写作是干脆而明快的。简短的句子和段落是它的特征。"威廉·梅茨在《怎样写新闻——从导语到结尾》一书中批评道："有些初学新闻写作的学生没有分段的习惯。他们把一则新闻开头那句引出主题的句子,全部塞在一大段里,占了整整一页打字纸。"①

国外新闻界对新闻作品段落的划分要求比较严格。美国《全能记者》一书规定:"句子和段落应该短些。新闻报道里的每一个段落最好不要超过 75 个词,每段不超过 4 个句子。"②

(二)分段是个好东西

俄国作家伊萨克·巴贝尔有一句名言:"分段是个好东西。"因为"它使你能平静地转换节奏,它像闪电一样能从另一个角度显示出自然的景色。有不少作家,甚至是好作家都大量地分段和运用标点符号"。③

伊萨克·巴贝尔的话是针对文学作品而言的,不过,它同样适合于新闻作品。无论是新闻传播者,还是新闻接受者,新闻传受双方都需要快捷、高效地传递和接受信息,因此,相对于文学作品,新闻作品更应该短段落、多分段。

美国新闻界的基本观点是:一句话一个意思,一个意思一个段落。"实际上,在很多报纸上,每一句话就是一个段落。""频繁的空格可以作为视觉引导,帮助读者在阅读狭窄的新闻栏时更好地顺着往下读。""当空格不那么频繁时,人眼从一行到另一行要困难得多。当空格频繁时,文章看起来不那么灰暗而更悦目。"④

段落短的新闻作品不仅便于读者阅读,而且也便于编辑修改。显然,段落短的新闻作品删起来要比段落长的新闻作品容易得多;编辑可以毫不费力地一段一段地删减,不需要花太多的时间和精力去分析和思考,可以节省大量的斟酌字、词、句的时间。在如今这个讲究快速报道的时代,短段落更容易编辑,也就更具竞争性。

尼克松抵达北京

(1)【美联社北京(1972 年)2 月 21 日电】　美国总统理查德·尼克松的座机于今天格林威治时间 3 时 27 分(北京时间 11 时 27 分)在北京机场着陆,他将对中国大陆进行具有历史意义的访问。(63 个字)

(2)机场上的情景向全世界作了电视转播。(17 个字)

(3)北京机场几乎没有迎接贵宾到来的色彩——没有红地毯,只有一面中国国旗和一面美国国旗。(41 个字)

(4)然而,有一支中国仪仗队和一支军乐队奏两国国歌。(23 个字)

(5)没有邀请外交使团。(9 个字)

① 刘保全,彭朝丞.消息范文评析[M].北京:新华出版社,2001:218.
② 刘保全,彭朝丞.消息范文评析[M].北京:新华出版社,2001:218 – 219.
③ 美国密苏里新闻学院写作组.新闻报道与写作[M].北京:中国广播电视出版社,1981:136.
④ 吉布斯,瓦霍沃.新闻采写教程——如何挖掘完整的故事[M].姚清江,刘肇熙,译.北京:新华出版社,2004:65 – 66.

(6)机场上没有欢迎群众。没有像欢迎埃塞俄比亚塞拉西皇帝那样有乐队高奏嘹亮的音乐。(38个字)

(7)美国电视评论员说,这"至少是一次冷淡的欢迎"。对飞机降落的情况通过卫星作了电视实况转播。(这是第一次从中国大陆作这种转播。)(62个字)

(8)周在欢迎尼克松及其一行时面带笑容,表情诚挚。(22个字)

(9)在停机场上互致敬意后,中国军乐队奏起了美国国歌,尼克松、周和双方随行人员立正,面对着已经在旗杆上的美国国旗。(54个字)

(10)尼克松微笑着聆听中国人演奏美国国歌。在中国国歌《义勇军进行曲》奏起时,他也保持立正姿势。(44个字)

(11)然后,尼克松和周在周的女译员和他们的高级助手的陪同下慢步检阅了中国仪仗队。(37个字)

(12)记者说,从机场通往北京城的公路两旁"戒备森严",虽然从这条路的起点机场看不到有观看的人。(44个字)

(13)车队在明媚的阳光下闪闪发光。(14个字)

(14)评论员说,迎接是"合乎礼仪的,但绝不是富有色彩的"。(26个字)

(15)但是,考虑到当前的各种情况——包括两国尚没有外交关系——这种迎接看来是无可指责的。(41个字)

这条新闻在段落字数上是比较标准的西方新闻范例,每段不超过4个分句,段落非常短小。全文包括标点符号在内共537个字,15个自然段,平均每段35.8个字,不足40个字。20个字以下的段落3个;20～30个字的段落3个,导语的字数最长,63个字;其他段落的字数都没有超过导语的字数;第五自然段只有9个字,是最短的段落。这种短小的段落,使读者阅读起来非常舒适、方便,接受信息非常明快而清晰。

下面这条新闻的段落也非常短小:

【美联社北京(1981年)8月10日电】 中国首都北京熬过了一个数年来最闷热的夏天。930万口干唇燥的北京居民饱尝了大量西瓜。但令人苦恼的是,啤酒和冷饮供应不足,而且还淹死了一些人。

在这闷热的日子里,数以千计的砖房和狭窄的胡同火上加油,使市区居民热得简直难以忍受。

空气里散布着从公共厕所里散发出来的气味。

室内气温如此之高,以致数以千计的居民只得在室外过夜。有的老人和孩子坐在路灯下玩牌和看报;有的则无所事事,目送来往行人和车辆。

男人们往往习惯于打赤膊;妇女们则穿着单薄的夏装。

中央和市政府让许多工作人员下午放假。

你想给某办公室打电话,不是没人接,就是听到总机传出懒洋洋的声音:"下班了!"意思是"谁也不在了"。

到本月初,此间白天天气的气温超过 36 摄氏度,湿度至少达到 75%。

北京气象台星期一说,当时气温高达 37 摄氏度,是 1958 年以来本市最热的一天。

星期二的《北京晚报》以"酷暑!市民需要特别注意"的醒目标题,提醒市民注意采取防暑措施。

这份发行量很大的下午小报还说,北京儿童医院一天要接待 300 个生病的孩子,主要是患过敏性皮炎和由于高温引起的其他病症。

《北京日报》上个月的一篇报道说,今年夏天以来,已有 22 人在河里或水库里游泳时淹死了,其中大部分是少年儿童。

尽管北京报纸一再告诫游泳的人们,北京亮马河的河水污染严重,但仍然有数以百计的人到那里去游泳。

这个酷夏可喜的一点是,西瓜供应空前充足。

由于政府放宽了经济政策,当地农民获准到北京街头巷尾做生意。他们在商店门外、汽车站旁和公园里摆摊设点,大量兜售大如排球的绿皮西瓜。

……

这是从新闻中截取的部分内容,这部分内容包括标点符号共 627 个字、17 段,平均每段 36.8 个字,也不足 40 个字。其中有的段落只有 10 多个字,20 个字以下的段落 3 个,30 个字以下的段落 5 个。短段落使读者阅读起来非常爽快,能迅速、准确地接受信息。

思考与练习

一、思考题

1. 谈谈记者在写作前如何构思新闻。
2. 什么是新闻角度? 试举出几种选择最佳报道角度的方法。
3. 什么是新闻简笔? 谈谈新闻简笔的写作方法。
4. 什么是新闻跳笔? 谈谈新闻跳笔的写作方法。
5. 什么是新闻短笔? 谈谈新闻短笔的写作方法。

二、练习题

1. 阅读下面这则材料,请找出几个新闻报道角度,并分别对这几个报道角度进行分析比较。

"不少大学校长都对'大学排行榜'又爱又恨。"24 日,中科院院士胡海岩在云南大学作题为《系统科学视角下的中国大学发展与改革》的讲座。

胡海岩表示,不论是大学内部还是社会公众,都应该更加理性地看待"大学排行榜",不要被各种"名次"误导。

"慢变量是决定系统演化的根本因素,而大学的发展必定是一个慢变量积累的过程。"胡海岩认为,建学校、买设备等硬件设施都是快变量;而大学发展恰恰是一个慢变量积累的过程,所以"评价一所大学最少需要以十年为期限。短期内,素质、育人、大学……都难以量化"。

"从纵向比:今不如昔,当今中国没有一所大学能达到上世纪30～40年代西南联合大学的办学水平;从横向比,中不如西,中国没有一所大学能位居世界高校前列。"胡海岩坦言,从中国大学的发展态势来看,大学是具有显著延迟性的复杂动态系统,对大学发展的分析需要追溯其历史发展过程和脉络。例如民国黄金十年政府投资、庚子赔款资助留学(课程)后归国的博士、清朝末年的基础教育等共同因素造就了西南联大的辉煌。但是,大学也是具有多重时间尺度的复杂动态系统,对大学发展的分析必须考察其不同时间尺度的内部变量,尤其是主导大学发展质量的慢变量。"近20年正处于中国大学内涵建设积累期,'80后''90后'会成为未来学术带头人,中国也将厚积薄发,建设世界一流大学。"

胡海岩在讲座中还提出,大学是一个被赋予多种功能的动态复杂系统,具有多重时间尺度、高度非线性、显著延迟性、多重反馈性、广泛开放性等特征及其规律。"在中国这样一个发展中大国,建设世界一流大学和高水平大学是一个漫长的历史过程,欲速不达是许多挫折的根源。"

胡海岩提出,政府和大学要积极面对大学发展中的突出问题,从系统、综合、长远的战略高度思考、谋划和组织大学内部和外部联动的综合改革,推动大学的科学发展。①

2. 阅读下面这条新闻,请找出一个最佳报道角度。

李平生于1953年10月,吉林省吉林市人,研究生学历,系深圳市政府原秘书长、南方科技大学原副书记(正厅级)。据悉,李平早在2013年10月10日已经年满60岁退休了,退休前他在南科大任职了两年。

2015年5月28日,已退休的李平因涉嫌受贿罪被刑事拘留。同年6月10日经广东省检察院审查决定逮捕,该案由广州市检察院反贪污贿赂局侦查终结后移送审查起诉。

昨日庭上,李平对指控的5宗受贿犯罪均表示认罪,仅对行贿人姚某某从1997年开始连续15年逢年过节送红包有不同说法。他还强调自己不是翻供,如果法院查明认为不能扣除,他也认了。

李平辩称,在1997年认识姚某某,后委托姚在深圳小梅沙附近买了一套15万元的房屋,并委托其代为出租。姚某某每年过年的时候就把房租拿给他,大概是2～3万元,因此他一直认为姚某某给他的钱是房租,"那时他给红包我还未必敢要"。

① 马骞. 中科院院士:当今中国没有一所大学能比上西南联大办学水平[EB/OL]. (2016 - 04 - 25)[2017 - 02 - 01]. http://edu.qq.com/a/20160425/010562. htm.

"直到 2002 年开始给 5 万元,就有问题了。"李平说,姚某某后来送红包,每次他都拒绝,"送红包这么多年,就跟打仗了这么多年一样,有时候把手都弄破了"。李平称,到后来姚某某直接把红包扔在他家的沙发后面,或者突然扔在凳子底下夺门就走。

"追也追不上了,我也就没有退回去。"李平说,过后他按照礼尚往来的风俗,都会送烟酒茶保健品等一些物品给姚某某,他认为这么多年也在四五十万元左右。李平称,之所以这么多年跟姚某某保持朋友关系,就是因为姚某某不怎么找他办事。

李平于 2015 年 3 月接受纪委调查时,主动交代收受姚某某贿赂的犯罪行为,并上缴了480 多万人民币、202 万元港币的"赃款"。该案于同年 5 月移送到广州市检察院,检方查明后,指控李平受贿数额仅人民币 143 万元、港币 145 万元。

昨日庭上,法官问李平:"怎么退赃比起诉书认定的还多呢?"李平的说法是,当时有一笔姚某某送的烟酒茶被他处理掉了,退赃时他加了这笔钱。法官又问:"那你退了这么多赃款,怎么处理你有什么意见?"李平先表示没意见,而后说"最好还是别全部收了"。

李平说:"他给我红包也没要干什么,大年三十找到我就送,找不到我也不补,不会因为要办事情才找我送红包。"辩护律师则指出,证人证实李平退休后,作为原下属是考虑到老领导的面子,姚某某的兴派公司资料也齐全,于是同意其申请增加资质,并未违规。

李平在任上服务过深圳市三任主要的领导,作为政府秘书长,他是一支笔杆子,昨日在庭上悔罪时也是出口成章。李平自称被调查至今一共有三次刻骨铭心的触动,使其老泪纵横。"第一次是戴上手铐,我成为一个犯人;第二次是开除我党籍的时候,我成为了坏人;第三次是得知要开庭的时候,我成为了罪人……肝肠寸断。"

李平说,作为入党 43 年,工作 46 年,一个退休的老同志,他坐在被告席上真是无地自容,痛心疾首,从没有想到有这样的时刻。他请求法院从轻处罚,说自己参加了深圳建设三十年,曾有幸建造了第一条地铁,筹建了第二所大学,服务过深圳三任主要的领导。

李平在庭上悔罪时,几次哽咽中断,说自己"一生的正名也毁于一旦,想起这些追悔莫及""愿以毕生之财富,去求后悔之药,愿以余生之岁月,去求人生再来"。他最后请求法院考虑他现年老体弱,身患多种重病,也看在他八十多岁老母亲的份上,从轻从宽处理。

昨日上午,退休一年半被查办的深圳市政府原秘书长、南方科技大学原副书记李平在广州中院受审。检方指控其受贿人民币 143 万元、港币 145 万元,李平当庭认罪不讳,不过他此前却在纪委退赃了人民币 480 多万元、港币 202 万元。

目前该案尚在进一步审理中。(有改动)①

---

① 刘洋.奇了!官员被挖受贿不到 300 万 退赃退了 600 万[N].信息时报,2016－03－12.

3.阅读下面这条新闻,请对文中的概括性笔法进行分析。

| 难忘的英格丽·褒曼 |

　　她不施脂粉出现在银幕上,美国化妆品马上滞销;她在影片中演修女,进入修道院的女子顿时增加。一个影迷从瑞典把一头羊一路赶到罗马作为礼物送给她。多少封信只写"伦敦英格丽·褒曼收"便送到了她手中。

　　英格丽是当时最有魅力的女性,但是,她始终保持了她的本色:热衷于舞台,热衷于生活,爱吃冰淇淋和爱在雨中散步,在演员生活中希望扮演每一个角色,在人生舞台上也尽量领受生活的情趣。

　　英格丽曾在斯德哥尔摩、好莱坞、罗马、巴黎和伦敦用五种语言登上舞台、银幕,无往不胜,她拍摄了47部影片,三次获奥斯卡奖,一次获埃米奖。她有子女四人,是位慈爱的母亲。她以狂热的精神献身于工作。"如果不让我表演,我一定活不下去",她这么说过。当海明威对她说演《战地钟声》里玛丽亚这个角色得要把头发剃掉的时候,她大声回答说:"为了演这个角色,要我把头割掉也行!"她可以通宵达旦地排练,甚至导演早已满意了,她还要求重来一次,话剧《忠贞之妻》在伦敦上演八个月期满的头天晚上,她还同导演讨论她的表演有哪些可以改进之处。

　　英格丽在成为影坛最璀璨的明星后仍然坚持每片试镜头,而且可以为了演一个难度大的角色而放弃主演,甘当配角。她不愿定型,力争演各种性格的人物,如《郎心似铁》中濒于疯狂的新嫁娘,《东方快车谋杀案》中的沉默含蓄的瑞典女传教士(这两个角色都为她赢得了奥斯卡奖)。

　　她在23岁那年从瑞典初到好莱坞时,宁愿马上拎起行李回国也不接受公司老板要她"改头换面"整容的命令,从此她以她著名的"本来面目"出现在银幕上。

　　《间奏曲》里孤独的女钢琴教师、《神魂颠倒》里热情的精神病学家、《圣玛丽亚教堂的钟声》里爱打垒球的修女——一个接一个令人拍手叫绝的角色使她几年之间便饮誉影坛,票房成绩世界第一。50年代她因婚变而星运中落,在五六年后重放光彩,以《真假公主》一片再次获奥斯卡奖。

　　谁要是当英格丽替身,非失业不可。《忠贞之妻》在美国上演初期她脚部受伤骨折,可是在接下来的六星期里仍坚持上舞台——改成坐在轮椅上演戏。她无论病得多重,总是笑着说:"舞台医生能把我治好的。"的确,幕一升起,她的病似乎霍然而愈。1973年,癌症攫住了英格丽,但它未能摧毁她的意志和毅力。她不顾病痛接受了聘请,在一部电视剧中演以色列已故总理果尔达·梅厄。她承认:"时间越来越少了,但是,我在癌症面前多争取到一天便是胜利。"电视剧开拍前,她到以色列了解梅厄的生平,拍摄期间她一条胳膊已必须每夜作牵引,拍完最后一个镜头,她两眼含泪,自知从此与她热爱的摄影机告别了。她以此片的演技获得1982年埃米奖。

　　她于1982年8月29日逝世,终年67岁。英格丽将活在许多电影观众心里——同加里·古柏在西班牙白雪皑皑的山上;同卡里·格兰特在间谍出没的里约热内卢,但是,最生动地浮现在人们脑海中的是《卡萨布兰卡》里的英格丽——靠在钢琴旁喃喃地说:"再弹一遍吧,为了过去",在雾茫茫的机场上回首告别,眼神凄楚。[1]

---

① 颜雄.百年新闻经典:下册[M].长沙:湖南大学出版社,2000:764-765.

4.下面这条新闻是一整段,没有分段,请按照短段落、多分段的方法,尝试为这条新闻划分段落。

中原我军占领南阳

1948 年 11 月 9 日　来源:《东北日报》

【新华社郑州(1948 年)11 月 5 日电】　在人民解放军伟大的胜利的攻势下,南阳守敌王凌云于四日下午弃城南逃,我军当即占领南阳。南阳为古宛县,三国时曹操与张绣曾于此城发生争夺战。后汉光武帝刘秀,曾于此地起兵,发动反对王莽王朝的战争,创立了后汉王朝。民间所传二十八宿,即刘秀的二十八个主要干部,多是出生于南阳一带。在过去一年中,蒋介石极重视南阳,曾于此设立所谓绥靖区,以王凌云为司令官,企图阻遏人民解放军向南发展的道路。上月,白崇禧使用黄维兵团三个军的力量,经营整月,企图打通信阳、南阳间的运输道路,始终未能达到目的。最近蒋军团全局败坏,被迫将整个南部战线近百个师的兵力,集中于以徐州为中心和以汉口为中心的两个地区,两星期前已放弃开封,现又放弃南阳。从此,河南全境,除豫北之新乡、安阳,豫西之灵宝、阌乡,豫南之确山、信阳、潢川、光山、商城、固始等地尚有残敌外,已全部为我解放。去年七月,南线人民解放军开始向敌后实行英勇的进军以来,一年多时间内,除歼灭了大量的国民党正规部队以外,最大的成绩,就是在大别山区(鄂豫区)、皖西区、豫西区、陕南区、桐柏区、江汉区、江淮区(即皖东一带)恢复和建立了稳固的根据地,创立了七个军区,并极大地扩大了豫皖苏军区老根据地。除江淮军区属于苏北军区管辖外,其余各军区,统属于中原军区管辖。豫皖苏区、豫西区、陕南区、桐柏区现已联成一片,没有敌人的阻隔。这四个军区并已和华北联成一片。我武装力量,除补上野战军和地方军一年多激烈战争的消耗以外,还增加了大约二十万人左右,今后当有更大的发展。白崇禧经常说:"不怕共产党凶,只怕共产党生根。"他是怕对了。我们在所有江淮河汉区域,不仅是树木,而且是森林了。不仅生了根,而且枝叶茂盛了。在去年下半年的一个极短时间内,我们在这一区域曾经过早地执行分配土地的政策,犯了一些策略上的左的错误,但是随即纠正了,普遍地利用了抗日时期的经验,执行了减租减息的社会政策和各阶层合理负担的财政政策。这样,就将一切可能联合或中立的社会阶层,均联合或中立起来,集中力量反对国民党反动统治势力及乡村中为最广大群众所痛恨的少数恶霸分子。这一策略,是明显地成功了,敌人已经完全孤立起来。在我强大的野战军和地方军配合打击之下,困守各个孤立据点内的敌人,如像开封、南阳等处,不得不弃城逃窜。南阳守敌王凌云统率的军队是第二军、第六十四军以及一些民团,现向襄阳逃窜。襄阳也是国民党的一个所谓"绥靖区",第一任司令官康泽被俘后,接手的是从新疆调来的宋希濂。最近宋希濂升任了徐州的副总司令兼前线指挥所主任去代替原任的杜聿明。杜聿明则刚从徐州飞到东北,一战惨败,又逃到了葫芦岛。王凌云到襄阳,大概是接替宋希濂当司令官。但是从南阳到襄阳,并没有走得多远,襄阳还是一个孤立据点,王凌云如不再逃,康泽的命运是在等着他的。

第 9 章 新闻语言

本 章 要 点

- 新闻语言属于事务语体范畴,以事务语言的精练、准确、严谨为基础,又从民众语言中吸取了营养。
- 新闻语言要准确、具体、朴实、通俗。
- 一句话一个意思。
- 像说话一样的写作语言风格。
- 主-谓-宾句子结构,能使新闻语言简单明确、表达清晰,读者接受方便、快捷、高效。

第一节 运用新闻语言的要求

语言由语音、词汇和语法三要素组成,语言分为口头语言和书面语言两大类。我们在这里主要讲书面语言。

书面语言必须使用规范化的语言。

现代汉语一般把书面语体分为四类:事务语体、文学语体、科技语体、政论语体。

文学语体风格情感丰富、语言优美,新闻语言运用这种语体风格显然不合适;科技语体风格精确、朴实,但过于精确,新闻语言运用这种语体风格也不合适;政论语体风格旗帜鲜明,倾向性明确,更不适合讲究客观、公正的新闻语言。只有事务语体,精练、准确、严谨,新闻语言运用这种风格比较合适。

新闻语言以事务语言的精练、准确、严谨为基础,又从民众语言中吸取了营养。不论是行政事务,还是经济事务,在使用语言表达时,都必须精练、准确、严密,新闻语言吸取事务语言的这种优点,将其表述风格运用在新闻报道中,能使记者准确、精练地表述新闻事实。

因此,运用新闻语言陈述事实、传播信息,首先就要求准确,在此基础上,还必须力求具体、朴实、通俗。

一、新闻语言要准确

准确,是运用新闻语言的第一要求,新闻语言不准确,将直接导致新闻报道不准确,从而使新闻失实。

新闻语言的准确,就是恰如其分。也就是说,要选用最恰当、最确切的词语来表达。

战国时期的宋玉写过一篇文章,叫《登徒子好色赋》。里面写到他东邻之子的美丽:"增之一分则太长,减之一分则太短。着粉则太白,施朱则太赤。"在宋玉的笔下,这个美女不胖不瘦,不高不矮,长短合度,高低适宜。一句话:恰如其分。记者在进行新闻写作时,在遣词造句上,应该以宋玉笔下的这个美女为标准,力求达到这样的程度,这是所有书面语言的最佳境界,当然也是新闻语言的最佳境界,不多不少,不偏不倚,刚刚好。

新闻语言的准确,主要包括两个方面的准确:一是用词和语法的准确。简单地说,就是遣词造句的准确。二是结合具体的新闻文体,适应新闻作品的语体风格,选用最恰当的词汇表达。

(一)用词和语法要准确

1.用词要准确

(1)要善于辨析词义,选用最确切的词

意义相同或近似的词叫同义词或近义词。汉语中的同义词或近义词非常多,精确、细致地区分各相近词义间的细微差别,有助于我们正确而恰如其分地表达。

请看下面这两个句子:

> 张老师说,他对你很**失望**。
> 张老师说,他对你很<u>绝望</u>。

在上面这两个句子中,"失望"是指"感到没有希望,失去信心;希望落了空";"绝望"则是指"希望断绝;毫无希望"。两个词都有"失去信心,不抱希望"的意思,但这两个词语的语意轻重是不一样的。两者相比,"绝望"语意较重,表示已经完全不抱任何希望,完全失去信心;"失望"则语意较轻,虽然对现状"失去信心,不抱希望",但希望还没有断绝,对未来还存在一丝心理期待。

记者在应用词语时,要根据人物和事件的程度轻重,根据事实的内容或特点仔细地甄别、选择,选用最恰当的词语,否则,就有可能用词不当,甚至造成"差之毫厘,失之千里"的巨大反差。

(2)要注意区别词语的褒贬感情

在汉语词库中,有些词是没有感情色彩的,这主要是一些名词、动词,如"山川""河流""城镇""村落";如"阅读""思考""劳动""说话",等等。但有一部分词语除了其基本词义之外,还体现出一定的感情色彩,有的体现喜爱、赞许、敬仰的感情,如"英雄""崇高""逝世""瞻仰"等;有的体现憎恶、斥责、鄙视的感情,如"流氓""汉奸""卑鄙""下流""狡黠""恶毒"等。对于这些含有褒贬感情色彩的词语,使用时要注意分清报道对象,既不能褒词贬用,也不能贬词褒用。

上世纪末期,很多重庆新闻媒体的记者往往将第一个做某种事情的人或公司称为"始作俑者",记者选用这个词语来表达,其初衷本来是表示一种赞许,殊不知,这是一个贬义词。《现代汉语词典》对这个词的解释是:开始用俑殉葬的人。比喻第一个做某件坏事的人或恶劣风气的创始人。这里的俑,是指古代殉葬的偶像。显然,重庆新闻媒体上大量使用的"始作俑者"这个词,是贬词褒用,用错了对象。

2. 造句要符合语法规则

人们说话或写文章,必须按照一定的语法规律将词语或词组组合成为完整的句子,同时还要合乎基本的逻辑。

(1)句子成分要完整

一句话是一个完整的句子,这个句子在结构上必须完整,不能残缺不全。如果一个句子缺少其中一个主要的成分,如缺少主语,或者缺少谓语,或者缺少宾语,这个句子就是不完整的句子。

有一篇文章这样写道:

> 日本前首相田中角荣爱上了秘书佐藤昭子,并把她发展成情人,替他生了女儿。

这个句子,第一个分句是一个完整的句子,第二个分句的主语是"田中角荣",但最后一个分句缺少主语,按照语意,最后一句的主语是"田中角荣",这显然是不对的。最后一句的主语应该是"佐藤昭子",因此必须在最后一句的前面加上主语"佐藤昭子",应将最后一句改为:"佐藤昭子替他生了女儿"。

> 广播电视班的学生们分享了王五同学的科研。

上面这个句子,"分享"是动词,后面缺宾语,应在"科研"后面加上"经验"或"成果"。

(2)词语搭配要恰当

在新闻写作中,记者在组织句子时,要注意词语的搭配,按照一定的语法规则和生活逻辑安排句子的结构,不能随意将词汇胡乱地放在一个句子里。在学生的习作中,常常出现词语搭配不当的问题,主要表现在句子的主谓不合、动宾不合。比如:

> 张三感觉到,一张阴沉的脸正看着他。

这里的主语是"脸","脸"是不能看着"他"的,看着"他"的应该是眼睛。可以改为:"张三感觉到,那人阴沉着脸,正看着他"。主语是"那人"这里可以省略"眼睛"。这是主谓不合。

> 我们唱着歌声来到学校。

"歌声"是歌唱时发出的声音,动词"唱"和"歌声"无法搭配,只能和"歌"搭配。这个句子可以改为:"我们唱着歌来到学校"。

此外,运用语言还要注意合乎逻辑,注意词语的排列次序,正确使用关联词语,等等。

(二)新闻语言要精确表达

运用新闻语言,要尽量避免模糊。相对于新闻报道来说,文学语言由于可以而且必须虚构事实,由于其丰富的想象力和情感化表达,往往要模糊一些;而新闻语言强调客观、真实地呈现事实,必须使用相对精确的语言陈述和表达。

我们来比较一下文学语言和新闻语言对"暴雨成涝"的描述,从中可以看出两种语体的语言在表达上有着很大的不同。

浩然长篇小说《艳阳天》中对"暴雨成涝"的描述:

> 狂风暴雨摇撼着东山岛,雷鸣夹着闪电,闪电带着雷鸣。那雨,一会儿像用瓢子往外泼,一会儿又像筛子往下筛,一会儿又像喷雾器在那儿不慌不忙地喷洒——大一阵子,小一阵子;小一阵子,又大一阵子,交错、持续地进行着。
>
> 雨水从屋檐、墙头和树顶跌落下来,摊在院子里,像烧开了似的冒着泡儿,顺着门缝和水沟眼儿滚出去,千家百院的水汇在一起,在大小街道上汇成了急流,经过墙角、树根和粪堆,涌向村西的金泉河。

1983 年 6 月 17 日《南方日报》刊登的新闻《今天凌晨广州市降特大暴雨》中对"暴雨成涝"的描述:

> 昨晚午夜前后,广州市雷声隆隆,电光闪闪,倾盆大雨,下个不停。据广州市气象观测站报告,仅今天凌晨一个钟头之内,就已降雨 145.5 毫米。这场特大暴雨,是广州市今年以来下的最大的一场雨。由于这场暴雨来势猛,雨量大,暴雨时间长,使得广州市地势低洼的一些路段渍水淹进了部分厂房、仓库和民房等,郊区一些地势低洼的菜地渍水成涝,造成了一定的损失。有读者来电,东风东路水均大街和水均南街有近 200 户住在大楼底层的居民受水浸,室内积水深 30 多厘米,至 2 时发稿止,暴雨还在继续不停地下着。[①]

上面两例对"暴雨成涝"的描述有很大的不同:

在浩然小说《艳阳天》中,存在着大量的模糊语言。对降雨时间的描述是"大一阵子,小

---

① 侯春翔.简论新闻语言[J].新闻学刊(增刊),1987(2).转引自张默.新闻采访与写作[M].武汉:武汉大学出版社,2000:351.

一阵子;小一阵子,又大一阵子",这"一阵子"究竟是多长时间? 是一个小时,还是半个小时? 还是 10 多分钟? 很模糊、笼统。降雨量是多少? 读者也完全看不出来。而《南方日报》刊登的新闻《今天凌晨广州市降特大暴雨》中对暴雨的时间写得非常明确:昨晚午夜前后。对当天凌晨一个钟头之内的降雨量也写得很明确:降雨 145.5 毫米。降雨持续时间和降雨量都非常确切。这场暴雨"成涝"到什么程度? 在浩然小说《艳阳天》中,写的是"千家百院""大小街道"上汇成了急流,"千家百院"究竟有多少家?"大小街道"究竟有多少条街道? 读者无从知晓。水淹得有多深? 读者看不出来。《南方日报》的新闻对暴雨成涝后受灾的区域、人群和积水的深度都写得很清楚:广州市地势低洼的部分厂房、仓库和民房等,郊区一些地势低洼的菜地等都渍水成涝;东风东路水均大街和水均南街有近 200 户住在大楼底层的居民受水浸,室内积水深 30 多厘米。

浩然的小说《艳阳天》还用了比喻这一修辞手法,如前段"暴雨成涝"中把雨的大小比喻成瓢泼、筛洒、喷洒,语言专家或文化水平比较高、理解力比较强的读者,可能根据这个比喻的描述,将"像用瓢子往外泼"理解为大雨,"像筛子往下筛"理解为中雨,"像喷雾器在那儿不慌不忙喷洒"理解为小雨,但是,大多数读者对雨量的大小可能不会像专家学者和文化水平高的人那样进行认真分析、精确理解。这种语言用在新闻作品尤其是硬新闻作品中,读者在理解上会很模糊,会影响读者对新闻的明确理解。

当然,新闻报道的语言对精确的要求,不必像科技语言那样严格。科技语言往往精确到小数点后多少位,而新闻语言一般情况下写出一个整数即可。比如,新闻报道写广州市下雨,一般而言,只要写出"广州今天凌晨下雨 1 个小时,降雨量 145.5 毫米"即可,不必像科技语言一样,写下雨,精确到 1 个小时零 5 分 5 秒;降雨量,则为 145.5893 毫米。如果这样写作新闻,显然就过于迂执了。因此,新闻语言的准确乃至精确是相对的。相对来说,新闻语言比文学语言精确,比科技语言模糊,是介于两者之间的一种语言。

(三) 网络语言要慎用

目前的很多新闻报道,受网络语言的浸染比较深,用词往往比较夸张,语言表达非常极端,把话说得太绝、太满,没有任何回旋余地。什么"史上之最、巨、暴、雷……"等,一场小小的洪灾,只是十年一遇的洪水,但新闻报道常常要写成"百年一遇"或"百年不遇";一场小小的火灾,只是损失了几百元钱,但新闻报道常常要写成"损失巨大"或"损失惨重";一个贤淑的女人酒后和男人笑骂了几句,就被新闻报道指为"淫荡";一个有教养的男人偶尔口中吐出一个脏字,新闻报道就会将其描述成一个言行举止粗鲁、脏话连篇的野兽男人……这种新闻语言,显然是不准确的。这种夸大其词的表达,与当前整个社会的文风过于浮华、夸张、粗鄙有着必然的联系。要彻底扭转这种新闻文风,需要整个社会共同努力。

新闻语言要准确,最根本的是要事实准确。关于这一点,我们将在第十章"新闻报道原则"第一节"准确"中专门讨论。

二、新闻语言要具体

所谓具体，就是原原本本地描述事物。具体，就是细致、清楚、明白地陈述，清晰地表述必要的环节和过程。新闻是对事实的报道，记者在进行新闻写作时，要把新闻事实具体地陈述给读者，让读者看得清清楚楚、明明白白。

（一）化抽象为具体

新闻写作特别强调简洁，要使新闻报道简洁，必须进行概括性叙述。如果不进行概括描述，新闻报道就会像王婆的裹脚布一样又长又臭，读者会觉得新闻报道非常啰唆、琐碎；但如果过于概括，则又会使新闻语言显得抽象，显得干瘪无力，读者阅读时就会觉得记者叙述的事实不清楚、不明晰。因此，记者必须尽可能地将概括的事实形象化，将抽象的文字具体化。

我们来看下面的例子：

> 记者近日与<u>一些</u>中学生聊天发现，<u>许多</u>初三、高一、高三学生都请在职教师做家教，<u>其他学生</u>也多半在上<u>一些</u>名师辅导班。"课内不足课外补"现象已渐成气候，<u>不少学生</u>在学校放了学，啃上几口面包就到老师家报到，<u>有的</u>干脆在老师家搭伙，而周末<u>多半</u>在名师的辅导班中"度假"。<u>一些</u>名师的业余收入直逼万元，就是<u>一些</u>工作没几年的青年老师，也因戴上了名校教师的光环，做个几年家教就解决了一套房子。在职教师家教的泛滥甚至让<u>一些</u>学生分不清课内课外，把课后的"加餐"当作"主食"，造成了学习上的"营养不良"。[①]

上面截取的这段新闻报道，是对教师走穴的报道，这些文字都是对事实的概括。在短短的 200 余字中，记者用了太多的"一些""许多""不少""多半"等概括性强、模糊、不确切的数量词，非常抽象，读者阅读后，根本就不知道究竟有多少老师在给学生补课，有多少学生在补课。记者遇到这样的事实，就必须尽量将事实量化，以便让读者明确地知道补课的学生、老师的数量，补课的时间有多少，等等。

20 世纪 30 年代，一位美国记者写了这样一个新闻导语：

> <u>许许多多</u>的男孩和女孩在<u>过于年轻</u>的时候，就不得不开始工作，每天工作时间<u>过长</u>，晚上干活<u>过晚</u>，并且是在<u>危险的</u>和<u>极不理想</u>的条件下工作。

这篇新闻文字很顺畅，语言通俗易懂，但所写的事实不具体、不确切、很抽象，读者阅读后会感到非常迷糊。"许多"是多少？男孩和女孩"过于年轻的年龄"究竟是多大？"过长""过晚"又是在什么时间？"危险"在哪里？"不理想的条件"表现在哪些方面？这些需要记者具体陈述的事实，记者却写得相当模糊，含糊其词，所以，美联社新闻写作委员会判它为不

---

① 王飞. 中国教师"走穴"泛滥成灾［EB/OL］.（2003 - 11 - 18）［2017 - 02 - 01］. http://finance.21cn.com/news/cjyw/2003/11/18/1346106.shtml.

及格。

那么,什么样的新闻语言才可算是具体合格的新闻语言?《美联社日志》不是用概念而是用案例来说明:

> 不要光说教堂集会的气氛很热烈。要像某一篇稿件那样描写:"大家拍手,脸上发光,人们的衬衫和外衣的胳膊下面和背上的部分由于出汗而颜色变深,脉搏跳动,脚趾和脚跟轻轻地敲着地板。"
>
> 不要光说乔治·华莱士神经紧张。要像某一篇稿子那样描写:"在一次40分钟的飞行中间,他嚼了21根口香糖。他洗了一副牌,数了数,又洗了一遍。他看了看头上和脚下的云彩,系紧安全带,又把它松开了。数了数牌,嚼嚼口香糖,一边数,一边洗,一边嚼。"①

《美联社日志》提倡的这种方法,我们可以将其推而广之。比如,写一个人漂亮,要写出漂亮的具体内容:眼睛、相貌、肤色、身材长得如何好;说一个人邪恶,要写出邪恶的具体事实,等等。

将模糊的词汇数量化,将抽象的词汇——特别是一些形容词具体化,是新闻写作语言表达的最重要的方法。

(二)多用子概念

母概念和子概念是形式逻辑中的专有名词。母概念外延较大,子概念外延较小。一般来说,越是小的子概念,就越具体,读者就越容易接受和理解;越是大的母概念,就越抽象,读者就越难以接受和理解。相对来说,子概念是实指的,能给人具体可感的印象;母概念是虚指的,给人的印象模糊、不具体。要想使读者愉快、清晰地接受新闻信息,记者就要多用子概念,少用母概念。请看下面这三句话:

> 1.一个人在吃东西。
> 2.一个孩子正在吃水果。
> 3.一个婴儿正在吮吸杨梅。

上面这三句话,一句比一句具体,人—孩子—婴儿,东西—水果—杨梅,这样两组概念,由母概念不断向子概念转换,每转换一次,概念就变小一次,读者也就更容易接受和理解一些。

普通语义学奠基人、波兰裔美国哲学家柯日布斯基提出了著名的"抽象阶梯"原理。他以苹果为例作了如下的说明:

---

① 海敦.怎样当好新闻记者[M].伍任,译.北京:新华出版社,1980:288.

1. 放在桌上的那只苹果。
2. 一般性的苹果。
3. 水果——由苹果、橘子、梨子等抽象出来的共同特征。
4. 食物——由水果、蔬菜、肉类等抽象出来的共同点。
5. 生活程度——从食物、房屋、汽车等抽象出来的共同点。
6. 经济制度——为生活程度、机械化金融事业等的共同点。

上面这六个概念,第一个概念最具体,读者看后会非常明确地知悉所接受的内容,第二个概念开始模糊起来,究竟是什么样的苹果?苹果放在哪儿?是一只苹果还是有很多只苹果?这些都开始模糊起来。第三个概念又要模糊一些,苹果只是水果中的一种,是什么水果,不得而知。第四个、第五个、第六个概念,每前进一步阶梯,概念的外延就要大一级,读者接受和理解起来也就更难一些。因为语言有不同的抽绎层次,每提高一个层次,后面层次的概念就可以涵盖前面层次的概念。抽绎层次越高,语言越抽象,读者就越难以理解。理解这个语言的阶梯原理后,记者在进行新闻报道时,就应该多运用抽象阶梯低的概念来表达和陈述新闻事实,让新闻语言更加具体可感,让读者更容易接受和理解。

尼加拉瓜自由市场活跃

【本报讯】 自由商贩在满足尼加拉瓜人的需求方面起主要作用。

当阳光洒满整个马那瓜城的时候,成千上万的自由商贩肩扛手提,带着肉、水果、鞋、洗发水等各种商品从农村急匆匆地赶向这里,一卡车一卡车的玉米、菜豆、大米等农产品也在马那瓜卸下来。

……(原载 1987 年 5 月 4 日墨西哥《至上报》)[1]

上面这条新闻的第二段,"肩扛手提"是"带着"的具体化,"一卡车一卡车"是"货车"的量化和具体化,"自由商贩"是一个抽象的概念,"成千上万"是对这个抽象概念的量化表达。这些具体化的描述,可以让读者产生形象、直观的印象。"商品"是母概念,"肉、水果、鞋、洗发水"是子概念;"农产品"是母概念,"玉米、菜豆、大米"是子概念。子概念的运用,使读者对商贩的数量、商品和农产品的具体内容都有了比较清晰的认知。如果省去了具体化的描述,尤其是如果省去了这些子概念,新闻报道就会含糊、抽象,报道内容不具体:

当阳光洒满整个马那瓜城的时候,自由商贩们带着各种商品从农村急匆匆地赶向这里,把各种农产品卸下来。

初学者一般都是这样写作新闻报道的,这样的新闻报道显得干巴、空洞、抽象,读者难以获得具体、形象、清晰的信息。

---

[1] 熊昌义,余天恩.国外现场短新闻选萃[M].北京:新华出版社,1992:36.

多用子概念,就要求我们将一些空洞抽象的概念具体化、量化,使其清楚明晰。请看下面这段新闻报道:

> 农民封锁了巴黎东南部一条重要的国家公路的交通,并在其他公路和铁路线上设置了 50 多个路障,使交通受阻,火车晚点。在巴黎东部的鲁昂,警察向在当地议会大厦举行集会的 400 多农民发射了催泪弹和瓦斯。在巴黎西南部的昂热,警察用水龙头袭击 1000 多名进行抗议示威的农民。(合众国际社:《法国农民赶羊群进议会示威》)①

如果我们将这段报道中的几个数据删除,这条新闻就显得比较模糊了:

> 农民封锁了巴黎东南部重要的国家公路的交通,并在其他公路和铁路线上设置了路障,使交通受阻,火车晚点。在巴黎东部的鲁昂,警察向在当地议会大厦举行集会的农民发射了催泪弹和瓦斯。在巴黎西南部的昂热,警察用水龙头袭击进行抗议示威的农民。(合众国际社:《法国农民赶羊群进议会示威》)②

修改后的这段报道,删除了"一条",使读者不知道农民封锁了多少条重要的国家公路;删除了"400 多"和"1,000 多名",使抗议示威的人数不能确定,这种模糊的、不能确定的国家重要公路封锁数量,不能确定的农民抗议示威人数,会使读者感到更大的恐慌,增加社会的不安定因素。而"一条"重要的国家公路和当地议会大厦集会的"400 多"农民,以及昂热的"1,000 多名"抗议示威的农民——这些明确的信息,会使读者判断出此次游行示威的人数不多、规模不大、性质并不十分严重,一切尚在政府可掌控的范围内,从而能够减少恐慌,减轻压力。

(三)生动形象

具体的一方面是要将事实写得细腻、清楚、明白,另一方面是要将事实写得形象生动,让读者看了报道后,能够很清楚,不感到模糊,不感到费解。这个形象生动,就是要将不好理解的、不容易阅读的事实直观地表现出来。

本书在第七章"特稿及深度报道"第二节"特稿的写作方法"中,对"展现"的方法做了较多的阐述,"展现"的方法,主要就是通过运用新闻语言使事实更形象生动地呈现在读者面前的方法。记者通过运用新闻语言描述事实,作用于读者的五官,对读者的感官产生强烈的感染力。"当你领着你的读者经历你的作品所描写的那些场面的时候,你就像驾驶着汽车载着读者们一会儿急速下坡,一会儿又爬上了肯塔基州绿树环抱、坎坷不平的丘陵地带。你可以报道说汽车轧死了一只臭鼬鼠,使人嗅到令人作呕的腥臭味。这里写一个词,那里写一个短语,你就可以使读者听到飞机掠过屋顶上空的声响,嗅到正在燃烧着的汽车轮胎的恶臭味,

---

①② 熊昌义,余天恩.国外现场短新闻选萃[M].北京:新华出版社,1992:60-61.

或者使读者感到拳击家的手套正在摩擦自己的皮肤。人有五种感官——视觉、听觉、嗅觉、味觉和触觉,好作品至少要对其中一种或几种产生感染力。"①

新闻语言的形象生动,主要就是通过调动读者的各种感觉器官,让读者如闻其声、如临其境、如见其人。我们来看看一些好的新闻作品是如何拟声绘色地描述新闻事实的:

1933 年 11 月 27 日,美国旧金山《记事报》报道了记者罗伊斯·布莱尔采写的《谋杀者横死暴徒手下》,新闻写的是美国两名犯人被愤怒的民众用私刑处死——在树上绞死的故事。愤怒的民众变成了暴徒,警察也束手无策,疯狂的暴徒包围、闯进县监狱劫持犯人,警察动用催泪弹阻止暴徒的猖狂行动,但最后还是没有成功,犯人被暴徒拖出监狱绞死。下面截取的是记者描述当时催泪弹的声音、铁管撞击大门的声音:

> "噗……,噗……,噗……,"催泪弹继续爆炸着。……
>
> 60 秒钟后砖块瓦片像雨点一样"的的"地砸在监狱的石墙上。"当当"地砸在铁门上,在铁皮上发出音乐般的"叮当"声。
>
> "哐……,"大铁管猛地撞击着大门。旁观者从嗓子里挤出动物般的怪音"呦……喂……嗬。"
>
> "乒……乒……乒……,"从监狱里又射出一批催泪弹。
>
> "呼——"一块砖头飞过监狱拐角处弧光似的砸在大门上。……
>
> 一个警察在拐角处"嘟嘟"地吹着哨子,指挥交通。②

在这条新闻中,记者在描写声音时,几乎对每种声音的模拟都不一样。催泪弹发出的声音短促而沉重,所以用"噗";砖块瓦片砸在监狱的石墙上,发出的声响是沉闷的,也没有催泪弹的声音重,所以用"的的";但如果是砸在铁器上,就会像音乐一样,所以用"当当""叮当";而砸在大门上的声音又和砸在石墙上的声音有所不同,砸在石墙上,声音比较暗哑、沉闷,砸在大门上,则稍微要响亮一些、清晰一些,所以用"呼"。第二次发出的催泪弹显然要比第一次还要重,声音也更清楚而响亮,所以用"乒";大铁管猛烈撞击大门的声音既重且有些许音乐般的感觉,所以用"哐";旁观者发出的声音像动物的声音一样,充满恐怖和痛苦,所以发出怪音"呦……喂……嗬";警察吹哨子的声音似乎全世界都一样,都是"嘟嘟"的声音。

记者通过模拟不同的声音,将当时现场的紧张、激烈、混乱、恐怖、群情激奋的场面活灵活现地呈现出来。

再看看下面这段文字对色彩的描写:

> 这一片无涯积雪之乡看来只有黑白两色。偶然有一只红雀飞过,即为奇观。落日不再发出晚霞,只拖着淡淡的几道金红光芒匆匆西下。除了常绿树的微香外,空中别无气味。③

---

① 密苏里新闻学院写作组.新闻写作教程[M].褚高德,译.北京:新华出版社,1986:245.

② 斯隆,麦克拉里,克利里.普利策新闻奖最佳作品集[M].丁利国,等,译.北京:中国新闻出版社,1987:14 – 17.

③ 托莱.大湖之冬[J].读者文摘(美国),1981(12).转引自程道才.中外新闻作品赏析[M].北京:中国广播电视出版社,1996:304.

这里写的是美国大湖区冬天的景象。这一段对大湖区的色彩进行描绘,短短几句话,就写出了黑、白、红、金、绿色等五种颜色,让读者能够比较清晰感受到大湖区色彩缤纷的景象。

记者在报道新闻时,特别是在写作特稿时,通过运用比喻,可以让读者更形象地理解新闻事实。

在上面所引述的记者罗伊斯·布莱尔采写的《谋杀者横死暴徒手下》中,记者在描摹声音时,用不同的语言来诉诸读者的视觉,同时,记者也用不同的比喻来描写当时的场景:

> 可怕的黑暗一下笼罩了法院胡同。此时这儿像灯光旋转的舞台,戏仍然继续着,这不是一般的戏,在美国罕见,一出残忍地灭绝生命的戏。
>
> 这个坐落在峡谷里的小城俨然成了嘉年华会,但对霍姆斯和瑟蒙德(两个将要被绞死的犯人——引者注)谁也没有产生半点同情心。
>
> ……夜幕像毯子一样将胡同和铁盒般的旧监狱全部笼罩了。

第一个比喻,场面"像灯光旋转的舞台",写出了现场的紧张与变幻莫测;第二个比喻,"小城俨然成了嘉年华会",写出了现场气氛的热烈、喧闹,几乎所有的人都出来了,都来参与这场"盛会"。两个比喻表现出一种恐怖的狂欢。第三个比喻给人以一种不祥之感,夜幕笼罩(前面也有"可怕的黑暗一下笼罩了法院胡同")了一切,把什么都罩住了,那两个犯罪嫌疑人当然也被罩住了,暗示两个犯罪嫌疑人可能跑不了,要成为狂欢者的刀下鬼。记者通过这三个比喻,形象生动地再现了当时疯狂、恐怖的场面,暗示了一种不好的结局。

数字常常是枯燥的,一些科技新闻由于使用了大量数据,往往深奥难懂。面对这些枯燥的数字,记者可以采用形象化的语言来报道,使之容易为读者所理解和接受。比如,中国在上个世纪有 10 亿人口,10 亿是个抽象的数字,读者很难从这个数字就感觉到中国人口之多。于是记者用了一个类比:"如果 10 亿人都来玩老鹰捉小鸡,从头到尾可绕地球 25 圈;如果把 10 亿人的出生证叠起来,有 12 个珠穆朗玛峰高。"记者通过用形象化的人和事物来进行类比,将枯燥的数字写活了,读者读后就能通过这个形象化的人和事物,比较清晰地知道中国人口的确是非常多了。

请看下面这个新闻片段:

澳 82 岁老人痴迷飞行 飞行里程相当于绕地球 120 圈

> 2014 年 12 月 4 日 07:06:29 来源:新华网 (记者 乔颖)
>
> 澳大利亚 82 岁老人约翰·马丁热爱飞行到了痴迷的程度,连圣诞节都要在飞机上度过。
>
> 他在 50 年里乘澳洲航空公司航班出行,飞行里程累计超过 480 万公里,相当于绕地球 120 圈。
>
> ……

现在这种"绕地球多少圈"的类比已经比较多了,虽然这种类比不甚新鲜,但容易帮助读者理解那些枯燥、深奥的事实和材料。

三、新闻语言要朴实

朴实,就是质朴无华、实实在在,这是运用新闻语言的又一个非常重要的要求。李白有两句诗:"清水出芙蓉,天然去雕饰。"新闻语言要像荷花从清水中出来一样自然天成,没有任何人工修饰。

新闻语言要朴实,就要多用白描式的语言,多用动词,少用形容词,摒弃假大空的官话、套话和废话。

(一)多用白描式语言

白描源自中国传统的绘画技法。画人状物全用黑色线条勾勒,不着颜色,不精雕细刻,线条简练但描摹逼真传神。白描运用在文字写作中,是指用质朴的文字,抓住事物的特征,寥寥几笔勾勒出事物的形象的写法。这是一种比较接近于叙述的描写方法。

那么,如何用白描式语言写作新闻报道?在新闻写作中,运用白描式语言写作,就是不着颜色,不加修饰,不多修辞。换句话说,就是没有浓烈的色彩,少用或不用形容词、修饰词。鲁迅把它概括为十二个字:"有真意,去粉饰,少做作,勿卖弄。"中国古代文章或文学作品在运用白描式语言描写人和物方面可谓炉火纯青。比如,在《儒林外史》中,吴敬梓只用了粗疏的几笔,就勾勒出一个小土豪的形象:

> 两只红眼边,一副锅铁脸,几根黄胡子,歪带着瓦楞帽,身上青皮衣服就如油篓一般;手里拿一根赶驴的鞭子,走进门来,和众人拱一拱手,一屁股就坐在上席。

三言两语,几十个字就把一个"骄横"的小土豪勾勒了出来:"红眼边""锅铁脸"、稀疏的"几根黄胡子",形象猥琐;"歪带着瓦楞帽",一副无赖相;"衣服"如"油篓",脏得很,不讲卫生;"一屁股就坐在上席",妄自尊大,没有当时中国人的谦让。用语不多,活脱脱地刻画出这个小土豪的外貌、神态和品行。除了两个比喻外,没用一个形容词,但土豪的骄横形象表露无遗。

白描除了要求用简洁的文字来表现人和物外,最关键之处,就是要善于抓住事物的特征。没有抓住事物特征的白描,可能就是"白白"地"描"了——这种白描一点价值也没有。

新闻的内在美,就在于抓住核心、抓住焦点、抓住特征,这才是真正的朴实,是朴实的关键元素。否则,再朴实的语言也没有什么意义,没有抓住事物特征的朴实是一杯白开水,淡而无味。请看下面这篇报道:

| 东欧动物园里的悲剧——社会动荡不安,殃及珍禽异兽 |

第比利斯动物园里三个月内饿死了大约 500 头动物,其中有狮子、豹、狼、斑马、黑猩猩、棕熊。动物园观光者最喜爱的那头棕熊饿得发疯了,最后它在栏里沿池兜圈,狂转不已,越转越快,终于摔倒在地,再也爬不起来。

像第比利斯这样的动物悲剧目前在东欧随地可见。

布加勒斯特动物园的公象佳雅已好久不见人的踪影。饲养员给它拴上铁链,自己出去挣钱去了。

佳雅独处棚屋的头几天整天吼叫。孤寂、饥饿难熬。然后它拼命想挣脱脚上的铁链,链环却更深地卡入皮肉,最后它左右摆动沉重的大鼻子,求人解开它,但无人来帮忙。英国动物保护者救援队赶到时,佳雅已虚弱得站不起来。当它用大鼻子将救援队送来的一捆新鲜干草送进嘴里时,目光里充满了感激之情。

但救援人员都来得太晚了。布加勒斯特动物园母猴喜塔躺在笼子里水泥地上抽搐、翻滚。它没有奶水,饥饿的幼猴,把它的乳房吸出了血。小猴死后它紧紧抱着直挺挺的一堆皮不放,用头撞铁栏杆,好像想尽快了此残生。

在对面的猛兽馆里狮子张着大口。它的肺感染上一种病毒,咳出了血。小孩子把上学时带着的一点面包扔进笼里,但它看不见,它已瞎了。

在亚美尼亚首都埃里温,没有水也没有电。去年冬天温度在零度左右。最先冻死的是南方的珍禽。

埃里温的设备全都腐朽了。笼子大都空空。河马纹丝不动坐在池子里,水都干了,动物园管理部门缴不起水费。河马皮干裂得绽开了。

德国动物保护协会向埃里温捐赠了 10 万马克以减轻那里动物的苦难。动物园副园长阿佩尔说:"但是已有 1,000 多头动物悲惨地死去了。"(1994 年 5 月《参考消息》)

作者通过对饿得发疯的棕熊,孤寂、饥饿的公象佳雅,奶水枯干、痛失幼子的母猴喜塔,瞎眼的狮子,干渴得皮开肉绽的河马等动物的白描写真,真切形象地描述了东欧动物园里的悲剧。作者把动物拟人化,这种拟人化的手法,有助于读者设身处地理解动物的悲惨遭遇。读者通过白描式的新闻语言,通过动物的悲惨境遇,让读者深切地感受到了动荡给社会带来的灾难。动物都是如此,人何以堪! 东欧动物园里的悲剧,引人联想,发人深省。

(二) 多用动词

运动状态的事物总是比静止状态的事物显得更有生气,川流不息的江河要比一潭死水更有活力。中国古语云:水流不腐,户枢不蠹,说的就是这个道理。从哲学上说,运动是绝对的,静止是相对的,世界上的万事万物都处在运动过程中。既然如此,我们在写作中就要表现这种运动和变化。运用哪种词性才能更准确、更清楚地表现这种运动、变化呢? 首推动词。

动词是表示人的动作、行为、心理活动或事物的生长、变化、消失等所用的词语,动词在语言中是最生动、最活跃的元素。特别是表示动作或行为的动词,具备动词的主要语法特征,是典型的动词。多使用动词,特别是多使用行为动词,能准确形象地描写事物和新闻事件,能真实生动地刻画人物,把新闻事件和新闻人物写活。

美国哥伦比亚大学教授麦尔文·曼切尔在他的著作《新闻报道与写作》中,主张把使用动词作为消息写作的十条规则之一。《美联社语法和用词的十条规定》就曾明确规定:"牢记一个句子中至少应有一个实体动词,这个词语应该是句子中最重要的词"①。沃尔特·福克斯说:"在任何句子中,动词都是让句子的其余所有部分流动起来的关键。通过挑选生动的、有表现力的动词,作者使句子获得最高限度的流动感,为所表达的主题造成最强劲的冲击力。"②西方的新闻学者还主张使用动词时应多用动态动词,少用静态动词。

请看下面两条新闻导语的写法:

> A. 今天,数千名东德难民进入西德。
>
> B. 今天,数千名东德难民——欢呼着、欢笑着、哭泣着——涌进了西德。

显然,第二条导语要生动得多。导语用了"欢呼""哭泣""涌"这三个动词,将东德难民急切想进入西德的欣喜而复杂的感情表现出来。第一条导语则干巴巴的,只是对事实的简单陈述,让读者提不起阅读兴趣。

记者使用动词写作新闻报道,要学会用准确的动词来写作,对不同的动作使用不同的、恰如其分的动词来表现,学会因人、因时、因地、因环境而异,采用不同的动词来描述。

我们来看法新社记者比昂尼克关于周恩来总理逝世的报道:

周恩来总理逝世 北京沉浸在悲痛之中

北京电台于今日清晨当地时间 5 时宣布周恩来总理逝世的消息,但是,大部分中国人还不知道他们的总理已经逝世。

当新华社的电传打字机于当地时间 4 时过一点儿发出这条消息时,中国几乎所有街道都没有行人。

在法新社所在的那所大楼里,当记者把消息告诉开电梯的姑娘时,她顿时放声痛哭。

在对一位中国口译人员表示慰问时,他眼中含着泪,嘴唇颤抖地说:"我们没有料到。我们非常爱戴他。他是一位杰出的革命家。"

中国人民对周恩来极其爱戴,这样说并不夸张,他们感到与周恩来非常接近。

预料全中国都将表现出巨大的悲痛,就像今天清晨听到这个悲伤消息的那位中国少女所表现出的那样。

在这条新闻中,记者写两个人物听到周总理逝世的噩耗后,反应各有不同:开电梯的姑娘听到总理逝世后,"顿时放声痛哭",口译人员听到周总理逝世的消息时,"眼中含着泪,嘴

---

① 转引自郭光华.新闻写作[M].北京:中国传媒大学出版社,2006:93 - 94.
② 福克斯.新闻写作——报刊记者指南[M].李彬,译.北京:新华出版社,1999:30.

唇颤抖"。这两个人物的动作反应不能互换。开电梯的姑娘年龄小,又是女性,社会地位也比较低,所以表达感情就非常直接:"放声痛哭"。口译人员是个男性,男儿有泪不轻弹;年龄偏大(在当时那个年代,要当口译人员,需要多年的能力的积累);而且社会地位较高,基于这三个因素,口译人员不便当众大哭,担心失态,所以是"眼中含着泪,嘴唇颤抖",尽量克制自己的感情。这只是表达感情的方式不同,不能代表两个人对周总理逝世的感情浓淡不同,可以说,两个人对总理的爱戴之情不分伯仲,只是由于年龄、性别和社会地位的不同,采用了不同的方式表达感情。这条新闻的动词用得相当好,真实、准确、自然,与两个人的身份、年龄、性别等非常吻合。

(三)少用形容词

形容词往往是空洞而抽象的。读者看到这些形容词时,对记者要报道的事实难以有明确而清晰的了解,必须用细节和具体的事实来取代形容词。来看看下面几组写法:

> A.这张桌子太重了,我们抬不动它。
>
> B.这张桌子有900多斤,我们四个人都没有抬动它。
>
> A.许姓官员贪财好色,非常腐败。
>
> B.许姓官员人称许三多,钱多、房子多、女人多,平均每天受贿1万元,曾经一次性受贿8,000万元,在北京上海有几十套房,有10个异性情人。
>
> A.这株树历史悠久。
>
> B.这株树有500多年历史了,是明朝一位僧人栽种的,现在树上都已经长满了青苔。

第一组写法,A说桌子太重,"重"是个形容词,究竟有多重,读者难以理解;B改为说桌子有900斤,读者就知道非常重了,而且四个人都没能抬动它。

第二组写法,A说许姓官员腐败、贪财好色,这都是形容性的,比较抽象笼统;B对许姓官员有多少女人、多少钱、多少套房子写得非常清楚。

第三组写法,A说历史悠久,"悠久"也是个形容词,很模糊;B说有500多年历史,明朝时栽种,树上长满了青苔,这就很清晰、明确。

形容词不仅抽象空洞,而且有时候不够客观,"当你使用形容词的时候,你就是在冒险把自己的观点塞到报道中去"[①]。有些形容词带有个人判断色彩,记者要注意回避这类形容词,否则,记者就可能在无意识中把自己的意见和观点渗透到了报道中。比如,你今天的演讲很棒、这个女孩太漂亮了、这个家伙非常讨厌,等等。"棒""漂亮""讨厌"这几个形容词,明显地表现了记者的倾向性。记者不能轻易用这样的形容词来表达,必须用具体的事实来表达。如果说演讲确实很棒,记者可以这样写:

---

① 里奇.新闻写作与报道训练教程:第3版[M].钟新,主译.北京:中国人民大学出版社,2004:241.

在 1 个多小时的演讲中,听众鼓掌 20 次,有 5 次掌声达 3 分钟之久。演讲一结束,他就被听众包围,要求签名合影的听众排起了约 100 多米的长队。

杰克·海敦警告说,"形容词太多是危险的",他要求记者"要像挑选宝石和情人那样来选择形容词","不能因为某一个形容词具有闪电般的显示力量,就以为十个形容词能使一条新闻增色十倍"。① 马克·吐温更是这样说:"一旦你看到形容词,就消灭它。"马克·吐温的话可能比较绝对、无情,但是,即使记者不把形容词当成敌人,但也不要把形容词当成好朋友,保持冷静和合理的距离,少和形容词打交道甚至尽量不与形容词打交道才是明智之举。

(四) 杜绝新闻腔

在我们的新闻报道中,套话、空话、官话、大话甚至假话依然充斥着时下的报纸版面和新闻网页。诸如:"大家一致认为""深受鼓舞""雷鸣般的掌声经久不息",等等。下面的这个新闻报道模式是网友总结的"重要会议八股标准格式":

【本报讯】 (记者_____) 全市_____工作会议昨日召开。市委书记(或其他领导)_____在会上分析了目前我市_____形势,对下一步的_____工作作了部署。

_____指出,自全国_____工作会议召开以来,我市_____工作取得了成效,今年_____月至_____月,全市新增_____("万"或者"%"),_____万_____人员实现了_____。但_____形势依然严峻,全市各级必须进一步增强做好_____工作的紧迫感和责任感,推进_____体系建设,把_____工作各项任务落到实处。市委副书记、市长_____主持会议并就贯彻落实会议精神提出要求。

市领导_____、_____、_____出席了会议。

_____在会议结束时讲话。他强调,_____是民生之本。做好_____工作,不仅是重大的经济问题、社会问题,也是重大的政治问题。全市各级干部一定要从深入贯彻"三个代表"重要思想的高度,千方百计抓好_____工作。

_____说,市委、市政府正在研究出台关于_____新的政策措施,并将在近期召开专题会议,对当前和以后一个时期全市_____工作进行具体部署。各地各部门要结合实际认真贯彻全国、全省(市)_____会议精神,对已经出台的政策措施做一次检查,没有落实的,要深入分析原因,督促抓好落实;不适应形势发展要求的,要做认真梳理,尽快予以完善。要把_____、_____、_____的_____工作提到重要议事日程,认真研究对策措施。要加强领导,明确责任,强化考核,层层抓落实,真正让_____人员、_____人员实现_____。

这种报道模式在当前的新闻报道中还大量存在,很多语言基本上都是套话、空话,记者

① 海敦.怎样当好新闻记者[M].伍任,译.北京:新华出版社,1980:190.

要改变这种报道模式,用朴实、新鲜的语言来报道新闻。

杰克·卡彭在《美联社新闻写作指南》中说,在新闻报道中有夸夸其谈、装腔作势的语言,也有平易朴实的语言。杰克·卡彭认为,夸夸其谈、装腔作势的语言就是"新闻腔"。他主张新闻报道采用平易朴实的语言,坚决抛弃那些夸夸其谈、装腔作势的语言。美国著名诗人惠特曼说:"伟大的诗人的优点不在引人注目的文体,而在不增不减地表达思想和事物……他对自己的艺术宣誓:我决不多费唇舌,我决不在写作中使典雅、效果或新奇成了隔开我和别人的帘幕。我决不容许任何障碍,哪怕是最华丽的帘幕。我想说什么,就照它的本来面目说出来。"①

文学写作如此,新闻写作更应如此,要按照客观事物的本来面目来写作,语言文字应该朴实无华,消灭虚张声势、装腔作势的新闻腔,消灭假大空的套话和废话。

四、新闻语言要通俗

新闻语言的通俗,是指记者要用简单、明白、浅显的语言,用绝大多数读者都能看懂的语言来表达。新闻媒体面对的读者多种多样、形形色色,文化程度有高有低,而且绝大多数读者的文化程度都不高。因此,记者必须用通俗的语言来报道新闻,只有这样,写出来的新闻才能为大众所接受。

(一)多使用大众语言

人民大众的语言是最通俗的语言,新闻写作语言要通俗,就要多使用人民大众的语言,要尽量采用大众语言中新鲜活泼的语言。大众语言不仅富于表现力,还在于它来自于人民大众,既为大众喜闻乐见,又给人以亲切感。

下面我们来看一名外国记者写的一篇关于中国的新闻《他做梦都想生个儿子》中的片段:

> 本星期三,《北京日报》发表了一个农村生产队长和一个刚生过孩子的妇女的对话:
> 生产队长:"你生了个胖小子,还是个'半边天'(出自鼓吹男女平等的口号:妇女能顶半边天)?"
> 农妇:"你应当问是生了个七分还是生了个十分。你们男人干多干少一天都挣十分,我们妇女干得再多,一天顶多只能挣七分!"②

上面截取的新闻片段,语言非常通俗,用的是老百姓的语言。生产队长在这里用了指代的方法,将男孩指代为"胖小子",将女孩指代为"半边天",刚生过孩子的妇女反唇相讥,用了借代的方法,将女孩借代为"七分",男孩借代为"十分"。不过,这条新闻的倾向性非常明显,西方记者通过对背景的解释,特别是通过选取农妇的语言,隐含了对中国农村男女不平

---

① 刘明华,徐泓,张征.新闻写作教程[M].北京:中国人民大学出版社,2002:130.
② 转引自方延明.新闻实务方法论[M].广州:南方日报出版社,2005:142.

等、同工不同酬现象的批评。

在新闻报道中,可以适当使用一些读者能够读懂的方言土语。方言土语的使用,可以使新闻语言更加大众化,也可以使新闻报道富于地方特色。请看下面这条短新闻《会计伢嫌我的油壶小》:

> 六月开了门,乡里喜盈门。我们超卖了菜籽油,平均每人还分九斤二两油。分油那天,我兴冲冲提着壶赶去,只听会计伢蔡后建在那里左右开弓,嫌李二婶壶小,怪张大妈不抱个大坛来,还说我的油壶是拿来"做得玩"的。我心想,你这伢是"洋人的房子——光是门",就说:"你这伢,去年拿这个壶来,是哪个笑话我'心大壶也大'的?"会计伢忙赔笑说:"二婆,您家把老花镜戴上看看吵! 去年吃的是大锅饭,收的那点油还不够锅吃;今年分社吃饭,干活劲大了,收的油多了,壶就变小了呗!"我这才想转来:是哩! 今年分组作业、联产计酬的方法就是好,以后再不吃"大锅饭"的苦头了。①

这条新闻短小精悍,完全是用民众语言来写作的。新闻虽然发表在当地地市级报纸《孝感报》上,但这条新闻的方言土语并不是特别多,比较适度,新闻语言简洁流畅,通俗易懂。不过,这条新闻有两个词语"兴冲冲""左右开弓",可能不一定是一个农村老太婆的语言,是记者对这个老太婆的语言进行了加工,应该还原成普通老太婆的原话。

需要注意的是,使用大众语言时要注意控制方言土语的滥用,记者不能在新闻报道中大量地、甚至毫无节制地使用方言土语,只能选取少量妇孺皆知、即使是外地读者也能看懂的方言土语来报道新闻。现在,世界已经变成了一个地球村,即使是小小县城办的报纸、电视台或网站,只要新闻报道一上网,整个世界的受众都能看到,如果过多使用受众难以看懂的方言土语,势必会给受众造成阅读障碍,影响受众对新闻的接受。

(二)写大众看得懂的语言

记者进行新闻写作,要尽量写作大众能够看懂的语言,特别是对那些学术用语、专业用语,记者要学会运用"第二种翻译"。

所谓"第二种翻译",是指用浅显的文字、生动的比喻或者老百姓熟悉的语言来讲述、表达或说明新闻报道中的内容。②

每一个行业都有一些"行话"、技术语言和专业语言,对"行话",对专业性、技术性较强的语言,记者要尽量进行通俗的解释、说明,不能生硬地写进新闻报道中。

下面是一个记者解释蚊子叮咬人的复杂过程:

---

① 吴学标.会计伢嫌我的油壶小[N].湖北日报,1980-07-04.
② 刘明华,徐泓,张征.新闻写作教程[M].北京:中国人民大学出版社,2002:77.

> 蚊子之喙看上去像是麦秆,而实际上它完全就是一张嘴,有四组切削器,一个喷吐唾液的注射器,而所有这些玩意都很细很长,能轻而易举刺入皮肤。进入皮肤后,切削器就在人体组织里来回运动,切开一个个小血管。蚊子若不受驱赶,会把其喙刺入拔出人体皮肤五到十次,直到吸足人血,饱餐一顿。许多时候,她会将长嘴折回来刺入自己的身体,这样她就不得不用后腿支撑着身体进食,以便她的嘴能伸展开。如果你让她一直吃饱,她的肚子就会盛满相当于其自身血液四倍的量,那时她看上去就像一盏圣诞树上的红灯,笨拙地飞开去。①

这个例子中使用的语言没有一个专有名词,没有一个专业术语,记者在这里将昆虫学方面的知识用简单、浅显易懂的语言向读者做了介绍,读者阅读时就没有任何专业、技术障碍。

在新闻写作中,记者除了对学术性、专业性、技术性的行话、用语要进行解释外,那些非学术性、非专业性、非技术性的行话,黑道上的"黑话"、网络语言、青少年的流行语、民间的一些新造词语,等等,记者都要对其进行解释和说明,或者换一种读者更能理解的语言来报道。

威廉·梅茨说,体育记者在体育报道中,将"球"字在打字机上打了一千次以后,觉得这个字太重复了,于是记者们便用多种代用词来代替"球"字,这些代用词包括:马皮、猪皮、眼珠、圆体、樱桃和其他古里古怪的词,结果很多读者不知道这些东西是球形的或指的是球,读者看不懂这些行话。威廉·梅茨批评这些记者自命不凡,想显示自己在专业范围内是一个多么了不起的专家。因此,即使"球"字在报道中出现了一千次,还是得使用这个字。② 威廉·梅茨告诉我们,不能过多使用行话,必须将这些行话翻译成大众能够读懂的语言。

网络流行语不可阻挡地出现在我们的生活中,对于老年人、不常上网的人、不爱接触新生事物的人,阅读网络流行语比较困难。记者在使用时,应该根据某个网络流行语使用的频度、读者知悉和理解的广度加以权衡,对那些基本上妇孺皆知的网络流行语,如"打酱油""山寨""给力""秒杀""蛮拼的",等等,记者可以视上下文语境,不进行解释和说明,但对其中一些流行时间短、流行频度不高、大众理解不够的网络流行语,记者要适当进行解释。比如,"out"(老土、落后)、"沙发"(首发)、"兰州烧饼"(原意为兰州出产的烧饼,后来意为楼主SB——傻逼,无聊的帖子)、"鸭梨"("压力"的谐音,压力的意思),等等,可能会有一部分读者甚至相当多的读者看不懂,记者应当给予适当的解释。

在民间,在日常生活中,大众常常会发明一些新鲜的词语。记者也应根据这个词语的流行程度、被大众的理解程度而进行适当的解释。重庆人比较善于创造新鲜的词语,这些词语在重庆人生活的区域,记者可以不进行解释,但是,如果记者报道的新闻可能会发布到网上,记者就要注意对这些新鲜的词语进行解释和说明。比如,"雄起",重庆以外的读者不一定能懂,记者必须用更易懂的语言来解释。这个词语的意思是:挺胸,昂首,敢于面对挑战,不惧怕任何困难,不惧怕任何势力,等等。这个词语的意思比较宽泛,不同的语境有不同的用法,

---

① 福克斯.新闻写作——报刊记者指南[M].李彬,译.北京:新华出版社,1999:74-75.
② 梅茨.怎样写新闻——从导语到结尾[M].苏金琥,阮宁,洪天国,选译.北京:新华出版社,1983:113.

记者可以根据具体的语境来解释,只解释与上下文关系密切的那一种含义。

(三)向大众学习语言

人民大众是生活的主人,他们创造了世界,也创造了丰富的语言。民众的语言表现的是实际生活,自然实在而又丰富多彩,通俗易懂而又生动活泼。人民大众的语言是我们取之不尽、用之不竭的源泉。

古今中外的著名作家都非常重视从丰富的民间语言中汲取营养,以创造具有各自个性的语言风格。司马迁青年时代就遍游名山大川,凭吊古迹遗墟,考察风土人情,在同广大下层民众的接触中,体验他们的生活,学习他们的语言,这为他以后写《史记》打下了坚实的基础。所以,《史记》的语言精练流畅、生动活泼、接近口语,即使过去了近两千年,我们还可以无需看注释就能基本读懂其中的意思,这是非常难得的。

唐代诗人白居易是最善于向民众学习语言的典范。据惠洪《冷斋夜话》说:“白乐天每作诗,令老妪解之。问曰:‘解否?’妪曰解,则录之;不解,则易之。”在白居易的诗里,很少用深奥的典故、冷僻的辞藻,而是用朴素浅近的民众语言来写作,所以王安石评价白居易的诗时说:“天下俚语被乐天道尽。”

俄罗斯著名作家托尔斯泰在语言上所达到的成就,是与他善于学习民众的语言分不开的。据说,他常常让看院子的、赶马车的和干粗活儿的厨娘们来审查自己的作品,他还利用一切机会同老百姓交谈,不停地把民间词汇、谚语、想法和表达方式记在小本子里,每一天都能发现各种新的字眼和语汇。

很多优秀记者都善于学习群众的语言。《人民日报》记者刘衡非常重视向人民大众学习语言,在《用群众语言写稿》一文中,刘衡谈到了自己学习群众语言的经历和体会:

> 我到江苏省江阴县访问养猪模范李仁林。
>
> 我说:“猪为六畜之首,养猪工作太重要了!”
>
> 他说:“养了三年猪,田里旺得不可知。养猪,可以肥田。”“种田不养猪,等于秀才不读书。不养猪,就要荒田。”
>
> 我说:“养猪,饲养问题是第一位的。”
>
> 他说:“养猪,首先要抓饲养。人不给猪吃,猪就不给人吃。”
>
> 我说:“这猪养得真好!又肥又大。”
>
> 他说:“你看这猪,滚瓜溜圆,肚子拖地。看见人走到跟前,都懒得动弹。”
>
> 我说:“那个饲养员的责任心十分薄弱,把猪养得又瘦又小。”
>
> 他说:“他呀,进门一把火,出门一把锁。饥一顿,饱一顿,喂得母猪缺奶,小猪像猴子。肉猪养了十多个月,还是皮包骨头,上不了秤。”
>
> ……
>
> 真个是,不比不知道,一比吓一跳!同李仁林一比,我的语言,是何等苍白,何等干巴啊!

> 群众语言是生动、活泼的,"新闻语言"却成了干巴、枯燥的同义语。
>
> 要使我们的新闻通讯生动活泼起来,就要用群众语言写稿。……语言是一切事物、思想的衣服。人民的报纸,只有用人民群众的语言,才能充分而又准确地反映人民的工作、生活、思想、感情、经验和教训。

在向群众学习语言的过程中,刘衡切身体会到了群众语言的生动和丰富,谦虚地批评自己的新闻语言苍白、枯燥干巴。记者刘衡这种向大众学习语言的精神,也值得我们每一个新闻记者和新闻院系的学生学习。

新闻记者要认真学习民众语言,学习民众通俗易懂又形象生动、幽默风趣的语言,改变文人腔、学生腔、机关腔,增强新闻报道的可读性。

第二节　运用新闻语言的艺术

新闻语言的运用要求和运用艺术,本质相同,但各有侧重。运用要求比较具体,运用艺术比较抽象;运用要求比较细微,运用艺术比较宏观;运用要求侧重于对字词的要求,运用艺术侧重于对句子的要求;运用要求是比较基本的要求,运用艺术是相对比较高的要求。

新闻语言的运用艺术有以下几点:

一、语言表达:一句话一个意思

美国著名新闻教育家威廉·梅茨说:"《纽约时报》的'一句话一个意思'的写作原则是可以牢记在心的。"[1]

梅尔文·门彻引用英国批评家兼作家赫伯特·里德的话说:"一个句子只表达一个声音。""如果一个句子包含的思想太多,读者在阅读中就会举步维艰。并且,精选出来的思想应该是很容易把握的,错综复杂的思想应该得到简化。"[2]也就是说,不能把太多的意思塞进一个句子里,这会造成句子意思不明晰。而一句话一个意思,语言表达清晰,简单明确,读者接受起来就更快捷、更有效。

───────| 清朝贵族:我过上了真正幸福的生活 |───────

【美联社 1981 年 6 月 15 日电】 （记者　维多利亚·格拉汉姆）　参观的人们已纷纷散去,金碧辉煌的紫禁城里只剩下在夕阳的余晖中飞翔的燕子和一位老人──六十年前,这位老人曾经在这里大理石通道上骑过自行车。

这位白发苍苍、身材瘦小的老人站在昔日的皇家庭院里──就在这里,朝臣们排着整齐的队形,毕恭毕敬地等待着觐见皇帝。

---

① 梅茨.怎样写新闻──从导语到结尾[M].苏金琥,阮宁,洪天国,选译.北京:新华出版社,1983:25 – 26.
② 门彻.新闻报道与写作[M].展江,主译.北京:华夏出版社,2003:152.

他那苍老的目光穿过眼镜射了出来,他用手指点着紫红色和金色相间的太和殿——金銮宝殿。

"从前,"他说——声音是那样安详,"我曾经是那里的常客。现在,我是清朝皇族最后一名成员"。

他的语调是如此冷静,只有与历史无争的人,才能用这样的语调回忆过去。

如果不是时运逆转,这位老人很可能早就是中国皇帝了。然而,对此,他既无懊恼之意,也无伤感之情。

这位旧地重游的老人,就是 75 岁的溥杰,他是中国末代皇帝溥仪的兄弟,后者于 1967 年死于癌症。

现在溥杰住在离故宫不远的一所古朴的院落里,过着深居简出但十分优雅的生活。

他现在致力于清史的研究——清朝是中国满族建立的王朝,从 1644 年到 1911 年统治中国。

溥杰说:"过去我是浊流中的一滴污水。而今天,我成了亿万人民中普通的一员。"

"过去,我只考虑个人的利益,朝思暮想的是复辟清朝的统治。而现在,我致力于为人民服务的事业。"

如果日本人打赢了第二次世界大战,征服了中国,那么溥杰很可能早就是君临神州大地的皇帝了。

然而,在苏联的监狱里被关押了五年,接着又在中国住了十年监狱后,溥杰通过再教育,终于成了爱国者。

现在共产党养活他,给他很好的待遇,尽管把他看作一件见了阳光的出土文物。

他的哥哥是中国末代皇帝,即宣统皇帝。

辛亥(1911 年)革命后,溥仪逊位,当时,他年仅 7 岁。

即使不当皇帝了,溥仪和他的家族仍在紫禁城里过着奢侈豪华的生活。

到了 30 年代,日本人把溥仪扶上了满洲国皇帝的宝座,满洲国是日本人在中国东北扶植的傀儡政权。

溥杰在日本接受了训练,回国后成了满洲国大臣。那时,他忠实地为日本人效劳,认为没有日本人的扶持,中国连一天也生存不下去。

"如果我们真的统治了中国,或者说清朝统治真的复辟了,那么中国就成了日本的殖民地。"他内疚地说。

日本人甚至为溥杰安排了婚姻大事,让他同裕仁天皇的表妹嵯峨浩结了婚。

此外,日本人还修改了皇位继承法,以便有朝一日用溥杰取代他的哥哥溥仪。

1945 年日本战败了,溥杰、溥仪两兄弟狼狈逃出皇宫,想在国外找个安身立命之处。在逃亡的途中,他们被苏联军队逮捕了。之后,两兄弟在苏联过了五年铁窗生活。

到了 1950 年,苏联方面把溥杰、溥仪两兄弟转交给中国共产党人。

这样,他们又经受了长达十年之久的思想改造,或者说再教育。

溥杰回忆说,当他刚被送回来时,他想共产党肯定会枪毙他。

出乎意料的是,一位中国卫兵对他们说:"欢迎你们返回祖国。"

在中国,他们同满洲国高级官员一道被关押在监狱里。尽管身份是罪犯,却得到了良好的待遇。

监狱当局允许他们打麻将,甚至还让他们吃海参——中国人认为,这是一种好吃的高级食品。

溥杰说:"他们不打人,也不骂人。"

在监狱里,他开始阅读毛泽东著作。

他说:"开头时,我的脑袋顽固得像块冰,但过不多久它就开始开窍了。我逐渐认识到,我做了对不起人民的事情。"

共产党认为,满洲末代王朝的遗老们有重要宣传价值,于是组织他们到处参观,让他们亲眼看看新中国发生了怎样伟大的变化。

1960年,溥杰被释放了。从此,他一直受到周恩来总理的关怀。

溥杰说,他第一次晋见总理时,紧张得说不出话来。但是,总理亲切、温厚的态度,以及他的渊博知识,使溥杰为之倾倒。于是,他们在亲如家人的气氛中进行了交谈。

"总理问我:下半辈子你打算怎么过?"溥杰说。

说到这里,这位前清朝贵族放声大笑。他说,他告诉总理,他要加紧学习、改造。他说,除了关于工农兵的宣传材料外,他什么都不打算读。

周先生笑了。他对溥杰说,只读这些远远不够,中国需要天才,越多越好。他亲自批准溥杰专门从事清史研究。

在"文化大革命"(1966年—1976年)期间,又是在周先生的保护下,这位清朝遗老逃脱了红卫兵的扫荡。

不过,有一次红卫兵闯到溥杰家中,把他和日本妻子的结婚纪念照撕掉了。

"噢,他们不过是小娃娃,是小红卫兵。"溥杰说,态度颇为宽容。

溥杰和家人住在一所免收房租的四合院里。

此外,政府还为他配备了一个保姆和一个司机——不过,溥杰外出时经常乘公共汽车,只是有特殊需要时,才乘坐小汽车。

他每周用两个早晨来研究历史,每月领取工资172元。

他经常练习写字,空闲时在花园里修剪花草,或者逗猫儿玩。

他说:"我并没有忘记过去。老实说,过去的物质生活比现在好得多。但是,那时我同人民水火不相容,当然我从来没想过要到人民中去。而现在,我成了整个社会的一个成员。"

最近,在阔别紫禁城两年后,溥杰又到这里散步了。

数以千计的游览者在大理石的通道上漫步。在封建时代,只有皇帝才有资格在那上面走。

除了故宫博物院的讲解员外,谁也不认识溥杰。

老人面带微笑,他凭着自己掌握的关于故宫的大量知识,从容不迫地回答人们提出的问题——大家都把他当成了一位既热心又博学的导游员。

他说:"皇帝同正宫娘娘就住在这儿。这儿是御膳房。"他边走边说,兴致越来越高:

"小时候,我们经常在这儿骑自行车。溥仪叫人把门槛全部拆掉,因为他嫌门槛碍事。"

"这件事我记得很清楚……瞧,每天早晨,我从这儿骑马上学。那儿是书房,对,从这座门穿过去就是。瞧见那几行满文了吗?我不认识满文……噢,课间我们吃点心,好吃极了。"

"太监住的地方在那边……这儿是一间密室,由于害怕李闯王,明代有一群宫女在这儿自杀了。瞧见殿堂上的龙了吗?据说,每天晚上这些龙把脑袋伸下来,喝池子里的水,于是,人们用铁链把它们锁在金色的屋顶上了。"

他还记得,他不能称溥仪为"哥哥",每次见到溥仪,他都得俯首请安,称他皇上。

他还记得,有一次,他们小哥儿俩玩得正高兴时,当哥哥的突然龙颜大怒。原来,他看到溥杰的衣袖上有一条杏黄色饰线。在那个时候,黄色的服装只有皇帝才有资格穿。

溥杰说,对于这种腐朽的宫廷生活,他在当时是喜欢的。然而,有时他感到孤独、苦闷。他说:"我一出宫门,就非得前呼后拥不可,否则就别想出去。"

最后一位游客也离开了,有人在大理石过道上摆了一张椅子,请老人坐下来。

这位清朝皇族最后一名成员合上双臂,神态满足地微笑着。

"过去的岁月像一场梦。现在,我才过上了真正幸福的生活。"他说。

一般而言,西方消息类的新闻报道,往往采用一句话一个意思、一句话一段的方式来报道新闻,而特稿类的新闻报道,由于篇幅较长,一般不太过于强求一句话一个意思,更不会强求一句话一段,但这篇人物特稿长达 2,600 字,其写法就像消息写作一样,基本上是按照一句话一个意思,一句话一段在展开报道。这种写法,让读者能够更清晰、更愉快地获取新闻信息,也消除了读者阅读长篇报道的疲劳感,减轻了黑压压的长篇文字给读者造成的心理压力,让读者得以在轻松与自在中接受新闻。

二、语言风格:像说话一样写作

记者进行新闻写作时,要尽量采用大众能够看得懂的语言,与之相应的语言风格,就是要像说话一样写作。

丹尼尔·笛福说:"如果有人要问我,我认为什么是完美的语言风格,我会回答,它是这样一种风格:一个人对着 500 名接受能力不等的普通人说话——除了白痴与疯子外,他们中所有人都能听懂——而且说话人有意识地让人理解"①。

---

① 门彻.新闻报道与写作[M].展江,主译.北京:华夏出版社,2003:195.

新闻语言最完美的风格,就是要让读者感到,记者像在和读者说话一样,像在拉家常一样,轻松自如地讲话、写作。基本上就像是在用口语表达,而非书面语言表达。文字就像口语一样,所有人都能看懂。请看下面这个例子。

┃妈妈教我放鸭子┃

我去访问陈惠容啦。她刚满18岁,是全国最小的妇女代表,又是全国最小的"三八"红旗手。我说:"鸭姑娘,你小小的年纪,一年收入五千元,本事真大!"她对我说:

哪里,哪里! 我一只巴掌拍不响,这五千多元是我们一家5个劳动力合起来挣的。我的荣誉是妈妈转让的。没有妈妈,就没有我的现在。

1979年,我初中毕业,妈妈说:"现在党的政策好,不割'尾巴',不消灭'海(鸭)陆(鸡)空(鸽)',你跟着我养鸭吧!"我说:"姑娘伢(伢,湖北方言,孩子,意即小姑娘——引者注)跟着鸭屁股转,人家笑话!"妈妈说:"谁会笑话? 我8岁就甩鸭篙子了。"我说:"你那是旧社会,'饿得没法,就去放鸭!'"妈妈叹气了:"咱们家,吃的多,做的少,么时候才能不吃国家救济啊?"我见妈妈伤心了,赶紧说:"妈,我跟你去,我不怕丑(湖北方言,害羞;怕别人笑话——引者注)了!"

说是不怕丑,走到荒湖野地看见同学来了,赶紧往草堆里躲。蚂蚁咬脸不敢动。时间一长,人们都知道了,我才不躲了。

我们全家搬到离村子四里开外的湖边,搭上棚子。天天(湖北方言,每天——引者注),我手拿一杆金枪,脚踏一叶扁舟,当上了"鸭司令"。早晨,披着星光去;晚上,踏着月色回。一天三餐,由姐姐送来吃。夏天热冬天冷,苦楚是不少的。

妈妈告诉我:"鸭子虽小,浑身是宝,国计民生不可少。"鸭的蹼能制药,毛能做衣服、被子。这些过去我都不懂,只知鸭肉鸭蛋可以吃。

妈妈说:"饿不死的鸡,撑不死的鸭。鸭子是直肠子,消化快,最贪吃了! 一年365天,天天要把鸭子赶到老远吃野食,才能省下饲料。"

妈妈说:"矮禾经不起鸭子拖,禾密过不了麻鸭婆。放鸭子,要做到'四不拖'。就是:禾苗没有稳蔸;田里无水;禾秆倒伏;谷子低头的时候,不能把鸭子放进稻田。还要掌握'四不踏',就是:在雨天、雪天、田泥不干、春天盛长期,不能把鸭子放进绿肥田,不然农民要生气骂人。其余的时间,农民都欢迎鸭子进田。因为鸭子进了田,能够松土壤,除野草,吃害虫,施肥料。省工,省药,不污染。"

真想不到,妈妈懂得这样多! 妈妈说,养鸭要知鸭性。她还听得懂鸭子说话哩!

有一次,我把鸭子赶回家,它们又推又挤,乱吵乱叫,不肯进窝。妈妈听见了,对我说:"鸭子叫:'懒姑娘,房里脏!'你有几天不锄粪了?"我回答:"六天。"果然,等我把鸭窝打扫干净,鸭子就排着队,一步一摇地走进去了。

妈妈的眼睛也挺厉害,轻轻一扫,就能看出鸭子是好是坏,是公是母,是老是小,有病没病,肚子里有蛋没蛋。慢慢,我把妈妈的本事也学来了。

原来鸭子有好多地方像人。年轻的鸭子喜欢打扮,穿得五颜六色,花里胡哨;年老的鸭子灰不溜秋,老里老气。公鸭体格魁伟,毛色鲜艳;母鸭小巧玲珑,十分朴素。有蛋的鸭子像人怀了肚子,尾部拖下来,走得慢;没蛋的一身轻松,走得快。有病的鸭子不想吃食不想动,没病的东咧咧、西咧咧,嘴巴不肯歇一歇。

鸭子不看表都知道钟点。到了钟点不给食,就围着我闹。有时把脖子伸得老长,怄气,装死相,动也不动一下。喂了食,就高兴了,一蹦几尺高,有时还能飞三丈远。

鸭子知道害怕,碰到陡坡,只要超过四十五度,不敢上,也不敢下,连忙弯路走。

鸭子还知道害臊,从来白天不在野地下蛋,都是夜里在窝里下。它们知道人们为它辛苦一天,不愿人们捡蛋麻烦,都是一个一个地轮流下在一个固定的地方。只有极个别的"懒婆娘"才就地下散蛋。

我到北京、到武汉开妇女会,一些姐姐、阿姨、奶奶都爱围着我问:"你一个人在野外,不害怕吗? 不寂寞吗?"我回答她们:"我像鸭子一样,爱上了湖中水,石头打来也不飞!""我怎么会寂寞、害怕呢? 我又不是光杆司令,我有一千多名鸭兵! 我爱它们,它们也拥护我。"①

这条新闻采用第一人称自述的手法,就像人物在当面和读者说话一样,娓娓道来,轻松随意。通篇几乎全部采用老百姓口语化的语言,是一篇比较典型的像说话一样写作的新闻,"口语入文"的语言特色,使新闻报道淳朴自然。大量的地方方言,使新闻表现出浓郁的地方特色。大量通俗的民谚、民谣,使比较深奥、枯燥的专业知识,变得通俗易懂而又妙趣横生。美中不足的是,新闻个别地方存在斧凿痕迹。比如,有的地方富有韵律节奏感:"鸭子虽小,浑身是宝,国计民生不可少。"在口语表达中,即使是一个诗人,一般也不会刻意追求押韵,而且也很难让语言这样富有音韵美,更何况是一个没有多少文化的农村小姑娘;有的地方追求字句的工整对仗:"手拿一杆金枪,脚踏一叶扁舟","早晨,披着星光去;晚上,踏着月色回。"这种语言过于文学化了。这种写法,是与像说话一样写作的语言风格不相匹配的。不过,总的说来,瑕不掩瑜,这篇新闻语言质朴自然,文字清新明晰,不失为一篇比较优秀的新闻报道。

时下,媒体上充斥着专业术语过多、时髦的学术语言泛滥的新闻报道,让普通受众读起来非常费解,这特别表现在一些经济新闻报道、法制新闻报道以及更多的工程技术、医药、生物等自然科学方面信息的新闻报道中,这些新闻写得艰深晦涩,甚至佶屈聱牙,让人读不懂,如坠五里雾中。这种语言风格违背了新闻报道的基本原理,必须匡正。

三、句子结构:主谓宾结构

新闻语言的基本结构应该是主语－谓语－宾语,即主－谓－宾结构。以主语开始,然后是一个行为动词,紧接着是包括动词的宾语。

---

① 刘衡.妈妈教我放鸭子[N].人民日报,1983-12-12.

主－谓－宾句子结构接近于人们日常的讲话方式。前文要求新闻语言的风格要"像说话一样写作",这种风格不仅要求记者在运用语言时,尽量用通俗易懂的口语去表达,少用文绉绉的书面语言,而且要求记者新闻报道的句子采用最简单的结构。主－谓结构和主－谓－宾结构是最简单的句子结构。

> 日本投降了。
>
> 时隔七百年后,马可·波罗又回来了。

这是两条新闻的导语,这两个导语都是典型的主－谓结构的句子。

第一个导语:主语——日本;谓语——投降。

第二个导语:主语——马可·波罗;谓语——回来。

这种结构的句子在日常生活中,口头语言运用得比较多,书面语言运用得比较少。主－谓结构的句子虽然简单,但是这种结构表达的意思有时候不一定很完整。所以,在书面语言中,多数句子都是比较完整的主－谓－宾结构。

> 【路透社(1964 年)10 月 16 日电】 今天格林威治时间 7 时中国爆炸了一枚原子弹,从而闯进了核俱乐部。
>
> 【法新社开罗(1981 年)5 月 20 日电】 数以千计的饥肠辘辘的老鼠侵入尼罗河谷,眼下已抵达首都开罗大门。
>
> 【本报 9 月 2 日电】 (发电地点:东京湾 美国"密苏里"号战舰上) 今天上午 9 时 05 分,日本外相重光葵在无条件投降书上签字。日本终于为它在珍珠港投下的赌注付出了代价,失去了其世界强国的地位。

上面是三条新闻的导语,这三个导语的句子采用的都是主－谓－宾结构。

第一个导语:主语——中国;谓语——爆炸;宾语——原子弹;

　　　　　　主语——中国(省略);谓语——闯进;宾语——核俱乐部。

第二个导语:主语——老鼠;谓语——侵入;宾语——尼罗河谷;

　　　　　　主语——老鼠(省略);谓语——抵达;宾语——开罗大门。

第三个导语:主语——重光葵;谓语——签字;

　　　　　　主语——日本;谓语——付出;宾语——代价;

　　　　　　主语——日本(省略);谓语——失去;宾语——地位。

这种主－谓－宾结构非常干脆利落,也非常明晰。读者接受起新闻信息来最方便、最快捷、最有效。从句子顺序来看,这种主－谓－宾结构容易被人理解。

新闻导语"寸土寸金",记者可以尽量采用主－谓结构和主－谓－宾结构,既可以节省文字,又能让读者高效地接受信息。在新闻主体中,记者也应该多采用主－谓结构和主－谓－宾结构,以使新闻报道更简练,更快速有效地传递信息。

思考与练习

一、思考题

1. 新闻语言适用于什么语体风格？为什么？
2. 运用新闻语言有哪些要求？
3. 请谈谈新闻语言的运用艺术。

二、练习题

1. 试分析下面这篇新闻的语言特色。

｜"人畜不宜"——寒流袭击美国东北部｜

人们鼻涕稀啦。汽车不能发动。狗狂叫着不肯出门。在纽约州的一个地方，天冷得简直连冰都冻不成。

两个星期前，在摄氏 16 度的温度里穿着 T 恤衫打高尔夫球的美国东北部的人们，本周一开始就受到了严酷现实的考验。

冬天，这个曾几何时成为人们遥远记忆的季节，又杀了回来。天气预报人员说，寒冷天气已经来到美国，并将一直逗留到本星期末。在波士顿、普罗维登斯和罗德岛，气温将达到创纪录的最低点。

连设在纽约普拉西德湖的奥林匹克地区发展局都不得不停止浇制冰橇比赛 1.6 公里赛道的工作，因为天冷，活简直没法干。

"水浇到地上都成了一条条冰线，我们没法把整个跑道浇湿，"发展局的通讯部主任散迪·卡里格尔抱怨说。

离普里拉西德湖不远的怀特菲斯山山顶的一个滑雪场上，气温达到零下 36 度，寒风刮起来时温度能达到零下 73 度。（原文如此）

大风迫使他们将滑雪场 11 个缆车中的 6 个关闭，但卡里格尔发现还是有 512 人上了山。

在纽约的阿尔巴尼，原定纪念马丁·路德·金的游行被迫取消，而那些硬撑着到场的人也不得不跑到帝国大厦的地下层暖和一下。

在托灵顿，星期一的寒风使气温降到零下 45 度。波拉加油站经理霍斯特说，人们索性加点油凑合着走就行。

霍斯特说："我发现平时加满油箱的人今天扔下几个美元就走，他们实在不能在车外呆太长时间。"

在纽约的锡拉丘兹，救援小组不得不派工作人员到大街上把那些无家可归的人带到救援中心。到中午，这个中心的 67 张床已经满了 65 张，这里的官员说准备再增加 90 张床。

中心的发言人拉默说："我们很忙，我们的目标是确保没有人冻着。"

国家气象中心发布了大风警报，北缅因州和纽约州东南的一些组织也劝告人们尽量不要将皮肤裸露在外,以免冻伤,并保证孩子和老人加上足够的衣服。

零度以下的温度在马萨诸塞、佛蒙特、康涅狄格、新罕布什尔、缅因和纽约很常见。纽约的萨兰纳克星期一最低温度达到了零下20度。

讨厌的天气星期一也袭击了美国中西部,厚到5厘米的大雪和雨夹雪造成了交通事故和航班晚点。但交通不便给一些旅店带来了好生意。

在巴尔的摩—华盛顿国际机场。星期六气温还是15度,星期一下午突然降到零下2度。在马里兰州的劳伦公园,人们一致投票决定取消当日的7场赛马活动,因为按照该赛事的发言人泰勒的话说,天气对"人畜不宜"。

"在这种天气骑在马上蹦跶,"泰勒说,"就像乘一辆没有挡风玻璃的敞篷汽车兜风"。"穿着几乎像内衣一样的比赛服装,以每小时60多公里的速度在马背上飞奔,你可以想象是一个什么样的感觉"。①

2. 阅读下面这条新闻,请分析这条新闻的新闻语言运用艺术。

娜地娅仍然是奥运会的宠儿

【美联社莫斯科 1980 年 7 月 18 日电】 娜地娅·科马内奇仍然是奥运会上最招人喜爱的角色。

她今年18岁,个儿长高了,也丰满了,但仍然不失为一个苗条的少女。这位引人注目的罗马尼亚运动员,是唯一能够走到奥林匹克村大门外就能造成交通阻塞的人。

事情发生在昨天。

快到中午的时候,娜地娅和她的身穿绿色运动衫的队友们——她们看起来很像白雪公主和七个矮人故事中逃亡的仙女——在国际厅外的台阶上找了个地方坐了下来。

参加比赛的各国选手聚集在那里,有的晒太阳,有的在畅叙友情。

她们在那里安静地坐了一会儿,过往的人们开头谁也没留心她们是谁。

有个摄影记者注意到她们了,"咔嚓,咔嚓"给她们照开了相。又有一个摄影记者赶了过来。最后,她们被一群记者、摄影记者和运动员彻底包围起来了,运动员们伸长了脖子,想看一眼科马内奇,或请她签名留念。

很快,国际厅外热闹起来了。

他们都记得,1976年,在蒙特利尔奥运会上,14岁的小姑娘娜地娅·科马内奇令人眼花缭乱地夺得了三枚金牌、一枚银牌和一枚铜牌。她是有史以来第一个获得满分十分的体操运动员,并且七次获得满分。

娜地娅是个安详、和善的姑娘,她尽量愉快地回敬人们对她的注意。她用法语回答了几个问题。然后,她和她的队友——都是些还不到她肩膀高的小娃娃——一起站了起来,朝着附近的体操房走去。

---

① 美联社 2000 年 1 月 28 日电稿。

钦羡她的人们又推又挤地跟在她的后面走。当她回来时,这样的情景又重复了几次。

古巴重量级拳击冠军梯奥菲罗·斯蒂文森在一堵矮墙上坐了下来。世界著名的长跑家、坦桑尼亚的费尔波特·拜伊尔走进了一个露天咖啡馆。其他运动员——有的单独行动,有的成群结队,还有的冠军身穿运动服——走过这里,但是谁也没有引起大家的注意。

然而,人们都把注意力集中到娜地娅身上。

一个矮小的印度男人走近娜地娅,送给她一个印度娃娃。他解释说:"这是一个克拉拉的舞蹈者。"

娜地娅亲切地抱着娃娃,高兴地微笑了。

当罗马尼亚运动员推开众人走进奥林匹克村时,有人用英语问娜地娅,她能否再夺金牌。

她伸出大拇指,表示"第一"的意思,接着,她就消失了。

女子体操规定动作比赛将于下星期一举行,她是否能再夺冠军,到那时才可见分晓。①

3. 下面这篇文章是新闻专业本科生刚开始学习新闻采写时写的一条寒假见闻。请分析这篇寒假见闻的语言表达,并指出其中的错误之处。

─────| 寒假记闻 |─────

2015 年某月某天的某时某刻,某人伴随着咒骂被他的损友推下了雪山,某人伴随着强烈的好奇被他的损友忽悠着换了高难度的雪鞋,某人在好友的逼迫下体验到了生命飞驰的快感。

这件事说起来还要回到 2015 年高考后的某天。那天我们把酒言欢,尽谈人生未了的愿望,于是在举杯共饮后就有了雪山之巅的那一幕。在经历四个小时的颠簸后,我们到达某狭小又拥挤的滑雪场。在异常激动的心情下我们登上雪山,看着雪山上的一片狼藉,我有些犹豫,然而就在这电光火石之间,我被朋友推下了雪山。瞬间绷紧的心弦断裂,只有风在耳旁呼啸划过。"嗯,这感觉其实还不错!"这是当时唯一的想法。于是膨胀的我被朋友忽悠去挑战更高难度的单板滑行,于是,在某滑雪场,来了一场艺术体操与摔跤相扑的极限表演,只见我先背部着地后一个 360 度托马斯全旋再双脚腾空 180 度后落地。之后便是长达 5 分钟的静默,再之后就是一天的卧床休息。

于是我的假期就在疼痛中度过了。但我感谢他们的一推,让我突破了心中的恐惧,让我日复一日的生活变得不同,让我有勇气去做我渴望的新鲜事物,他们的一推,没有让我坠入万丈深渊,而是让我在黑暗中开辟新天地。

这让我明白,原来真的朋友,不是在你陷入窘境时把你拉上山坡,而是给你力量,让你去突破自己,甚至在必要时刻轻轻一推。人总是画地为牢,在一日复一日的生活中磨灭了激情与勇气。

───────────

① 程道才.中外新闻作品赏析[M].北京:中国广播电视出版社,1996:116－117.

4.下面是一位辅修新闻的本科生写的一篇新闻。请对这条新闻的语言表达进行分析,看哪些地方有什么问题。

▎北外西语系教授、博士生导师郑书九来我校讲座▎

【××在线11月24日消息】 11月24日晚18点30分,北京外国语大学西葡语系教授、博士生导师郑书九在我校西区教学楼C栋报告厅举行了一场面向全校的讲座。讲座的主题关于"拉丁美洲文学爆炸及相关研究"。

18点整,教学楼响起了下课铃,当所有学生收拾书包,在寒风中裹紧外衣,三五结伴急匆匆从西区教学楼朝食堂方向走去的时候,一群西语系的学生逆着人流往教学楼里挤去。18点15分,平常看起来十分宽敞、约能容纳两百多人的C报告厅此时看起来拥挤不堪:许多学生走来走去试图找一个靠前的好位置,有的人手里还拿着面包和晚饭,有的人一路跑进来气都来不及喘顺畅了就着急地寻找帮忙占座同学的身影。不知道是不是冬天大家都穿得太厚实了,整个报告厅里黑压压的人头攒动,空气都比门外热上好几度。18点25分,整个报告厅基本都坐满了,后排还有很多没有找到座位的学生,只能一个挨一个直挺挺地挤在一起站着,远远望去显得"气势汹汹"。

一个看起来书生气很浓的老教授在西葡语系系主任罗应珍的带领下朝台上走去,罗主任调试了下话筒,刚刚还显得十分热闹的报告厅瞬间就安静了下去,讲座要开始了。

在罗主任的介绍下,西班牙语语言文学博士、北外教授、博士生导师、现任中国西葡拉美文学研究会会长、中国西葡语教学研究会会长这样一连串金光闪闪的头衔让大家对今天远道而来的发言人有了一个基本的认识。底下的学生们一个个伸长了脖子,都迫不及待想看清台上那位老教授的模样,还有人交头接耳连声说"天啊,这可是拥有百度百科词条的男人"。当话筒递到今晚三个小时讲座主讲人的手上,所有人的目光都齐刷刷地投向了讲台。

"大家晚上好,我是一名普通的教书匠,执教41年了。今年我已经65岁了,刚刚办理了退休。"郑教授的声音里有着北方人浑然天成的端正口音,却不显得粗犷,清清爽爽,自然大方。与介绍时的一大串头衔反差很大,郑教授看上去更像一个他口中的匠人,温和有力,就像是平日里课上的一位老师,站在三尺讲台上,离学生很近。他欠了欠身,用一句蹩脚的重庆话打起了招呼,逗笑了底下的同学们。整个报告厅的气氛都轻松了起来。下一句话,他直接说起了西语,优雅的发音一下抓住了所有人的耳朵,在座的同学们惊喜地互相望着彼此,好像都没有想到一位退了休的老教授能有这样丝毫听不出年龄的完美发音。

郑教授从"拉美文学大爆炸"这样一个对西语系学生来说十分熟悉的名词为切入口,从上个世纪七八十年代拉美各国的发展状况和整个世界的国际形势开始分析,慢慢延展到文学创作的领域。他借用拉丁美洲著名文学批评家安赫尔·拉马的论断"较之欧洲文学和美国文学,就文学的多样性和复杂性而言,没有比拉丁美洲文学更难了解和理解的",从"文学爆炸"的酝酿期、发展期和顶峰期的时间顺序进行了扩展论述。穿插着对所谓"文学爆炸"如何做出时间界定的判断、学术界对这个概念的提出等等小问题的解答。

在拉美文学发展的每个时期,郑教授都列举了相对应的文人代表,分析了他们每个人的写作风格和代表作品。其中着重评述了现代公认的"拉美文学爆炸"的四位代表作家的著名作品。结合着郑教授本人从博士就读期间就研究的拉美文学课题,和他个人阅读原文书籍的心得体会,给我校西语系的同学们打开了一扇通往拉美的文学之门。特别是对于中国学生来说比较熟悉的哥伦比亚作家,加西亚·马尔克斯的作品进行了重点阐述。从加西亚·马尔克斯早年的练笔习作讲起,到他"现实"与"魔幻"的写作世界,最后落脚到其不朽著作《百年孤独》。从一个学院派和学术界的角度,给学生们介绍了研究加西亚·马尔克斯文学作品的前沿观点,并为同学们之后对他作品的阅读提供了多样的角度和建议。最后,在对 2010 年获得诺贝尔文学奖的拉美作家马里奥·巴尔加斯·略萨的政治和文学生涯的评述中,结束了今天长达两个半小时的讲座。

虽然在上个世纪,欧美文学一直对拉美文学爆发的潮流不以为然,但之后拉美文学渐渐渗透到西方并对其文学创作产生深远影响,甚至拉美作家不断获得国际认可都证明了拉美文学是世界文学大军中的一支中坚力量。

之后的互动提问环节,来自大一、大二、大三、大四和外系的同学从不同角度,针对不同学习阶段阅读拉美文学的提问,郑教授都给出了相应的答复,至此,本次讲座就结束了。山城初冬的夜里,报告厅里学识渊博的老教师和年轻学子的思想碰撞和一次又一次自发的掌声驱散了些许料峭的寒风。

第 *10* 章 新闻报道原则

本 章 要 点

- 新闻报道准确性高于一切。
- 记者只能写自己看到、听到的事实。新闻写作不能进行合理想象,也不能进行逻辑推理。既不能夸大事实,也不能隐瞒事实,更不能虚构事实。
- 对事实进行核实是新闻写作必不可少的程序。
- 记者必须到现场亲眼观察、亲耳听说,所得到的事实才可能是真实的;对有疑虑的事实,记者必须找到当事人核实、补充调查和重新调查;记者也可以通过查阅相关资料来核实和验证新闻事实。
- 平衡是一种道德责任,记者必须有正义感。
- 对于冲突事件、有争议的事件、批评和指控,要报道双方的陈述和意见。
- 一个事实,要写出多方面的信息,不能只写出单方面的信息。
- 正面和负面报道,都要适度,不要把一个事件写得一好百好、一坏百坏。
- 记者要忠实地叙述事实,秉笔直书,不隐恶,不扬善;公正地报道事实,不倾斜于新闻事件中的任何一方;客观地陈述事实,不能用主观意见代替客观事实,不能将感情色彩渗透在新闻中。
- 事实与意见要分开。新闻报道中只叙述事实,不表达观点和看法。
- 新闻报道前先想清楚要表达的内容,想得清楚,才能写得明白,从而才能简洁表达。
- 准确把握新闻事件的特征,抓住新闻事件的重点,是新闻报道简洁的最佳方法。
- 一事一报,既能使新闻报道简洁,也能使重要信息清楚明白地呈现给读者。
- 连续滚动报道新闻,既符合新闻事件发展的阶段性和连续性,又使新闻报道简洁明快。
- 要锤炼语言,挤掉水分,删减多余的词句,使文字洗练明快。

为了更好地维护和体现公平正义,也为了更好地体现新闻的特点,新闻报道必须遵循以下最基本的原则:准确、核实、平衡、客观、简洁,等等。

第一节　准确

新闻报道首先必须准确,这是新闻报道的第一原则。

美国著名新闻人普利策给他的采编人员立下了一条最重要的规则,并再三强调这个规则:"准确、准确、准确。"[①]

杰克·海敦在《怎样当好新闻记者》一书中引用了普利策的这个新闻报道最高原则:"准确!准确!!准确!!!"[②],将这个原则作为题首语来注释他的观点:准确性高于一切。

新闻报道若没有准确,一切便毫无意义。准确是所有新闻报道原则的基础,也是所有新闻报道原则的核心,更是所有新闻报道原则的先决条件。

一、采访时要搞清楚事实

准确,首先是事实的准确,即事实要真实。新闻报道的真实,要求记者在采访中一定要把材料搞清楚,把事实弄清楚。

新闻要素是采访时第一要调查清楚的问题。新闻要素主要是指时间、地点、人物、事件、原因、结果这六个要素。这六个要素缺一不可。但是,很多初学者往往对这六个要素调查得不扎实,因而造成新闻失实。

重庆三峡库区某地举行长江大桥通车仪式,请了新闻媒体去采访报道。重庆一家报社第二天把新闻报道出来后,重庆市人大办公厅给这家报社打电话说,你们的记者写文章不踏实,我们的主任王云龙昨天没有去参加这个通车仪式,而你们的记者却说王云龙参加了通车仪式。

原来,王云龙本来计划是要去参加通车仪式的,可是后来临时有事,就变更了议程。巧而又巧的是,刚好这次也有一个叫王耘农的市领导去参加了通车仪式。不过,此王耘农非彼王云龙,此王耘农当时是重庆市政府副秘书长,重庆人边音和鼻音分不清,"农"和"龙"读成一个音,记者去采访时,只是听主持人念了一下名字,并没有去找到相关人士核实,就回报社草率发了稿,结果造成新闻失实。

《重庆商报》一位记者有一次把一个小偷和受害者搞颠倒了,把受害者写成了小偷,而把小偷写成了受害者,给受害人造成了极大的伤害。

中国足球队参加世界杯十强赛,抵达阿曼首都。当天北京发行量很大的一家报纸在显著的版面刊登了"本报记者"发回的一条消息,报道国足抵达阿曼进入下榻宾馆的情况。记者写道,从这里可以眺望地中海的景色,波光粼粼、如何优美,等等。而实际上,阿曼在西亚南部,位于阿拉伯半岛东南部,东北濒阿曼湾,东南临阿拉伯海,扼波斯湾通往印度洋的门

---

① 门彻.新闻报道与写作[M].展江,主译.北京:华夏出版社,2003:45.

② 海敦.怎样当好新闻记者[M].伍任,译.北京:新华出版社,1980:34.

户,与地中海相隔几千公里,如何能看到地中海的景色?只有西亚北部的国家比如土耳其、叙利亚等国才濒临地中海。

上述案例,把最基本的新闻要素都搞错了,新闻报道的准确性根本无从谈起。

2014年1月31日,南派猴王六龄童去世,享年90岁。2月16日,六龄童追悼会在绍兴举行,不少民众前往送别。新浪娱乐的报道标题是《六龄童追悼会在绍兴举行 亲属大打出手》:

> **【新浪娱乐讯】** 2014年2月16日上午,六小龄童之父六龄童章宗义追悼会举行,众多人赶往现场参加悼念。追悼会开始前,因家庭纠纷,数名亲属大打出手,一男子面部被打伤,几个花圈被推倒。在众人的劝说下,事态终于平息。(2014年02月16日14:34)

时隔2小时后,六小龄童很快通过微博澄清追悼会打架事件,凤凰娱乐综合的报道是《六小龄童回应父亲追悼会"亲属互殴":是朋友打架》:

> 2月16日上午,六小龄童之父六龄童章宗义追悼会举行,众多人赶往现场参加悼念。追悼会开始前,被曝数名男子因家庭纠纷大打出手,一男子面部被打伤,几个花圈被推倒。在众人的劝说下,事态终于平息。
>
> 16日18时左右,六小龄童通过微博澄清追悼会打架一幕非家庭纠纷,"现场我的个别(演)艺界朋友因为琐事发生了一些争执,经过劝说,矛盾已化解",并谢谢所有人对父亲的关心。(2014年02月16日18:38)

亲属打架和朋友打架,是非常重要的细节,记者没有对此进行认真调查,误将"朋友打架"写成"亲属打架",导致新闻失实。新闻的重要细节不能出错,一旦出错,新闻的主要内容也就失实了。

要求重要细节不能出错,并不是说不重要的细节就可以出错,不重要的细节也不能出错。新闻的所有事实都必须是准确、真实的,不能有丝毫的失实,只不过重要的细节必须加倍小心。

二、写作时不要合理想象

新闻和文学最大的区别之一是,文学可以有想象,而且必须想象丰富,但是新闻不能有一丝想象,哪怕是合理的想象,也不行。记者只能写自己看到、听到的事实。

上世纪50年代,一篇新闻报道《马特洛索夫式的英雄黄继光》对黄继光在上甘岭战斗中英勇献身的过程作了完整而细致的报道,我们来看下面这两段:

> 一阵阵的冷雨落在黄继光的脖子上,敌人的机枪仍然嘶叫着,他从极度的痛苦中醒来了。他每一次轻微的呼吸都会引起胸膛剧烈的疼痛,他四肢无力地瘫痪在地上,他挣扎着用负伤的左臂半支起身体,然后用最后的力气举起左臂,把手雷向火力点扔过去。
>
> 黄继光又醒来了,这不是敌人的机枪把他吵醒的,而是为了胜利而战斗的强烈意志把他唤醒了……后面坑道里参谋长在望着他,战友们在望着他,祖国人民望着他,他的母亲也在望着他,马特洛索夫式的英雄行为鼓舞着他,他像一支离弦的箭,向着火力点猛扑过去……

黄继光已经牺牲了,记者如何能够获得这些材料?记者怎么知道黄继光"每一次轻微的呼吸都会引起胸膛剧烈的疼痛"?怎么知道"不是敌人的机枪把他吵醒的,而是为了胜利而战斗的强烈意志把他唤醒"的?怎么知道"战友们在望着他,祖国人民望着他,他的母亲也在望着他,马特洛索夫式的英雄行为鼓舞着他"?黄继光临牺牲前究竟想到的是什么?黄继光已经牺牲了,他想了什么,记者根本无从知晓,记者在这里显然进行了合理想象。

当时,新闻界曾对这种合理想象展开过讨论,最后由新华社著名记者华山做了总结:《文学不能代替新闻》。华山指出:"文学可以丰富新闻的表现能力,却不能代替新闻","《马特洛夫式的英雄黄继光》的某些细节之所以会引起不真实的感觉,就是作者忘记了新闻的根本特点,错误地以艺术创作代替报道事实的结果。"

新闻不是文学作品,人物的每个细节、动作都必须是事实,任何凭"合理想象"的写法都是不允许的。

苏联著名记者波列伏依多次谈到自己的一个教训。有一次,他到莫斯科一家工厂采写了一篇反映一位成绩显著的老工人的新闻报道,报道登出后两天,这位老工人气鼓鼓地找到波列伏依,指着报上一段话说,您给我胡说些什么玩意儿呀?

那段文字是这样写的:

> 他早早地起来了,穿上了节日的盛装,刮了刮脸,仔细地梳了梳头发。

波列伏依当初采访时,这位老工人戴着帽子。现在,老工人当场摘下帽子,波列伏依看见,这位老工人头上一根头发都没有。这位老工人还说,现在厂里的小伙子们都取笑他,要他讲一讲他是怎么梳头的,有一个小伙子还当众送给他一把梳子。这位老工人的话让波列伏依十分尴尬与内疚。按照常理,这种一根头发都没有的情况非常少见,但是记者就偏偏遇到了。可见,记者只能写自己看到、听到的事实,没有看到、没有听到的事实,不能有一丝一毫的推测和想象,否则就会出错。

三、新闻不能进行逻辑推理

记者写作新闻报道,不能进行合理想象,也不能进行逻辑推理。很多事实,即使难以相信,但如果是事实,我们也应该相信、必须相信,不能依照常理来推断,不能以严密的逻辑推理来报道新闻。如果记者认为自己掌握的材料不可思议,不可能发生这样的事实,事实有可能是假的,那么他就应该进行深入调查,弄清楚这件不可思议的事情,而不能仅凭主观判断就下结论。

2005 年 1 月 7 日,中共武汉市委机关报《长江日报》报道:中南财经政法大学一名家庭贫困的女大学生刘维(化名),经常到学校食堂捡别人吃剩的馒头,而且一捡就是近两年。记者之所以如此报道,是因为记者看到了这名女生的饭卡消费明细,屏幕上显示的资料是:整个 2004 年,她才花了 8.35 元!然后又发现,这名女生每个星期要到学校的开水房花 0.15 元打上一瓶开水。这个材料无疑是一个非常有意义、有报道价值的材料:这一年,这名女生究竟是靠什么果腹的?值得记者深入挖掘。记者首先应该采访的是该同学本人,然后再采访这名女生的室友和同学,采访相关的学生干部、辅导员及学校学生管理部门,揭开谜团。但是,记者并没有进行深入调查,而是运用了简单的逻辑推理:这名女生的饭卡上一年消费只有 8.35 元——显然没有在学校食堂打饭——如何填饱肚子?只有在垃圾桶里捡剩饭剩菜度日!

2015 年 1 月 14 日,中南财经政法大学有关负责人发表讲话,澄清事实:该同学系独生子女,其父母是江苏无锡市某厂的在岗工人。她是困难学生,但不是特困生。该同学 2003 年 9 月考入中南财经政法大学学习,交清了一年级学费,并有银行存款,当年获得学校核发的三等专项困难补助,标准是 100 元/月。2004 年该同学继续获三等专项困难补助,标准提高到140 元/月。同年,经学校审核,该同学享受国家专门为贫困生设定的二等奖学金,该奖学金免除其当年学费,另加 4,000 元现金奖励。经统计,该同学两学年累计共获国家和学校资助 1 万多元,其中,6,400 元直接为生活费用补助。根据武汉地区生活水平测算,该同学的学习和生活经济来源能得到基本保障——至少不至于近两年时间靠捡剩馒头充饥![1]

记者根本就没有对当事人进行调查,也没有调查与当事人相关的部门和人士,而是运用逻辑推理来完成新闻报道,新闻失实就在所难免。

2006 年 4 月 4 日,《兰州晨报》报道了一条惊人的消息:两条煮熟的儿童胳膊及碎肉、骨头掺杂着生姜、朝天椒等调料惊现兰州市城关区阳洼沟垃圾场!《兰州晨报》的报道如下:4月 3 日,兰州市公安局、城关公安分局及辖区派出所的百余名公安民警全面介入调查,并在东岗、雁滩、和平一带展开重点排查工作。记者获知这一消息后迅速赶到事发现场,在垃圾场一蓝姓工作人员的指引下,记者来到垃圾场西北侧的一堆垃圾旁,在一个白色塑料袋旁,放着两条小孩胳膊,塑料袋里装有碎肉、骨头,以及生姜、朝天椒等调料,现场没有发现小孩躯体的其他部位。办案人员从现场情况分析,这是一起杀人碎尸案,小孩被杀害后肢解煮熟,被害人年龄在 5—8 岁之间,性别难以确定。

《兰州晨报》的报道见报后,次日(4 月 5 日)下午 16:00,兰州警方举行新闻发布会,兰州市公安局副局长胡义就警方的调查经过及结果进行了详细介绍。兰州警方经广泛走访调查,最终核实:两截人体上臂及碎片组织,系甘肃中医学院基础学实验室标本制作室于当年 3

---

① 陈斌,贾亦凡.2005:中国十大假新闻[J].新闻记者,2006(1).

月 31 日在制作人体标本时所切除的碎片,属于正常教学尸体标本。有关人员将其装入塑料袋中,放在标本实验室门口,准备次日入库。4 月 1 日早晨,学院清洁工清扫卫生时,误将此袋当作生活垃圾清理,送到前来运送生活垃圾、医用垃圾的清洁车上,拉到阳洼沟垃圾场倾倒,直到 4 月 3 日被拾垃圾的群众发现报警。

这篇报道之所以严重失实,关键就在于记者在采访时没有进行深入调查,而是主观猜测、联想、逻辑推理。看到残肢,就联想到肢体被煮熟,并由此推断是一起杀人碎尸案。为了使"肢体被煮熟"能够自圆其说,竟然虚构出现场有"生姜""朝天椒"。而同属于甘肃日报报业集团的《西部商报》的同题材报道,只是报道记者看到的事实:垃圾堆里发现两只小孩手臂,但既没有断言被煮熟,也没有推断是杀人碎尸,更没有发现所谓的生姜、朝天椒,而是客观报道说:"就孩子的具体死因,警方正在进一步的调查中"①。

新闻报道不是侦探小说,不能进行推理与臆测,记者更不能做福尔摩斯,根据一点蛛丝马迹就推断出什么什么。记者的铁限是:事实! 除了事实,记者不能恣意妄为,不能像逻辑学家一样进行严密的推理。

四、既不夸大也不缩小事实

夸大和缩小事实,都会造成新闻失实。新闻报道中常见的是夸大事实,特别表现在对人物的报道上。

2002 年 2 月 6 日,"杂交水稻之父"袁隆平在武汉市硚口区与中小学生交流时,一个中学生敬佩地说,他看过一篇报道,报道说袁隆平院士累倒在稻田里还不放弃研究。袁隆平澄清说:"你们不要被媒体误导,累倒还工作不值得提倡,身体才是最重要的。另外,我也从来没有累倒在田里,那是耍笔杆子的人杜撰的。"(2002 年 2 月 20 日《中国青年报》报道《为什么不宣传袁隆平爱惜身体》)

为了使人物事迹更加典型,记者常常对人物进行"加工""提炼",滥用修饰词,夸大其词,随意拔高。全国劳动模范、大连造船厂工程师陈火金对媒体对他的先进事迹的夸大非常生气,并为此向有关单位写信说:

讲我们在水库旁边搞爆炸切割,飞出的金属片把高压线碰断了,落在地上,地上的草被烧着了,我们去拉电闸,宣传人员把这当作了不起的大事,大加宣传,其实电闸开关本来就是让人拉的,这有什么危险? 唬外行还行,内行一看就知道是小题大做。再说,那次作业是在运输不便、不得已的情况下进行的,离高压线近了,引起山火,严格地说是违章作业,把错误的东西当作正确的东西来宣传。我生病吐血,报道为"大口大口的鲜血直往外喷",哪有这样的事? 有的宣传说我们的爆炸加工已经达到世界先进水平,自吹自擂。……我只不过是一个中专毕业生,却称我是"爆炸大王",让人反感。②

① 贾亦凡,陈斌.2006 年十大假新闻[J].新闻记者,2007(1).
② 刘保全.新闻精品是这样采写成的[M].北京:新华出版社,2009:142.

记者不尊重事实,任意夸大事实,导致新闻失实。这种对人物随意拔高的报道,在媒体上屡见不鲜。

2008 年 9 月 11 日,《武汉晚报》报道了一条新闻:《高速列车 3 秒钟可跨越长江》。主要内容如下:

> **【本报讯】** (记者 左洋 通讯员 吏林山 杨学军) 3 秒钟!一趟高速列车就可跨越长江。昨日,天兴洲长江大桥钢梁全部合龙,建成通车后,可允许列车时速达 250 公里。
>
> 据了解,天兴洲大桥正桥全长 4,657 米,其中正线钢梁跨越长江 1,092 米,两侧采用高架延伸,下线进入武汉火车站不与公路相接,因此,高速列车过桥不用踩刹车,继续保持高时速,还突破了厄勒海峡大桥 160 公里/小时,刷新世界纪录,也是世界上列车跑得最快的大桥。

四川新闻网第二天刊发题为《"时速 5,588 公里的火车"让媒体蒙羞》的文章,为读者演算了这道算术题:

> 一个小时有 3,600 秒,3 秒钟过一次,就是说这列火车能以这种速度一个小时过 1,200 次。简单的乘法,$4.657 \times 1,200 = 5,588$,因此这列火车的速度是 5,588 公里/小时。这是什么概念?上海的磁悬浮列车的速度是 400 多公里/小时,世界上最快的列车速度也才 550 公里/小时,而超音速飞机的速度也不过 1,065 公里/小时,也就是说这列火车的速度达到了超音速飞机的 5 倍多,可谓空前绝后的"超超音速火车"了!

其实,按照文中的数据就可以很简单地得出高速列车的过桥时间:桥的长度除以火车的时速 250 公里/小时,得到的结果大约是 68 秒,也就是一分多钟。

11 月 5 日,《武汉晚报》以《时速 200 公里!火车两分钟跨越长江》为题作了后续报道:

> 昨日,看了武钢,50 名市民代表搭乘读者大巴,又来到建设之中的天兴洲公铁两用桥。建设指挥部相关负责人向大家介绍:不用两分钟!一趟高速列车就可跨越长江。[①]

媒体不愿承认错误,但在公众舆论强大的压力下,又不得不正视错误,只有采取这种另类"更正"的方式更正自己的错误。

这种假新闻,看起来连小学生都能演算的简单的算术错误,实质上还是记者一贯喜欢夸大事实、好大喜功的思想和新闻理念在作祟,在这种思想理念的指导下,得出错误的结论,犯下这样的低级错误。

有的记者为了个人利益或某个团体的利益,会缩小事实,甚至隐瞒事实,这也会导致新闻不准确,导致新闻失实,值得引起记者的注意。

---

① 贾亦凡,陈斌.2008 年十大假新闻[J].新闻记者,2009(1).

重庆一家报纸报道房地产开发商和广告公司的矛盾,报道的内容是,一块广告牌立在房地产开发商开发的一幢房子上面,开发商要撤掉这块广告牌,而广告公司却不同意撤掉。这块广告牌大约有 16 米宽,但记者站在广告公司的一边,将这个事实缩小了 10 倍,写成 1.6 米宽,房地产开发商一怒而将媒体告上法庭,要求澄清事实、赔礼道歉并赔偿损失。这场诉讼后来以庭外和解了结。但记者缩小事实的行为是极端错误的。

五、名利熏心导致新闻失实

新闻失实的一个重要原因之一是利益驱动。有的记者为了名和利,不惜捏造事实,蓄意造假。

2007 年 7 月 8 日,北京电视台《透明度》栏目以“纸做的包子”为题,播出了记者訾北佳暗访北京市朝阳区一无照加工点使用废纸箱为馅制作小笼包出售的节目。

节目播出后,北京市政府领导高度重视,时任市长王岐山批示:“如属实要严办,如属虚假,要公开澄清事实!”7 月 15 日,北京市公安局刑侦总队成立专案组对此进行立案侦查,案情大白:2007 年 6 月初,訾北佳在《透明度》栏目组选题会上提出,曾接到过群众电话反映“包子有掺碎纸”的问题,引起栏目制片人的兴趣,遂被确定为报道专题。此后,訾北佳先后在北京四环路一带进行调查,但始终没有发现包子的质量问题。由于选题已上报,訾北佳压力很大,加之刚到北京电视台,既想出名又想挣钱,栏目主编又催促其抓紧拍摄专题节目。于是,訾北佳化名“胡月”,以为民工购买早点的名义,要求来自陕西省华阴市的卫全峰、赵晓彦、赵江波、杨春玲等人为其制作包子。6 月底的一天,訾北佳携带秘密拍摄设备,邀请其朋友、无业人员张沄江假扮工地老板,在朝阳区康家沟市场购买了肉馅、面粉等物后要求卫全峰等四人做包子。拍摄过程中,訾北佳要求卫全峰等人将其捡来的纸箱经水浸泡剁碎后掺入肉馅中,制成包子喂狗。因效果不佳,訾北佳便随机找到一名农民工,授意其编造了有关“肉和纸比例关系”的谎话,并编造使用火碱的台词,以增加视觉、听觉效果。

2007 年 8 月 12 日,制造“纸箱馅包子”新闻的北京电视台临时人员訾北佳,以损害商品声誉罪被北京市第二中级人民法院判处有期徒刑 1 年,并处罚金 1,000 元。[①] 訾北佳为了出名,为了做出惊人的成绩而蓄意造假,落得了可耻的下场。

俗话说,吃了人家的嘴软,拿了人家的手软,个别记者得了人家的好处,不惜编造假新闻。有些虚假新闻,是企业出于经济目的而特意提供的,而后随着红包、礼品及宴请等种种好处,交给记者和编辑发表。上个世纪 90 年代初对深圳“豪门宴”的报道即为一例。有关这次宴会的消息说,内地一家集团公司宴请香港客商,请客 5 席,每席不包括酒水,标价为 188,888 元港币,共耗资近百万元。事实是,每桌费用 14,050 港币,不到报道所列费用的十分之一。此次宴会是在大酒楼正式开业之前举办的,是以记者招待会的名义,由大酒楼的港方经理组织的。因此,夸大事实不是记者的疏忽。深圳有关部门查明,其真实用意,是想以

---

① 贾亦凡,陈斌. 2007 年十大假新闻[J]. 新闻记者,2008(1).

此引起轰动效应,扩大知名度,招徕顾客,吸引财源。①

市场经济的大潮冲击着每一个中国人,一些新闻记者的发财梦想也渗进了新闻采访和新闻稿件中。一些记者热衷于拿企业的红包,然后就罔顾事实,为企业大吹特吹,不惜夸大事实,甚至虚构事实,只为向大众推广企业,为企业获取更高的利润鼓与呼。2016 年 5 月间,轰动全国的魏则西事件引爆了福建莆田一些江湖游医甚至根本就对医术一窍不通的江湖骗子承包国内很多医院的问题。这其中,不乏有一些记者拿了莆田系医院的红包,然后夸大事实,乱吹这些承包医院的某些医疗设施的"神奇功效",乱写这些承包医院的某些庸医的"高超医术",欺骗善良、忠厚甚至有些愚昧的国人。莆田系医院的"军功章"有大医院相关领导的一半,也有一些无良记者的一半。

新闻院系的学生们应该谨记新闻记者的职业道德准则,牢记新闻报道真实准确、客观公正的原则,不为"名利"遮望眼,对每一个事实都要严肃认真地采访报道,以确保新闻事实的真实和准确。

第二节 核实

新闻事件常常错综复杂,各种矛盾交织在一起,令记者难以一下子调查清楚;采访对象会或多或少地受到心理情绪、表达能力、周围环境等各种主客观因素的影响;有的采访对象为了个人利益、团体利益,或者为了自我保护,甚至会故意隐瞒事实、夸大事实甚至虚构事实;记者的采访技能不熟练、采访水平不高,不会鉴别事实的真伪,等等。所有这些因素,都可能影响记者获取的材料的真实性,会出一些大大小小的差错。因此,记者采访以后,核实材料就成了非常重要、不可缺少的一个环节。

1952 年 9 月,美国总统杜鲁门在旅途中得到国务院的报告,说前任国务卿考代尔·赫尔死了。那时赫尔因中风在医院治疗,病情严重,所以这个消息来得不意外。杜鲁门于是发表了一个表示哀悼的文告,还给赫尔夫人发了一个唁电。文告和唁电打印之后,送给了随行的记者们。可是,《纽约时报》驻白宫的老记者雷维埃罗却有些怀疑,坚持要再核实一下。一小时后,他匆匆来找总统秘书,说:"我们的编辑打电话来,说考代尔·赫尔没有死。"杜鲁门的助手们连忙对这个信息进行核实,得到的准确信息是,赫尔果然活着,于是杜鲁门赶紧收回文件,再打电报向赫尔夫人道歉。这件事成为当年美国政坛的一个大笑话,也是杜鲁门出的最大的一次洋相。②

《纽约时报》老记者雷维埃罗并不因为信息来自总统,就轻信信息准确无误,而是对感到有疑问的事实坚持核实,直到找到事实的真相。这种求实的做法与精神非常难能可贵。

美国著名记者约翰·布雷迪说:"采访对象提供的材料可信程度如何呢? 那要视情况而

---

① 吴海民.金元新闻[M].北京:华艺出版社,1995:231.
② 白庆祥,刘乃仲,郑保章.新闻采访写作编辑案例教程[M].北京:新华出版社,2003:255 - 256.

定。你或许认为可以相信母亲对于抚养孩子的看法——然而心理学研究者发现,在一系列采访中,有些母亲说的不是往事,而是她们对往事的记忆。人们对于大喜大悲的事件和能证实自己钟爱的事件记得最牢。所以记者务必谨防具有选择性的回忆,特别是采写有关过世人物的报道时;如果被访人年事已高——即使并非如此——她们对往事的回忆很可能由于思旧之情或仅仅由于时间的流逝而变了形。"①

约翰·布雷迪在这里提醒记者,即使是母亲对于自己孩子的说法,也不一定都是真实的事实。母亲会选择性地陈述事实,对自己钟爱的事实可能记得最牢。笔者在这里并没有卑鄙、邪恶之心,怀疑母亲对自己孩子的无私与伟大,而是说,母亲可能会有所偏爱、有所选择,对自己不偏爱的事实可能记得不清楚、不详细,甚至有可能出错。

中国青年报《冰点》栏目主持人李大同在回答学生的提问"怎样才能做一个好记者"时,把约翰·布雷迪的这番话说得更绝,他说,美国人有个信条,你母亲说她爱你,你也得加以核实。任何获得的事实,获得的信息,都要经过证实,没有天然可靠的事实。这句话虽然有些夸张,有些绝对化,但是,这种追求事实真相的态度和理念,是值得我们学习的,也是记者必须严格遵守的。记者只能相信自己亲眼看到、亲自调查到的事实。记者没有亲眼看到、亲耳听到的事实,在时间等条件许可的情况下,必须对材料进行核实和验证。即使是记者自己亲眼看到、亲耳听到的事实,也可能由于种种原因,导致事实出错。因此,对于自己亲眼看到、亲耳听到的重要事实、有争议的事实、一方对另一方的批评和指控,记者也要尽可能地核实和验证,以免出错。

一、如何核实验证? 记者要亲自去现场调查

任何新闻事件发生后,记者首先要去的就是新闻现场,只有到现场亲眼观察、亲耳听说,所得到的事实才可能是真实的。如果只是依赖第二手材料乃至第三手、第四手材料而又不加以核实就进行报道,新闻失实的可能性就非常大。因此,记者一定要到新闻现场去调查和核实。

在上世纪六七十年代美国对越南战争时期,美国的飞机意外轰炸了柬埔寨村庄乃良(Neak Luong),美国大使馆告诉记者们说,当地的损失很小。但《纽约时报》记者西德尼·H.香伯格(Sydney H. Schanberg)决定去亲眼看一看。香伯格在乃良看到的损失不是"很小",而是很大。他的报道开头就这样写道:

> 星期一的意外轰炸对该镇造成的损失是巨大的。
>
> 镇中心的一大片区域被毁坏,包括用钢铁加固的两层混凝土建筑。成群的树林、士兵及其家人安身的茅草棚也被一扫而空,以至于现场看上去像洒满碎石的空地。

大使馆武官告诉香伯格等记者说:"我看见一颗炮弹射进了镇子,但是没有造成太大的损失。"但香伯格看到、采访到的是,那里差不多有 400 名伤员:

---

① 布雷迪. 采访技巧[M]. 范东生,王志兴,译. 北京:新华出版社,1986:248 - 249.

> ……那里的气氛沉闷而悲伤……每个人不是失去了亲人,就是失去了朋友;有的大家庭则遭遇灭门之祸。

空军发言人说,村医院的"东北角有一点点损失",一堵墙上有一些"结构性裂缝",而香伯格的报道则是,村医院有三分之一被毁。

香伯格因为对柬埔寨的报道而赢得了普利策奖和美国职业新闻记者协会奖。显然,核实和验证"给新闻报道增加了真实度"①。

2003年5月22日,《东方家庭报》记者朱顺忠报道称:5月20日凌晨,郑州市桐柏北路某家属院内发生一起持械群殴案,双方先后纠集了三批共百余人,手持钢管、棍棒参加了这场疯狂的血腥打斗。参与殴斗的众人面对警方的呵斥不予理睬,现场的数十名民警只得拔出手枪数次鸣枪示警,直到鸣枪八次,双方才最终停了下来。

该文刊出后,先后被人民网、新华网、搜狐网等国内30余家网站转载。

这条新闻引起了中共河南省委、郑州市委主要领导的高度关注,他们要求公安机关对此事予以严肃查处。郑州市公安局迅速组成专案组,对此事件进行专案调查。经查明,5月19日晚22:00左右,郑州市文化宫路和互助路(并非桐柏北路)发生了一起七八人参与的小规模打架斗殴事件(并非百余人械斗),夜巡民警赶到现场并予以制止后,移交林山寨派出所处理,整个过程未鸣一枪。朱顺忠当晚在家中用借来的一部电台接通警方专用频率,偷听110接处警信息,从中寻觅新闻线索。他从电台中听到了110指派中原夜巡民警赶赴西郊处理一起打架事件的信息后,便用电台进行跟踪收听。由于现场人声嘈杂,他便主观臆断现场有百人在聚众械斗,且断定斗殴者使用了钢管、棍棒,并斗胆捏造警方鸣枪八次的"事实"。在未去现场采访核实,未听到一声枪响的情况下,就写下了"警察鸣枪八次镇住百人群殴"的报道。由于他的行为触犯了《治安管理处罚条例》第十九条第五款之规定,5月24日,公安机关依法对他予以行政拘留15天的处罚,其所撰写的新闻也被评为2003年十大假新闻。②

报道这种打架斗殴事件,记者必须出现场。如果记者知悉事件后,事件已经结束,现场已经不存在,记者也必须找到新闻事件的当事人和目击者、最权威的部门、最权威的人士了解事实真相,而不能凭借主观臆测。否则,新闻必然会失实。

二、如何核实验证? 记者要尽量找到当事人采访

任何新闻事实,只有当事人才最清楚事件的真相,也只有当事人才最清楚事件的细节。如果记者对要报道的事实不清楚或者有疑问,就必须找到当事人核实、补充调查和重新调查,直到将事实调查清楚为止,不能留下任何疑虑。

1982年6月25日,《陕西日报》一版刊登了一条社会新闻,报道商县牛槽乡西联村一名67岁的老妇在山上挖药时打死一只豹子,读者很感兴趣。消息传到美国纽约的新闻界,有

---

① 门彻. 新闻报道与写作[M]. 展江,主译. 北京:华夏出版社,2003:59-60.
② 陈斌,贾亦凡.2003年十大假新闻[J]. 新闻记者,2004(1).

家报纸想转载《陕西日报》这条新闻,却发现读者最想知道的细节不够清晰。一个年近古稀的小脚女人,怎么可能打死一只灵活勇猛的豹子? 令人怀疑它的真实性。这家报纸借一个代表团到中国考察的机会,委派美籍华人胡文升为特派记者,找到采写该新闻的记者卢维岩当面核对。

胡:卢维岩先生,美国对中国老妇人打死豹子的那条新闻非常感兴趣,但有一些细节不甚明了,请将老妇人的情况及她是怎样打死豹子的详尽细节告知。

卢:老农妇 67 岁,身高一米四几,一只眼,体重 90 余斤……

胡:那么,在一般情况下,她是不能打死豹子的,事实是打死了。请将这一事实的必然性、特别是它的偶然性作一说明。

卢:必然性是这一老妇确实勇敢。倘若她临危怯懦,肯定不能战斗,会被豹子咬死。偶然性是:当时,这老妇人正在山上挖药,同她一起的有她的一个 50 多岁的侄媳,两个十三四岁的孙女,一个 12 岁、一个 17 岁的孙子。当豹子从灌木丛中冲出扑向她孙子时,老妇为了护孙子大声呐喊,这凶豹便冲过来扑倒老妇人,并咬住她的左臂。这勇敢的山里人翻身抱住了豹子,在生死搏斗中,抱在一起的豹子和人滚坡坠崖。当老妇和豹子落地时,凑巧人在上,而且地面有锐石。这样,人同豹子合计 200 余斤的重量,加上自由落体的速度,造成了豹子的致命伤;而老妇未致大伤。她当时还抓住豹子的两耳,豹子却无力弹跳。神志清醒的老妇人此时大喊:"快来呀,我捉住豹子啦,别叫它跑了!"侄媳赶来,便一顿乱镢将它打死……

介绍到这里,这位美国特约记者喜形于色,再三说:满足了,满足了。这样,美国的读者便会相信了。[①]

这家美国媒体注重核实事实,对疑窦丛生的事实不轻易转载,一定要问个水落石出的做法,值得我们学习。

2005 年 12 月 9 日,《苏州广播电视报》报道:记者从央视内部获知了一个惊人的消息,以往对外宣称自己感情生活空白的央视"名嘴"王小丫终于在临近不惑之年之际将自己悄悄嫁掉了! 夫君就是国内青年才俊、中国农业大学校长陈章良。新闻报道出来后,王小丫澄清事实说,这完全是条假新闻,她与作者并不相识,作者也未采访过她。

中国农业大学党委常委、宣传部长、新闻发言人钱学军在接受记者采访时说:"把道听途说的小道消息作为新闻报道是极其不负责任的,是对当事人名誉的侵害,也有违新闻工作者的职业道德。"

12 月 21 日,《苏州广播电视报》在网站刊登启事:"本报今年第 49 期(12 月 9 日出版)'娱乐追踪'版上刊登的《王小丫陈章良携手入围城?》一文所披露的内容,因采访、刊发时听信误传,未及与文中所涉及的两位当事人求证,造成文中报道的情况与事实有出入。本报对给文中涉及两位当事人造成的影响表示深切不安,为此特向两位当事人和本报读者致歉。"[②]对

①　白庆祥,刘乃仲,郑保章.新闻采访写作编辑案例教程[M].北京:新华出版社,2003:257 - 258.
②　陈斌,贾亦凡.2005:中国十大假新闻[J].新闻记者,2006(1).

打听来的信息,记者根本就没有与当事人核实,没有进行调查采访,就草率发表,怎么会不出错呢? 记者听到有关信息后,必须找到当事人核实、验证,这是一条铁律,决不能省略。

三、如何核实验证? 记者要亲自查阅相关资料

有些新闻事件,记者在新闻当事人那里不一定能够得到真实、准确的信息,通过第二方、第三方信息源也不一定能够弄清楚事件的真相,或者记者难以接触到新闻当事人,在这种情况下,记者可以通过查阅相关资料来对新闻事实进行核实和验证。

在美国总统克林顿执政时期,当克林顿派遣美国飞机轰炸伊拉克时,参议院共和党领袖特伦特·洛特(Trent Lott)参议员说,采取这一举措是为了把人们的注意力从克林顿弹劾案上转移开。他说,当乔治·布什总统1991年要求得到授权使用武力攻击伊拉克时,"我认为没有一位民主党人会投票赞成此举"。

参议员特伦特·洛特说的话是否是真实的? 当年是不是没有一位民主党人投票赞成乔治·布什总统要求得到授权使用武力攻击伊拉克的决定呢? 记者戴维·E.罗森鲍姆(David E. Rosenbaum)查阅了相关资料,发现并非如此,于是记者在报道中写道:"事实上,众议院的86位民主党人和参议院的10名民主党人,包括阿尔·戈尔(Al Gore)在内,也投票赞成授权。"如果记者不去查阅相关资料,就会在未经核实的情况下,让这个指责出现在新闻报道中,影响新闻报道的客观与公正。[①]

1972年,尼克松为竞选总统到了亚特兰大,尼克松新闻秘书罗纳德·齐格勒(Ronald Ziegler)告诉记者说,在亚特兰大,至少有70万人涌上街头见到了总统。这一数字以后就出现在了为数众多的报道中。然而,美国《国民观察家》的记者克姆·佩里却做了一个简单的计算,他估计每个街段400人,人群有5层厚,分列在15条街段的大街两边,那么总共有约6万人见到了总统,即使加上15,000人作为街段之间街道上的人数,也只有75,000人上街欢迎尼克松到亚特兰大。实际上,亚特兰大市1970年的总人口也只有497,421人,即使男女老幼全部上街,也只有不到50万人欢迎总统,哪里会"至少有70万人涌上街头见到了总统"? 显然,尼克松的新闻秘书夸大、虚构了数字。[②] 如果记者到亚特兰大市与人口相关的政府管理部门查阅一下当时的人口统计资料,就不会出现这种错误了。

1968年3月16日,美军第一旅第二十步兵团查理连闯进越南广义省的某村庄——这个地方在美军地图上标为"美莱第四"——屠杀了几百名手无寸铁的村民。威廉姆·卡利中尉是这次大屠杀的主要首领之一。1970—1971年,威廉姆·卡利中尉接受美国军事法庭审判,但只在监狱中关了三天就被释放了。美莱事件和卡利审判案,在美国引起了巨大反响。

记者赫什采访了这一事件。赫什采用三种方法进行核实,力争报道真实。第一,他设法看到了为数不多的几份主要证人的询问记录,这些询问是由罪行调查处和监察长办公室(一直调查美莱事件的军方机构)进行的。第二,赫什尽可能多地采访了查理连的士兵,"找出了

---

① 门彻.新闻报道与写作[M].展江,主译.北京:华夏出版社,2003:58.
② 布雷迪.采访技巧[M].范东生,王志兴,译.北京:新华出版社,1986:260.

那些说法大体一致的事实和事件"。对查理连的许多士兵,他至少采访了两次,还通过电话与大多数士兵再次联系"以澄清矛盾之处"。第三,赫什去掉了"明显抵触和无法由其他目击者证明"的陈述。为了核实,赫什参考了查理连士兵写的信,详细的广义省省志、官方公报、政府公函以及其他背景材料。[①]

在这里,记者赫什主要采用了查阅文件资料的方法对事件进行采访和核实,力争还原事件的真相。此后赫什对美莱事件真相的报道获得了普利策奖。

四、如何核实验证? 记者要运用知识和经验进行检验

有些材料不能直接找采访对象进行核实验证,这时记者就要运用自己所学的知识和经验,对新闻材料进行核实验证。比如,某个材料的细节是否合乎逻辑与情理,某个数字的大小,某种事实发生的可能性等,记者就可以用所学知识和所积累的经验进行检验。

上世纪 80 年代初,一则有关"牛西红柿"的新闻被大小报刊爆炒。新闻报道称,外国科学家大胆探索,另辟蹊径,让作为动物的牛与作为植物的西红柿进行"杂交",生出了动植物特性兼具、食用可口、营养丰富的食物新品种——牛西红柿,从而开辟了科学食品的新纪元。

不要说上世纪 80 年代,就是在 30 多年过去后的今天,人类依然没有研究出动物和植物杂交的品种。只要我们运用基本的科学知识进行验证,或者采访一下动物和植物方面的专家,这个假新闻就难以出笼。外电后来报道称,所谓"牛西红柿"纯属子虚乌有,只是愚人节的一个笑话!

2010 年 7 月 7 日,《甘肃日报》发表记者张鹤的重大新闻报道:西安市已被确定为国家第五个直辖市。主要报道内容如下:

> 要知道,国家规划的三个国际化中心城市中,就有西安,而且,西安已被确定为国家第五个直辖市。这更能够印证一个命题,那就是,天水、甘肃融入陕西后,将会得到更多的发展机遇。反之,则很可怕——西安、陕西面朝东部发展时,天水、甘肃就会成为少人问津的背部,经济盲区也会由此产生。

7 月 9 日,《甘肃日报》刊发《重要更正》:

> 7 月 7 日本报三版刊登的《智者的声音》一稿存在严重错误。稿件中关于"西安已被确定为国家第五个直辖市"内容失实,系记者在某论坛采访时,对演讲者的演讲内容理解和文字表述有误,值班编辑审稿不严。见报后在社会上产生了误导,造成不良影响。特此更正,并向读者致歉。

新闻出版行政部门依法对《甘肃日报》下达《警示通知书》。甘肃日报社对相关责任人分别作出了调离工作岗位、停职检查等处理,有关部门已责成社长、总编辑作出深刻检查并

---

① 布雷迪.采访技巧[M].范东生,王志兴,译.北京:新华出版社,1986:263－264.

处罚款。①

按照中国的行政规范和党政机关发布重要信息的规则与方式方法,这种确定直辖市的国家大事,岂是一个普通演讲者可以随便说的? 一个普通演讲者随便说出的话,记者岂能信以为真? 不通过正规渠道,没有看到任何官方文件,没有权威新闻源,也没有全国人大的表决通过,怎么可能就确定哪个城市为直辖市? 记者只要按照最基本的中国行政规范去想一想,简单核实一下,就不会犯这样的低级错误了。可是记者没有这样做,审稿的编辑也没有这样做,新闻失实便在所难免。

2002 年 11 月 7 日,新浪网推出一条报道《美传媒称千年女木乃伊出土后怀孕》:

> 据美国《世界新闻周刊》报道,一埃及考古小组今年 3 月在开罗发掘出一具已逝世超过 3,000 年的经防腐处理女木乃伊。但该学院负责人塞尔德最近获得一个惊人发现,证实这具木乃伊竟在出土后怀孕,至今其腹中胎儿看来已有 8 个月,经超声波检查后得出胎儿正常成长。该学院看守人西塔尔被指是胎儿的父亲,而他也承认自己难以抗拒女木乃伊的美色,不禁对她表达爱意。

这条新闻虽然内容荒诞,但是仍有一些媒体转载了这则报道。

2002 年 11 月 8 日,南京博物院院长徐胡平研究员接受《扬子晚报》记者采访时说,他看了这则报道,评价是 12 个字:惊天之作,违背常理,不可思议。他说,木乃伊已经过古代人为防腐处理,其大脑、内脏均已拿掉,人体活的细胞已不复存在,而且木乃伊只有在干燥的特定自然环境中才能保存,怎么可能受孕? 南京妇幼保健医院生殖不孕中心李红霞主任医师指出,"怀孕"必须具备几个最基本的条件:女性卵巢功能正常、正常体温,以及维持胚胎生命的液体、激素等,而木乃伊只是一个"标本",已经没有生命了,根本不能提供怀孕的基本条件,又怎么怀孕呢?

美国《世界新闻周刊》是一份专门编造荒诞故事博读者一笑的"超级市场小报"。但新浪网编辑不假思索,没有用基本的知识和经验对这条新闻进行最起码的核实和验证,就匆忙将国外荒诞小报刊登的东西发表在网络上,有损新浪的声誉。②

🔔 知识链接

两个值得注意的问题

问题一:截稿压力

新闻的时效性非常强,记者必须在极短的时间内调查清楚事实,并以最快的速度将调查到的事实报道出来。

---

① 贾亦凡,陈斌.2010 年十大假新闻[J].新闻记者,2011(1).
② 陈斌,贾亦凡.2002 年十大假新闻[J].新闻记者,2003(1).

如果记者对每一条信息或每一条信息的每一个细节都进行详细核实,大多数新闻报道就可能无法报道出来。那么,为了尽快报道新闻,是不是记者就不必去核实事实了呢? 不是。记者必须尽可能去核实事实,截稿压力不能作为记者不核实事实的借口。记者既要保持新闻的时效性,又要保证事实的准确无误。有几类事实是必须核实的:重要信息、敏感信息、有争议的信息、批评和指控的信息,记者在未经核实前,切不可轻易就进行报道。记者不能轻信采访对象的话,应该进行适当的核实。

当然,一些比较明确的信息,记者觉得比较有把握的信息,一些不太重要的信息、不太重要的细节,没有争议的信息,等等,在时间不够、条件不允许的情况下,也可以不经核实。

问题二:知识与经验

新闻常常都是独特的,是日常生活中鲜有发生的事实,甚至是不可思议的事实,唯有如此,新闻才成其为新闻。有些新闻就是对这些独特的、反常的甚至怪异的事实的报道。记者不能过于相信自己的知识和经验,运用自己的知识和经验对所抓取的材料进行核实与验证并不能保证任何时候都是正确的。比较妥当的方法是,当记者遇到这些独特、反常甚至怪异的事实(比如千年木乃伊怀孕之类的事实)时,采访与信息相关的权威、专家是切实可行的方法,也是避免新闻失实的最好途径之一。

第三节　平衡

要保持新闻报道的客观公正,就必须在报道中实行平衡报道。平衡是保证报道客观公正得以实现的重要途径。

一、什么是平衡报道

梅尔文·门彻说:"有的记者主张,平衡并不是指他们必须让自己站在争论的正中央的位置。假如候选人 A 今天做了一个重要演说,这个演讲值得上头版。而在同一天,反对者 B 只是重复了昨天的话或说了一些废话,报纸或广播电视台就没有必要在言之有物和言之无物之间保持平衡。一个绝对平衡的新闻界等于没有新闻界。平衡是一种道德责任,不能够用秒表或直尺来衡量。"①

梅尔文·门彻是从道德责任上来讨论新闻平衡的,只要记者的公正出自内心,发自肺腑,哪怕对当事人 A 的报道文字多一些,而对当事人 B 的报道文字少一些,也是平衡的,因为新闻报道文字的多少,是由新闻价值决定的。有报道价值,就可以多报道;新闻价值不大,就可以少报道,但是必须报道。只有对 A 和 B 双方当事人都进行报道,才能保持平衡。

美联社关于平衡的方针是:"我们尽可能努力去获得与我们正在报道的新闻有利害关系

---

① 门彻.新闻报道与写作[M].展江,主译.北京:华夏出版社,2003:62.

的人的观点——尤其是,如果那个人是一次攻击或指控的目标……假如有人拒绝评论,我们会说明:他拒绝评论。假如我们得不到某个人的观点,而这个人的观点在报道中是必不可少的,那我们将在文章中说明我们为了获得这种观点而采取的措施……无论何时,我们还应该核实我们的文件,看看那个人是否过去说过与这些指责有关的内容,如果有的话。将过去的观点写进报道或许可以提供所需要的平衡和内容。"①

在这里,美联社更多的是从技术层面讨论新闻平衡。美联社要求记者在报道技术、报道行为上必须力求平衡,要求记者对当事双方的采访、写作必须到位,即使难以采访到新闻当事人或者难以获得当事人的说法,也要将记者为了获得当事人的说法而采取的种种措施和努力告诉受众。无论如何,新闻不能只有一方的采访与报道,而无另一方的采访与报道。

平衡报道有广义和狭义之分。广义的平衡报道,包括下面这几个方面的内容:新闻采访平衡、新闻写作平衡、新闻编辑平衡。狭义的平衡报道,主要是指新闻写作平衡。

所谓平衡报道,是指对一个事实或信息做全面、客观、公正的报道,不遗漏任何重要的信息。对于冲突双方来说,不倾向任何一方,对双方或多方的信息都要进行报道。

二、如何进行平衡报道

(一)冲突事件,要报道双方的陈述和意见

当记者采访报道的事件是一个冲突事件时,记者要注意报道两个方面的信息:一是要报道事件双方当事人对事实的陈述,二是要报道事件双方当事人对事实的意见。一个冲突事件发生后,双方当事人对事实的描述有可能不尽一致,甚至大相径庭,记者必须将双方当事人的陈述客观地呈现出来。同时,双方当事人对事件也可能会有各自不同的评价,记者也应该将当事双方对事件的态度、观点呈现出来。如果当事双方对冲突事件的陈述和意见一致,记者也应该将这种一致的陈述和意见分别呈现给受众。

中国人民大学教授高钢认为,在新闻报道中,只要遇到冲突,遇到矛盾,遇到人们有不同看法、不同观点的地方,就一定要倾听双方的意见,报道双方的真实态度与观点,给冲突、对立的双方以表达自己看法的平等的机会。即使是一方以"无可奉告"之类的言词推托,也要把他们的这种说法与态度表现出来。②

| 韩国向黄海东部海域派遣舰艇 朝鲜表示谴责 |

【××网平壤(2004年)3月11日电】 朝鲜人民军海军司令部发言人11日表示,韩国向黄海东部接近朝鲜领海的海域派遣舰艇等武装力量是对朝鲜的挑衅行为,朝鲜对此予以谴责。

这位发言人在回答朝中社记者的提问时说,韩国方面不久前把海军和海洋警察厅的舰艇派往所谓的"渔场界线"以北地区,还派遣舰艇与直升机在延坪岛南端海域举行军警

① 门彻.新闻报道与写作[M].展江,主译.北京:华夏出版社,2003:62.
② 高钢.新闻采访写作[M].北京:高等教育出版社,2012:70.

联合训练。上述海域是始终蕴含武装冲突危险的海域,向该海域增派武力并举行联合训练,无疑是对朝鲜的挑衅。发言人说,今年初以来韩国舰艇入侵朝鲜海域已达 40 多次,由于朝鲜保持高度克制与忍耐,才没有发生不愉快事件。发言人认为韩方这些军事动向难保不会演变成一场新的"海上交战"。

朝韩海军 1999 年和 2002 年曾在黄海东部朝韩争议海域发生交战。

这条新闻报道的是一个冲突事件,但是新闻只报道了朝鲜一方对这个事件的陈述,以及朝鲜一方对这个事件的说法和观点,而韩国一方对这个事件的陈述、对这个事件的说法和观点,新闻中没有只言片语。从平衡报道的新闻理念出发,这条新闻也应该报道韩国一方对这个事件的陈述、态度及说法。也许,韩国方面对事实的陈述和观点与朝鲜方面的陈述和观点存在不一致的地方,当然,也可能与朝鲜方面的陈述和观点一致。无论是否一致,记者都应该报道当事双方对事实的陈述和意见。

上面这条新闻只报道了朝鲜一方的信息,而没有报道韩国一方的信息。下面这条新闻则只报道了韩国一方的信息,没有报道朝鲜一方的信息。我们来看下面这篇报道:

────────　**朝韩外长四年来首次会晤**　────────

【美联社雅加达 7 月 1 日电】　朝鲜和韩国外长今天同意为朝鲜核危机寻找和平解决方法。

韩国外交通商部长官潘基文和朝鲜外务相白南舜在雅加达举行会晤。这是两国外长四年来的首次会晤。

潘基文说:"最重要的议题是如何通过和平方式和对话解决朝鲜核问题。"

潘基文说,双方一致认为,26 日刚刚在北京结束的朝核问题最新一轮会谈取得了进展。六方会谈的目标就是要消除朝鲜的核计划,而朝鲜提出以获得能源援助和安全保证为交换条件。

潘基文说:"我们还就合作问题进行了讨论。"(载 2004 年 7 月 2 日《参考消息》头版)

这条新闻与前一条新闻刚好相反,整个新闻自始至终只援引韩国外长说的话,只报道了韩国外长对朝核问题的说法和态度、观点。而朝鲜外长对这次会晤是如何描述的,朝鲜外长对这次会晤的看法和观点,新闻中没有一个字的表述。

这篇新闻虽然报道的不是一个冲突事件,但是,两个国家一直存在着矛盾,有不同的国家观念和价值观念。即使报道的不是冲突事件,由于其对涉及双方国家利益的事件往往都会从各自国家的利益出发来思考、决策和展开行动,那么,双方当事国对于一个事件就完全可能会有各自不同的陈述和意见。因此,记者必须将双方当事国的陈述和意见报道出来,而不能只报道一方的陈述和意见。显然,上面这篇新闻报道不够平衡,有失客观与公正。

(二)一个事实,要写出多方面的信息

平衡报道要求对一个事实不仅只是写出一个方面的信息,而要写出其他方面的信息,要对多方面的信息进行客观、公正的报道。

纽约时报爆出猛料　八冠王百米蝶泳作弊？

《重庆晨报》 2008 年 8 月 24 日　第 10 版

【《纽约时报》21 日报道】 奥运会八冠王菲尔普斯的 100 米蝶泳冠军结果具有操作嫌疑。根据这个新闻，奥运会使用的时间测量仪器的制造商、菲尔普斯的赞助商——欧米茄拒绝公开水中的摄像记录，令其嫌疑增大。

16 日举行的 100 米蝶泳决赛上，菲尔普斯压倒塞尔维亚的查维奇，夺得冠军。但是他们之间的速度差异只有 0.01 秒，便有人指出应该公开水中摄像记录。欧米茄在比赛当天决定公开记录，但之后又改变了立场。

《纽约时报》引用体育专家的话批评道："欧米茄做太多不必要的争辩了。""这个问题对菲尔普斯和欧米茄以及美国来说都是很大的打击。若再细心地思考一下，跟着基本逻辑走，就可以避开嫌疑了，"《时报》又表示焦虑。

但是欧米茄方面解释道，他们立场的改变是遵照国际游泳联合会（FINA）的决定。"这不是我们可以决定的案子。"欧米茄表示照片是否公开的决定权在于国际游泳联合会。

国际游泳联合会和国际奥运会组织委员会（IOC）也站出来帮欧米茄。17 日，FINA 的执行主任考纳尔在《时报》采访中表示不公开比赛照片是联盟的方针，并坚持菲尔普斯是名副其实的冠军："塞尔维亚方面已经看过照片并撤回一切有关判定的抗议。"

IOC 发言人吉赛尔·戴维斯也表示："比赛结果确实跟联盟宣布的一样，在这里 IOC 也没有提出怀疑的理由。"

驻东北大学美国游泳队教练彼得·罗比（Peter Roby）也表示没有怀疑欧米茄的理由："奥运会开始后，是由奥运官方来启动和管理时间计算仪器的，而不是欧米茄。"

但是身为测量选手们成绩的仪器的制造者，又去当游泳选手的赞助商，这本身就是一个利益关系冲突的问题，《纽约时报》如此指出。

上面这条新闻，《纽约时报》虽然对奥运会八冠王菲尔普斯的 100 米蝶泳冠军表示怀疑，但是，《纽约时报》并没有只写出质疑的信息，而是从多方面对这个问题进行了报道。《纽约时报》报道了菲尔普斯的赞助商，也是奥运会使用的时间测量仪器的制造商欧米茄的解释，报道了国际游泳联合会（FINA）和国际奥运会组织委员会（IOC）的说法，甚至还报道了驻东北大学美国游泳队教练彼得·罗比的看法，这就使一条受到质疑的信息得到了尽可能平衡的报道，为受众正确认识和评估这条信息提供了多方面的信息来源。

首次超越香港　上海成中国最具竞争力城市

《联合早报》 2013 年 12 月 11 日

今年中发布"2013 中国省区、直辖市综合竞争力排行榜"，将香港的竞争力降至全国第五位，受尽港人质疑之后，中国城市竞争力研究会昨日再次发布最新的"2013 年中国城市综合竞争力排行榜"，曾蝉联 11 年冠军的香港，首次被上海超越。

中国城市竞争力研究会昨日在香港公布各项中国城市竞争力排名,会长桂强芳于记者会上指出,虽然沪、港评分差距微少,但香港增长空间有限,未来北京、广州、天津及重庆等地,都可能超越香港。

该研究会连续第 12 年进行相关研究,评价指标包括经济、社会、环境、文化资源等。

报告指出,上海设立首个自贸区等综合因素,令其综合城市竞争力首次超越香港。

桂强芳认为:"香港今年首季经济增长只有 2.9%,但其他城市均接近 10%;香港今年财政收入增长只有 1%,远低于内地(大陆)其他城市。"

他也称,大陆城市逐渐减少对香港作为转口贸易平台的倚赖,因此,如果北京将自贸区推行至全国,将对香港优势构成压力。

香港在其他方面仍占优势

不过,香港在制度及人才等方面仍有长期积累的优势,特别是金融领域,内地城市短期内还无法超越。

报告显示,香港今年在中国最安全城市排行榜中,重返首位,而上海则未进首十位。

另外,根据城市规模指数、国际影响指数、对外开放指数等排列"中国城市世界级大都市"的名列,香港以 92.03 列榜首,比上海多约 0.9 分。

至于"中国国际化城市"排行方面,香港同样以 0.6 分之微险胜上海,取得冠军,得分为 92.01。

中国城市竞争力研究会自 1998 年成立以来,根据其自主创立的 GN 评估体系,组织逾百名专家、学者,每年对包括两岸四地共 296 个城市的综合竞争力和成长竞争,进行研究比较。

今年 6 月间,该研究会发布的"2013 中国省区、直辖市综合竞争力排行榜"中,香港排在广东、江苏、山东及浙江之后。

早前,中国全国人大常委会委员长张德江以该会报告的数据,提醒香港要注意竞争优势弱化的趋势;港澳办主任王光亚也指出,香港在"四小龙"中的优势下滑;中联办主任张晓明更批评香港缺乏创新竞争力。

不过,香港有线电视新闻台在《新闻刺针》节目中,"踢爆"该研究会的研究方法及学术水平备受质疑,而桂强芳的学历同样令人怀疑。

香港经济学者关焯照也向传媒指出,该会的 GN 评估体系,以各城市去年的经济增长率按年乘下去,以此推算这些城市 GDP 何时超越香港,计算方法受到怀疑,因计法假设了各地的经济增长率未来数年均不变,学术上令人难以接受。

澳门无缘上榜表不满

澳门也不满中国城市竞争力研究会连续多年发布的"中国十大宜居城市"排行榜中,澳门多年无缘上榜,认为所谓的研究排名,因选取的比较因素不同,就出现不同结果,不能完全反映城市的宜居程度。

澳门经济建设协进会理事长杨道匡昨日表示，预料未来数年当地经济可保持单高位数至低双位数增长。

他称，现在至 2016 年，六家博企在路氹金光大道的赌场酒店相继动工，估计每家投资近 200 亿元（澳门，下同，31 亿新元）；加上政府基建配套如轻轨、隧道和口岸建设等陆续动工，公共投资和私人投资预料逾 2,000 亿元，未来四至五年足以带动经济增长。

另外，中银青协研发的澳门经济预测模型解读显示，预计 2014 年澳门整体经济增长约 9.43%，博彩毛收入将上升 13.2%，通胀率为 5.05%，中银青协理事彭咏怡认为，外围环境对澳门经济影响不算太大。①

上面这条新闻，报道中国城市竞争力研究会发布最新的"2013 年中国城市综合竞争力排行榜"，上海首次超越蝉联 11 年冠军的香港，成为中国最具竞争力的城市。然后，新闻又从多个方面对与之相关的信息进行报道。报道称，尽管上海成为中国最具竞争力的城市，但"香港在制度及人才等方面仍有长期积累的优势，特别是金融领域，内地城市短期内还无法超越"。不仅如此，新闻还报道了香港媒体及经济学者对该研究会的研究方法、计算方法及学术水平的质疑，甚至对研究会的领军人物桂强芳的学历也提出怀疑。新闻还报道了澳门也对中国城市竞争力研究会连续多年发布的"中国十大宜居城市"排行榜的不满，认为所谓的研究排名，"因选取的比较因素不同，就出现不同结果，不能完全反映城市的宜居程度"。对于一个事实信息，这条新闻从多个方面报道了相关各方的说法和态度，这使受众能够从多个方面全面、客观地接受这个事实信息。

（三）正面和负面报道都要有分寸

对于正面报道和负面报道，记者在新闻写作时，要注意把握好度，要适度、留有余地，不要把一个事件说得一好百好、一坏百坏。

1. 正面报道

金无足赤，人无完人。人都是有缺点的，没有毫无缺点的完人。但是，很多记者在报道好人好事时，常常把一个人物和一个事情写得十全十美，没有半点瑕疵，这显然是不对的。

在上个世纪八十年代，有一个气功大师被媒体吹嘘得神乎其神，什么冬天发功，听众在大讲堂里不觉得冷，夏天发功，听众在大讲堂里不觉得热。报刊报道气功师讲气功时所做的表演，从头到尾都在渲染，"灵、灵、灵"，成千听众都被气功师的手势、动作弄得前仰后合，读后叫人觉得不可思议。但西方的报道讲究平衡，一位西方记者在报道同一表演时，也以很多篇幅报道了现场的神奇效果，但他不忘写上几句：一些人对此并无什么反应，有的听众还怀

---

① http://www.zaobao.com/special/report/politic/cnpol/story20131211-286852.

疑是否是心理作用所致等。西方记者的报道虽对气功称奇,但亦表明了其并非无可疑之处。[①]

正面报道常常对好人好事进行夸大和极端化表达。我们来看下面这句话:

> 黎明 20 年如一日,吃在山上,住在山上。有一次,他的孩子得了重病,家里几次捎信,他都没有回家,直到小孩病危也没顾得上看一眼,不愧是敬业乐业的"造林迷"。

"20 年如一日,吃在山上,住在山上",这只能是一个修辞手法,不能作为一个事实来报道。难道 20 年内就没有下一次山吗? 孩子"病危也没顾得上看一眼",是不是太有点不通人性了? 这种没有起码人性的人,是不是太冷酷了? 类似这样的报道在新闻媒体中并不鲜见。

我们在正面报道方面有些经验教训值得引起注意:往往是对一个人或一个现象或好的事物有过多的溢美之词,只报道优点,不报道缺点。但是,过了一段时间,这个人或这件事情却变坏了,甚至成了一个反面典型,这往往使我们的媒体感到很尴尬。如果媒体当初报道的时候,不忘在报道中冷静地点出一些小问题、一些不足之处,来一点平衡报道,就会使公众正确对待这些好人好事,这对媒体自身也是有好处的。

当然,平衡手法用于报道先进人物和先进事迹,并不是要求把一个人或一件事的优点和缺点写得半斤八两,优点和缺点各有一半,而是说,可以用较少的文字点出一些该点出的不足之处,以达到一种平衡的效果。

2. 负面报道

负面报道并不是只能写负面,不能写正面。如果只写负面,不写正面,新闻就难以做到平衡报道,实际上也不真实。因为人物都是多种性格的复合体,事物也是多样化的、复杂的统一体。只有写出了多种性格的人、多样化、复杂的事物,新闻才更平衡,也才更真实。

重庆市沙坪坝区井口镇二塘村人周克华,在江苏南京、湖南长沙和重庆制造了六起持枪抢劫杀人案,曾因贩卖枪支服刑。有些做长篇深度报道的记者把周克华写成一个十恶不赦的罪犯,除了罪大恶极还是罪大恶极,人物的其他方面,记者根本就不报道。这种报道显然太极端化,不符合平衡报道的原则。而有几位做长篇深度报道的记者在对这个罪大恶极人物的罪恶进行报道时,也写出了这个人物的另一面。虽然身为罪犯,但是他也有人性的一面:冒着被捕的危险为父亲送葬;前妻在医院生病,他也是冒着被捕的危险到医院伺候前妻。虽然这人性的一面并不能抵消他的死罪,但是,记者写出了人物的多个侧面,把一个人物写得更丰满了,也更真实了,新闻报道也更平衡了。

对有问题的人和事,媒体应该批评,不能姑息迁就。但是,批评报道不能采取一棍子打死的方式,应该看到不对、不好的系列事实中,也可能存在着个别比较好、比较合理的事实。

上个世纪曾经发生过某报批评南京博物院院长姚迁的事情,由于媒体批评报道给姚迁带来的压力,姚迁后来自缢身亡。姚迁的确应该受到批评,他没有参与写稿,没有付出足够

---

① 孙旭培.新闻学新论[M].北京:当代中国出版社,1994:236 – 237.

的劳动,却很多次与其他人一起在别人写的论文上署名,这显然是应该受到舆论监督和批评的。但是,媒体在报道时平衡的手法用得不太好,没有写出姚迁的其他情况:姚迁虽然参与署名,但从来不领稿费;姚迁在博物馆工作的几十年中,是很有成绩的;姚迁也已认识到自己有缺点、有错误。①

《中国青年报》记者1988年3月曾报道"武威收报事件",对武威地委书记杨作林进行了批评,但在后续报道中,又为事件责任者杨作林说了一些好话。报道借用两位干部的话说:"杨作林同志平时民主作风还比较好,也善于团结人,工作也扎实,总的来说是个好同志。但这次收报事件不管他主观上怎么想,事实上压制了不同意见。"这段报道使杨作林感动不已,认为报纸既批评了他的错误,又肯定了他的人格和工作。他登门感谢记者,感谢报社,而且很快公开检讨了自己的错误。这种报道就是比较好的平衡报道。②

即使是纯属虚构的艺术真实,也要讲究艺术辩证法。

艺术可以对生活中的事实进行集中、典型、夸张的叙述、描写,但是不能把一件事物写得好则无半点问题,恶则坏透了顶、一无是处,这反而失去了艺术的真实。因此,艺术真实也要讲究艺术的辩证法。

凡读过《红楼梦》的人,都知道贾母跟前有个叫鸳鸯的使唤丫环。由于她长得漂亮,聪明伶俐,不仅博得了贾母的欢心,而且被老色鬼贾赦看中,要强迫她做妾。但鸳鸯蔑视权贵,宁为玉碎,不为瓦全。对于这样一个作者歌颂的人物,曹雪芹是这样描写的:

> 只见他穿着半新的藕色绫袄,青缎掐牙坎肩儿,下面水绿裙子;蜂腰削背,鸭蛋脸,乌油头发,高高的鼻子,两边腮上微微的几点雀斑。

这段肖像描写的文字,在一般人看来,好像是从背后审视一个美丽少女的倩影,突然她转过身来,露出了她那与身段不相称的脸面:腮上有雀斑。然而,脂砚斋却不这样看,他在评点中指出:"可笑近之野史中,满纸'羞花闭月','莺啼燕语',殊不知真正美人方有一陋处"。这是深谙艺术辩证法的。曹雪芹没有用"恶则无往不恶,美则无一不美"的形而上学的方法去刻画人物,这正是《红楼梦》获得不朽艺术生命的一大奥秘。所以鲁迅高度评价说:"《红楼梦》……敢于如实描写,并无讳饰,和从前的小说叙好人完全是好,坏人完全是坏的,大不相同,所以其中所叙的人物,都是真的人物。"(鲁迅《中国小说的历史变迁》)

法国艺术理论家狄德罗提出了"瘢点"论。在谈到艺术真实时,他认为如果画一个美女,不要去画脸孔最完美最罕见的、从人间找不到蓝本的形象。他说:

> ……画家应该使我看到她额上露出一点轻微的裂痕,鬓边现出一个小瘢点,下唇现出一个小得看不见的伤口才好,这样就会使这幅画马上从一种理想变成一幅画像了。眼角或鼻梁旁边如果有点天花疹的痕迹,这女人面貌就不是爱神维纳斯的面貌,这幅画就是我的邻居中一个女子的画像了。

①② 孙旭培.新闻学新论[M].北京:当代中国出版社,1994:243.

对英雄的刻画,不能弄成"江天一色无纤尘"。高明的作家艺术家从来不是把他心中的英雄写成一个神,而是按照生活本来的复杂面貌去描写,不忌讳他的"陋处"和"瘢点"。老舍在《人物的描写》中说过:"把一个人写成天使一般,一点都看不出他是由猴子变来的,便过于骗人了。"①

善于集中、夸张、典型化,可以虚构而且必须虚构的文学艺术在运用艺术真实描写人物时尚且要写出人物的"陋处"和"瘢点",更何况视真实为生命的新闻报道,更应该真实地写出人物的不足和缺点,事件的多侧面和多维度,这样的报道才更真实,也才更平衡。

知识链接

《纽约时报》主编 A. M. 罗森塔尔给他的编辑人员写了一份备忘录,……他在备忘录中写道:

报纸的特性基于以下的信念:

虽然要做到完全客观是不可能的,因为每一篇稿件都是由人写的,但是每个记者和编辑的任务是在人所能及的范围内争取做到尽量的客观;

记者在感情上不管怎样受到约束,在坐下来写稿的时候要尽量摆脱这种约束;

把问题的双方都摆出来不是搞平衡,而是负责任的新闻报道的本质。

这些是崇高的标准和理想。大多数新闻工作者为此而奋斗。有时候他们没有做到,如同所有的人都犯错误一样。但是,他们是仰望那些星星的。②

第四节　客观

新闻报道必须秉持客观公正的原则,客观公正地报道事实,不偏向于新闻事件中的任何一方,实事求是地报道新闻。秉笔直书,忠实地记录事实,不用主观意见代替客观事实。

一、客观性原则的内容

新闻报道应该客观地报道事实,不偏不倚、公正地再现事实,给受众提供独立判断的材料。新闻只陈述事实,不评论事实,让受众自己评价事实,而不是代替受众评价事实。

(一)忠实地叙述事实

忠实地叙述事实,要求记者在报道事实的过程中不能有主观色彩,应该实实在在地陈述事实。

---

① 龙协涛.艺苑趣谈录[M].北京:北京大学出版社,1984:222-223.
② 海敦.怎样当好新闻记者[M].伍任,译.北京:新华出版社,1980:320.

我们来看《中国海洋报》1999年8月3日刊登的一条新闻：

| **海上对话** |

下面是一份真实的海上无线电通讯的副本，记录了1995年10月10日，在加拿大纽芬兰岛附近海域，一艘美国军舰和加拿大人的对话。

美方：为了避免相撞，请将你们的航向向北调整15度。完毕。

加方：为了避免相撞，我们要求你们将航向向南调整15度。完毕。

美方：这是一艘美国战舰的舰长在和你们通话。我再说一遍，请你们调整航向！

加方：重复，请你们调整航向。完毕。

美方：这里是航空母舰"林肯"号，美国大西洋舰队的第二大舰只。另有3艘巡洋舰、3艘驱逐舰和若干支援舰艇护航。请你们将航向向北调整15度，重复，是向北调整15度，否则我们将采取必要的手段，以保证"林肯"号的安全！

加方：这里是一座灯塔。完毕。

这篇新闻极具讽刺性，令人捧腹。新闻从头至尾笔法客观，语言表达冷静、不动声色、不露痕迹。新闻非常简短，语言朴实自然，没有一句评论，但美国舰长霸道、傲慢，有恃无恐的性格特征客观而又鲜明地呈现在读者面前。

忠实地叙述事实，要求记者在报道新闻时不隐恶、不扬善。今日的新闻是明日的历史，记者要将真实的历史事实再现给受众，呈现给后代。

1945年8月，毛泽东到重庆和蒋介石谈判，著名记者彭子冈写了《毛泽东先生到重庆》的新闻。毛泽东下飞机到重庆后，乘汽车进入张治中将军寓所"桂园"，文中对此写了这样两段情节：

"很感谢"，他几乎是用陕北口音说这三个字，当记者与他握手时，他仍在重复这三个字，他的手指被香烟烧得焦黄。当他大踏步走下扶梯的时候，我看到他的鞋底还是新的。无疑是他的新装。

……

记者像追着看新嫁娘似的追进张公馆，郭沫若夫妇到了。毛先生敞了外衣，又露出里面的簇新白绸衬衫。他打碎了一只盖碗茶杯，广漆地板的客厅里的一切，显然对他很生疏。他完全像一位来自乡野的书生。

毛泽东是从陕北黄土高原来，延安的窑洞，比起重庆桂园自然艰苦多了。所以，陕北的苦寒，毛泽东的土气，是这两段文字的主基调。毛泽东的陕北口音，在作为陪都的重庆人听来，可能会觉得有点土气。因为重庆是大城市，是陪都，陕北是山旮旯，是偏僻地方；毛泽东的手指"被香烟烧得焦黄"，按照有教养的人看来，这可能是一种不良嗜好；毛泽东脚上穿的是新鞋，上身里面穿的是簇新的白绸衬衫，这应该不是平时的穿着，是走亲戚时才穿的衣服。按照一般乡村的规矩，因为贫穷，新衣服只是在走亲戚、遇大事时才穿，平时则穿旧衣服；毛

泽东显然不适应张公馆豪华的装修、高雅的生活习惯,所以不小心把盖碗茶杯打碎了。在记者的笔下,毛泽东"完全像一位来自乡野的书生"。记者彭子冈没有把毛泽东神化、美化,而是忠实地叙述事实,将毛泽东并不十分光鲜的一面呈现给当时的读者,从而使新闻更真实、更客观。毛泽东的"土气"正好和当时国民党上层官僚的洋气相对应。抗战结束后,一些国民党大员将汉奸的房子、金子、车子、票子、女子也接收下来,称为"五子登科",过着纸醉金迷的生活,与这个"乡野的书生"形成极大的反差。

忠实地叙述事实,要求记者在报道新闻时,头脑要冷静、理性,即使是报道带有强烈感情色彩的内容,也要保持克制,避免表现出明显的倾向性。

2014 年 3 月 8 日,马来西亚航空公司 MH370 航班失联,飞机上满载中国人。3 月 25 日,MH370 航班被确认已经坠海。微博号为"@ TJTV 郭睿"的网友在微博上转发美联社朋友的话说,一位中国记者把我们(美国)的直播内容转播以后,用我们的设备和卫星向自己国家(中国)的观众连线报道了:飞机坠海,无一生还。摄像机一关,他蹲地失声痛哭。这种巨大的不幸事件,记者可以在新闻报道中适当地表达情感倾向,但是,记者克制住了,尽量在新闻报道中冷静客观地告知受众事实。然而,人非草木,孰能无情,记者关掉摄像机后,实在忍受不了这种灾难的折磨,抑制不住自己内心的情感,以至于蹲在地上失声痛哭。作为一名记者,他尽量做到了冷静、客观;作为一个有血有肉的人,他在履行职业、工作完毕后,本能地表达了自己的情感。

我们再来看下面这条新闻的片段:

> 后来,儿女长大各自成家,官邸内只剩两老彼此扶持。蒋方良的日子寂寞、孤独,但总还有个老伴可依靠。而这唯一的依靠,也随着蒋经国和三个儿子相继去世,逐渐消失得无影无踪。
>
> 谁也没想到,蒋方良儿女成群,老来竟会饱尝孤寂和凄凉。1988 年蒋经国去世后,短短八年内,蒋方良的三个儿子一个接着一个病逝,这是她生命中的锥心之痛。
>
> 大儿子蒋孝文在蒋经国走后第二年,因鼻咽癌过世,这是蒋方良首尝白发人送黑发人的哀戚。本被外放新加坡的二儿子蒋孝武挂念年迈母亲孤苦无依,在父逝后积极请调回台,未料在新职发表前夕,突然病逝荣总。这个打击,让蒋方良崩溃,她再怎么坚强,也无法抑制情绪,在众人面前掩面而泣。
>
> 1996 年底,她仅存的小儿子蒋孝勇也因食道癌在荣总过世。蒋孝勇生前曾说过,蒋方良最怕走的一段路,就是从大直官邸到荣总医院。她的三个儿子都是在荣总去世,每一通来自荣总的电话铃声,都是催促她再赶一趟伤心路程。
>
> 本来就已经没有声音的日子,随着孩子不断离世,更加寂静。蒋方良变得不言不语也不再哭泣。据这几年到过蒋家的人说,蒋方良经常一个人痴痴地凝望着蒋经国和四个孩子的照片,一看就是大半天,那脸上无助的神情,看了令人心酸。①

---

① 蒋经国夫人一生坎坷 晚年丧夫丧子孤独凄凉[N].重庆晨报,2004 - 12 - 16.

这条新闻写蒋经国夫人蒋方良晚年丧夫丧子孤独凄凉的悲惨生活,但是语言表达并没有大悲大痛,而是冷静、朴实地陈述,客观地表达。

(二)事实与意见分开

记者在新闻报道中应该只叙述事实,不进行议论,不直接表达观点、看法和意见,以避免使事实受到歪曲而误导受众。换句话说,新闻报道只报道事实,不表达意见。如果要表达意见,也只能通过新闻评论来表达,而不能在新闻报道中表达。

| 买东西在苏联是一门重要学问 |

【法新社莫斯科 1979 年 10 月 2 日电】 买东西在苏联是一门重要的学问。购物者在找寻一件想买的东西时必须具有直觉和运气,找到这件东西后,他必须有足够的耐性去排队。有时,为了买一块肥皂,购物者往往要排三次队。

有一次,我们到一家商店看看——这里正在出售毛线。家庭主妇们发现此事之后,立即展开了一场激烈的争夺战。失败者的孩子只好冬天不穿毛衣。

在苏联,只有卖面包的地方才没有人排长队。除此以外,在任何地方苏联人都要排长队等候购买供应紧缺的商品。

发工资的日子,在和平大街一家鞋店的外面,你可以看见五六百人挤在那里买鞋。在莫斯科,这种现象是司空见惯的。

在大商店的一堆堆货物前,主妇们排成一行行长队,就像跟随着母鸡寻食的小鸡。外国人看到这现象感到惊讶,而苏联人则早已习以为常。在苏联,第一个生存法则是身边要带着钱,以便见到东西后立即抢购。

有些东西并非急需。例如,记者见到过一位年轻的小伙子排队买婴儿上装。他说,他还没有结婚,但是,打算用婴儿上装来向一个女售货员换一双冰鞋。

有人拼命排队买东西,是因为他们认为有些东西现在用不上,但将来用得上。

苏联经济接近崩溃,尤其是民众日常消费品奇缺。买一块肥皂"往往要排三次队",抢不到毛线的家庭主妇,其孩子"只好冬天不穿毛衣",在极度寒冷的俄罗斯,冬天不穿毛衣令人难以想象。在苏联,除了卖面包的地方以外,"在任何地方苏联人都要排长队等候购买供应紧缺的商品",苏联人甚至排队购买现在用不上,但将来用得上的东西,以应对今后的急需。新闻只是报道了事实,没有表达任何意见。但是,读者可以从报道中自己得出结论和意见:苏联人民的生活非常清苦,连基本的日常生活用品都无法得到保障,看来,苏联经济出现了巨大的问题。

| 三岁娃娃将被征入伍 |

【合众国际社纽约 1946 年 1 月 2 日电】 谁也搞不清楚这是怎么一回事儿——本周星期五,居住在纽约市约克城高地的 3 岁小女孩皮丽·夏普洛收到了应征入伍通知书。

昨天,她像平时那样吃早餐,边吃边看一张华盛顿征兵处寄来的通知单。根据这张通知单,她必须"从 18 岁生日那天起 30 日内报到入伍"。

　　尽管小皮丽仍有许多年时间考虑这件事,但她已明确表示:"我不去!"

　　小女孩只有 3 岁,离 18 岁应征入伍还早得很,却收到了应征入伍通知书。记者没有在新闻中直接表达观点和意见,而是让读者从中去体会、去分析,得出自己的看法和意见:才三岁的小女孩就收到了应征入伍通知书,可见美国征兵制度的荒唐可笑。

　　2000 年 4 月 18 日,新华社播发了美国再次发生恶性枪击案件的新闻,我们来看看:

【新华社华盛顿 4 月 18 日电】　美国继上个月连续发生数起恶性枪击事件后,18 日又在密歇根州发生一起恶性枪击事件,两名妇女死于非命,另一名妇女身受重伤。

　　枪击事件发生在底特律市郊林肯帕克镇的一幢 14 层老年公寓内。当天上午,公寓管理人员将一名男住户叫到办公室谈话,告诉他楼内的其他居民抱怨其污言秽语。不料这名男子听后勃然大怒,立即返回自己的住所拿出一支自动步枪,冲进办公室扫射,当场打死两名妇女,打伤另一名妇女。歹徒行凶后逃进楼内躲藏,后被当地警方抓获。

　　美国枪支泛滥,枪击事件接连不断。据美国司法部统计,美国现有 2.35 亿支自动步枪,几乎人均一支。每年发生的枪击事件约 100 多万起。在口口声声保护人权的美国,公民的安全受到严重威胁。

　　这条新闻几乎通篇都是客观笔法,冷静陈述事实,但是新闻最后面的"在口口声声保护人权的美国,公民的安全受到严重威胁。"这一句议论成了"蛇足"。新闻已经说得非常清楚了,受众自有看法,用不着记者在这里嚼舌。

　　新闻就是新闻,评论就是评论。新闻报道应该只陈述事实,记者不要在新闻中发表个人的见解和看法。记者如果需要表达个人意见,可以单独撰写新闻评论,通过新闻评论来表达意见。

(三)公正地陈述事实

　　记者在新闻报道中必须公正地报道事实,不偏向于新闻事件中的任何一方,不偏不倚,将新闻事件中双方、多方当事人的信息平衡地呈现出来。①

二、客观报道方法

(一)通过事实表达观点

　　客观笔法,并不是要求绝对的客观,世界上也没有绝对的客观,客观只是相对的。我们前面要求记者不在新闻中表达观点和意见,新闻与意见必须分开。但是,记者可以通过巧妙地运用事实,通过对事实材料的选择、组合来隐含自己的意见。西方国家的记者很善于巧妙地运用事实、通过事实来表达自己的意见。

----

① 本章第三节"平衡"对此已有详细的阐述,在此不再赘述。

—— | 非洲即景 | ——

【美联社肯尼亚内罗毕 1978 年 5 月 4 日电】 下面是东非日常生活中的几个场面：

一位美国主妇抱怨没有烫好她的外衣，于是便到内罗毕那家干洗店提意见。几分钟以后，她到里间自己动手干了起来，又是拉电闸，又是按电钮，还拉开蒸汽机的把手，干得有板有眼，就像风琴师演奏巴赫的赋格曲。

非洲男人站在那里目瞪口呆，对这位妇女的不随俗惊叹不已。许多非洲人仍把白人妇女称为"默莎西伯"（"女主人"的意思），这是从殖民地时代传来的一个敬称。眼下在非洲的外国妇女都有仆人替她们操持家务，她们用打网球和学法文消磨时光。外国妇女当然也有当教师或秘书的，但绝不会进工厂工作。

这位年轻的金发碧眼女郎终于把外衣烫好了，非洲男人称赞不已："她可真是个了不起的太太。"

干洗店老板想留她干活，她摇头拒绝。来非洲之前，她在俄亥俄一家干洗店工作，现在她当然不会放弃这来之不易的清闲。

在乌干达的坎帕拉，有个男人撬开在大街上的一辆汽车偷东西，结果被一群人痛打一顿。正在这时，汽车主人回来了，他设法稳定了人们的情绪，犯罪分子这才没有被人踢死——在东非，群众打死小偷和贼是合法的。

但这群人仍不放过这个贼——他们脱光他的衣服，侮辱他，才把他放走。人行道上终于安静下来了。

这时来了一个警察，抓住这人的胳膊把他带走。没有走多远，警察就把他枪毙了。

车主——一个美国人——大吃一惊，问道："你干吗要杀掉他？"

警察说："我们得教训一下这伙人。"

当坦桑尼亚人感到有必要嘲笑生活中的尔虞我诈时，他们就讲下面这个故事：

一只大蝎子求鳄鱼背着它游过河。鳄鱼答道："干吗我要背你呢？我们下水后你会蜇我的。"

蝎子说："我决不蜇你。要是我蜇了你，你固然会被蜇死，可我也得淹死。"

这一对开始渡河了。游到河中间时，蝎子狠蜇鳄鱼几下。

鳄鱼大怒，问道："你为什么蜇我？"正在被淹死的蝎子想了一想答道——

"因为我们俩在非洲。"①

三条短新闻，组成了一组报道，这组报道只是客观、冷静地陈述事实，记者没有直接表达任何观点和看法。虽然记者没有直接在新闻中表达观点，但我们不能认为新闻就没有表达观点。任何阅读这组报道的读者，都能很明确地从中得出一些观点和意见。这些意见和观点，记者将其隐藏在事实之中，巧妙地通过事实表现了出来。这组报道中第一条新闻隐含的

---

① 外国新闻通讯选评：上册[M].北京：长征出版社，1984.转引自王春泉.实用新闻写作[M].西安：西北大学出版社，1995：102－104.

观点是:美国白人做事专业、认真,反衬非洲人做事情不认真、不敬业;第二条新闻隐含的观点是:非洲国家不依法行事,非洲人没有基本的法制观念,群众打死小偷和贼合法,警察更是可以随便枪杀小偷;第三条新闻隐含的观点是:非洲人尔虞我诈、互不信任、背信弃义。这些观点和意见,表面上是读者自己分析出来的,其实记者就希望读者得出这样的观点和意见。所以,实际上,这些观点和意见是记者表达出来的,只是没有直接表达而已。

(二)借"代言人"说话

记者不能直接在新闻中发表意见,但新闻中的人物可以在新闻中直接发表意见。新闻中的人物,往往都是记者的"代言人"。当记者想表达意见的时候,往往是让新闻中的人物——"代言人"来发表意见和看法。新闻是有选择的,记者选择的新闻人物的语言,基本上能够代表记者自己的意见,而新闻人物的语言本身也是新闻事实,这就使新闻显得更客观、更真实,也更能够为受众所接受。

| 大寨也不吃大锅饭了 |

罗文锦　张琳　骆士正

【本报昔阳20日电】　山西省大寨大队(村——引者注)也不吃大锅饭了。今天,他们860亩耕地全部分给130户农民承包,实行大包干责任制。原来集体经营的一个煤窑、一座酱粉坊、3台拖拉机、200亩果园、800亩山林,也全部承包给个人。

上午9时,大队党支部书记贾长锁带领着社员(农民,村民——引者注),从麻黄沟一直走到狼窝掌、康家岭,逐块分责任田。获得了自主权的社员喜悦之情溢于言表。原大寨大队大队长(村长——引者注),现任大寨公社(乡镇——引者注)副书记贾承让在接受记者采访时说:"我们现在才刚刚起步,过去搞的极左那一套不灵了,我们大寨人再不走'大寨路'了。我曾经到河南省兰考县去参观,那里条件比我们差,积极性比我们高,发展速度比我们快。可我们大寨社员往地里一转,干不干两块半,不少好地荒了。大寨的一本经再不能念下去了。"

……①

大寨公社副书记贾承让说的话,就是记者想要表达的观点:"大寨路"是一条极"左"的路线,不能再走下去了;吃大锅饭,农民没有积极性,必须实行大包干责任制,将集体的土地和资产全部承包给个人,才能调动农民的积极性。记者在这里找到了一个非常具有权威性的人物作为代言人,借此巧妙地表达自己的意见。

---

① 载于 1982 年 12 月 21 日《羊城晚报》。

中国爆炸第一枚原子弹

【路透社北京 1964 年 10 月 16 日电】 今天格林威治时间 7 时中国爆炸了一枚原子弹,从而闯进了核俱乐部。

官方在八小时后发表的声明没有提供这次爆炸的细节,但是保证中国决不首先使用核武器。

它还要求召开一次世界最高级会议,讨论"全面禁止和彻底销毁核武器的问题"。这项宣布中国已成为爆炸了自己的原子弹的第五个国家的声明,是在莫斯科宣布赫鲁晓夫辞职后 24 小时之内发表的。

观察家说,这是对赫鲁晓夫继承人的一次及时的提醒,即中国已决定通过自己的努力在一切领域取得进展。

观察家说,中国领袖们还希望用这次成功的爆炸加强他们在亚洲和非洲的影响。

今天,记者看到兴高采烈的中国人拿着声明在大街上奔跑。

在这里,观察家的话,实际上就是记者想要说的话,记者只是把观察家当作一个代言人,观察家的说法,暗含了作者的用意。有些新闻中的观察家,不一定是一个具体的人,不排除记者假借观察家来表达自己意见的情形。如果记者没有采访到观察家,只是假借观察家的名义发表意见,这就违背了新闻的真实性原则。因此,新闻中的人物说话,一般都要写出具体的人,尽量少用或不用模糊、抽象的新闻来源。

(三)注明消息来源

交代消息来源,可以使受众了解新闻事实的来龙去脉,表明新闻报道中的内容有准确可靠的出处,记者没有随意乱写甚至捏造事实,从而增强新闻报道的真实性和可信度,使新闻更客观。新闻中不交代消息来源,会影响新闻的真实性,会使受众感到新闻不够客观。匿名消息来源更会让受众怀疑记者假借说话人来表达个人意见甚至虚构事实。

美曾为伊提供炭疽病菌

【俄罗斯《消息报》(2002 年)10 月 2 日报道】 前几天,美国参议院军事委员会举行了听证会,会上参议员伯德拿出了证明萨达姆制造大规模杀伤性武器时不是没有受到美国帮助的材料。

1985 年至 1986 年,美国当局给伊拉克原子能委员会寄去了几个带有炭疽菌、肉毒素,甚至热病病毒的试管。从前率领过联合国核查人员小组的塔克尔说:"虽然不能说美国政府为伊拉克提供了用于制造生物武器的足够原料,但是如果以为巴格达会把这些材料用作和平目的,那就太天真了。"

伯德向美国的现国防部长、鹰派主要人物拉姆斯菲尔德提醒他同萨达姆的会见。1983 年 12 月 20 日,拉姆斯菲尔德作为里根总统的中东特使曾在巴格达同伊拉克总统握手。他还提到美国人曾为伊拉克军队提供过有关伊朗军队的情报,为萨达姆供应过坦克和其他军事装备。他说:"是我们自己培养出了像萨达姆这样的怪人。"[1]

---

[1] 刘明华,张征.新闻作品选读[M].北京:中国人民大学出版社,2003:18.

上面这些说法，全部都有出处：美国曾为伊拉克提供炭疽病菌、肉毒素甚至热病病毒的试管，这是率领过联合国核查人员小组的塔克尔说的；国防部长同伊拉克总统萨达姆握手，美国人为伊拉克军队提供伊朗军队的情报，为萨达姆供应坦克和军事装备，这是美国参议员伯德说的。这些都不是记者在胡说，而是有确切的消息来源。记者基本上没有自己说一句话，全部是消息中的人物提供的信息。这些事实使新闻显得非常可信、非常客观。

（四）运用第三人称

在叙述事实时，第一人称"我"或"我们"、第二人称"你"或"你们"都或多或少会包含情感因素，使事实具有或隐或显的情感倾向，从而使新闻报道不够客观、公正。因此，在新闻报道中，记者一般不要采用第一人称"我"或"我们"、第二人称"你"或"你们"来陈述事实，而应以第三人称"他"或"他们"来叙述事实，以免让受众感到新闻报道不客观、不公正。

如果新闻陈述的事实是记者在新闻现场亲眼目击，如果事实是记者个人的亲身经历，则可以采用第一人称"我"或"我们"的视角来报道新闻，但这种采用第一人称报道的新闻不应该大量出现在新闻媒体中。

我们来比较下面两种叙述视角：

> A.我们的城市是经过很好规划的。
> B.重庆市是经过很好规划的。

A 句采用第一人称"我们"的视角，给受众的感觉是，这句话明显地显示出说话人的自豪感。说到自己的城市便感到比较亲切，也隐含有说话人对自己城市规划的评价。这样的叙述会降低新闻的真实性、客观性。B 句采用第三人称"他"或"他们"的视角来陈述事实，记者站在中立的角度陈述事实，新闻事实显得比较真实、客观、可信。

知识链接

客观性 = 可信度。[①]

当记者谈到客观性时，他们的意思是新闻报道不含有记者的观点或感情，它包含的是事实，报道是以一种不偏不倚的、独立自主的观察者的视角写的。如果可以经得起某些记录——演说原文、会议记录、警察局报告、购物凭证、薪水册、失业率数据或重要数字的核实，那么它就是客观的。如果材料有证据做支撑，那么报道就是客观的。[②]

优秀报纸的优秀记者总是为新闻挖掘事实，而劣等报纸的劣等记者却总是对新闻有了先入为主的看法后，再去寻找材料加以证实。[③]

---

① 门彻.新闻报道与写作[M].展江,主译.北京:华夏出版社,2003:204.
② 门彻.新闻报道与写作[M].展江,主译.北京:华夏出版社,2003:63.
③ 海敦.怎样当好新闻记者[M].伍任,译.北京:新华出版社,1980:132.

专业记者不会让自己的观感去妨碍事实,他们受过保持客观公正的训练,他们有保持客观的愿望。他们决心做中立的观察家,竭力在写新闻时保持客观性。许多记者会赞同一位意大利哲学家说的话:"公正是神话,诚实是义务。"①

我认为可以这样说,虽然我对某件事有自己的看法,但我仍能诚实地报道它。

——《纽约时报》西摩·赫什②

第五节　简洁

一、新闻报道要简洁

现代社会越来越重视速度和效率,受众越来越青睐简洁的文字。新闻报道简洁,受众的阅读兴趣就大;新闻报道冗长,受众的阅读兴趣就会降低。

新闻报道简洁,新鲜的内容便容易凸显出来,受众便能够快速地获取信息;长篇新闻则容易埋没新鲜的内容,受众难以用较快的速度获取信息,从而影响受众接受信息的速度和效率。

新闻报道简洁,也有助于记者快速地报道新闻。新闻报道写得长,所需要的时间自然就多,新闻报道就不能以最快的速度与受众见面。如此,既会影响受众对信息的快速获取,也会影响新闻媒体自身的竞争力。

美联社规定:"学不会把文字写得简洁有力的人,不必想为美联社写作。"

1976年9月9日零时10分,中国共产党中央委员会主席毛泽东在北京逝世,下午4时,我国新闻媒体对外公布了这一消息。消息公布后的15分钟内,世界主要通讯社马上就进行了报道。这些通讯社报道的时间和篇幅如下:

通讯社	发稿字数	发出时间
时事社	5个字	下午4时零5分
美联社	5个字	下午4时零7分
路透社	20个字	下午4时零9分
合众社	50个字	下午4时10分
法新社	113个字	下午4时15分

上面几家通讯社的报道字数和发稿时间表明,字数越少,发稿时间越快;字数越多,发稿时间越慢。虽然不能说发稿慢的唯一原因就是字数太多,但是,字数太多肯定会影响发稿的

① 海敦.怎样当好新闻记者[M].伍任,译.北京:新华出版社,1980:133.
② 海敦.怎样当好新闻记者[M].伍任,译.北京:新华出版社,1980:134.

速度。

新闻报道简洁,受众就容易接受,也喜欢接受。新闻报道长篇大论,受众就不容易接受,也就不喜欢接受。

美国各报业协会在做了大量研究之后得出结论,新闻报道要想有可读性,即让受众容易接受,也喜欢接受,关键之一是写短句。下表揭示的是英文报道可读性与句子长度之间的关系:

句子平均长度	可读性
少于 8 个单词	很容易读
11 个单词	容易读
14 个单词	比较容易读
17 个单词	一般
21 个单词	比较难读
25 个单词	难读
29 个单词或以上	非常难读

从上表可知,句子的平均长度越短,新闻越容易让受众接受。如果一个句子的长度超过17 个单词,新闻就越来越难读,一个句子的长度超过 29 个单词,新闻就变得非常难读了。[①]

美联社为了把新闻写短,请专家对好的新闻作品进行研究,提出了一个"新闻可读性公式":每篇不超过 500 字,每一句平均 19 个字,每一字平均 1.5 个音节。在这里,"每篇不超过 500 字"具有非常重要的价值。虽然目前还没有心理学家研究读者阅读文章的疲劳指数,从科学上我们还没有研究出读者阅读多少文字后会产生视觉疲劳,但美联社专家提出的"500 字"界限比较契合读者产生阅读疲劳的基本边界。也就是说,一篇新闻作品,最好不要超过 500 字。一条新闻一旦超过 500 字,就会让人产生阅读疲劳,影响阅读效果。中国目前网络上的很多重大新闻报道,往往都超过了 500 字,但是,为了不让读者产生阅读疲劳,记者和编辑对新闻做了技术上的处理,即在新闻中加上若干个文中小标题,基本上隔 500 字左右,新闻中就会以小标题切开,让读者可以停歇一下,以减缓读者的视觉疲劳和心理疲劳。这是一种比较实用且高明的做法。

英文句子每句不超过 19 个单词,应该和中国文字差不多,中国文字每句超过 19 个字后,也会让读者觉得比较长,19 个汉字以下,读者阅读起来会感觉比较方便舒适。

强调写短句,并不是完全反对写长句子,一条新闻如果全是短句子,也会显得单调乏味,就像打击乐一样,虽然短促有力,但如果只有一种节奏,也难免使人觉得枯燥单调。比较理想的状态是,以短句子为主,适当插入一些长句子,长短句交叉,文句便会有起伏、有节奏,抑扬顿挫,就像打击乐和华尔兹交叉表演一样,既张弛有度,又丰富多彩。

---

① 门彻.新闻报道与写作[M].展江,主译.北京:华夏出版社,2003:187.

二、怎样把新闻写得简洁

（一）抓核心信息

人们在进行口头表达和书面表达时,有些人言语啰唆,洋洋万言却还是没有把要表达的内容说清楚。这其中最重要的原因,是不知道自己想要说什么,没有把事情弄清楚,没有把问题想透彻,就开始匆忙表达,如此,演说或文章就难免繁杂冗长。因此,在进行表达之前或在表达的过程中,一定要将自己想表达的内容想清楚。想得清楚,才能说得明白,从而才能简洁地表达。新闻写作更是如此。此其一。

其二,记者在报道新闻时,要善于准确把握并抓住新闻事件、客观事物的特征,抓住新闻事件、客观事物的重点,如果不知道特征是什么,重点在哪里,新闻报道是不可能简洁的。大道理人人都懂,作为记者,谁都想将新闻报道写得简短,但是,为什么有些记者事与愿违呢?最主要的原因是记者搞不清楚重点是什么,事件的焦点信息是什么,结果往往是将次要信息进行大篇幅的表达,而将重要信息、焦点信息简单地表达,甚至不陈述重要信息和焦点信息。杰克·海敦说:"记者应该努力使文字精练,这不仅仅是考虑字数的多寡。它意味着加强稿件的感染力。它意味着抓住事物的核心。"[1]

请比较下面两条新闻:

【记者原稿】

北京居民的福音

采用新技术贮存大白菜将不用再在冬季运菜倒菜

(1)春节期间,首都蔬菜市场运来了一批采用新技术贮存的大白菜。它们叶绿味浓,质量新鲜,深受居民欢迎。这一成果预示着,北京居民今后将不再为冬季搬运、贮藏大白菜而发愁了。

(2)农历年二十九,记者来到大兴县礼贤乡白菜新法贮藏基地。只见18个长30米、宽4米的砖砌菜窖整齐排列。窖内挖了个长长的暗槽,上面的木板架上大白菜按井字型码成堆,顶头是带有鼓风机的通气窗,风量、温度由微机统一调解控制。看上去真有点现代化菜窖的味道!

(3)北京市农科院蔬菜研究中心科技人员高丽朴介绍说,利用现代技术改变传统白菜贮存方法,是北京市为解决居民冬季吃鲜菜难和避免社会浪费而采取的一项重大措施。中心开发的强制通风贮存法,从窖的设计、菜的码放及外界给风等方面,让菜在恒温通风的条件下保鲜。这种方法省工省时,损耗也小,比传统菜窖每万斤获纯益300余元,而且直到2月底3月初,白菜的味道仍然鲜嫩如初。

(4)蔬菜中心曾做过市场跟踪调查,90%的居民对新法贮存大白菜表示欢迎。许多人希望政府把这项试验坚持下去,以减轻群众的负担。还有人说,自己贮菜方法不当,冬季常常吃的是枯白菜。只要能吃上新鲜白菜,即使多花钱我们也愿意。

---

[1] 海敦.怎样当好新闻记者[M].伍任,译.北京:新华出版社,1980:20.

（5）据了解，去年北京在小试的基础上，分别在大兴、顺义、通县等地建立了 115 个新技术试验窖，贮量为 2,000 万斤。今年将推广贮存白菜 1 亿斤。

【编辑后的见报稿】

大白菜贮存新技术为北京冬季吃菜开辟新路

【新华社北京 2 月 18 日电】　春节期间，首都蔬菜市场出现了一批采用新技术贮存的大白菜，叶绿味浓，质量新鲜。这一成果将使北京居民冬季不再搬运、贮藏大白菜的愿望成为可能。

据北京市农科院蔬菜研究中心科技人员介绍，利用现代技术改变传统白菜贮存方法，是北京市为解决居民冬季吃鲜菜难和避免社会浪费而采取的一项重大措施。这个中心开发的强制通风贮存法，从窖的设计、菜的码放及外界给风等方面，让菜在恒温通风的条件下保鲜。这种方法省工省时，损耗小，而且直到 2 月底 3 月初白菜的味道仍然鲜嫩、纤维少。

据了解，去年北京在小试的基础上，分别在大兴、顺义、通县等地建立了 115 个新技术试验窖，贮量为 2,000 万斤。今年将推广贮存白菜 1 亿斤。（发表日期：1991 年 2 月 18 日）①

上面两条新闻，一篇是原稿，一篇是经过编辑修改后播发的新闻通稿。原稿的最大问题，是新闻的第二自然段和第四自然段没有紧扣新闻核心点（标题就是这条新闻的核心点）写作。第二自然段是对京郊一个新技术试验窖基地的现场描述，对大白菜贮存新技术介绍得太具体，读者不需要也不想知道这些纯技术的信息，因此，第二自然段与新闻的核心点关系不大；第四自然段叙述北京市民对新技术贮存大白菜的态度、愿望和要求。这也基本上是废话，北京市民肯定是欢迎的。原稿这两个自然段陈述的信息偏离了新闻核心点，所以编辑删改得非常正确。第三自然段是对新技术的简单描述，第五自然段是对新技术的推广与应用，都是紧扣新闻核心点写作，写的是北京市民关注的信息，所以编辑保留下来了。原稿由于对新闻核心点把握不当，新闻比较长，不算标题，包括标点符号，共 547 个字。修改后的新闻紧扣核心点写作，在基本保存新闻原意的基础上，删除了与核心点关联度不大的信息，包括标点符号，不算标题和电头，只有 289 个字，减少了 47% 的文字，使新闻更简洁、更流畅了。

（二）一事一报

大多数新闻事件，往往都只有一个最佳信息值得记者报道，记者只要将这个最佳信息报道出来就可以圆满完成任务。但是，有少数新闻事件发生后，往往会有很多个事实值得记者报道，这种事件往往都是重大事件。如果记者将几个事实写在一起，一是会使新闻报道变得很长，新闻不简洁；二是几个事实都报道，结果往往几个事实都报道不清楚，而受众感兴趣的内容也会被埋没在整条新闻报道中。面对此类事件，记者应该将这个事件拆开，一事一报，分成若干篇报道。一事一报，既能使新闻报道简洁，也使重要信息清楚明白地呈现给读者。

① 张选国.应该怎样写作[M].北京:新华出版社,1998:75 - 76.

九江段4号闸附近决堤30米

【本报江西九江8月7日16时5分电】（记者 贺延光） 今天13时左右,长江九江段4号闸与5号闸之间决堤30米左右。洪水滔滔,局面一时无法控制。现在,洪水正向九江市区漫延。市区内满街都是人。靠近决堤口的市民被迫向楼房转移。

【本报江西九江8月7日16时35分电】（记者 贺延光） 现在大水已漫到九瑞公路。据悉,决堤时,一些居民还在睡午觉。现在在堤坝上被洪水围困的抢险人员大约上千人。

【本报江西九江8月7日17时5分电】（记者 贺延光） 国家防汛总指挥部有关专家正在查看缺口。专家们决定用装满煤炭的船沉底的办法堵缺口。

【本报江西九江8月7日17时15分电】（记者 贺延光） 记者已赶到缺口处。汹涌的江水正从30米宽的缺口涌向市区。南京军区两个团正在国家防总、省防总有关专家的指挥下现场抢险。现在有一条100多米长的船无法靠近缺口,抢险队正在想办法。

【本报江西九江8月7日17时40分电】（记者 贺延光） 专家们拟定了三套抢险方案:1.将低洼处的市民转移到安全地带。2.市区内的军队、民兵组成一道防洪线。3.全力以赴堵住缺口。

现在,一条大船装满煤,正由北向南岸靠近,准备堵缺口。

【本报江西九江8月7日22时5分电】（记者 贺延光） 截至记者21时撤离时,决堤口还没有堵上。一条装满煤的百米长的大船已横在距决堤口20米处,在其两侧,三条60米长的船已先后沉底。数千军民正在沉船附近向江里抛石料。水势稍有缓解。

目前,留在决堤处抢险人员总计有2,000多人,防汛指挥部组织抢险人员正在市区的龙开河垒筑第二道防线。

据悉,市中心距决堤处的直线距离约5公里。市区内目前还未进水。记者赶回市区时看到,一些店铺还在营业。市民们的情绪较下午平稳了一些。

路上,出租车司机告诉记者,市政府已在电视上发出紧急通知,告诫市民,凡家住低于24米水位的住房,要迁到更高的楼上。

【本报江西九江8月8日零时15分电】（记者 贺延光） 记者刚刚与前线指挥人员通话:现在沉船部位上端水流有所减弱,但船下的漏洞水流仍然很急,缺口处洪水不见缓解。抗洪军民仍在连夜奋战。

【本报江西九江8月8日零时45分电】（记者 贺延光） 记者刚刚得到消息,从昨天下午4点开始,万余名解放军战士正在龙开河连夜奋战,构筑一道10公里长、5米宽的拦水坝,作为市区的最后防线。至发稿时止,仍有大批军车赶往此地。①

---

① 原载于1998年8月8日《中国青年报》。

1998 年夏秋之交,长江中下游遭遇历史罕见的洪灾,8 月 7 日,九江段突然决口。对这一重大突发事件,《中国青年报》打破常规,采取现场实况"播报"形式,滚动报道受众关注的信息,开了简讯组合报道的先河。由 8 条简讯组成的一篇报道,现场感强。除了其中一条简讯为 250 字外,其余简讯都只有 80 字左右。最短的简讯只有 40 余字。每一句话都是事实,文字简洁明快。这条新闻使当日出版的《中国青年报》一时"洛阳纸贵",民众蜂拥抢购、争相阅读。

上述新闻报道,实际上只是一种形式上的变化,《中国青年报》并没有在新闻报道的当日和次日发行号外,所谓滚动播报,更多的只是形式上的新颖独特。但是,这种写法对于当时那种长篇大论式的报道产生了非常重要的影响。

上面这篇组合报道,我们可以将其作为一事一报的典范。这条组合新闻中的每一条简讯,报道的都是这个新闻事件的一个侧面,将 8 个侧面组合成一组报道,让读者能够清晰、明确、快速地知悉新闻事件。第一条简讯报道的主要内容(以下从简):长江九江段决堤 30 米;第二条简讯:千人抢险;第三条简讯:专家决定用装满煤炭的船沉底堵缺口;第四条简讯:汹涌的江水涌向市区;第五条简讯:专家们拟定三套抢险方案;第六条简讯:两千多人抢险,垒筑第二道防线,市民情绪稳定;第七条简讯:缺口处洪水不见缓解;第八条简讯:万余名解放军战士构筑拦水坝,作为市区的最后防线。8 条简讯,报道了 8 个与抢险有关的事实,表达一个共同的主题:长江九江段决堤抢险,保证城市和市民的安全。

(三)连续滚动报道

客观事物、新闻事件的发展具有阶段性和连续性,新闻事实具有片断性的特点,而新闻报道讲究新鲜、快速、及时,当一个重大事件发生后,记者可以采用连续滚动的方式报道新闻。重大事件发生后,记者必须马上进行报道。当事件有了新的进展,再及时跟踪报道,不要等到最后结果出来才报道新闻。而滚动报道新闻则既能使新闻报道简洁明快,又能让受众快速地获知信息,可谓一举两得。

2015 年 7 月 31 日,北京获得 2022 年冬奥会举办权,新浪网在当天 17:57 第一时间转发了中央电视台新闻:《赢了！北京获 2022 年冬奥会举办权》。紧接着,半小时后,又在当天 18:34 转发了新华网消息:《北京冬奥申委声明:将全面兑现冬奥会承诺》;随后,又报道了《习近平致信祝贺北京与张家口申冬奥成功》;当天 18:58,转发了新华社消息:《习近平致信国际奥委会主席巴赫》;当天 19:30,报道了《习近平向申办冬奥会代表团致贺信》,8 月 1 日 6:15,转发了中新社消息:《美国务院祝贺中国获得 2022 年冬奥会举办权》。下面选取新浪网的三篇新闻报道:

| 赢了！北京获 2022 年冬奥会举办权 |

2015 年 7 月 31 日 17:57 来源：央视

吉隆坡 7 月 31 日消息，国际奥委会主席巴赫刚刚宣布，北京获得 2022 年冬奥会举办权！北京成为奥运历史上第一个既举办过夏季奥运会，又举办冬奥会的城市。

在揭晓 2022 年冬奥会举办城市前，巴赫宣布了 2020 年冬青奥会的主办城市，瑞士洛桑以 71 票对 10 票的绝对优势，击败罗马尼亚的布拉索夫，获得主办权。

北京时间 17:55 左右，巴赫接过马来西亚羽毛球名宿拉－西德克手中的信封。打开信封后，清晰念出了"北京"，并向公众展示了信笺的内容。

据随后公布的投票结果，现场共有 84 名国际奥委会委员做出了选择，1 人弃权，北京以 44:40 的微弱优势胜出。

| 北京冬奥申委声明：将全面兑现冬奥会承诺 |

2015 年 7 月 31 日 18:34 来源：新华网

【新华社吉隆坡 7 月 31 日体育专电】（记者 汪涌、高鹏、林昊） 北京冬奥申委 7 月 31 日发表声明，表示很高兴赢得了 2022 年冬奥会的举办权，将全面兑现 2022 年冬奥会的承诺。

北京冬奥申委在声明中说："感谢国际奥委会对我们的信任，感谢国际单项体育组织对我们的指导，感谢境内外媒体对我们的持续关注，感谢全国人民、港澳台同胞、海外侨胞和国际友人对我们的大力支持。

"借此机会，我们还要特别向我们的竞争对手阿拉木图市表达由衷的敬意，他们对奥林匹克运动的不懈追求令我们尊重和钦佩。"

北京冬奥申委在声明中表示，北京作为一个既举办过夏奥会，又将迎来冬奥会的奥运城市，将全面兑现承诺，在 2022 年中国的传统节日春节期间，在万里长城脚下，用"纯洁的冰雪"，邀约全世界的朋友们共赴一场"激情的约会"。

北京冬奥申委热忱期待 2022 年与大家欢聚在北京，北京欢迎你！

| 美国务院祝贺中国获得 2022 年冬奥会举办权 |

2015 年 8 月 1 日 6:15 来源：中国新闻网

【中新社华盛顿 7 月 31 日电】（记者 刁海洋） 美国务院发言人马克·托纳 7 月 31 日在此间表示，祝贺北京获得 2022 年冬奥会举办权，并称北京有能力办好冬奥会。

7 月 31 日，在马来西亚吉隆坡举行的国际奥委会第 128 次全会投票中，北京以 44 比 40 的结果击败阿拉木图，成为 2022 冬奥会和冬残奥会举办城市。北京将成为首个举办过夏奥会和冬奥会的城市。

美国务院发言人马克·托纳 7 月 31 日在例行记者会上表示，祝贺北京成功获得 2022

年冬奥会的举办权。他表示,北京于 2008 年成功举办过夏奥会,美方相信北京同样有能力办好冬奥会。

多家美国媒体积极评价了北京成功申办 2022 年冬奥会一事。美联社称,在奥林匹克运动会 120 多年的历史上,从没有一座城市举办过夏奥会和冬奥会两大赛事。现在,北京成为第一个"双料"城市,并且仅用了 14 年时间。

《今日美国》报道称,听到北京获胜的消息,中国人陷入喜悦的庆祝之中。该报称,在国际奥委会主席巴赫宣布北京获胜的几分钟后,这一话题迅速成为中国社交媒体上最热的话题。

哥伦比亚广播公司冰球记者克里斯·彼得斯从中看到了潜在的商机。他撰文称,在每届冬奥会上,冰球项目都是最受观众欢迎的项目之一。如果效力于北美职业冰球联盟(NHL)的球员届时能赴北京参赛,那将是一个在中国推广冰球和 NHL 的绝佳机会。

北京获得 2022 年冬奥会举办权,是一个非常重大的新闻事件,受众非常关心。不能等到很多信息集中在一起后才报道,而应该第一时间将记者获知的信息告诉受众。记者获知了什么信息,就即刻告知公众,随时获知,随时报道。此其一。其二,如果在一篇新闻报道中呈现所有信息,新闻报道就会变得非常冗长,读者看到这样冗长的新闻,阅读兴趣势必会大大降低。而一个信息一个信息地滚动报道,则既能使新闻报道简洁,又能让受众及时、快速地获取信息。因此,北京获得 2022 年冬奥会举办权后,新浪网及时跟踪、滚动报道相关信息及社会各界的反应。在网络和新媒体高度发达的今天,滚动播报新闻已经成为家常便饭,只要一出现重大新闻事件,网络与新媒体都会采用这种滚动播报的形式,随时、及时地跟踪报道事件的最新进展和最新发现。

(四)一句话一个意思

一句话一个意思,不仅可以明确、清晰地表达信息,而且能使表达的信息简洁流畅。(本书在第九章"新闻语言"第二节"运用新闻语言的艺术"中专门阐述过这个问题,这里再从简洁的角度略作阐述)

一句话一个意思,要求记者在新闻报道中,一句话只表达一种思想,传达一个意思。西方新闻界把这个理念作为新闻写作的座右铭。

俄罗斯作家艾萨克·巴布(Isaac Babel)谈自己如何修改、压缩自己的短篇小说时说:

我反反复复地仔细检查每一个句子。开始,我先删去所有可有可无的词语。你要时刻警惕,因为这些词语是如此狡猾。那些毫无价值的词语都躲藏了起来,你必须把它们挖出来——重复词、同义词,还有毫无意义的词语。

在清除这些垃圾之前,我先把文章分成短句。句号越多越好。我将这定为一条法则。

一个句子所表达的不要超过一种思想或一个形象。①

小说作家都如此重视简洁表达,新闻记者更应该将一句话只表达一种思想、传达一个意思作为新闻写作的最基本原则。

｜欧战结束！德国无条件投降｜

【美联社法国兰斯(1945年)5月7日电】 德国于今天法国时间上午2时41分(即美国星期日东部战争时间下午8时41分)向西方盟国和苏联无条件投降。

投降仪式在德怀特·D.艾森豪威尔将军总部所在的一幢红色校舍内举行。

代表盟军总部在受降书上签字的是艾森豪威尔将军的参谋长沃尔特·贝德尔·史密斯中将。

伊万·索斯洛帕罗夫将军代表苏联,弗朗索瓦·塞书茨将军代表法国也在受降书上签了字。

艾森豪威尔将军没有出席签字仪式,但是,这个仪式一结束,这位盟军最高统帅就接见了约德尔将军和另一名德国代表汉斯·格奥尔格·弗里德海军上将。

盟国代表严肃地问德方,他们是否理解德国应遵从的投降条款。

他们答复称是。

德国在投降时请求战胜国对德国人民与军队宽大为怀。德国无情地进攻波兰,从而挑起了这场世界大战,继而不断地进行侵略并建立惨绝人寰的集中营。

约德尔将军在无条件投降书上签字后说,他想讲几句话,当即获准。

他用低沉的德语说:"签字之后,德国人民和军队的福祸吉凶,就由胜利者决定了。"

他说:"在这场延续5年多的战争中,他们得到的也许比其他任何国家和人民多,但同时遭到了更多的苦难。"

盟国的官方通告将于星期二上午9时颁布,届时杜鲁门总统将在广播电台宣读一项声明,丘吉尔首相将发表"欧洲胜利日"公告,查尔士·戴高乐将军也将同时对法国人民发表讲话。

这条新闻全文共12个自然段,13个句号,除了其中一句外,其他句子都是一句话一段,是典型的一句话一个意思、一句话一段。全文包括标点符号在内共531个字,平均每段44个字。这篇短新闻基本上都是短语短句,段落也相当简短,最短的段落"他们答复称是"只有6个字。每一段写一个事实,基本上是每一段一个句号,表达一个完整的意思。短小的段落,明晰的表达,读者阅读起来会感觉非常干净利落、爽快,能迅速、准确地接受信息。

(五)锤炼语言

锤炼语言,就是要竭力删削多余的词句,使文字洗练明快、干净利落。写作中拖泥带水、

---

① 门彻.新闻报道与写作[M].展江,主译.北京:华夏出版社,2003:187.

重复啰唆是一种常见的毛病,能够用一个词就可以表达清楚的,却用了两三个词;用一句话就可以说明白的,却用了两三句话来表述,这就是语言中的水分。要使语言简洁,就必须把这个水分挤掉。

鲁迅先生说,文章写完后要至少看两遍,"竭力将可有可无的字、句、段删去,毫不可惜"。

世界上发行量最大的刊物——美国《读者文摘》的创办人德威特·华莱士以文风简练著称,常常对杂志上的文章压缩了又压缩,他认为"没有什么文章不能压缩"。当有人问他死后用什么作墓志铭时,他也是十分简明地回答:"最完美的压缩。"①

俄罗斯有位报纸老编辑叫奥里明斯基,他编辑新闻稿件时,总是把那些多余的水分挤干。因此人们批评他说,经过他修改的文章只剩下标点符号了。有一篇文章这样写道:"在游行的地方,曾来了地方警察,拘捕了八个游行示威的人。"奥里明斯基认为,"地方"二字多余,难道不是当地的吗?"在游行的地方来了"云云,难道警察不来可以拘捕吗?至于"警察"云云,除了警察之外,谁还可以捕人呢?"游行示威的人"也是多余,不是母牛,也不是行路的人吧。奥里明斯基最后将这个句子改成四个字:"八人被捕",其余的统统删掉了。② 奥里明斯基这种锤炼语言、精简字句的思想和做法,值得今天的新闻记者和编辑学习。

我们来看看这样两个例子:

> A 句原文:在立法机构里设置一个多于 4 人的会议委员会是不多见的。(26 个字)
>
> A 句修改:由 4 人以上组成会议委员会是不多见的。(18 个字)
>
> B 句原文:政府报告说,8 月份消费者在偿付分期付款的债务方面更加迟缓,而 8 月份在添加新债方面却比今年早些时候更加迅速。(53 个字)
>
> B 句修改:政府报告说,与今年早期相比,消费者在 8 月份借款更快但还债更慢。(31 个字)

A 句原文 26 个字,修改为 18 个字,减少了 30%,句子意思没变,反而更洗练;B 句原文 53 个字,修改为 31 个字,减少了 41%,不仅没有改变原意,而且更明晰,原文显得比较晦涩、拗口,经过修改后,变得更容易阅读和理解了。

据资料介绍,在法国里昂举行了一次体育报道的竞赛,内容规定只报道一场足球赛,奖金高达 1.5 万元美金。于是参加这场角逐的职业记者和业余新闻工作者空前踊跃,足有 1,100 多人。结果是,足球踢得平淡无味,以 0:0 告终,比赛报道却峰回路转、奇峰突起,最后让一名 21 岁的银行职员纽隆捧走了桂冠。纽隆的报道只有几个字:"嘘嘘——0:0。"既准确又意味深长地批评了这场平庸的足球赛。《里昂时报》的一位资深记者不得不认输:"想不到我搞了几十年的体育报道,竟败在这年轻人手下。看来我们的文风已面临危机。"③

上面这个材料说明,没有什么文章是不能简洁的,只要我们下功夫认真思考、锤炼语言,就能使新闻报道更简洁、更明快。

---

①　龙协涛.艺苑趣谈录[M].北京:北京大学出版社,1984:207.

②　陆平煌.记者的修养与写作[M].福州:福建人民出版社,1985:170.

③　白庆祥,刘乃仲,郑保章.新闻采访写作编辑案例教程[M].北京:新华出版社,2003:314.

知识链接

所有创造性的工作都是以省略的技巧为基础的。在建筑学里,20 世纪建筑的标志是遵循"越简洁越好"的格言。[①]

简洁是选择的结果——知道该省去什么。记者从收集到的杂乱无章的材料中挑选出重要事实的能力来自经验。

选择还和使用要言不烦的语言有关。[②]

厄内斯特·海明威的写作简洁明快,但决非简单化。他把语言剔除得只剩下骨头,但决不牺牲它的意义,这需要下一番苦功。[③]

建筑师米斯·凡德罗在建筑学上使用过的一句名言:"少些等于多些",这也可以用于写作。要努力使用最低限度的手段来达到最高限度的效果。

妨碍文字精练的因素之一是追求优美的变化,这是一种仍然残留着的旧式中学的有害的规定。……

卖弄学问是又一个妨碍文字优美的因素。……[④]

思考与练习

一、思考题

1.请谈谈如何使新闻报道更准确。

2.如何核实验证新闻事实?

3.什么是平衡报道? 如何进行平衡报道?

4.请谈谈客观报道原则的基本内容。

5.请简述新闻报道简洁的方法。

二、练习题

1.下面这条信息来自于网络,作为一名记者,当你看到这个信息时,你应该如何处理?

---

①② 门彻.新闻报道与写作[M].展江,主译.北京:华夏出版社,2003:66.

③ 门彻.新闻报道与写作[M].展江,主译.北京:华夏出版社,2003:181.

④ 海敦.怎样当好新闻记者[M].伍任,译.北京:新华出版社,1980:21.

| 柳青:我有个朋友身家过亿 因 A 股崩盘成专车司机 |

　　滴滴总裁柳青女士近日接受了一次专访,文章在微信公众号"正和岛"首发。全文非常非常非常长,很多内容已为公众所耳熟能详。虎嗅关注到其中一个有趣的细节:柳青在回答滴滴能创造什么样的社会价值时,她举了身边的一个例子。大意是,她认识的金融圈一个身价上亿的土豪,结果因为 A 股崩盘变得一文不名,只剩下一辆顶级豪车。随后,这哥们儿成了滴滴专车司机,并且评分达到 4.9 分,还时不时地给柳青发微信分享自己当专车司机的开心事儿。

　　柳青原话是这么说的:"滴滴的发展思路里面,有很多很好玩、能给社会带来很大价值的东西,其中之一就是滴滴能成为一个解决就业的好渠道。

　　我认识一个熟人,他是一个基金管理者,大概身价上亿,小孩都送到美国读书。就在半年前他突然给我发一个微信,告诉我他变成了我们的专车司机了,因为 A 股崩盘,他所有的财富都没有了。他的车是最高款豪车,所以成为了专车司机。他时常给我发个微信,今天接了多少单,他特别在意乘客对他的评价,他是 4.9 分的司机。

　　滴滴平台上,活跃着 1,500 万兼职和全职的司机,他们中有下岗工人,有退役军人,有小微创业者,他们通过提供出行服务找到了兼职或专职工作,通过灵活就业的方式改善了生活状况。

　　他们多为弱势群体和底层劳动者,有的是本职工作收入很低,需要通过辛勤劳动增加收入改善生活;有的是处于失业状态,专职在出行平台工作。滴滴平台承担了就业蓄水池、社会稳定器的作用,为国家因结构性调整引发的失业人员提供了更多的就业选择和机会。"

　　能跟柳青这位前高盛高管发微信的土豪想必不是一般的土豪。有趣的是,他是一位滴滴评分 4.9 分的土豪,根据滴滴平台的规定,评分 4.7 分以下是没有补贴的,4.7 分以上就可以按规定拿补贴呢。

　　我特别好奇,这位土豪开一天车能赚多少钱? 拿到多少补贴? 为什么不卖掉豪车创业,或者给自己找一个年薪几百万几千万的工作呢? 抑或是,为女神柳青所倾倒,甘愿当滴滴的专业司机?[①]

　　2. 下面的新闻报道是否妥当,为什么? 请分析评论。

　　2002 年 7 月 24 日,刘晓庆因涉嫌偷税漏税,经北京市人民检察院第二分院批准被依法逮捕。7 月 28 日,《重庆商报》发表报道《记者乔装探秘刘晓庆捕后生活》称:"门卫向记者透露,刘晓庆的待遇要比一般的罪犯高,因为考虑到她是一个名人等种种角度,看守所给她安排了一个人的单独房间,而且房间里可以洗澡,还有空调,一天三顿饭,生活上应该不错。"同一天,《新快报》发表文章《刘晓庆有钱补税交罚款吗?》进一步描述:"据值班人员透露,刘晓

---

① http://tech.btime.com/internet/20160530/n178456.shtml.

庆现在单独住一个房间,由专人负责 24 小时看护。房间内有空调、卫生间、淋浴房,刘晓庆的三餐也很正常,只是看守所没条件专门为她做正宗的川菜。"国内新闻传媒纷纷转载,并冠以类似《刘晓庆关押地点实地探访:有空调有淋浴情绪稳定》的标题。

3.请分析下面这条新闻的客观笔法,文中个别地方议论是否恰当? 应该如何处理才能更客观地表达?

┃西方反华图谋再遭失败┃

【本报讯】 由美国、丹麦、英国等 15 个西方国家提出的所谓"中国人权状况"议案,今天在联合国人权委员会第 53 届会议的审议程序中被否决。这是自 1990 年以来,西方国家假借人权问题干涉中国内政的图谋第七次遭到失败。

冷战结束之后,以美国为首的西方国家在世界范围内强行推销自己的价值观,并以"人权法官"自居,将联合国人权委员会变为审判发展中国家的"法庭"。他们无视中国改革开放以来取得的巨大成就,竟然连续七次假借人权问题,干涉中国内政,诋毁中国的国际形象。在广大发展中国家与中国的一道努力下,西方的反华图谋均以失败告终。

与往年不同的是,今年西方国家的反华议案不是由欧盟,而是由美国、丹麦、英国发起的。这个反华议案遭到法国等西方国家抵制,它们主张在人权问题上与中国进行"建设性对话"。

今天下午,在美国的指使下,丹麦代表西方 15 国发言,将历年来西方国家诬蔑中国人权状况的陈言又复述了一遍,据此要求对"中国人权状况"进行审议。

中国代表团团长吴建民随即举手发言,义正词严地驳斥了这些西方国家对中国现实的肆意歪曲,揭露了西方妄图主宰中国命运的真实用心,并根据议事规则第 65 条 2 款,提出对该议案"不采取行动"(即不予审议表决)动议。

西方国家与发展中国家针对中国提出的动议展开了一场壁垒分明的激烈争论。会议最终对中国提出的动议进行了表决,结果是:27 票赞成,17 票反对,9 票弃权。

赞成这一动议的国家有:中国、阿尔及利亚、安哥拉、孟加拉国、白俄罗斯、贝宁、不丹、佛得角、哥伦比亚、古巴、埃及、埃塞俄比亚、加蓬、几内亚、印度尼西亚、印度、马达加斯加、马来西亚、马里、莫桑比克、尼泊尔、巴基斯坦、斯里兰卡、乌干达、乌克兰、扎伊尔、津巴布韦。

反对这一动议的国家有:奥地利、保加利亚、加拿大、智利、捷克、丹麦、萨尔瓦多、法国、德国、爱尔兰、意大利、日本、荷兰、尼加拉瓜、南非、英国、美国。

投弃权票的国家有:阿根廷、巴西、多米尼加共和国、厄瓜多尔、墨西哥、菲律宾、韩国、俄罗斯、乌拉圭。

当大会主席宣布中国提出的动议获得通过时,场内立即爆发出阵阵掌声。西方国家的第七次反华提案终于胎死腹中。[①]

---

① 果永毅.人民日报.1997 - 04 - 16.

4.下面这条新闻是否遵守了平衡报道原则？请对这条新闻进行分析评论。

重庆推出文明用餐活动

重庆2011年推出的"米宝宝"文明用餐活动,这些日子再度成为城中话题。这个原先倡议餐馆侍应生主动提醒食客打包剩菜剩饭的文明餐桌礼仪活动,如今更进一步,开始倡议餐馆提醒食客适当点菜、荤素搭配,防止浪费。

一家外资企业黄姓老总受访时告诉本报,最近到餐馆用餐,确实发现服务员开始提醒尽量少点菜。他说:"如果少讲究餐桌排场、适量点菜真的能成为普遍的社会风气,那么中央要求官场节俭的公文就奏效了。"黄老板还直言,今年超过半数的官员回绝了公司的饭局邀请,往年盛行的政企卡拉OK联欢好像被打入了冷宫。

官场降低舌尖上的浪费

据他估算,一场4人的卡拉OK包房,点些洋酒,平均消费至少要2,000元(人民币,下同,约399新元),而今年公司在这方面的开销至少省下1万元。

过去一个多星期,中国媒体报道全国各地方"两会"(政协和人大年会)如何改进会务风气,缩减会餐标准,减少纸质材料打印文件等,激起舆论的广泛关注。官员接下来如何持之以恒严格遵守中央改进工作作风的指示,带头降低舌尖上的浪费来过好春节,也成为今年新春佳节舆论监督的重头戏之一。

除了重庆,成都、贵阳的私企老板告诉记者,至少这段时间,官员都回避企业发出的年度联谊聚餐邀请,连简单的致辞也不会答应。

企业领导们认为,倘若官员谢绝企业的"拜年好处",节后上班照常尽责办事,是乐见其成。不过他们也担心,地方上一刀切地对应上策,中长期来看对服务类民企会有冲击。

一名老板说:"有些官员原来要么讲究餐馆档次,注重企业必须点上好酒贵酒,宴席开始后还得一个个敬上三圈;现在要么连吃饭都不能吃,一下子让餐馆难做生意,这么做既不刺激内需消费,到头来受影响的可能还是侍应生的业绩花红。"

贵阳一位主办活动的机构负责人说,正当的宴请其实并无不妥,如果少了酒、饮料和生猛海鲜,五六个人吃1,000元左右也并不奢侈,如果官方制定出公务用餐每个人头消费标准,让公务叙餐正规化,或许是较可持续的机制。①

---

① 顾功垒.联合早报.2013 - 02 - 02.

5.下面是新闻专业的学生写作的一条新闻,这篇习作比较长,全文共有1,600多字,请将这篇习作删短,简洁表达。

再努力！国新班同学参观《重庆商报》收获颇丰

【本报讯】（记者 某某） 9日下午,川外新传15级国新班全体同学在公共关系学老师杨清波教授的带领下参加实践周活动:造访重庆商报社。同学们一致表示,这次报社考察之行极大地增长了大家的见识,同学们将会更加努力以实现自己的新闻梦想。

下午一点,除去个别请假同学,15级新闻学班其余同学在川外山下太阳广场集合,在杨清波老师的带领下乘坐大巴抵达位于重庆市渝北区空港新城的重庆新闻传媒中心。刚一通过传媒中心大门,同学们便被高耸入云的重报集团新大厦所震慑。但是杨老师却安排大家先去游览附近的重庆中央公园。优美、开阔的公园很好地舒缓了同学们造访《商报》前紧张、激动的心情。

大约下午三时,同学们井然有序地步入重报集团大厦。彬彬有礼的警卫和大气典雅的一层接待大厅令同学们接连发出"哇""我去"的赞叹。杨老师随后带领同学们乘坐宽大的电梯来到14层,《重庆商报》的党委书记、总编陈兵先生就在这里等待着川外客人的到来。陈总能在百忙之中抽出宝贵时间接待一批十几岁的孩子,令同学们深感惊喜与激动。而陈总也是细致、耐心地为同学们讲解《重庆商报》在新形势下的转型工作的开展进程,即一些在新媒体客户端上拓展的应用项目,并带领同学们实地参观报社编辑部,让同学们零距离感受真正的媒体工作环境。同学们饶有兴趣地在一旁围观,并不时与陈总和其他领导交流感想。宽大洁净的编辑部办公桌上整齐地摆放着一张张最新出版的《重庆商报》以及新配备的台式电脑,优雅舒适的办公环境令一些同学由衷感慨:"将来一定要到这样的地方来上班!"

到了最受大家期待的环节。在大厦16层会议室,一场商报社最高层的领导们与川外老师和学生们之间平等的、面对面的座谈交流会即将展开。《商报》的领导们并没有把同学们看作是外人,他们热情地招呼、安排杨老师与学生们就座,并为老师、同学们递上冰镇的饮用水以解酷暑。在会谈中,杨老师与陈总等领导面对面就座,同学们则环绕一周静心聆听。陈总首先表示了对川外师生一行人的热烈欢迎,然后表示与杨清波老师也是老相识了。对此,杨老师表达由衷感谢。接下来,陈总与各位在场领导相继介绍了《重庆商报》的发展现状。陈总明确指出,现在正是纸媒发展的新时期,在传统媒体行业存在着巨大的转型。这既是机遇,又是挑战。同时陈总也表达了他认为的应对新形势的种种办法。《重庆商报》为应对新媒体时代推出各类互联网平台的新型应用项目,并且在人员调整问题上,将更加重视发展全媒体全能型人才以达到精简、高效的目的。在陈总详细介绍完《商报》的发展状况之后,就是同学们与《商报》领导的直接对话时间。同学们起初由于陌生,对提问环节还有稍许紧张以至于沉默数秒,但很快,内心对新闻事业的炽热追求、对新闻行业作进一步了解的极度渴望令不大的会场瞬间开锅。同学们争先恐后地发言提问,有的同学之间为抢先提问甚至出现了激烈的竞争。而针对白热化的现场,陈总等领导欣然为同学们一一耐心解答。一位同学问道:为什么偌大的大厦却不见为数众多的记者身影?陈总答道,记者不应该总坐在办公室里。有同学问,纸媒与新媒体相比,它还有什么优势?陈总认为,最大的优势在情怀因素。还有同学问道,《重庆商报》选拔人才的标准是什么?陈总对此表示,职业技能是他最不会考虑到的因素,因为这些在短期内每个人都能够掌握。《重庆商报》最看重的,是一个人能否很好地与人打交道,也就是我们常说的情商要高。这是一个慢慢磨炼的过程,值得大学生仔细回味。由于时间限制,相信很多同学还有不少问题想问,但只能怀着些许遗憾就此打住。会谈始终在一种轻松、友好的氛围下进行。

下午五时左右,杨清波老师与川外学子同商报领导们合影留念、一一告别,然后乘车返回川外,结束了对《重庆商报》的实践周考察活动。同学们回去之后纷纷在网络上留言、畅谈感想。同学们普遍认为,这次活动着实让大家极大地开拓了视野,真正零距离接触了新闻工作者,并且切实得到了专业人士的行业介绍和发展指导,这让同学们受益匪浅。同学们最后说道:愿为实现真正的新闻理想而继续努力奋斗!

后 记

　　我一直想写一本新闻写作方面的书,由于种种原因,却迟迟没有动笔。其中的主要原因,还是自己的能力、学养不够,而且比较疏懒,在浑浑噩噩中蹉跎岁月。

　　2013年,学校将新闻写作这本书立项,我于是开始搜集、整理资料,写作初稿,然后是二稿、三稿……这本书我修改了很多遍,力求精益求精,奈何自己才疏学浅、力有不逮,虽努力为之,但可能事与愿违,呈现在读者面前的这本书,可能非常粗糙,错误疏漏之处在所难免,请学界、实务界人士和读者批评指正。

　　这些年来,我断断续续地研读了一些国际国内新闻写作方面的著作、教材和文章,研读了一些新闻作品,有一点小小的收获,本书就是这些收获的汇集,也是向读者的工作汇报。

　　世界已经成为一个地球村,与国际接轨成为社会各界的一个热词。本书尝试着尽量与国际接轨,力避陈旧、僵化的新闻写作理念、方法。但是本书是否成功接轨,还需要读者来检验和鉴定。

　　笔者认为,实务方面的书不能太学术化,过于学术化的书往往理论性强,但是不适用,学生看了会感到无所适从。目前有很多学科,包括新闻学科的实务教材往往学术性比较强,理论体系非常完备,学术非常规范,但是实践性不太强,应用性不足。有些教材存在太多正确的废话,大而无当,学生无法通过学习其教材内容去从事实务工作,难以做到学以致用。

　　本书在写法上进行了一些改变性、突破性的尝试。无论是在框架结构还是在表达方式、语言运用等方面,都尽量避免太学术化的安排和表述。在阐述上尽量借用"展现"的方法,通过故事或者故事性强的材料、大量的案例和适度的图片来进行阐述。但也可能心有余而力不足,只能尽力而为。

　　本书有一些作者个人的一孔之见和方法,如六个W、泛倒金字塔结构、寻找新闻点的方法、导语的写作方法等,这些提法和方法是否正确,需要在新闻实践中接受检验,也要请学界专家和实务界高手指点赐教。

　　上世纪末本世纪初,笔者在重庆的都市报做过10年的新闻。当时写作的新闻报道,现在看起来,离国际国内最前沿、最佳的新闻写作规范相去甚远,颇为汗颜。在要求学生提高新闻写作水平的同时,本书作者自身也需要不断提高新闻写作水平。

　　知识存在着承传关系。本书采用了大量国际国内专家学者和实务界人士的观点、思想,借用了很多新闻学教师的案例、材料(本书作者在书中都有注释),在此一并感谢这些专家学者和实务界人士,感谢他们给我提供了宝贵的知识财富!

感谢中国传媒大学出版社的欣雯女士、蒋倩女士、李明女士,她们为本书的出版耗费了很多心血。从选题策划到编辑、出版,都凝聚着她们的智慧、汗水。2017年4月初,欣雯女士不远千里,专程从北京到重庆来和我讨论本书的修改,其敬业精神和专业态度既令我非常感动,也值得我学习。

感谢我的妻子卢容,她为本书的写作查阅、搜集了大量的资料,并校阅了部分章节。

感谢我的学生、2015级国际新闻班的刘冲同学为本书绘制了示意图。

感谢所有为本书的写作和出版提供直接和间接帮助的人士。

皮传荣

2017年2月写于重庆歌乐山

图书在版编目（CIP）数据

新闻写作实务 / 皮传荣著. -- 北京：中国传媒大学出版社，2017.11（2022.1 重印）

新闻学与传播学"十三五"规划教材·基础课程系列

ISBN 978 - 7 - 5657 - 2035 - 2

Ⅰ. ①新… Ⅱ. ①皮… Ⅲ. ①新闻写作 - 高等学校 - 教材 Ⅳ. ①G212.2

中国版本图书馆 CIP 数据核字（2017）第 119155 号

新闻写作实务
XINWEN XIEZUO SHIWU

著　　者	皮传荣
策划编辑	程　平
责任编辑	蒋　倩　李　明
责任印制	李志鹏
封扉设计	风得信设计·阿东

出版发行	中国传媒大学 出版社

地　　址	北京市朝阳区定福庄东街 1 号	**邮　编**	100024
电　　话	86 - 10 - 65450532　65450528	**传　真**	65779405
网　　址	http://cucp.cuc.edu.cn		
经　　销	全国新华书店		

印　　刷	唐山玺诚印务有限公司
开　　本	787mm × 1092mm　1/16
印　　张	24.5
字　　数	536 千字
版　　次	2017 年 11 月第 1 版
印　　次	2022 年 1 月第 2 次印刷

书　　号	ISBN 978 - 7 - 5657 - 2035 - 2/G · 2035	**定　价**	49.00 元